LEXIKON
DER GEWÜRZE
KRÄUTER
UND WÜRZMITTEL

LEXIKON DER GEWÜRZE

KRÄUTER UND WÜRZMITTEL

VON TOM STOBART
ILLUSTRATIONEN
VON IAN GARRARD

HÖRNEMANN

Wissenschaftliche Bearbeitung
Dr. Wolfgang Licht (Mainz)

Eine Publikation der International Wine
and Food Publishing Company
Marble Arch House, 44 Edgware Road, London, W2
Originaltitel: Herbs, Spices and Flavourings
Deutsch von Gerd Hochheide und Dorothea Bemmann

4. Auflage 1983

Gesamtherstellung Mohndruck Graphische Betriebe GmbH, Gütersloh
Buchnummer 239/04014
ISBN 3–87384–414–1

Inhalt

Einführung

Die Geschichte des Würzens

Als Gast italienischer Höhlenforscher in den Bergen Sardiniens war ich behilflich, zwei Tonkrüge zu bergen. Sie enthielten Überreste von Nahrungsmitteln und waren ein paar tausend Jahre alt. Wir fanden sie unter einer Kruste von Tropfstein in einer Ecke der Höhle. Der Fundort lag tief im Berg, dumpf wie ein Grab, und die Felsen waren mit klebrigem Schlamm überzogen. Kaum anzunehmen, daß hier jemand freiwillig gelebt hatte. Vielleicht war die Höhle nur ein Versteck für Zeiten der Gefahr und der Inhalt der Krüge ein Notvorrat. Der Besitzer war möglicherweise getötet worden und hatte deshalb die versteckten Krüge nicht mehr bergen können.

Im Laufe der Jahrhunderte war ihr Inhalt zu einem undefinierbaren braunen Pulver zerfallen, aber natürlich würde das Laboratorium in Mailand feststellen können, was es einst gewesen war. Es roch nach nichts, so konnte man nur Vermutungen anstellen, was die Menschen vor so langer Zeit wohl gegessen hatten und wie es geschmeckt haben mochte. Aber Vermutungen sind flüchtig, wenn man durchnäßt ist und friert. Es war November, und die Berge draußen lagen in dickem Nebel und Dunkelheit. Abendbrotzeit war längst vorbei, vor uns lag das fröstelnde Gekletter die Geröllhalden hinunter und die trostlose Rückfahrt in nassen Sachen zum Hotel, dessen Küchenpersonal schon längst zu Bett gegangen war.

Doch wir waren in Sardinien. Direkt am Eingang der Höhle, auf einem Kalksteinsims über dem Fluß, der wie der Styx aus dem Felsen hervortrat, loderte ein riesiges, aromatisch duftendes Feuer von Rosmarin- und Ilexzweigen. Dicht daneben brutzelten an hölzernen Spießen zwei ganze Lämmer, sorgfältig beobachtet von einem alten Schafhirten in weißen Hosen und einem Garibaldi-Hut auf dem Kopf. Der Kühlschrankhändler dieser Gegend, ein feiner Kerl und ebenso fett wie tatkräftig, war nach Arbeitsschluß mit einigen seiner Freunde heraufgekommen, um nach uns zu sehen. Er selbst hatte einen riesigen Krug Wein den steilen Berg hinaufgeschleppt und schien schon eine Menge davon intus zu haben. Seine klangvolle italienische Stimme schmetterte Verdi in die Dunkelheit rund um das flackernde Feuer, während er mit einer Art Dolch einen gewaltigen Laib Brot und ein beinahe ebenso großes Stück Schafskäse aufschnitt.

Wir aßen mit den Fingern, die Ärmel aufgerollt, damit das Fett von unseren nackten Armen tropfen konnte. Das Lamm schmeckte nach Rosmarin, das Brot nach Steinofen; der Wein war herb, aber gut. Es gab dazu gesalzene Oliven in Öl, und der Käse schmeckte nach Schaf. Der Feuerschein glühte auf glücklichen Gesichtern: Es war ebenso herrlich wie ein Festessen im Schimmer kristallener Leuchter.

Das ist ein Beispiel für die eine Seite meiner gastronomischen Erfahrungen – für die rauhe gewissermaßen. Obwohl ich manchmal große Weine getrunken und raffinierte Menüs gegessen habe, viel häufiger jedoch habe ich in Bauernhäusern gegessen, in der Wüste oder wie damals in den Bergen Sardiniens. Und da die bäuerliche Küche den meisten Gebrauch macht von Kräutern und Gewürzen, war das sicherlich ein Vorteil für mich.

Als der Schmaus vorüber war, lehnte ich mich nach römischer Art auf den Felsen zurück und beobachtete den Dampf, der von meinen nassen Hosen aufstieg. Die Leute, so überlegte ich, die damals, vor einigen tausend Jahren die Krüge versteckt hatten, mußten auf die gleiche Weise gegessen haben wie wir eben. Und ihr Mahl mußte ebenfalls nach Rosmarin geschmeckt haben, das war fast unvermeidlich.

Niemand weiß, wann der Mensch zu kochen begann, und erst recht nicht, wie. Auf den ersten Blick scheint es auch gar nicht leicht zu sein, ohne Feuerzeug oder Streichhölzer Feuer zu machen. Im Himalaya, unter tropfnassen Tannen und Rhododendronbüschen und selbst durchnäßt von oben bis unten, stand ich oft als Trottel da, weil ich vergeblich versuchte, mit Papier und Streichhölzern Feuer zu machen. Und staunend mußte ich beobachten, mit welcher Leichtigkeit die Bergbewohner Feuer machten: Sie nahmen ein Stück Feuerstein und Stahl, dazu einen kleinen Beutel mit Zunder aus getrocknetem Moos, zogen sich die selbstgewebte Decke über den Kopf, ihr einziges Kleidungsstück, schlugen Funken, fingen sie im Moos auf, bliesen darauf, und schon hatten sie Feuer in den gewölbten Händen. Und was machte man, bevor es Feuerstein und Stahl gab? Ich nehme an, daß es auch da schon Möglichkeiten gab.

Niemand weiß, seit wann Gewürze benutzt werden, auch das ist nicht überliefert. Wahrscheinlich aber ist die Nutzung von Kräutern älter als die des Feuers zur Essensbereitung. Man ist versucht anzunehmen, daß eines Tages ein Mensch von überdurchschnittlicher Intelligenz einige Pflanzen probierte und allmählich von denen, die er mochte, mehr und mehr aß, bis er sicher war, daß sie nicht giftig waren. Wahrscheinlicher jedoch ist das Würzen weniger zielstrebig entstanden. Schließlich wählt jedes dumme Tier die Pflanzen, die ihm schmecken und bekommen, instinktiv richtig aus. Aber das, was wir »Instinkt« nennen, mußte ja zuerst gelernt werden. Bevor der Mensch lernte, seine Nahrung mit Hilfe des Feuers zu braten oder zu kochen, mußte er die Kräuter zu nutzen gelernt haben. Selbst fleischfressende Tiere nehmen manchmal Grünzeug zu sich; Hunde z.B. fressen Gras. Wir können kaum umhin, die Evolution zu akzeptieren, doch die Folgerungen sind kaum exakt durchdacht. Betrachtet man es einmal persönlich, so bedeutet das, daß man sich einer ununterbrochenen Kette von erfolgreichen Vorfahren rühmen kann bis zurück zur Urmaterie. Davon ist man bis heute geprägt. Das bedeutet, daß die eigenen Vorfahren immer, in jeder Generation, die glücklichen und erfolgreichen waren, die davonkamen und überlebten. Diese waren es auch, die die Giftpflanzen mieden.

Später natürlich sammelte man zielstrebig gute Kräuter, Früchte, Wurzeln und Beeren (all das, was wir im getrockneten Zustand Gewürze nennen). Ich hörte einmal die Ansicht, daß die Kräuter über die Heilkunde in die Küche gelangt seien; wahrscheinlicher aber wird umgekehrt ein Schuh daraus. Der vorzügliche, leider unbekannte Verfasser des Corpus Hippocraticum, einer Schriftensammlung des antiken medizinischen Wissens (er lebte etwa 400 Jahre vor Christi Geburt), ist der Meinung, daß die Medizin in erster Linie aus der Küche hervorgegangen sei. Das könnte richtig sein, denn es ist nur ein Schritt von der Beobachtung, daß einem Menschen, der sich nicht wohl fühlt, das Essen nicht so schmeckt wie sonst, bis zur absichtsvollen Herstellung heilkräftigen Gebräus.

Manche Kräuter kamen in Zusammenhang mit Ritualen, Magie und Religion in Gebrauch: Petersilie, Lorbeer, Ysop zum Beispiel stehen in enger Beziehung zur Magie. Vom Lorbeer nahm man an, daß er vor Blitz schütze. Der römische Kaiser Tiberius trug seine Lorbeerkrone während des Gewitters – das ist nicht törichter als die Behauptung, man dürfe nicht unter Leitern hergehen.

Offensichtlich sind die Kräuter zuerst dort benutzt worden, wo sie wild wuchsen. Getrocknet sind sie zuweilen sicher auch in andere Gegenden gebracht worden, doch gewöhnlich verstehen wir unter Kräutern etwas, was bei uns wächst und, falls es nicht eine einheimische Pflanze ist, irgendwann einmal eingeführt und heimisch gemacht wurde. Viele Kräuter, die wir benutzen, sind uns von den Römern vermittelt worden. Nach Nordamerika und anderen Teilen der Welt, die von Europa besiedelt wurden, gelangten die meisten Kräuter durch die Einwanderer. Gelegentlich fand man wildwachsende Arten, die den europäischen nahe verwandt oder sogar mit ihnen identisch waren. Auch übernahm man von den Eingeborenen neue Kräuter – von den nordamerikanischen Indianern z.B. die Bergamotte, aber sie ist kein gebräuchliches Küchengewürz geworden.

Gewürze dagegen wachsen bei uns nicht. Als Gewürze bezeichnet man alle getrockneten Aromastoffe, die aus fast allen Teilen tropischer Pflanzen bestehen können. Als Handelsgüter von enormem Wert hatten die »Spezereien«, wie man sie einstmals nannte (von lat. species: Gattungsart), eine lange und blutige Geschichte.

Seit mindestens fünftausend Jahren wurden Gewürze über die Karawanenwege vom Mittleren Osten in die östlichen Mittelmeerländer und nach Europa gebracht. Ihr Ursprungsland kann irgendwo zwischen China, Indonesien, Südindien oder Ceylon liegen. Die Menschen, die sie benutzten, wußten sehr oft nichts über ihre Herkunft und glaubten, sie stammten aus Arabien, doch die Araber waren nur Zwischenhändler und Lieferanten. Die klassische Gewürzstraße kreuzte den Indus bei Attok, direkt unterhalb des Zusammenflusses mit dem Kabul-Fluß, führte dann weiter durch Peshawar, über den Khyber-Paß, durch Afghanistan und Persien und schließlich auf dem Euphrat südwärts bis Babylon. Von dort aus führte sie dann westwärts über den Vorderen Orient nach Europa. Der Verlauf der Gewürzstraße schwankte jedoch im Laufe der Jahrhunderte beträchtlich, je nachdem, wer gerade in Persien und Arabien das Heft in der Hand hatte. Sie stand außerdem in Konkurrenz zu den Segelschiffen, die vom Persischen Golf zum Roten Meer fuhren. Unter dem Druck kriegerischer Ereignisse kam der Verkehr manchmal zum Erliegen; oft mußten die Händler erhebliche Zölle bezahlen. Zuweilen war die Gewürzstraße auch unsicher und verfiel gänzlich. Dann suchten sich die Gewürze einen bequemeren und profitableren Weg.

Aber selbst wenn die Gewürze das Mittelmeer erreicht hatten, wurde der Handel immer noch von Städten und Händlergruppen kontrolliert. Zuerst waren es die Phönizier, dann die Araber, später die Italiener in Venedig, Amalfi und Genua – sie alle wurden mit dem Gewürzhandel reich, ebenso ihre deutschen Abnehmer, die »Pfeffersäcke«, wie man zu dieser Zeit die Fugger, Welser und Tucher und andere Großkaufleute nannte.

Um das Gewürzmonopol zu brechen, bemühte man sich erstmals, einen Seeweg nach Ostasien um Afrika herum zu finden. Kaum war das gelungen, brach wieder ein Zeitalter blutigen Wettstreits aus zwischen Engländern, Holländern, Franzosen und Portugiesen. Viele Bücher sind über die Geschichte des Gewürzhandels geschrieben worden; wer genaueres wissen will, sollte dort nachlesen. Der Rahmen dieses Buches erlaubt kein näheres Eingehen darauf. Für unseren Zweck genügt die Feststellung, daß im Mittelmeerraum alle gebräuchlichen Gewürze seit geschichtlicher Zeit erhältlich waren. Sie kosteten allerdings sehr viel Geld, und das bis vor gar nicht langer Zeit. Pfeffer, Ingwer, Nelken und Zimt gehören heute zu den üblichen Küchengewürzen fast aller Länder.

Das einzige Gewürz, das aus der Neuen Welt stammt, ist Piment. Zwar stammen auch Paprika und Peperoni (Chilli) aus Amerika und waren daher vor Columbus in Europa und Asien unbekannt, doch wachsen sie auch in Europa. Aus Amerika stammen auch die Vanille und Schokolade, die beide als Gewürzstoffe verwendet werden.

Die Bedeutung des Würzens

Das Geheimnis genialer Köche war oft eine kleine Zahl ungewöhnlicher Würzmittel, verwendet in kaum spürbarer Menge. Dazu gehört nicht nur Phantasie, sondern auch erhebliches Können. Zur Zeit ist das Interesse an der Kochkunst fremder Länder sehr lebhaft. In jeder Gegend der Welt gibt es für den Alltagsgebrauch nur eine beschränkte Zahl von Würzmitteln, die den typischen Charakter dieser Region ausmachen. Zählt man sie jedoch alle zusammen, so erhält man über tausend Gewürze, Kräuter und Würzmittel. Jeder echte Liebhaber fremdländischer Kochkunst könnte es leicht auf 85 Gewürze, 15 grüne und 10 getrocknete Kräuter bringen, dazu noch ein paar Salatkräuter und eine große Kollektion so verschiedener Dinge wie Wein, Essig, Öl, Kapern, Früchte, Nüsse und Anchovis.

Der echte, experimentierfreudige Hobby-Koch sowie der Besitzer ausländischer Kochbücher muß seine Gewürze kennen. Aber auch der reisende Feinschmecker sollte nicht in Unwissenheit zu Tisch sitzen. Als Schockbehandlung sollte er mal einen Direktflug von Rom nach Bombay versuchen unter folgender Bedingung: Beim Abflug und bei der Ankunft stehen dem Koch nichts als Zwiebeln, Knoblauch, Tomaten, ein Huhn und Reis zur Verfügung. Welch einen phantastischen Geschmacksunterschied die Köche an beiden Enden des Flugs daraus zaubern werden! Erfahrene Reisende können mit verbundenen Augen sagen, in welchem Teil der Welt sie sind – sie brauchen nur das Essen zu probieren. Ein Franzose würde sogar feststellen, ob er in der Normandie ist oder in der Provence. Die Unterschiede sind in der Tat so charakteristisch, daß man die Küche als eine notwendige geographische Information bezeichnen könnte.

Von ernsthaften Historikern und Geographen werden die Eßgewohnheiten gewöhnlich vernachlässigt, da diese aber eine elementare, lebende Tradition darstellen, können sie allerlei aussagen. Die Menschen sind im allgemeinen ziemlich konservativ in bezug auf das, was sie essen, und insbesondere darauf, wie sie würzen. Klima, Geschichte und Handelsbeziehungen bestimmen, wie in einem Lande gewürzt wird. Natürlich neigt man dazu, zunächst das zu benutzen, was im Lande selber wächst; getrocknete Gewürze, die leicht zu transportieren sind, kommen dann hinzu. Geschichtliche Ereignisse, Bevölkerungsverschiebungen und Eroberungen haben Einfluß auf die Art zu kochen und zu würzen. In jeder geschichtlichen Epoche scheinen sich die Menschen schließlich auf eine bestimmte Auswahl festgelegt zu haben. Und oft kann man der Kombination, zu der sie sich entschlossen, einen Hauch von Genialität nicht absprechen.

Überall hört man heute das dumpfe Grollen der Revolution, selbst in der Küche; die Dinge sind in Bewegung. Das geschieht meist, wenn unterschiedliche Kulturen in engen Kontakt kommen: Die zwangsläufige Verbindung bringt neue Lebenskraft, neue Erfindungen und explosive Neuerungen. Der Luftverkehr hat die Menschen einander nähergebracht. Viele reisen ins Ausland, lernen eine fremde Küche kennen und schätzen, kaufen Kochbücher mit ausländischen Rezepten. Und das Kochen ist inzwischen ein respektables Hobby und erholsame Freizeitbeschäftigung für viele geworden. Wirksame Methoden der Konservierung und Vorratshaltung wie z.B. das Tiefkühlen sowie die Möglichkeit, verderbliche Dinge schnell per Flugzeug von einem Ort zum andern bringen zu können, fördern dieses Interesse noch. Auch die Zuwanderung von Menschen aus anderen Ländern hat einen erheblichen Einfluß auf das Angebot in den Geschäften und auf den Märkten. Heute kann man auf vielen Wochenmärkten frischen Ingwer, Peperoni, Avocados, ja sogar Bambussprossen kaufen; in Fischfachgeschäften wird frischer Mittelmeerfisch angeboten – wer hätte das vor einem Jahrzehnt für möglich gehalten?

Kräuter konnte man zu Beginn des 19. Jahrhunderts noch in reicher Auswahl kaufen; seitdem sank ihre Zahl ständig ab, bis nur die traurigen Vier übrig waren: Petersilie, Schnittlauch, Dill und Thymian. Und selbst diese konnte man nicht immer bekommen.

Doch eine Renaissance des Würzens hat inzwischen begonnen, eine neue Hinwendung zur Originalität und Abwechslung. Man kann allerdings scheußliche Wirkungen erzielen, wenn man aus Gedankenlosigkeit oder Unwissenheit alles mögliche miteinander vermischt. Vielleicht ist es deshalb nötig, über das Würzen ein wenig nachzudenken. Und da wir in einer Zeit leben, die fremde Gerichte gern akzeptiert, sollte man auch überlegen, welche Gerichte sich gut und sinnvoll zu einem Menu zusammenfügen. Amerika hat die kulinarische Invasion bereits hinter sich; es nahm Einwanderer aus allen Teilen der Welt auf und hat von ihnen gelernt. Und seine Größe und die Vielfalt seiner Klimazonen bringen ein breites Sortiment an Nahrungsmitteln hervor.

Bei altmodischen Feinschmeckern mag die neue Situation einen gewissen Horror erzeugen. Sie halten die französische Küche für die beste und vollkommenste und jede Veränderung für einen Rückschritt. Das ist eine gefährliche Überheblichkeit. Zweifellos bekam derjenige, der zuerst Safran an die Bouillabaisse tat, von seinen Zeitgenossen Prügel, doch in Frankreich wie überall ist die Kochkunst eine lebende Kunst und daher in ständiger Entwicklung begriffen.

Wie dieses Buch entstand

Mein Thema fand ich auf zahlreichen Reisen durch viele verschiedene Länder. Da ich das Mittelmeer liebe, lebte ich gewöhnlich in seinem Umkreis. Unterbrochen von Ruhepausen mit köstlichen Mahlzeiten auf Zypern, in Spanien und Italien, haben mich viele lange Reisen in etwa 70 verschiedene Länder geführt, häufig waren sie unbequem und anstrengend. Als ich zu reisen begann, hat es mich wenig gekümmert, ob ich ein Steak aß oder Sandstaub, Hauptsache, ich blieb am Leben und gelangte dahin, wohin ich wollte. Ich erinnere mich, daß ich mich als Student darüber ärgerte, mein bißchen Geld überhaupt für Essen ausgeben zu müssen, und wünschte damals, essen wäre überflüssig. Das hinderte mich jedoch nicht an der Entdeckung, daß man auf den Tiroler Märkten sehr billig Schnittlauch bekommen konnte, das dann mein Schmalzbrot – mehr konnte ich mir nicht leisten – erheblich schmackhafter machte. Es hinderte mich auch nicht daran, ein gutes Essen zu genießen, wann immer sich die Gelegenheit dazu bot. Und es gab auch schließlich eine Zeit, wo ich die »Hillary Spezialsuppe« nicht sehr komisch fand. Das ist eine legendäre Kraftnahrung, die von oder für Sir Edmund Hillary, den Bezwinger des Mount Everest, erfunden wurde. Sie besteht aus Tee, Trockenmilch, Zucker, *tsampa* (den sandigen Frühstücksflocken der Sherpas) und aus einer Büchse Ölsardinen. Das alles zusammengerührt ergibt, wie manche Leute sagen, eine ausgewogene Kost; andere meinen, es sei eine Art Treibstoff für Nachtgespenster.

Ich habe immer gern gekocht, und als die Erfahrung wuchs, war es möglich, überall gut zu essen. Man mußte nur die örtlichen Gegebenheiten kennen und die Kochkiste sowie den Vorrat an Büchsen sorgfältig planen. Zehn Meilen vom Everest entfernt ist mir mal ein ganz genießbarer »Hummer Newburg« gelungen. Heute käme ich nicht mehr auf den Gedanken, den Fuß in irgendeine Wildnis zu setzen, ohne ein paar Tütchen mit Gewürzen und einer Knolle Knoblauch in der Tasche. Selbst einen alten Yak kann man durch Kräuter, Knoblauch und einen Schuß Rotwein erheblich genießbarer machen, und deshalb begann ich mich für Kräuter und Würzmittel zu interessieren. Und leidenschaftlich widmete ich mich den Märkten und Basaren der Länder, die ich bereiste, und was waren das für malerische Orte! Gern hätte ich ein Nachschlagewerk über Gewürze gehabt, doch ich fand keines. So ging ich dazu über, meine eigene Kartei anzulegen und Informationen aus allen nur erdenklichen Quellen zu sammeln. Wo es möglich war, kaufte ich Gewürzproben und ließ sie mir von einheimischen Fachleuten erklären. Auch besuchte ich Kräutergärten und Gewürzplantagen, befragte Pflanzer und Händler und las, was an Fachliteratur erreichbar war.

Über zehn Jahre lang sammelte sich so eine riesige, zerfledderte Kartei an. Freunde und Bekannte führten mich über Märkte und in Geschäfte, dienten mir als Übersetzer, während geduldige Händler kleine Mengen von allem abwogen, was sie führten. Ich denke besonders an zwei sehr dicke und scheue Gudscharati-Damen, die mich einen ganzen Vormittag durch die Nebenstraßen von Bombay schleppten. Allmählich verlor sich ihre Scheu, als sie mich in die Geheimnisse ihrer berühmten Pickles eingeweiht hatten. Meine Informationen über Gewürze stammen von Menschen auf Sansibar, in Mesched, Beirut und Singapur; von Pflanzern in Sylhet, Coorg und Ceylon; mein Wissen über Kräuter stammt aus ganz Europa, aus Schweden, Spanien oder Bessarabien. Ich lernte von Hausfrauen, Küchenchefs, Kaufleuten, Landwirtschaftsministerien und Universitäten.

Interesse an der Küche eines Landes kann auch eine außerordentlich nützliche Nebenwirkung haben. Es ist oft sehr schwierig, mit den Bewohnern ferner Länder warm zu werden, da spricht man am besten über das Essen, denn das ist überall ein Grundthema. Selbst in sehr fremdenfeindlichen Gegenden braucht man nur Interesse an einheimischen Gerichten zu zeigen, schon findet man Einlaß in die Häuser der Menschen. Damit erweist man sich als Mitmensch, man speist nicht für sich in den großen internationalen Hotels, sondern man erfreut die Leute dadurch, daß man ihre Küche zu schätzen weiß. Gelegentlich wird dieses Motiv auch mißverstanden. Äthiopier glauben nach meiner Erfahrung offenbar, daß das einzige, was einen Mann in der Küche interessieren könnte, eine Frau ist. Zuweilen wurde ich daher auch rausgeworfen, doch meist fand ich neue Freunde und Wissenswertes für dieses Buch.

Die wissenschaftliche Grundlage des Würzens

Was wir über den Geschmack einer Speise wissen, ist in erster Linie Geruch: das heißt, die Empfindungen werden hauptsächlich in der Nase gemacht und nicht im Mund. Da Geruch und Geschmack (nach dem Tastsinn) als die primitivsten Sinne gelten, ist es ziemlich überraschend, daß wir noch keine wissenschaftlichen Grundlagen darüber haben wie etwa über Sehen und Hören. Es mag unmöglich sein, Farben und Klänge in Worten genau zu beschreiben, aber Wellenlängen und Amplituden kann man messen. Aussagen dieser Art kann ein Wissenschaftler benutzen; sie ermöglichen, jedenfalls in der Theorie, eine exakte Reproduktion. Einen Geruch oder Geschmack kann man jedoch nur vage mit Hilfe anderer Gerüche und Geschmäcker aus persönlicher Erfahrung beschreiben.

Das erstaunlichste ist die Tatsache, daß unglaublich kleine Mengen einer aromatischen Substanz ausreichen, um die Geruchsempfindung auszulösen. Wie gering ist tatsächlich die Menge an Materie, die ein Tier auf dem Boden hinterläßt, dennoch vermag ein Hund der Spur zu folgen. Über eine Meile hinweg trägt der Wind Geruchspartikel des Tigers in die Nase des Hirsches. Ziemlich sicher dagegen ist, daß es keine einfache Verwandtschaft gibt zwischen den Geruchstypen und der chemischen Zusammensetzung der Stoffe, von denen sie ausgehen. Es gibt noch andere seltsame Tatsachen. Der Geruchssinn ist im feuchten Medium schärfer als im trockenen. Und es ist eine gewisse Luftbewegung im Riechorgan nötig – das ist der Grund, warum wir uns die Nase zuhalten, wenn wir übelriechende Medizin schlucken müssen, und weshalb wir bei starkem Schnupfen das Essen fade finden.

Nur ein paar Geschmacksrichtungen können wir mit dem Mund feststellen, nämlich sauer, süß, salzig, alkalisch, metallisch, scharf (Schmerz?), bitter und adstringierend. Nimmt man das Wort Geschmack in seiner engsten Bedeutung, dann sind nur sie echte Geschmacksempfindungen. Der Rest ist Geruch.

Diese echten Geschmacksempfindungen sind für das Kochen von großer Bedeutung, weil sie die Grundlage bilden und in einem richtigen Verhältnis zueinander stehen müssen, soll das Essen gelingen. Je nach Temperatur ist unsere Empfindlichkeit dafür jedoch sehr verschieden. So wird z. B. unser Gefühl für süß und sauer schwächer bei Kälte: Deshalb wird Eis so stark gesüßt, deshalb schmeckt süßer Wein weniger süß, wenn er gut gekühlt ist. Umgekehrt wird Salz durch Kälte wirksamer, wie jeder bestätigen kann, der schon mal kalte Bouillon getrunken hat. Das ist wichtig zu wissen, wenn man solche Dinge wie Eiskrem oder Geeiste Consommé zubereiten will, die nach dem Kochen gefroren werden.

Andere Einflüsse der Temperatur sind weniger direkt. Immer mehr Tielfkühltruhen werden benutzt zum Konservieren und zur Arbeitsersparnis. Das hat gewisse Auswirkungen auf das Würzen. Während des Tiefgefrierens bilden sich Eiskristalle, die die Zellwände durchstoßen und Geschmacksstoffe freigeben, die sonst eingeschlossen blieben. Gerichte z. B., die Pfeffer enthalten, schmecken schärfer, wenn man sie wieder erhitzt. Es gibt inzwischen Spezialliteratur über dieses neue Gebiet der Kochkunst, die man zu Rate ziehen sollte, um Enttäuschungen und Geldverlust zu vermeiden.

Die Auswirkung der Hitze während des Kochvorgangs ist einigermaßen paradox, weil sie einerseits Gerüche verstärkt, andererseits aber auch zerstört. Zwei Prozesse gehen hier vor: Bei dem einen werden durch Zerstören der Gewebe und Zellen die Aromastoffe freigesetzt; bei dem anderen werden flüchtige Geruchssubstanzen, besonders die ätherischen Öle (siehe Öl) durch die Hitze ausgetrieben. Ein Koch hat also immer eine Art Drahtseilakrobatik zu vollbringen und sollte sich nicht zu sehr nach einer Seite hinüberbeugen. Langes Kochen auf kleinem Feuer schont gewöhnlich die aromatischen Bestandteile und verhindert, daß allzuviel davon in die Luft entweicht. Falls man den Deckel der Kasserole fest verschließt, bleibt ein Maximum an Aroma erhalten. Starkes Kochen verjagt die flüchtigen Geschmacksstoffe, kann aber den Grundgeschmack durch Konzentration erhöhen.

Hitze verändert auch den Geschmack der Lebensmittel dadurch, daß sie chemische Reaktionen in Gang setzt und damit den Zerfall bestimmter Substanzen und die Entstehung anderer ermöglicht. Diesen Aspekt der Geschmacksbildung behandelt dieses Buch nicht, wie es sich ebensowenig mit dem Grundgeschmack von Lebensmitteln befassen kann. Hier nur ein Beispiel: Es gibt einen erheblichen Geschmacksunterschied zwischen gebratenem und gekochtem Fleisch. Ein Stew schmeckt daher völlig anders, je nachdem, ob man gebratenes oder gekochtes Fleisch dafür verwendete.

Noch einen chemischen Vorgang gibt es, der häufig eine Veränderung oder sogar den Verlust von Geschmacksqualitäten zur Folge hat: die Oxidation durch den Sauerstoff der Luft. Das ist besonders dann der Fall, wenn der Vorgang durch Enzyme oder Mikroorganismen, die in den betreffenden Lebensmitteln enthalten sind, unterstützt wird. Es ist eine Alltagserfahrung, daß sich manche Dinge unter dem Einfluß der Luft verändern; so werden z.B. Schnittflächen farblos, und Zwiebeln, die vor längerer Zeit geschnitten wurden, verlieren ihre Würze. Generell sind diese Veränderungen unerwünscht. Würzstoffe sollten daher am Stück, nicht zerkleinert und nicht gemahlen, in luftdichten Flaschen oder Krügen aufbewahrt werden. Auf diese Weise gehen die ätherischen Öle am wenigsten verloren. Außerdem sollten sie trocken aufbewahrt werden; Feuchtigkeit begünstigt den Schimmelpilz und andere Mikroorganismen, die gewöhnlich die Würzkraft zerstören.

Durch das Trocknen verändert sich das Aroma der Kräuter, bei einigen mehr, bei anderen weniger; am meisten natürlich, wenn man ungeeignete Methoden anwendet. Es gibt heute fabrikmäßige Verfahren, die es ermöglichen, auch solche Kräuter zu trocknen, die man früher nicht oder nur mit unbefriedigendem Ergebnis trocknen konnte. Sie vermeiden auch den Heugeschmack, den Kräuter früher oft hatten, und schonen das originale Aroma.

Die meisten würzenden Substanzen natürlicher Herkunft sind bekannt, doch chemische Formeln interessieren den Koch überhaupt nicht. Einige chemische Gruppen wie Zucker und ätherische Öle werden jedoch in diesem Buch an entsprechender Stelle behandelt.

Einen Wirkungsmechanismus sollte man noch kennen, der bei so verschiedenen Dingen wie Bittermandeln und Senf auftritt, die beide ihren Geschmack erst entwickeln, nachdem sie mit Wasser gemischt wurden. Sie enthalten bittere Bestandteile, die dem Zukker verwandt sind und Glycoside heißen. Ferner enthalten sie Enzyme, und diese sind es, die die Glycoside veranlassen, mit Wasser zu reagieren. Enzyme, die wir für so manche Umwandlung in Dienst nehmen (z.B. bei der Fermentierung), sind organische Katalysatoren: das heißt, sie fördern die Reaktion von Stoffen miteinander, ohne selbst durch den Prozeß verändert oder verbraucht zu werden. Sie sind daher für fast alle Lebensvorgänge von überragender Bedeutung. Viele von ihnen sind sehr empfindlich; sie verhalten sich fast so, als ob sie lebendig wären, und gehen durch Erhitzen zugrunde. Durch Blanchieren, Braten oder Mischen mit heißem Wasser kann man also ungewollt die Aromaentwicklung verhindern.

Bestimmte Geschmacksstoffe entwickeln sich auch durch Marinieren oder Einlegen in Essig oder Salzlake sowie durch Reifeprozesse, bei denen Hefepilze, Schimmelpilze und Bakterien eine Rolle spielen. Anchovis, Essig, Kapern und Käse entstehen auf diese Weise und noch vieles mehr. Meistens kauft man diese Dinge fertig; wenn man will, kann man sie aber auch selbst herstellen, ein Mysterium ist das nicht.

Botanische, volkstümliche und fremdsprachliche Namen

Der Sinn von Namen ist in erster Linie Verständigung: Man will sicher sein, daß man dieselbe Sache meint. Volkstümliche Bezeichnungen sind jedoch eine unsichere Sache, daher werden hier die botanischen Namen angeführt, zusammen mit dem lateinischen Namen der Pflanzenfamilie, zu der die Pflanze gehört.

Pflanzenfamilien sind große Gruppen, die ungefähr gleichen Charakter haben, doch es gibt seltsame Genossen darunter. Es ist doch merkwürdig, daß die Orange, die Zitrone, Laubcurry und die Weinraute verwandt sein sollen. Eine Liste der Familiennamen findet sich im Anhang.

Der erste Teil des botanischen Namens ist der Name der Gattung. Wenn dieser Gattungsname mehreren Pflanzen gemeinsam ist, so deutet das darauf hin, daß sie eng verwandt sind. So gehören z.B. Estragon, Wermut, Eberraute und Beifuß zur gleichen Gattung, nämlich *Artemisia*.

Beide Teile des botanischen Namens zusammen sind der Name der Art. Er gehört nur dieser Pflanze und keiner anderen. Gewöhnlich ist die Art nur durch sich selbst fruchtbar, aber manchmal sind auch Kreuzungen zwischen verschiedenen Arten möglich (etwa wie Esel + Pferd = Maultier). Das Kreuzungsergebnis nennt man Hybrid. Einige Arten sind leicht zu kreuzen, z.B. die Minzen, und das stiftet Verwirrung. Innerhalb der Arten gibt es oft natürliche Abarten oder Varietäten (Kurzbezeichnung *var.*), aber auch gezüchtete Abarten. Diese sehen sich häufig überhaupt nicht ähnlich und scheinen auf den ersten Blick zu gänzlich anderen Arten zu gehören. Bekanntestes Beispiel dafür sind Kohlkopf, Blumenkohl, Rosenkohl und Kohlrabi, die nur Abarten sind. Pflanzen, die schon lange angebaut werden, verändern sich im Laufe der Zeit meistens derart, daß es unmöglich wird, die wilde Ursprungspflanze zu bestimmen. Oft nimmt man dann an, die Wildpflanze sei ausgestorben.

Und als ob das noch nicht verwirrend genug wäre für den Laien: Auch die botanischen Namen liegen nicht für alle Ewigkeit fest, sondern ändern sich mit dem Fortschritt der Wissenschaft. Nicht nur der Name der Art kann sich ändern, auch der der Gattung; manchmal wird die Pflanze sogar einer anderen Familie zugeordnet. Ferner sind manche Bezeichnungen umstritten. So hängt die Namensgebung oft davon ab, welcher wissenschaftlichen Richtung der Autor folgt und wie alt das Buch ist. Seriöse Botaniker nennen deshalb nicht nur mehrere wissenschaftliche Namen für ein und dieselbe Pflanze, sondern auch das Initial des Namensgebers. So steht etwa L. für den schwedischen Botaniker Linné, dem Schöpfer der »Binären Nomenklatur« und Stammvater der wissenschaftlichen Benennung der Pflanzen. Im lexikalischen Teil dieses Buches werden jedoch nur gelegentlich Alternativnamen aufgeführt. Doch für den Koch sind die Schwierigkeiten der botanischen Namensgebung gering im Vergleich mit der unglaublichen Konfusion, die bei den volkstümlichen Namen herrscht. Die Bezeichnung Pfeffer etwa wird für die unterschiedlichsten Dinge angewandt, ähnlich ist es bei Kümmel. Hier schaffen die botanischen Namen Klarheit. Bei den meisten Stichworten wurde auch der englische, französische, italienische und spanische Name hinzugefügt und wenn nötig auch der anderer Sprachen. Auch hier ist Vorsicht geboten, denn in vielen Ländern gibt es Dutzende von lokalen Bezeichnungen für die gleiche Pflanze. Oder was noch schlimmer ist: Der gleiche Name bezeichnet in verschiedenen Gegenden verschiedene Pflanzen. In einem italienischen Buch fand ich eine halbe Seite von Dialektnamen, doch so viele konnte ich in diesem Buch nicht verwenden. Deshalb habe ich nur die gebräuchlichsten aufgeführt; sie können bei Auslandsreisen nützlich sein. Im Zweifelsfalle aber sind es immer wieder die botanischen Namen, die einem weiterhelfen, denn sie sind international. Zusammen mit den Abbildungen sollen sie dazu beitragen, in ausländischen Restaurants, in Geschäften und auf Märkten die Gewürze und Kräuter zu identifizieren. Ich hoffe daher, daß der Leser mit diesem Buch besser gerüstet ist als ohne es.

Synthetische und schädliche Würzmittel

Es gibt eine weitverbreitete Meinung, wonach alle Kräuter gesund, alle Gewürze aber ungesund seien. Das ist töricht, denn Gewürze sind ja nichts anderes als getrocknete Teile tropischer Pflanzen. Manche Kräuter haben ausgeprägte physiologische Wirkungen und sind in größeren Mengen – zum Beispiel Weinraute und Wermut – ungesund, ja sogar giftig. Das bedeutet aber keineswegs, daß sie in normalen Mengen als Würze schädlich wären! Auch Gewürze können physiologische Wirkungen haben; Ingwer wirkt bei manchen Menschen schweißtreibend. Nelken und Zimt leisten wertvolle Dienste, weil sie den Verdauungsapparat desinfizieren. Andererseits sind große Mengen von Muskat giftig; geringere Quantitäten machen betrunken. In kleinen Mengen sind sie alle ungiftig; anders als der Grüne Knollenblätterpilz und der herrliche Oleander, die schon bei winziger Dosis tödlich sind.

So ungefährlich sind die synthetischen Würzmittel nicht. Die Schwierigkeit ist die, daß künstliche Substanzen logischerweise erst dann genossen werden sollten, wenn man absolut sicher ist, daß sie harmlos sind. Aber andererseits kann niemand für absolute Harmlosigkeit garantieren, wenn man diese Dinge nicht über einen langen Zeitraum benutzt. Es passiert immer wieder, daß synthetische Würzmittel und Farben, die zunächst als vollkommen ungefährlich galten, allmählich verdächtig werden. Wie etwa das Cumarin, dem wir den Geruch von frischgemähtem Heu verdanken und das in vielen Kräutern vorhanden ist, z. B. im Waldmeister. Es kann aus Tonka-Bohnen extrahiert oder synthetisch hergestellt werden und wurde in großem Maße zur Herstellung von Eiscreme benutzt, dessen Hauptabnehmer natürlich die Kinder sind. Jetzt ist Cumarin in vielen Ländern verboten. Ein anderer Stoff, der unter Beschuß geriet, ist das Cyclamat, ein häufig empfohlener künstlicher Süßstoff, der auch in Limonaden und Fruchtsäften verwendet wurde – die wiederum am meisten von Kindern getrunken werden. Tatsache ist, daß zahlreiche potentiell schädliche Substanzen in manchen unserer Nahrungsmittel vorhanden sind, wenn auch in kleinen Mengen. Sie können uns um so weniger schaden, je abwechslungsreicher wir essen. Konzentration und Übermaß, auch die Einführung nicht erprobter synthetischer Würzmittel könnten jedoch gefährlich werden und zu Spätschäden führen. Einige Länder haben sehr scharfe Lebensmittelgesetze, z. B. Frankreich, das einen hohen Maßstab anlegt. Ich selbst verbanne alle Kunstprodukte aus der Küche; sie sind ohnehin meist grobschlächtig und minderwertig, und schon aus diesem Grund sollte ein guter Koch sie gar nicht benutzen.

Die Praxis des Würzens

Die Kunst des Würzens führt ein Aschenbrödeldasein, wahrscheinlich weil man sie nicht auf glänzenden Farbfotos darstellen und nicht im Fernsehen demonstrieren kann. Sie ist heruntergekommen auf »eine Prise Salz«, »eine Spur Muskat«, »einen halben Teelöffel Zimt« und »Knoblauch nach Belieben«. Das Würzen ist jedoch der Angelpunkt der guten Küche; allerdings: Durch sklavisches, verständnisloses Anwenden der vorgeschriebenen Mengen erreicht man nichts. Ich hatte das Glück, viele berühmte Küchenchefs bei der Arbeit beobachten zu dürfen; selten haben sie ihre Würzzutaten abgewogen oder abgemessen. Auge, Geschmack, Instinkt und Erfahrung entschieden, wie das Gericht abgeschmeckt wurde. Das ist es, was ein Koch kultivieren sollte. Der Wohlgeschmack basiert auf guter Zubereitung und auf dem Gleichgewicht der verschiedenen Würzen, die entweder miteinander vermischt sind oder kontrastieren.

Das ist schwierig, denn die Zutaten wechseln. Wer ein Gericht zum erstenmal kocht, um Gäste besonders gut zu ehren, ist ein Optimist. Ein Rezept ist nur eine Anleitung, ein Ausgangspunkt. Der gute Koch muß wie jeder Künstler nach sorgfältigem Studieren und Üben sich seine persönliche Erfahrung aneignen. Dann wird das Rezept in das Repertoire aufgenommen – das Musikstück kann exakt und mit vollem Erfolg gespielt werden.

Große Küchenchefs schmecken ihre Kunstwerke offenbar nur dann ab, wenn es kritisch wird. Da unsereiner nicht so häufig das gleiche Gericht kocht, empfiehlt es sich, öfter abzuschmecken. Zu Anfang des Kochprozesses lohnt das noch nicht, weil sich die verschiedenen Aromen noch nicht gemischt haben. Aber meine Tante Molly, die eine exzellente Köchin ist, schmeckt sogar das Kochwasser daraufhin ab, ob es richtig gesalzen ist, und gibt dann erst das Gemüse hinein. Entscheidend ist, daß man mit Überlegung würzt und abschmeckt; dann wird man auch bald seine eigene Methode entwickeln.

Was die benötigte Menge an Würzmitteln angeht, so steht sie natürlich in einem direkten Zusammenhang mit der Anzahl Portionen, die man zubereiten will. Einige Prisen Salz reichen nun mal nicht, wenn man einen ganzen Ochsen brät. Aber häufig kann man feststellen, daß ein Koch immer vorsichtiger im Hinblick auf die Gewürzmengen wird, die er verwendet, je erfahrener er wird – das gilt besonders für das Salz. Doch das ist ein Fehler, und das Ergebnis ist immer Fadheit.

Das hat zwei Gründe. Beim Würzen denken die meisten Menschen zunächst in den Kategorien des Schulrechnens: Sie geben erst eine Knoblauchzehe hinzu, dann zwei, dann drei, dann vier usw. Dabei liegt es doch auf der Hand: Wenn man bei etwa zwanzig angelangt ist, macht eine Knoblauchzehe längst nicht mehr so viel aus wie zu Anfang. Mit anderen Worten: Je mehr man zufügt, um so weniger wirkt sich die Zutat aus.

Wenn man andererseits mit kleinen Mengen arbeitet, macht ein kleines Mehr einen großen Unterschied, denn je kleiner die Menge, um so kritischer wird die Zutat. Es ist ein erheblicher Unterschied, ob man eine Pastete mit einer viertel oder einer halben Knoblauchzehe würzt, mathematisch betrachtet der gleiche wie zwischen 10 und 20. Aber während so mancher Koch ohne nachzudenken statt einer Viertelzehe eine halbe nimmt, würde der Sprung von 10 auf 20 einen Anfall auslösen. Tatsächlich aber ist der Sprung von 10 auf 20 im Endergebnis geringer als der von ein Viertel auf ein Halb. Will man den gleichen Wirkungsgrad bei höheren Quantitäten erreichen, müßte man statt 10 Knoblauchzehen etwa 25 oder 30 nehmen. Bis es dann schließlich egal ist, wieviel Knoblauch man auch immer zufügt: Der Gaumen unterscheidet es nicht mehr. Daher das Gesetz: Je kleiner die Menge des Würzmittels, um so schwieriger ist es, sie richtig zu bemessen.

Am schwierigsten ist es, drei grundsätzliche Geschmacksrichtungen aufeinander abzustimmen wie etwa Salz, Zucker und Essig, z.B. in der pikanten Erdnußsoße für indonesisches *Sate*. Es ist leicht, ein saures Gericht perfekt zu süßen. Aber wenn als drittes Element Salz hinzugefügt wird, ändert sich die Beziehung der beiden ersten zueinander. Für jeden, der am Würzen Spaß hat, ist das ein faszinierendes Problem.

Noch ein letzter praktischer Hinweis: Das Gewürzfach sollte in der Nähe des Herdes sein, nicht am anderen Ende der Küche. Manche Köche verweisen voller Besitzerstolz auf einen ganzen Satz zusammenpassender Krüge, natürlich schön beschriftet; ich bin nicht dafür. Glasbehälter sind mir lieber, weil man gleich sehen kann, was darin ist (will man etwas länger aufbewahren, sollte man jedoch kein durchsichtiges Glas benutzen). Außerdem haben meine Gläser alle verschiedene Größen und Formen; daher brauche ich nicht erst die Aufschrift zu lesen und finde das richtige Glas auch dann, wenn es auf dem Brett hinter anderen steht. Je mehr Zeit man spart, um so mehr Zeit hat man zum Kochen, das ist eine Binsenweisheit.

Kräuter im Garten

Der Geschmack mancher Kräuter ändert oder mindert sich, wenn sie getrocknet werden, von Aussehen und Beschaffenheit ganz abgesehen. Und da außerdem frische Kräuter nicht überall erhältlich sind, bleibt als einzige Lösung, sie selbst zu ziehen. Gärtnerische Hinweise werden im lexikalischen Teil gegeben; sie können nur ziemlich allgemein sein, weil so vieles von Boden und Klima abhängt. Tüchtige Gärtner besitzen ohnehin das für sie richtige Gartenbuch.

Ich selbst bin kein besonders tüchtiger Gärtner; mir fehlt die Zeit dazu, und gewöhnlich bin ich gerade dann nicht zu Hause, wenn bestimmte Arbeiten erledigt werden müssen. Nach meiner Erfahrung geben die Gartenbücher zu anspruchsvolle Anleitungen, die für den Koch unwichtig sind. Alles, was wir wollen, ist ein bestimmtes Kraut, und zwar dann, wenn wir es brauchen. Für uns ist es ganz gleich, ob es sich um eine wunderbar gewachsene Pflanze in vollem Flor handelt oder um ein paar junge Pflänzchen, die sich in einer Ecke selbst ausgesät haben. Richtig allerdings ist, daß die meisten Kräuter kurz vor der Blüte am aromatischsten sind.

Ich säe und pflanze meine Kräuter auf die Blumenbeete, »querbeet« gewissermaßen, wobei ich in etwa berücksichtige, ob sie Schutz lieben oder volle Sonne, Halbschatten oder Kalk usw., ohne das jedoch zu übertreiben. Meist stellt sich heraus, daß ich durch Zufall die richtige Stelle für meine Stecklinge, Pflanzen oder Samen gefunden habe. Dort können sie sich dann entwickeln; an Stellen, die ihnen nicht zusagen, gedeihen sie entweder nicht oder gehen zugrunde. Bei einjährigen und zweijährigen Pflanzen genügt es manchmal, wenn man die Samen ausreifen läßt. Sie kommen dann im nächsten Jahr wieder. Ausdauernde (perennierende) Pflanzen verursachen überhaupt keine Arbeit, wenn sie einmal angewachsen sind. Auch diese kann man gelegentlich in Samen schießen und sich selbst aussäen lassen.

Mit dieser Faulenzer-Methode kann man ohne Schwierigkeiten recht schnell einen Kräutergarten einrichten. Es gibt nur wenige Dinge, die ernsthafte Arbeit machen. Die meisten Kräuter sind dekorative Pflanzen, man sollte ihnen daher gestatten, dort zu wachsen, wo *sie* wachsen wollen. Hier unterscheiden sich die Gesichtspunkte des Kochs und des echten Gärtners.

Und jetzt, am Schluß, muß ich wohl das tun, was ich am Anfang hätte tun sollen: Würze zu definieren. Doch sie entzieht sich leider genauer Definition. Probiert man ein gut abgeschmecktes Gericht, wird einem klar, daß sein Wohlgeschmack nicht allein abhängt von diesen und jenen Dingen, die den Grundbestandteilen zugefügt wurden; es sind zunächst einmal die Grundbestandteile selbst und die Ausgewogenheit und Qualität der Ingredienzen.

Entscheidend ist nicht die Tatsache, was ein Gewürz *ist*, sondern das Bewußtwerden der Harmonie der Ingredienzen und der speziellen Würzmittel, die die Ingredienzen vervollkommnen. Man muß wissen, welche Gerichte die Zutat von Kräutern und Gewürzen benötigen; man muß aber auch wissen, bei welchen Gerichten Kräuter und Gewürze unnötig oder sogar ein Sakrileg sind. Fast alle Nahrungsmittel haben einen Eigengeschmack, der je nach Garungsmethode verschieden ist. Öle, Fette, ja sogar Wasser beeinflußt diesen Geschmack. In Rom kann man an bestimmten Quellen elegante Damen im Nerzmantel beobachten, wie sie Flaschen mit Wasser füllen, das einen besonderen Ruf für Kochzwecke hat. Einer meiner Freunde, der ein erstklassiges Restaurant besitzt, schwört darauf, daß der Ruhm, den eine seiner Spezialitäten genießt, darauf beruht, daß zur Herstellung Mineralwasser statt Leitungswasser benutzt wird. Ist das eine Würze? Ob sie nun recht haben oder nicht – und ich vermute, sie haben recht –, die römischen Damen und mein Freund geben sich Mühe, und das ist die Grundlage aller überdurchschnittlichen Leistung und aller Genialität.

Entscheidend dafür, ob ein Würzmittel Aufnahme fand in diesem Buch oder nicht, war für mich die Frage der Verwendbarkeit. Einige ziemlich ungewöhnliche Dinge mußten aus Umfangsgründen wegfallen; manches, worüber man diskutieren könnte, z.B. einige allzu deftige Salatkräuter und Ölsamen, sind dagegen verzeichnet.

Gewürze und Kräuter sind glücklicherweise sehr billig; mit ihnen läßt sich das gewöhnlichste Alltagsgericht verwandeln und verzaubern. Doch Vorsicht, es gibt zwei Sprichwörter zu beachten. Das eine stammt aus England und lautet: »Genug ist so gut wie ein Fest«; das andere stammt aus Rumänien: »Zuviel ist besser als genug.« Man kann beide ablehnen, doch sie besagen im Grunde nichts anderes, als daß das Individuum die letzte Instanz in Geschmacksfragen ist. Man sollte sich also auf seinen eigenen Gaumen verlassen und allen Nahrungsmitteln und Würzen mit Interesse und Neugier begegnen. In einer Zeit, die derart zur Uniformität drängt, sind diejenigen glücklich zu preisen, denen das Kochen nicht eine Last ist, sondern eine schöpferische Betätigung und eine Möglichkeit der Selbstverwirklichung. Und glücklich zu preisen sind auch ihre Freunde, die sie in ihren Häusern bewirten.

Lexikalischer Teil

Ajowan

ENGL: Ajowan, Ajwain, Bishop's Weed
BOT: Carum copticum
FAM: Umbelliferae
Tafel II, Nr. 9, Seite 83
Zeichnung 20, Nr. 4, Seite 232

Ajowan ist ein Samengewürz, das dem Kümmel und Kreuzkümmel nahe verwandt ist. Es wird in Indien angebaut, in geringerem Ausmaß auch in Ägypten, Persien und Afghanistan. Im Aussehen ähnelt es großen Selleriesamen, doch schmeckt es ziemlich brutal nach Thymian, denn es enthält beträchtliche Mengen des scharfen Thymianöls. Ein Extrakt dieses Öls ist Thymol oder Thymiankampfer, im chemischen Aufbau dem Karbol verwandt und ein sehr wirksames Antiseptikum. Im Anbaugebiet trinkt man Ajowan-Wasser gegen die Cholera. In der indischen Küche ist man überhaupt nie sicher, ob eine Zutat als Würze oder als Medizin gedacht ist. Oft dient sie wohl beiden Zwecken gleichzeitig, denn da die Inder ihren Eiweißbedarf hauptsächlich durch Hülsenfrüchte decken, benutzen sie gern Gewürze, die Blähungen vermeiden helfen.

Ajowan gibt manchen scharfen Gerichten der indischen Küche den thymianähnlichen Geschmack (z.B. *Ompadi, Namkin, Boondi, Sev*) und wird auch in entsprechenden Kochbüchern, sofern sie nicht allzu europäisch orientiert sind, häufig erwähnt. Bei uns ist es ziemlich unbekannt, kann jedoch gelegentlich als ziemlich grober Ersatz für Thymian nützlich sein. Doch kann auch Ajowan in indischen Rezepten gut durch Thymian ersetzt werden. Außer in Notfällen sollte man jedoch nicht umgekehrt Thymian durch Ajowan ersetzen: Er ist zu grobschlächtig im Vergleich zu dem subtilen Thymian. Der trockene Samen ist unbegrenzt haltbar.

Alant

Andere Namen: Echter Alant, Alantwurzel
ENGL: Elecampane
FR: Aunée, Héléne, Inule
IT: Enula (campana)
SP: Enula campana
BOT: Inula helenium
FAM: Compositae
Tafel V, Nr. 8, Seite 165

Die Pflanze wird einen Meter hoch, manchmal auch höher, die Blüten ähneln Gänseblümchen. Sie stammt aus Europa und Nordasien und ist inzwischen auch in Amerika heimisch. Früher wurde sie in großem Ausmaß in Europa angebaut, hauptsächlich zur Verwendung in der Volksmedizin. Die kandierte Wurzel diente bis in unser Jahrhundert hinein zum Würzen verschiedener Süßspeisen. Bitterliköre werden auch heute noch mit Alantwurzel aromatisiert.

Alant läßt sich leicht im Garten ziehen, er liebt einen feuchten, etwas schattigen Standort. Die Wurzeln werden im Herbst ausgegraben. Da die ganze Pflanze den Aromastoff enthält, kann man die Blätter zum Würzen verwenden.

Alant sollte nicht verwechselt werden mit der Abart *Inula crithmoides* und der nahe verwandten *Inula conyza*, die auf den Kalkböden Englands und Wales' sehr verbreitet ist.

Aloe

ENGL: Aloe
FR: Aloès
IT: Aloe
SP: Aloe
BOT: Aloe vera
FAM: Agavaceae
Zeichnung 2, Nr. 3, Seite 40

Die Angehörigen der Aloe-Familie sind als Gewächshaus- und Schmuckpflanzen bekannt. Die Rosetten ihrer fleischigen, ledrigen, schwertförmigen Blätter ähneln ein wenig der Aspidistra; ihr Stammland ist Südafrika und die Westindischen Inseln. Einige Sorten enthalten einen honigähnlichen, äußerst bitteren Saft, der beim Eindicken schwarz wird. Man verwendet ihn in geringen Mengen bei der Herstellung von Magenbitter; in manchen Gegenden bestreicht man kleinen Kindern damit die Fingernägel, um ihnen das Nägelkauen abzugewöhnen.

Aloe spielte früher eine gewisse Rolle als Abführmittel; man kauft es am besten fertig in der Drogerie. Vor Experimenten mit Pflanzen aus eigenem Anbau ist zu warnen: Einige Abarten dieser großen Familie sind sehr giftig.

Ambra (graue)

ENGL: Ambergris
FR: Ambre gris
IT: Ambra grigia
SP: Ambar gris

Der Name »graue Ambra« bedeutet grauer Bernstein, weil es wie dieser an der Küste angespült wird; früher glaubte man, es sei pflanzlichen Ursprungs. Es ist enorm wertvoll, und der Strandläufer, der das Glück hat, Ambra zu finden, kann ein kleines Vermögen damit machen.

Tatsächlich ist Ambra halbverdauter Tintenfisch aus den Eingeweiden kranker Pottwale. Walfänger finden es gelegentlich beim Ausweiden ihrer Fänge. Im Aussehen variiert es von Grau über Schwarz zu Marmoriert; es ist fett und kittartig. So scheußlich das klingt, es hat aber einen süßen, erdigen Geruch und duftet etwas nach Veilchen, auch der »Moschus-Hauch« des Tintenfischs fehlt nicht. So ist es nicht verwunderlich, daß es in der Parfüm-Industrie verwendet wird.

Als Würzmittel war Ambra in der Küche der Reichen während des 16. und 17. Jahrhunderts gebräuchlich und galt – oft gemischt mit Schokolade – als hochgepriesenes Stärkungsmittel. Gelegentlich wird es in neueren Likör-Rezepten erwähnt. Einige Fachleute schreiben, es werde heute noch in der Küche des Fernen Ostens benutzt; ich kann das nach meiner Erfahrung nicht bestätigen und halte es auch für zweifelhaft, da man jetzt ja weiß, woraus es besteht. Ambra löst sich in Alkohol, und diese Essenz ist hier und da erhältlich.

Gemahlene Ambra wurde in der Küche des Altertums ebenfalls verwendet; das war natürlich zerstoßener Bernstein.

Weißer Andorn

ENGL: Horehound, Hoarhound
FR: Marrube
IT: Marrobio, Marrubio
SP: Marrubio
BOT: Marrubium vulgare
FAM: Labiatae
Zeichnung 13, Nr. 5, Seite 148

Andorn stammt aus Zentralasien und Europa, wurde aber auch nach Nordamerika verpflanzt. In Mitteleuropa und Britannien ist er auf kalkhaltigen Böden ziemlich häufig zu finden. Er hat einen aromatischen Geruch, der jedoch nicht jedem zusagt. Mit weißem Andorn würzt man Süßwaren (z. B. Hustenbonbons) und in England »Horehound-Ale«. Manchmal wird er für Soßen, Eintöpfe, Salate und sogar für Backwerk empfohlen. Andorntee gilt seit alters her als Heilmittel bei Husten und Erkältung.

Angelika

Andere Namen: Brustwurz, Engelwurz, Theriakwurzel

ENGL: Angelica, Garden Angelica
FR: Angélique
IT: Angelica

Trotz ihrer Größe gehört die einjährige oder zweijährige Echte Angelika zur Familie der Petersilie. Sie wird bis zu 2 m hoch, der hohle Wurzelstock kann fast 10 cm dick werden, die Blüten sind weiß. Man zieht sie aus Samen, was allerdings nur gelingt, wenn der Samen ganz frisch ist. Sie bevorzugt einen reichen, feuchten Boden im Halbschatten.

Als Ursprungsland wird entweder Nordeuropa oder Syrien angegeben. Woher sie auch immer stammt, sie wächst heute wild von den Alpen und Pyrenäen bis hinauf nach Lappland, den Faröern, Island und Sibirien. Als Würzkraut ist Angelika nicht sehr alt; wahrscheinlich wird sie etwa seit dem 14. Jahrhundert in Mitteleuropa verwendet. In Frankreich und Deutschland wird sie gewerbsmäßig angebaut (hauptsächlich in Thüringen und Franken). Sie kann bis zu einem Prozent ätherische Öle, Angelikasäure, Baldriansäure, Hydrokarotin, Bitter- und Gerbstoffe enthalten.

Warum diese Pflanze in fast allen europäischen Sprachen mit Engeln in Verbindung gebracht wird, vermag niemand zu sagen. In alten Büchern kann man lesen, sie helfe gegen den »bösen Blick«; früher schrieb man ihr überhaupt allerlei Heilwirkung zu. Sie wird auch heute noch in der Medizin gebraucht, hauptsächlich zur Förderung der Verdauung.

Angelika ist am besten bekannt in der kandierten Form; man verziert damit Kuchen und Biskuitgebäck. Ausgangsprodukt dafür sind die jungen grünen Stengel. In der Küche wird jedoch die ganze Pflanze verwendet: Stengel, Blätter, Samen und Wurzel. Stengel und Blätter gelten in manchen Ländern als Gemüse, z.B. in Grönland, Schweden, Finnland und den Faröern. Blanchierte junge Schößlinge kann man auch als Salat essen. Gehackte Blätter werden manchmal für Kräutermischungen empfohlen oder als Zutat für eine richtige Fischsuppe. In Zucker gekocht wird sie auch als Nachspeise geschätzt; am besten ist ihr Aroma aber in Rhabarber und Orangenmarmelade. Die Kosmetikindustrie verwendet Angelika z.B. in Zahnpasta; auch einige Liköre und Aperitifs enthalten sie, entweder als Auszug oder als ätherisches Öl: Absinth, Wermut oder sogar Gin.

Angelika hat einen kräftigen, durchdringenden Geschmack, den manche als moschusartig empfinden, er variiert jedoch beträchtlich je nach Klimazone. Viele Leute mögen Angelika überhaupt nicht, man sollte sie daher mit Vorsicht verwenden.

Die verwandte Wilde Angelika wächst in Mitteleuropa und Großbritannien in feuchten Wäldern und Wiesen und blüht im Juli/August. Die amerikanische Abart wird oft fälschlich Alexanders (Gebolde) genannt; eine weitere Abart findet sich in Japan. Keine von allen dreien erreicht das gute, kräftige Aroma der echten Garten-Angelika.

SP: Angélica
BOT: Angelica archangelica
(Archangelica officinalis)
FAM: Umbelliferae
Zeichnung 11, Nr. 5, Seite 132

Wilde Angelika
ENGL: Wild Angelica
FR: Angélique sauvage
IT: Angelica selvatica
SP: Angélica sylvestris
BOT: Angelica sylvestris
Amerikanische Angelika
BOT: Angelica atropurpurea
(Archangelica atropurpurea)

Angostura

ENGL: Angostura Bitters, Angostura Bark, Cuspara Bark

Angostura ist der frühere Name einer venezolanischen Stadt am Orinoco, die heute Ciudad Bolivar heißt. Der Bitterlikör, der ihren Namen trägt, war ursprünglich ein Mittel gegen das Fieber und wurde im vorigen Jahrhundert von einem Dr. Siegert erfunden. Heute wird der berühmte Angostura in Trinidad hergestellt und soll aus Zimt, Nelken, Gewürznelke, Muskat, Orangen- und Zitronenschale, zerquetschten Pflaumen samt Steinen, Chinin und Rum bestehen.

Angostura ist ein augezeichneter aromatischer Bitterlikör und kann außer in Pink Gin und Champagner Cocktails dazu benutzt werden, geeisten Früchten, Eiskrem und Eisbechern einen Hauch von Bitteraroma zu verleihen. Er ist außerdem ein gutes Mittel gegen Schluckauf: Man nehme eine Scheibe Zitrone, streue Zucker und dann einige gute Spitzer Angostura drauf . . .

Anis

ENGL: Anise, Sweet Cumin
FR: Anis
IT: Anice
SP: Anis
BOT: Pimpinella anisum
FAM: Umbelliferae
Zeichnung 11, Nr. 2, Seite 132

Anis ist eine einjährige Pflanze, die ungefähr 60 cm hoch wird. Wie beim Koriander sind die Blätter am Fuß des Stengels gelappt, weiter oben jedoch gespalten, die Blüten sind gelblichweiß. Zur Verwendung des Grüns kann man die Pflanze leicht an einem warmen, geschützten Platz selbst ziehen; der Samen – das eigentliche Gewürz – wird in unseren Breiten jedoch nur in besonders warmen Sommern richtig reif. Da man den Samen leicht bekommen kann, sollte man den Versuch unterlassen.

Die Pflanze stammt aus der Levante und wurde schon im alten Ägypten, in Griechenland und Rom benutzt. Von dort aus verbreitete sie sich im Mittelalter auf ganz Süd- und Mitteleuropa. Hauptanbauland ist heute Spanien, doch werden italienische Sorten höher geschätzt.

Von unverwechselbarem Charakter ist der würzig-süße Geruch, den der Anis dem Anethol verdankt, einem ätherischen Öl, das in ähnlicher Menge auch im Sternanis, in geringerer Menge im Fenchel enthalten ist (jedoch nicht im wilden).

Anis wird zum Würzen von Süßspeisen und Cremes gebraucht, in Ost- und Nordeuropa auch für Kuchen und Brot. Seine Hauptbedeutung hat er wohl in der Alkoholindustrie, wo er bei der Herstellung verschiedener Liköre und Aperitifs Verwendung findet. Um das Aroma zu extrahieren, wird der Anis entweder in Alkohol mazeriert oder der Same im Dampf destilliert, wobei Anisöl entsteht. Die meisten Mittelmeerländer haben wenigstens ein Anisgetränk, und das basiert meist nicht nur auf Anis, sondern auch auf Fenchel und Sternanis. In Frankreich etwa, speziell in der Provence, gibt es sowohl die *Pastis* (*Pernod, Ricard, Berger* usw.) als auch den Anisette, einen süßen Likör. In Spanien und Nordafrika gibt es eine Menge ähnlicher Anisgetränke. Weniger beliebt sind sie in Italien, doch Griechenland schätzt seinen *Ouzo*, in den östlichen Mittelmeerländern ist eine andere Version sehr verbreitet, der *Arrak*. Liebhaber von Anisgetränken sind auch die lateinamerikanischen Länder.

Anisgetränke lassen sich vorzüglich als Würzmittel verwenden. Mancher Küchenchef bereitet seine Knoblauch- und Petersilienbutter (zu Schnecken) mit ein paar Tropfen Pernod; und in einer Mischung aus *Pastis* und Olivenöl mariniert man mediterranen Klippenbarsch, bevor er in die *Soupe de poisson* wandert. Außerdem gibt es einige Spezialitäten, zu denen man *Ricard* braucht, wobei die Basis Huhn, Rebhuhn, Krebs, gesalzener Kabeljau, Meeräsche oder Makrele sein kann. Mit Anisette wird die Soße für Hummer Courchamps gewürzt, Pernod braucht man zu Austern Rockefeller. Anisgetränke passen sehr gut zu Kastanien-Gerichten und zu getrockneten Feigen. Als ich auf Mallorca lebte, schenkten mir einheimische Freunde zu Weihnachten Plätzchen aus zerkleinerten Feigen, die mit Anisette gewürzt und in Feigenblättern oder Weinlaub getrocknet waren (katalanisch: *Pa de figues*).

Auch im Fernen Osten ist Anissamen ein häufig benutztes Gewürz. Die Inder verwenden ihn zu bestimmten Arten von Curry, besonders in Bengalen zu Gemüse- und Fischgerichten. Nach dem Essen kaut man den Samen (auch Fenchelsamen), um den Atem zu reinigen und die Verdauung zu fördern. Für diesen Zweck wird der Anis gewöhnlich leicht angeröstet, wodurch er einen nussigen Geschmack erhält. Die grünen Blätter des Anis werden seltener benutzt, doch manche mögen sie als Würzkraut oder zu Salat. Ein beinahe klassisches französisches Gericht schreibt vor, kleingehackte Anisblätter über junge Karotten zu streuen, aber nach meiner Meinung gehört zu jungen Karotten nichts anderes als zerlassene Butter.

Anispfeffer

ENGL: Anise-pepper
CHINESISCH: Faah Jiu
BOT: Zanthoxylum piperitum
FAM: Rutaceae

Dieses Gewürz ist bei uns weniger bekannt, spielt jedoch in China eine große Rolle. Es sind die getrockneten roten Beeren eines kleinen, federblättrigen dornigen Baumes; der Geschmack ist scharf und aromatisch. Anispfeffer ist eines der Bestandteile der chinesischen »Fünf-Gewürze« und wird gewöhnlich zu Fisch und zu anderen Ausgangsprodukten mit kräftigem Eigengeschmack verwendet.

Anschovis

ENGL: Anchovy
FR: Anchois
IT: Acciuga, Alice
SP: Anchoa, Anchova
ZOOL: Engraulis encrasicholus
FAM: Engraulidae

Die Anschovis oder Sardelle ist ein kleiner Fisch mit dunkelblauem Rücken und silbrigem Bauch; sie lebt im Mittelmeer und an den altlantischen Küsten Mitteleuropas. Normalerweise ist sie 7–8 cm lang, kann jedoch auch eine Länge von 20 cm erreichen. Frisch genossen ist das weiße Fleisch sehr wohlschmeckend, und nichts weist auf den typischen Anschovis-Geschmack hin, der sich erst nach der Behandlung bildet: Er entsteht wie auch die rotbraune Farbe nach monatelangem Einlegen in Salz durch Fermentierung. Die Herstellung von Anschovis oder anderem fermentierten Fisch ist seit Jahrtausenden den Mittelmeervölkern bekannt (siehe FISCH ALS WÜRZE).

Wenn man in einer Gegend lebt, wo Anschovis gefangen werden (in der Nacht bei Lampenlicht, von März bis September), kann man sie leicht selbst einlegen. In den einheimischen Geschäften gibt es zu diesem Zweck spezielle gradwandige Glaskrüge ohne Deckel zu kaufen. Hat man den Krug, so geht man zum Strand und sucht sich einen flachen Stein, der gerade in den Krug paßt. Die frischen Anschovis werden gereinigt, Kopf und Eingeweide entfernt (die Tochter des Fischhändlers wird so freundlich sein). Die Fische werden nun lagenweise dicht in den Krug gepackt; jede Lage wird gut mit grobem Salz bestreut. Man rechnet gewöhnlich 125 g Salz auf 500 g Anschovis. Auf die oberste Lage kommt dann der Stein, der die Aufgabe hat, den Fisch herunterzudrücken, damit er

1
2
3
4
5
6
7
8

immer von der Lake bedeckt ist, die sich nach und nach bildet, weil das Salz den Zellsaft extrahiert. Oft bildet sich obenauf eine Schimmelkruste; sie kann später entfernt werden und ist ohne jede Bedeutung. Nach ein paar Monaten sind die Anschovis »reif« und haben die Farbe und den Geschmack angenommen, der für sie typisch ist. Jetzt kann man ohne Schwierigkeiten die beiden Filets auseinandertrennen und die Rückengräte entfernen.

Diese Art Anschovis eignet sich am besten als Würzmittel: Vor Gebrauch legt man sie kurze Zeit in Wasser, um den Salzgehalt zu verringern. Leider sind sie in Nordeuropa und Nordamerika selten erhältlich, man bekommt meist nur Anschovis in Öl angeboten. Eine dritte Art ist die trocken gesalzene, doch hat sie gewöhnlich einen leicht ranzigen Geschmack, der für bäuerlich-mediterrane Gerichte angehen kann, den meisten Menschen jedoch nicht besonders sympathisch ist. Anschovispasten, -soßen und -essenzen sind weniger gut im Geschmack, oft übersalzen, um sie haltbar zu machen, oder sogar gefärbt mit solchen Dingen wie Armenischem Bolus (einem roten Lehm). Im viktorianischen England war es üblich, Fleisch mit Anschovis zu spicken; überhaupt benutzte man sie so, als wäre sie eine Art Salz, weil kleine Mengen sich gut mit fast jedem Grundaroma vertragen und es reicher machen, ohne dabei vorzuschmecken.

Wer Anschovis mag, wird ohne Schwierigkeiten einige Dutzend Möglichkeiten der Zubereitung ausfindig machen. Es gibt Rezepte aus allen Teilen Europas. Anschovisfilets in Öl und gewässerte Salzanschovis sind zusammen mit Butter und Brot ein beliebtes Horsd'œuvre. Aus Belgien und Holland stammt ein Rezept, das ich besonders schätze: Anschovisfilets, mariniert in Weinessig, versetzt mit dünnen Zwiebelscheibchen und einigen Spänchen Zitronenschale, das schmeckt köstlich zu Wodka. In Italien gibt es Anschovisfilets mit Tomatensoße, die mit weißen Trüffeln gewürzt ist. In England bekommt man Anschovistoast, in Frankreich *Anchoiade* und *Beignets* aus gewässerten Anschovis, in Butter gebakken. Anschovis paßt sehr gut zu Käse, wird in Italien häufig als Garnierung von Pizzas und zu solchen Gerichten wie *Crostini di mozzarella* und Provatura-Käse gebracht.

Anschovis paßt zu schwarzen Oliven und Kapern, etwa in der *Tapénade* Südfrankreichs, wozu alle drei zu einer »Decke« zerstampft sind, zusammen mit Schnaps, Bergthymian, Lorbeer und einem Schuß Weinessig. Anschovis und Knoblauch gehören zur berühmten piemontesischen *Bagna cauda*: Beide werden fein gehackt und in einer Mischung aus Butter und Olivenöl zerschmolzen. Bei Tisch wird diese sehr schwer verdauliche Soße entweder in einem Gemeinschaftstopf mit einer Spiritusflamme darunter warm gehalten, oder jeder Gast erhält sein eigenes Tongefäß mit einer Kerze darunter. Rohes Gemüse, speziell Artischocken, taucht man in diese Soße, die traditionell mit weißen Trüffeln gewürzt wird, was meiner Ansicht nach jedoch Verschwendung ist. Ein Krug mit gesalzenen Anschovis sollte in keiner guten Küche fehlen; man kann sie unendlich lange aufbewahren, vorausgesetzt,

Zeichnung 1
1 Japanische Büschelzwiebel oder Welsche Zwiebel
2 Schalotten
3 Längliche Zwiebel
4 Plattrunde Zwiebel
5 Porree
6 Luftzwiebel
7 Schnittlauch
8 Knoblauch

sie bleiben mit Lake bedeckt. Und selbst die Lake kann man als Würze verwenden. Schade, daß sie bei uns so schwierig zu bekommen sind, aber vielleicht ändert sich auch das noch.

Arecanuß

ENGL: Areca Nut
INDISCH: Supari
BOT: Areca catechu
FAM: Palmaceae
Zeichnung 17, Nr. 3, Seite 208

Das Betel-Kauen ist in Asien und überall dort, wo Inder wohnen, sehr verbreitet, es prägt die Gewohnheiten wie das Rauchen. Hauptbestandteil der verschiedenen Betelmischungen ist die Arecanuß, ein Stimulantium. Die Nuß ist die Frucht einer Palme, die aus Malaysia stammt und durch ihren hohen, sehr schlanken Wuchs kenntlich ist.

Die Nüsse wachsen zu losen Bündeln von hundert oder mehr. Der etwa walnußgroße Kern ist von einer faserigen Schale umgeben. Die Bündel werden entweder grün geerntet (»weiche Nüsse«) oder wenn sie orangegelb oder scharlachrot und reif sind.

Die unreifen weichen Nüsse werden geschält, dann gekocht, um das Tannin auszutreiben, und schließlich in der Sonne getrocknet. Die reifen Nüsse werden mit der Schale getrocknet, bis der Kern sich lockert.

Die Arecanuß sieht etwa aus wie eine Muskatnuß; das Fleisch der ungekochten Nuß ist cremig-weiß, geädert mit bizarren braunen Falten. Es ist außerordentlich hart und muß zum Gebrauch kleingehackt werden; der Eigengeschmack ist gering, doch wirkt es stark adstringierend. Im Fernen Osten ist Arecanuß ein bedeutender Handelsartikel.

Bachbunge

ENGL: Brooklime, Water Pimpernel
FR: Beccabunga, Cresson de cheval (chien), Véronique cressonné
IT: Erba grassa
SP: Becabunge
BOT: Veronica beccabunga
FAM: Scrophulariaceae
Zeichnung 16, Nr. 4, Seite 200

Diese wilde Salatpflanze wächst in Britannien und auf dem Kontinent in Teichen, Flüssen und Sumpfland. Sie hat kleine blaue Blüten und ziemlich große, glattrunde, fleischige Blätter, die wie Brunnenkresse dem Salat zugefügt werden können.

Falls man im Wasser wachsende Salatpflanzen benutzt, sollte man jedoch sicher sein, daß keine Verunreinigung durch Abwässer vorliegt. In manchen Ländern ist es nicht ratsam, Wasserpflanzen zu essen; allerdings habe ich auch schon Gemüse verzehrt, das im Nil gewachsen war, ohne Schaden zu nehmen. Wahrscheinlich hatte ich nur Glück, daß meine Neugier nicht bestraft wurde. Im Fernen Osten ist es üblich, Salatgemüse in verdünntem Permanganat und Pottasche zu waschen; die Wirkung ist gleich Null.

Balsamkraut

Andere Namen: Frauenblatt, Marienblatt, Pfefferblatt

ENGL: Costmary, Alecost (Brit.), Bibleleaf (USA)
FR: Balsamite
IT: Costo
SP: Balsamita
BOT: Tanacetum balsamita
FAM: Compositae

Die perennierende Pflanze erreicht eine Höhe von fast 1 m und hat gelbe, knopfartige Blüten. Vom Rainfarn *(Tanacetum vulgare)* unterscheidet sie sich dadurch, daß sie keine gefiederten Blätter hat und angenehmer riecht. In unseren Breiten kommt sie nicht zur Samenreife; die Vermehrung erfolgt daher durch Teilung der Kriechwurzeln. Sie gedeiht in fast allen Böden und ist, da sie sich zum Trocknen eignet, im Handel erhältlich.

Balsamkraut stammt aus dem Fernen Osten und war schon den alten Ägyptern, Griechen und Römern bekannt, letztere brachten es wahrscheinlich zu uns. Culpeper, ein Botaniker des 16. Jahrhunderts, nennt es »allgemein bekannt«. Die Kolonisten nahmen es mit nach Amerika, wo es heute in den Staaten des Ostens und Mittelwestens wild an den Straßenrändern wächst.

Den amerikanischen Namen Bibleleaf (Bibellaub) erhielt es, weil die ersten Einwanderer seine langen Blätter als Lesezeichen für die Bibel verwendeten. Es wurde auch benutzt, um selbstgebrautes Bier zu würzen, daher der englische Nebenname Alecost. Heute dient Balsamkraut als Würze für Suppen, Wild- und Geflügelgerichte, zu Kalbfleisch und Fleischfüllungen, zu Salaten und sogar zu Kuchen.

Basilikum

Andere Namen: Basilkraut, Suppenbasil, Königskraut

ENGL: Sweet Basil, Basil
FR: Basilic commun
IT: Basilico
SP: Alabega, Albahaca
BOT: Ocimum basilicum
FAM: Labiatae
Tafel III, Nr. 3, Seite 99

Basilikum ist eines der wichtigsten Küchenkräuter und kam wahrscheinlich von Indien über den Mittleren Orient nach Europa. Bei uns wird es seit dem 16. Jahrhundert, in Amerika seit dem 17. Jahrhundert benutzt; es ist also noch nicht sehr lange im Gebrauch. In Indien gibt es eine Abart (*Ocimum sanctum*), das ist das heilige *Tulsi*, dem die Hindus größte Verehrung entgegenbringen. Zur Zeit der britischen Herrschaft ließ man Hindus, die ja kein Äquivalent zur Bibel haben, vor Gericht auf *Tulsi* schwören.

Im europäischen Mittelalter galt Basilikum als Symbol der Fruchtbarkeit. Ganz anderer Meinung war der flämische Doktor van Helmont (1577–1644), einer der Väter der experimentellen Naturwissenschaft; er glaubte, daß zerstoßenes Basilikum, in eine Höhle zwischen zwei Ziegeln gepackt, sich in Skorpione verwandle! Dieses Schauermärchen stammt sicher nicht aus Belgien, sondern aus Südeuropa, wo man fast unter jedem Stein kleine Skorpione findet, wenn man sich die Mühe macht.

Basilikum ist eine Einjahrespflanze und, da sie aus wärmeren Breiten stammt, nicht frosthart. Sie wird etwa 60 cm hoch und hat hellgrüne, seidig-zarte Blätter, etwa in der Größe eines Buchenblattes. Inzwischen waren aber die Pflanzenzüchter nicht untätig, und so gibt es heute Varianten, deren Blätter dem Salat ähneln. Die Blüten sind klein und cremig-weiß.

Basilikum verlangt leichten, reichen Boden oder Kompost; man zieht es am besten im warmen Kasten oder unter Glas, wenn die Frostgefahr vorbei ist. Günstig ist ein sonniger Standort, der vor kalten Winden geschützt ist; man setzt sie im Abstand von 30 cm. Durch Auskneifen von Schößlingen kann man das Basilikum in Buschform ziehen, doch sind alte Pflanzen, die in einem Klima aufwuchsen, das ihnen wenig zusagte, gewöhnlich minderwertig und ledrig. Und, was noch schlimmer ist, sie verlieren fast ganz ihren delikaten süßen Geruch und nehmen strenge Duftnoten an. Folgesaat ist daher empfehlenswert – in Kästen oder Schalen –, so daß immer junge Pflanzen zur Verfügung stehen. In Genua, wo das Kraut in Treibhäusern bei tropischer Hitze und Feuchtigkeit extensiv angebaut wird, erntet man, wenn die Pflanzen gerade 15 cm hoch sind. Auf den Märkten werden sie dann bündelweise mitsamt Wurzeln verkauft, umwickelt mit Blättern, Gras oder Papier, denn sie welken ziemlich schnell. Unter den Kräutern der Lippenblütlerfamilie ist Basilikum also eine Ausnahme: Es ist dann am besten, wenn es unter günstigen Bedingungen schnell aufwächst und jung verbraucht wird. Die anderen Mitglieder dieser Familie entwickeln dagegen ein besseres Aroma, wenn sie um ihr Dasein kämpfen mußten. Falls ich nur ein Würzkraut anbauen könnte, würde ich mich für Basilikum entscheiden, würde immer neue Folgesaaten unter Glas anlegen und die Pflanzen nie groß werden lassen. Das Aroma von frischem Basilikum ähnelt ein wenig dem von Nelken, aber diese Beschreibung wird ihm nicht gerecht. Erntet man es, so ist der Geruch so süß und stark, daß er den ganzen Garten erfüllt. Getrocknetes Basilikum ist damit nicht zu vergleichen: Es riecht mehr wie Curry und kann das frische Kraut nicht immer ersetzen. Das frische Kraut kann man kurze Zeit aufbewahren, wenn man es unzerschnitten in einen Plastikbeutel packt und in den Kühlschrank legt. Man kann die Pflanze auch einen Moment in kochendem Wasser blanchieren, in einen Plastikbeutel stecken und tieffrieren. Ich ziehe jedoch die italienische Methode vor, das Einmachen in Öl. Falls die Blätter schmutzig sind, wäscht und trocknet man sie, sonst legt man sie direkt in einen sauberen, trokkenen Krug, jede Lage wird mit einer guten Prise Salz bestreut. Ist der Krug voll, Olivenöl aufgießen, bis der Inhalt bedeckt ist; gut verschließen. So hält es sich sehr gut, wenn man den Krug in einem kühlen Raum oder im Kühlschrank aufbewahrt, und so bleibt auch das frische Aroma größtenteils erhalten, selbst wenn das Kraut mit der Zeit schwarz wird. Dieses »Eingemachte« eignet sich vorzüglich zur *Pesto* (s. weiter unten).

Als frisches Würzkraut ist Basilikum auf unseren Märkten selten zu bekommen, obgleich es doch früher häufig gebraucht wurde und heute noch zur klassischen Schildkrötensuppe gehört. Zum typischen Küchengewürz Nord- und Mitteleuropas zählt es jedoch nicht. In Nordfrankreich wird es selten benutzt, was sicher damit zusammenhängt, daß man für einheimische Gerichte eben das verwendet, was in der betreffenden Gegend wächst. Basilikum liebt nun mal die Wärme, und wer ein echtes »Basilikum-Land« kennenlernen will, der muß nach Süden, zum Mittelmeer reisen, am besten nach Griechenland oder an die Ligurische Küste Italiens.

Am köstlichsten ist Basilikum wohl in der *Pesto Genovese*, die es an der ganzen Riviera entlang in den verschiedensten Abwandlungen gibt, von Genua bis zur Provence, wo sie *Pistou* genannt wird. Immer ist die Grundlage Basilikum, dazu Knoblauch, Salz, Olivenöl, Parmesan, Sardo (feste sardinische Schafsmilch), Käse, Pinienkerne und oft geschälte Walnuß – alles zusammen zu einer dicken Soße zerstoßen. In Südfrankreich verwendet man *Pistou* zu Suppen; in Italien wird *Pesto* mit reichlich Olivenöl als Spaghetti-Soße oder *Trenette* benutzt. Zu Basilikum kann man leidenschaftliche Zuneigung gewinnen wie zu Knoblauch; und diese beiden kombiniert ergeben nach meiner Meinung die alles überragende Spaghetti-Soße. Leider gibt es *Pesto* nur an Ort und Stelle frisch, doch kann man sie leicht selbst zubereiten; was man in Büchsen oder Gläsern eingemacht zu kaufen bekommt, ist zwar ein dürftiger Ersatz für frische *Pesto,* aber immerhin besser als keine.

Basilikum hat eine große Affinität zu Tomaten. An der italienischen Riviera lebte ich einmal in einem Ort, wo das Frühstück gewöhnlich so aussah: ein krosses, aufgeschnittenes Brötchen, gefüllt mit Tomatenscheiben, Salz, Olivenöl und ein paar Blättern frischen Basilikums – ohne Butter natürlich –, das alles ein bißchen zerdrückt, damit Öl und Tomatensaft in das Brötchen eindringen konnten. Das sollte man als Tourist einmal probieren, zusammen mit einer Flasche Rotwein, nachdem man den Tag mit einem Gang über den Markt begonnen hat; um das Hotelfrühstück sollte man einen Bogen machen. Hervorragend paßt Basilikum zu Tomatensalat, der mit Salz und Olivenöl (nicht mit Essig oder Zitrone!) angemacht wird. Man sollte die Blätter jedoch nicht kleinschneiden, weil dadurch viel Aroma verlorengeht, sondern mit der Hand zerreißen.

Basilikum paßt zu Tomatensoße, zu jedem Tomatengericht. Es paßt auch zu Paprikaschoten und Auberginen, zu allen Fischarten, besonders zu Meerbarbe, zu Fleischgerichten mit Wein und Knoblauch, zu Huhn, zu Eiern (z.B. *Œufs mollets à la Crème aux fines herbes*) und sogar zu Schalentieren. Feingewiegt und mit Butter geknetet paßt es als Kräuterbutter zum Steak. Ich füge auch Pasteten ein paar Blättchen bei; wer Basilikum schätzt, wird es praktisch zu allem verwenden.

Außerhalb Europas werden Basilikum und seine nahen Verwandten gelegentlich in der Küche Indiens und Malaysias verwendet. Der Same einer Abart wird durch Einweichen gallertartig und in dieser Form zu Getränken verwendet.

Schließlich gibt es noch Basilikum-Essig; er entsteht durch Mazerieren der Blätter in Weinessig und ist ein guter Kräuteressig für den Winter.

BUSCH- ODER ZWERGBASILIKUM wird kaum höher als 15 cm und ist hauptsächlich eine Schmuckpflanze. Es gibt gezüchtete Varianten, die sich durch die Farbe ihrer Blätter unterscheiden und buschförmig gezogen werden können. Hinsichtlich des Aromas sind sie dem echten Basilikum unterlegen.

ZITRONENBASILIKUM und ITALIENISCHES oder KRAUSES BASILIKUM sind ebenso schmuck wie gesund. Das sogenannte Wilde Basilikum ist kein Basilikum, sondern eine Verwandte der Bergminze. Wenn man es mag, kann man es zum Würzen benutzen, denn es ist wohlriechend und gesund, aber es hält ebenfalls den Vergleich zum echten Basilikum nicht aus.

Baumwollsamenöl

Anderer Name: Cottonöl

ENGL: Cottonseed Oil
BOT: Gossypium
FAM: Malvaceae

Dieses Öl ist ein Nebenprodukt des Baumwollanbaus und wird durch Auspressen der Samen gewonnen. Größter Produzent der Welt sind die Vereinigten Staaten. Gereinigt und desodoriert dient es zur Herstellung von Margarine, wird aber auch zum Kochen und als Salatöl verwendet. Im Osten, speziell in Ägypten, benutzt man ein weniger reines Baumwollsamenöl, das den Gerichten dieser

Länder ein bestimmtes Lokalkolorit gibt. Die Baumwollsamen lassen sich auch zu einem Mehl von hohem Eiweißgehalt vermahlen.

Beifuß

Andere Namen: Gänse-, Johannis- oder Besenkraut
ENGL: Mugwort, Motherwort
FR: Armoise
BOT: Artemisia vulgaris
FAM: Compositae

Diese uralte Würzpflanze ist eine Verwandte des Wermuts und der Eberraute; in Mitteleuropa wächst sie wild an Hecken und Wegrändern und wird etwa 2 m hoch. Als Würze verwendet man die Rispen mit geschlossenen Knospen, die man rechtzeitig pflücken muß, weil sonst das angenehme Aroma durch Bitterstoff beeinträchtigt wird. Früher wurde Beifuß fast so häufig verwendet wie heute Schnittlauch. Heute steigt es wieder in der Gunst der Köche, die es zu Geflügel- und Wildbraten, zu gebratenem Aal, Kalbshaxen sowie zu kräftigen Soßen und Salaten verwenden.

Beifuß ist auch getrocknet erhältlich, doch das frische Kraut ist besser. Beifußtee wirkt harntreibend und krampflösend.

Bergminze

Anderer Name: Kölle
ENGL: Calamint
FR: Calament
IT: Calaminta
SP: Calamento
BOT: Calamintha officinalis
FAM: Labiatae
Zeichnung 15, Nr. 6, Seite 192

Die Pflanze findet sich in ganz Europa bis hinauf nach Südengland. Sie wächst wild auf kalkreichen Ödflächen und wird 30–50 cm hoch. Die Blüten sind purpurn bis blau und denen der Katzenminze ähnlich. Das pfefferminzartige Aroma ist in den Blättern enthalten, die deshalb gelegentlich als Würze benutzt werden; hauptsächlich wird Bergminze jedoch zu medizinischen Zwecken verwendet.

Bergminze sollte weder mit Bergquendel *(Calamintha acinos)* noch mit der Kleinen Bergminze *(Calamintha nepeta)* verwechselt werden. Verwirung stiften auch manche alten Bücher, die Bohnenkraut als *Calamintha hortensis* und Bergbohnenkraut als *Calamintha montana* aufführen.

Betonie

Andere Namen: Rote Betonie, Zehrkraut
ENGL: Betony
FR: Bétoine
IT: Betonica
SP: Betónica
BOT: Betonica officinalis (Stachys officinalis)
FAM: Labiatae
Zeichnung 13, Nr. 6, Seite 148

Die Betonie ist eine Pflanze der Hecken, Wälder und der Heide. Man findet sie wild in England, Mitteleuropa und Kleinasien, als seltenen Gartenflüchtling auch in Nordamerika. Im Aussehen ist sie der Taubnessel ähnlich, hat duftende, purpurrote Blüten, die dicht um die Spitze des Stengels gruppiert sind und ein wenig tiefer in den Blattachseln stehen.

Früher wurde die Betonie als Tee-Ersatz und als Bierwürze benutzt; zur Tudor-Zeit gehörte sie zu den wichtigsten Gartenkräutern Englands. Heute ist ihre kulinarische Bedeutung gering, meist wird sie als Zierpflanze angesehen.

Von Interesse ist vielleicht, daß *Chorogi* (die chinesische oder japanische Artischocke) eine nahe Verwandte ist (*Stachys Sieboldii*).

Bier

ENGL: Beer
FR: Bière

Auf einer der ältesten babylonischen Tontafeln, datiert um 6000 v. Chr., ist die Zubereitung von Bier dargestellt. Primitive alkoholische Getränke werden heute noch in manchen Ländern aus vergorenen Körnerfrüchten – Weizen, Gerste, Reis, Mais, Hirse – selbst gebraut. In abgelegenen Gebieten mußte ich sie sogar trinken, so im Zululand und in Nepal. Sie sehen meist aus wie schmutziges Badewasser und schmecken wie sauer gärender Porridge. Gibt man diesem Stoff jedoch Zeit, sich zu setzen und zu klären, und würzt man ihn, wie das früher üblich war, mit aromatischen oder bitteren Kräutern wie Balsamkraut, Efeu, Nesseln, Löwenzahn oder anderen Kräutermischungen, so wirkt das sehr veredelnd. Heute wird Bier fast ausschließlich mit Hopfen gewürzt, der ursprünglich, wie manche sagen, nur zum Haltbarmachen zugesetzt wurde.

IT: Birra
SP: Cervesa
LATEINISCH: Cerevisia (abgeleitet von Ceres, der Göttin des pflanzlichen Wachstums)

Hopfen wird mindestens seit 600 v. Chr. benutzt, wurde aber erst sehr viel später in Europa zur Herstellung von Bier verwendet. Die Vorliebe für flandrisches Bier brachten die aus dem Hundertjährigen Krieg (1338–1453) heimkehrenden Soldaten nach England, und obgleich Hopfen in England eine einheimische Wildpflanze ist (ebenso wie im übrigen Mitteleuropa), wurde er nicht vor 1525 kultiviert (auf dem Kontinent dagegen wesentlich früher, wahrscheinlich schon im 8. Jahrhundert). Es ist daher korrekter, die ältere, ohne Hopfen gebraute Art »Ale« zu nennen, die modernere Art dagegen Bier.

Will man ein Gericht bereiten, zu dem Bier vorgeschrieben ist, so ist zu beachten, daß man ein Bier verwendet, bei welchem Bitterstoff und Süße im richtigen Verhältnis stehen, also entweder stark oder mild gehopft, wie es das entsprechende Originalgericht verlangt. In der Küche Nordeuropas benutzt man Bier, wie man den Wein in Weinbauländern benutzt, doch ist es weniger breit anwendbar und ermöglicht auch nicht so viele Abwandlungen von Gerichten. Bekannt ist die deutsche Biersuppe, ebenso die Rindskarbonnade, ein köstlicher Eintopf aus Fleisch und Zwiebeln flämischen Ursprungs. In einigen Gegenden Englands kocht man die Rindhaxe in dunklem, milden Ale. Ganze Bücher sind geschrieben worden über die Verwendung von Bier in der Küche; mein Beitrag sollte jedoch genügen, um auf die interessanten Verwendungsmöglichkeiten hinzuweisen.

Bitteraroma

Bitterkeit ist keine Würze, sondern ein echter Geschmack, das heißt: Sie wird vom Mund festgestellt, nicht von der Nase, ebenso wie sauer, salzig, süß, adstringierend, metallisch, pfeffrig oder scharf.

Von diesen Geschmacksrichtungen benötigt Bitterkeit die geringsten Mengen, um von uns wahrgenommen zu werden. Viele Menschen mögen Bitteres nicht, insbesondere Kinder haben eine Abneigung gegen bitteren Geschmack. Vielleicht rührt das daher, daß viele Giftpflanzen äußerst bitter sind; unsere Ablehnung ist möglicherweise eine urtümliche Schutzreaktion.

Obgleich man bitteren Geschmack etwa verschleiern kann (in der Pharmazie z. B. durch Himbeer- oder Kakaogeschmack), kann man ihn nicht durch Zucker oder irgend etwas anderes neutralisie-

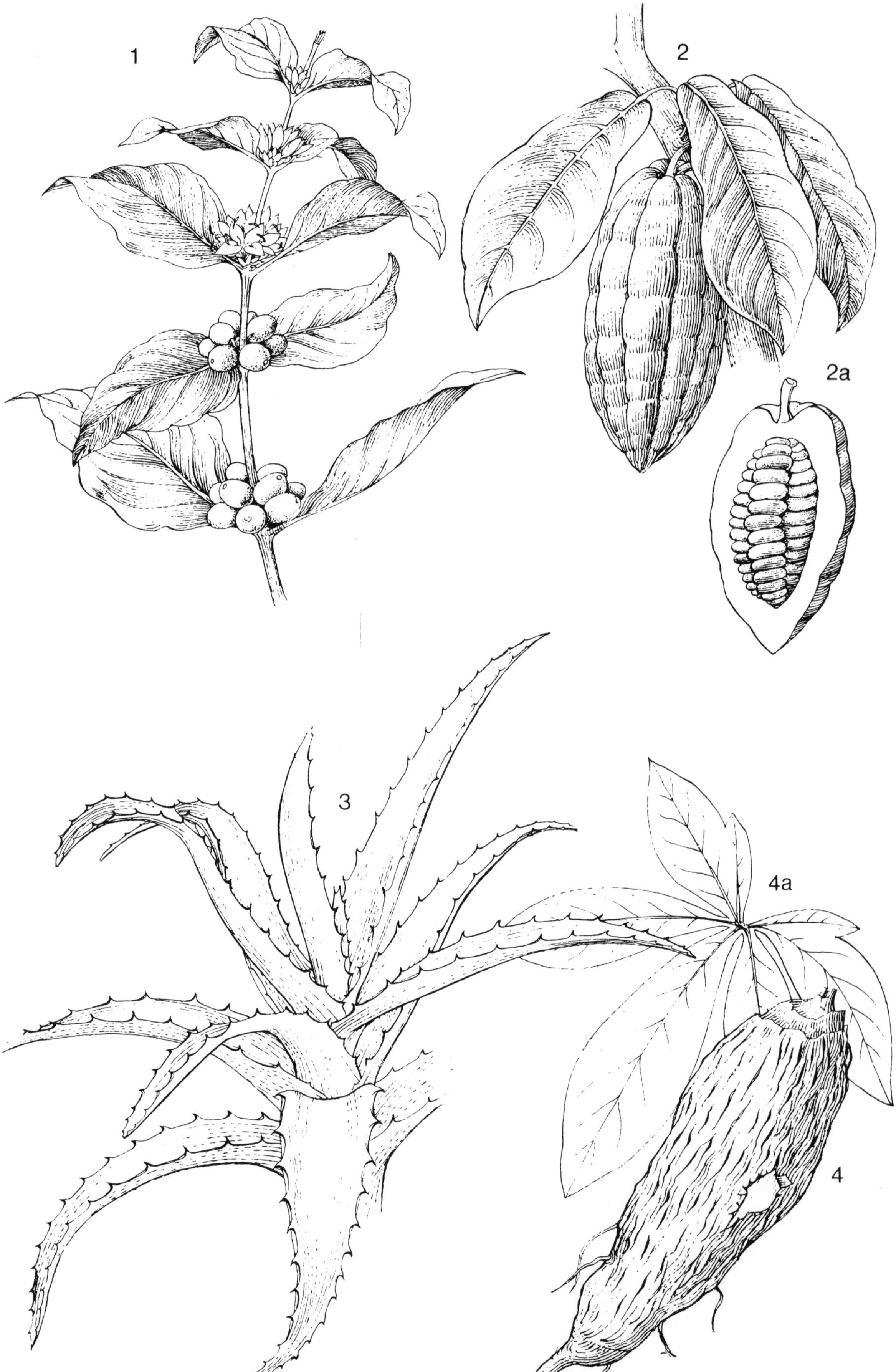
1
2
2a
3
4a
4

ren wie etwa Säure. Es gibt Stoffe, die gleichzeitig süß, sauer und bitter sind. Bitterkeit erhöht Sauergeschmack und wird in kalten Gerichten stärker empfunden als in warmen. In dieser Hinsicht verhält es sich ähnlich wie Salz, während sich Süße und Säure genau umgekehrt verhalten. Zu starken Bittergeschmack kann man nur reduzieren, indem man durch Kochen einen Teil des Bitterstoffes austreibt und das Kochwasser fortgießt. Auf diese Methode greift man oft zurück, z.B. wenn man bittere Orangen zu Marmelade verarbeiten oder bittere Gemüse zubereiten will.

Bittere Zutaten müssen sehr vorsichtig angewendet werden, fügt man sie jedoch in der richtigen Menge zu, so machen sie das Gericht interessanter und regen den Appetit an. Bittere Pflanzen wie Löwenzahn und Chicorée werden oft als Salat angemacht, doch ist der Gehalt an Bitterstoff bei den meisten Salatpflanzen dieser Art entweder durch gärtnerische Zucht oder durch Blanchieren verringert worden. Bittere Orangen werden von vielen Köchen mehr geschätzt als süße, nicht nur für Marmeladen, sondern auch für allerlei Soßen. Einige unserer erfrischendsten Früchte wie etwa Grapefruit und Pomelos sind von Natur aus leicht bitter; andere Früchte, die das nicht sind, kann man durch einen Hauch Bitteraroma oder durch etwas bittere Schale wesentlich schmackhafter machen.

Am meisten verwendet man Bitteraroma jedoch in Getränken, und zwar zu Erfrischungsgetränken ebenso wie zu solchen, die den Appetit oder die Leberfunktion anregen sollen. Hopfen im Bier, Chinin im Tonic Water; Gin, Wermut, Angostura, *Amer picon, Fernet branca* – es gibt in Frankreich und Italien buchstäblich Hunderte von Aperitifs und Magenbitter und außerdem noch so enorm bittere Enziangetränke wie *Suze* und *Enzian.* Die meistverwendeten Bittersubstanzen sind Enzianwurzel, Quassia, Aloe, Löwenzahn und Chinin, die alle äußerst bitter sind. Aromatischer und angenehmer und daher für den Gebrauch in der Küche besser geeignet sind Angostura, Orangenbitter, Orangenschale und Hopfen. Vielleicht sollte man Wermut noch hinzufügen; er läßt sich leicht im Garten ziehen und ist in kleinen Mengen sehr gesund. Eine oder zwei dieser Würzen sollte man in der Küche zur Hand haben.

Zeichnung 2
1 Arabischer Kaffee
2 Kakaozweig mit Frucht
2a Kakaofrucht geöffnet
3 Aloe
4 Maniokwurzel
4a Maniokblatt

Bockshornklee

Anderer Name: Griechisches Heu

ENGL: Fenugreek
FR: Fenugrec, Sénegré, Trigonelle
INDISCH: Methi
IT: Fieno greco
SP: Alholva, Fenogreco
BOT: Trigonella foenum-graecum
FAM: Leguminosae (Papilionaceae)
Tafel II, Nr. 10, Seite 82
Zeichnung 10, Nr. 6, Seite 124

Das »griechische Heu« (so auch der lateinische Name *foenum graecum*) stammt aus Westasien und wurde, wie schon der Name vermuten läßt, seit undenklichen Zeiten in den Mittelmeerländern angebaut, wo es heute heimisch ist. Hier und da wird es auch in nördlicheren Ländern angebaut, meist zur Gewinnung der Samen als Beimischung zum Viehfutter. Die Samen sind bitter, haben einen schwachen, aber charakteristischen Geschmack und enthalten einen gelben Farbstoff. In den Mittelmeerländern, etwa in Griechenland und Ägypten, verwendet man sie als Gewürz, am meisten verwendet man sie jedoch in indischen Curries. Zu diesem Zweck werden sie vor dem Mahlen gewöhnlich leicht angeröstet. Das

Aroma ist nicht stark und schwierig zu beschreiben. Die Pflanze enthält Cumarin und hat offensichtliche Bedeutung für die Beschaffenheit von Curries; in allen käuflichen Currypulvern ist sie normalerweise enthalten. Bockshornklee steht in dem Ruf, Blähungen zu verhindern, was man von den anderen Mitgliedern der Leguminosen-Familie nicht gerade behaupten kann.

Auch das grüne Blatt ist von Bedeutung, besonders in Indien, wo es als Currygemüse zubereitet wird. Ich habe einmal versucht, es auf unsere Art wie Spinat zuzubereiten, es schmeckte jedoch sehr bitter und keineswegs angenehm. Als Currygemüse auf indische Art, wozu man ja häufig bittere Pflanzen benutzt, ist es jedoch ausgezeichnet. Wer also indische Küche liebt, sollte diese leicht zu ziehende Pflanze im Garten anbauen (keimfähige Samen kann man in speziellen Gewürzgeschäften kaufen). Auch andere Trigonella-Arten werden in Indien verwertet, und zwar sowohl wilde wie gezüchtete Varietäten, so daß es ganz erhebliche Unterschiede gibt, je nachdem von welcher Pflanze der Same stammt.

Sät man Blockshornklee im Kasten aus und läßt man ihn nur zwei Keimblätter entwickeln wie bei Senf und Kresse, so ergibt er, mit Essig und Öl angemacht, einen »Fünf-Sterne-Salat«. Der Geschmack ist erfrischend, neuartig und ungewöhnlich. Ich habe das von einer amerikanischen Familie gelernt, die in der Nähe von Bombay lebte, wo Salat vom Markt immer ein Risiko ist. Selbstgezogener Bockshornklee hatte nicht nur den Vorteil, ganz frisch zu sein, sondern auch hygienisch völlig einwandfrei, so daß auch kleine Kinder ihn ohne Bedenken essen konnten.

Bohnenkraut

Andere Namen: Saturei, Kölle, Winterbergminze

ENGL: Savory
FR: Sarriette
IT: Santoreggia
SP: Sabroso
BOT: Satureja hortensis (Sommer-Saturei), Satureja montana (Winter-Saturei)
FAM: Labiatae
Zeichnung 14, Nr. 6 u. 7, Seite 174

Es gibt eine ganze Anzahl von Saturei-Arten, die beinahe alle aus dem Mittelmeergebiet stammen. Die beiden hier angeführten sind die wichtigsten für den Küchengebrauch, obwohl in Spanien eine andere Art, *Satureja thymbra*, die im Geschmack dem Thymian näher steht, als Küchenkraut gebraucht wird. Außerdem gibt es sicherlich weitere Saturei-Arten von lokaler Bedeutung.

SOMMER-SATUREI wurde in der Küche der Römer verwendet, die ihn möglicherweise nach Nord- und Mitteleuropa brachten. Er scheint schon früher im Gebrauch gewesen zu sein als Salbei. Aus England kam er dann mit den ersten Siedlern nach Amerika. Die Pflanze ist einjährig, und wo sie einmal Wurzel gefaßt hat, sät sie sich selbst aus. Man braucht nur ein bißchen Samen breitwürfig auszustreuen und die Pflänzchen später auf einen Abstand von 15 cm auszudünnen. Die Pflanze wird ungefähr 30 cm hoch und wuchert unregelmäßig. Die Blüten sind rosa-malvenfarbig, klein und unscheinbar, die Blätter schmal und länglich. Die Pflanze liebt Sonne und leichten Boden.

Der Geschmack von Saturei ist beißend, leicht an Thymian erinnernd, aber etwas bitterer und mit einem ausgeprägten eigenen Aroma, das vor der Blüte besser ist als nachher. Saturei läßt sich gut trocknen und behält den Geschmack. Man verwendet ihn für Würste, Füllungen und Kräutermischungen (manchmal auch zu

Bouquet garni), aber er gilt vor allem als traditionelles Gewürz für Bohnen und Erbsen, besonders in Frankreich, der Schweiz und Deutschland. Manche halten das für falsch. Wenn er vorherrscht, ist sein Geschmack ebenso barbarisch wie Minze, die von den Franzosen für eine englische Verfehlung gehalten wird.

WINTER-SATUREI ist ein winterharter Strauch mit purpurnen Blüten, der etwa 30 cm hoch wird. Er wird im Frühling durch Wurzelstecklinge vermehrt und liebt einen armen Boden und Sonne. Sein Geschmack ähnelt dem des Sommer-Saturei, ist jedoch nach Meinung der meisten Leute weniger gut. Er enthält die gleichen ätherischen Öle. Früher verwendete man ihn zu Forelle.

Boretsch

Andere Namen: Gurkenkraut, Gurkenkönig

ENGL: Borage
FR: Bourrache
IT: Borraggine
SP: Borraja
BOT: Borago officinalis
FAM: Boraginaceae
Tafel IV, Nr. 3, Seite 100

Die Pflanze soll aus dem Mittleren Osten stammen, ist aber heute in Südeuropa eine weitverbreitete Wildpflanze. Man findet sie auch auf den Kalkhügeln Südenglands, und bei uns ist sie als Gartenflüchtling wild anzutreffen; sie sät sich sehr leicht selbst aus. Die Römer brachten sie uns wie so vieles andere auch.

Boretsch ist eine einjährige Pflanze; sie wird etwa 60 cm hoch, Blätter und Stengel sind mit groben, kratzigen Haaren bedeckt. Die Blüten sind von einem schönen mittelmeerischen Himmelblau. In allen milden oder warmen Gegenden kann man ihn leicht aus Samen ziehen; er bevorzugt nicht zu feuchten, kalkhaltigen Boden und volle Sonne. Folgesaat ist ratsam.

Die blauen Blüten werden zuweilen wie Schnittblumen in Vasen gestellt, gelegentlich auch kandiert. Von Bedeutung sind jedoch nur die Blätter, die einen leichten Gurkengeruch aufweisen. Sie werden häufig zu Erfrischungsgetränken verwendet, denen sie den kühlenden Gurkengeschmack geben. Junge Blätter und Blüten fügt man oft Salaten zu, was ausgezeichnet schmeckt, doch muß man die Blätter ganz fein hacken, denn die Haare sehen nicht sehr appetitlich aus. Wie Gurke paßt auch Boretsch vorzüglich zu Joghurt und Käsecreme. An der ligurischen Küste Italiens, wo er in Riesenmengen wild wächst, benutzt man die Blätter als Füllung für Ravioli oder kocht ihn wie Spinat. Man kann ihn auch in Teig gerollt backen. Boretsch wird gelegentlich auf den Märkten verkauft, doch er welkt sofort nach dem Schnitt. Angeblich kann man ihn auch trocknen, doch sollte man dieses dekorative Kraut in seinem Garten haben, damit man immer frische Blätter während der warmen Jahreszeit zur Verfügung hat.

Viele Verwandte des Boretsch wie etwa Beinwell (*Symphytum officinale*), Bitterkraut (*Echium vulgare*) und Anchusa (*Anchusa sempervirens*) sind ebenfalls eßbar und können wie dieser verwendet werden. Eine Verwandte ist auch die Alkannawurzel, die als Farbstoff verwendet wird.

Bouquet garni

Dies ist der französische Name für ein Bund Würzkräuter, er wird international benutzt. Die Kräuter werden zusammengebunden, so daß sie entweder am Ende des Kochprozesses oder wenn sie dem Gericht genügend Würze verliehen haben, entfernt werden können. Dasselbe Resultat erreicht man, wenn man die Kräuter in ein Stück Musselin einbindet, wobei man den Vorteil hat, Knoblauch oder Orangenschale hinzufügen zu können. Einfache Gerichte würzt man meist, indem man die Kräuter hinzufügt. Besser ist es jedoch, die Kennzeichen einer guten Küche wieder zu entfernen. Ein Koch, der niemals irgendeine Art Bouquet garni verwendet, verdient es wahrscheinlich nicht, Koch zu heißen. Es genügt eben nicht, »Gemischte Kräuter« zu kaufen oder Bouquet garni in Pulverform zu verwenden.

Das klassische Bouquet garni besteht aus drei Sträußchen Petersilie, einem kleinen Thymianstengel und einem kleinen Lorbeerblatt. In der Provence gehört ein Stück getrocknete Orangenschale dazu. Das Mischungsverhältnis kann natürlich durchaus wechseln, denn Kräuter sind ja keine standardisierte Ware. Schlägt man in der entsprechenden Literatur nach, so findet man eine überraschende Anzahl von Kräutermischungen, die alle Bouquet garni heißen: »zwei Sträußchen Petersilie, ein Sträußchen Zitronenthymian, ein Lorbeerblatt« oder »zwei Sträußchen Petersilie, ein Majoranzweig, ein Stengel Bohnenkraut, ein Stengel Zitronenthymian« oder auch »ein paar Zweige Petersilie, einen Thymian- und einen Majoranzweig, ein Lorbeerblatt, einen Basilikumzweig, ein Sellerieblatt, ein Stück Zimtrinde, eine Knoblauchzehe, ein kleines Stück Muskatblüte und eine Schote Cayennepfeffer«. Das letztere scheint mir ziemlich übertrieben, es stammt aus einem viktorianischen Rezept.

Dieses Buch handelt im Grunde vom Bouquet garni; es ist so wichtig, daß man es unbedingt erproben sollte, falls man Gerichte eigener Prägung schaffen will.

Cassia – siehe Zimt und Kassia

Chicoree

Andere Namen: Wegwarte, Hindlauf (Zichorie)

ENGL: Chicory, Chiccory, Succory, Suckery
FR: Chicorée
IT: Cicoria, Radicchio
SP: Achicoria
BOT: Cichorium intybus
FAM: Compositae

Endivie
ENGL: Endive (USA: Chicory)
FR: Chicorée endive
IT: Endivia
SP: Endibia
BOT: Cichorium endivia
FAM: Compositae

Chicoree ist in ganz Europa einschließlich Britannien heimisch, nach Nordamerika wurde sie eingeführt und ist dort ein verbreitetes Unkraut. Sie hat himmelblaue Blüten und bevorzugt kalkhaltigen Boden. Die wilde, ungebleichte Pflanze ist äußerst bitter, dennoch wird sie seit alters her in Europa verwendet. Dank gärtnerischer Zucht gibt es heute eine Reihe von interessanten Varietäten; am bekanntesten ist der weiße oder Brüsseler Chicoree, der im Dunkeln gezogen wird. Es gibt aber auch Arten, die ganz anders aussehen, z.B. die dekorative rosa und rote Salatpflanze, die als Cicoria di Treviso bekannt und in Italien und in der Schweiz beliebt ist.

Chicoreeblätter geben dem Salat den Hauch von Bittergeschmack, den viele Leute lieben. Die lange Zapfenwurzel einiger Varietäten wird als Kaffeewürze (Zichorie) angebaut. In dieser Verwendung wird Zichorie erstmals 1769 in Sizilien und in Holland um 1800 erwähnt. Anfangs scheint man sie als Verfälschungs-

und Streckmittel verwendet zu haben. In England wurde sie 1832 gesetzlich verboten, doch da viele den Geschmack liebten, wurde sie 1840 wieder zugelassen, nur mußte der Zusatz von Zichorie auf der Packung vermerkt werden, was nicht mehr als rechtens ist.

Zum Gebrauch als Kaffeewürze werden die Wurzeln ausgegraben, gewaschen, in Stücke geschnitten und über mäßiger Hitze getrocknet. Dann werden sie zerkleinert und geröstet. Natürlich gibt es verschiedene Qualitäten; die beste ist nicht sehr bitter. Zichorie hat einen Karamellgeschmack, der vom Zuckergehalt der Wurzel herrührt, und einen charakteristischen Geruch.

Die Endivie (in den USA Chicory genannt) ist eine sehr enge Verwandte des Chicoree und in Europa eine seit Jahrhunderten beliebte Salatpflanze. Beider Namen werden in manchen Ländern ständig verwechselt.

Curryblatt

ENGL: Curry Leaf
HINDI: Katnim, Mitha neem
TAMIL: Karuvepila
BOT: Murraya koenigii
FAM: Rutaceae
Zeichnung 19, Nr. 1, Seite 224

Das Madras-Currypulver verdankt seinen spezifischen Geruch hauptsächlich den Blättern der Currypflanze, die in fast jedem Garten Südindiens zu finden ist. In Nordindien wird sie seltener benutzt.

Die Pflanze stammt aus Südwestasien und wächst in riesigen Mengen auf den niedrigen bewaldeten Vorgebirgen des Himalayas. Wer den Corbett-Nationalpark in Kumaon besucht, wird den kräftigen, appetitlichen Duft nicht vergessen, wenn die Elefanten durch das Dickicht brechen und dabei diese Pflanze zerstampfen, die stellenweise den größten Teil des Unterholzes bildet.

In Spezialgeschäften kann man Curryblatt getrocknet oder frisch erhalten, doch haben die getrockneten Blätter fast immer ihr Aroma eingebüßt. Als Würze ist das frische Blatt interessant, doch ist es eigentlich nur für den unentbehrlich, der vegetarische Gerichte aus Südindien bereiten will.

Das Wort *Chalcas* stammt von der griechischen Bezeichnung für Kupfer: Das Holz des Currybusches hat eine kupferfarbene Maserung. (Es gibt zahlreiche Abarten von *Chalcas*, so *Chalcas exotica*, den Orangenjasmin.) Bemerkenswert an diesem Baum ist ferner, daß man ihn mit Zitronen okulieren kann und daß er zur selben Familie gehört wie die Gartenraute und Zitrone.

Currypulver

ENGL: Curry Powder
FR: Poudre de cari (de curry)
IT: Pulvere di »Curry«
SP: Polvo de curry

Die Bezeichnung Curry stammt wahrscheinlich von dem (südindischen) Tamilwort *kari*, das Soße bedeutet. Heute ist es der Sammelname für fast jedes scharfgewürzte Gericht, das aus dem Fernen Osten stammt. Da es allein in Indien Hunderte von ganz verschiedenen Curryarten gibt, besagt die Bezeichnung ebensoviel, wie wenn ein Inder alle europäischen Gerichte von Coq au vin bis Gulasch als »Eintopf« bezeichnen würde. Indien hat eine hochentwickelte kulinarische Tradition und kann für sich den einzigartigen Ruhm in Anspruch nehmen, abwechslungsreiche und wohlschmeckende vegetarische Gerichte geschaffen zu haben.

Currypulver wird in Indien kaum benutzt. Nicht nur deswegen, weil frisch gemahlene Gewürze aromatischer sind, sondern weil man für bestimmte Gerichte bestimmte andere Gewürzmischungen bevorzugt und daher für Fertiggewürze kaum Verwendung hat. Was in einem normalen indischen Haushalt dem Currypulver am nächsten kommt, ist *Garam masala*, was wörtlich übersetzt »scharfe Mischung« bedeutet. *Garam masala* ist dennoch in keiner Weise das komplette Gewürz für ein Gericht, es ist nur die Basis. Man bereitet es selbst (oder kauft es im Basar), und zwar immer für einige Zeit, weil das bequemer ist. Denn nicht nur das Mahlen der verschiedenen Gewürze macht einige Mühe, manche Gewürze müssen ja vorher auch noch angeröstet werden. Man spart also Zeit, wenn man jeweils eine gewisse Menge herstellt. Ein *Garam masala* kann zum Beispiel aus einem halben Pfund angeröstetem Koriandersamen, einem halben Pfund angeröstetem Chilipfeffer (Peperoni) und 30 g schwarzem Pfeffer bestehen. Das wird zusammen fein vermahlen und in einer gut schließenden Büchse aufbewahrt. Von dieser Mischung bis zum Currypulver gibt es viele Abstufungen in der Zusammensetzung. In Indien stellt man für manche Gerichte sogar spezielle Pulver her, etwa *Sambar-* oder *Kolumbu*-Pulver. Diese sowie manche Pasten auf Essigbasis – etwa *Vindaloo*-Paste – kann man in indischen Geschäften fertig kaufen.

Was wir Currypulver nennen, wurde für Europäer erfunden. Zweifellos wurde es zuerst für die Schiffe und die Bediensteten der Ostindischen Gesellschaft hergestellt, die zurück nach Hause fuhren. (Kein Wunder, daß die Memsahibs so wenig von der indischen Küche mitbekamen, wenn es so viel Bedienstete gab.) Currypulver gilt als komplette Würze für »Curry«, aber da die Rezepte für Curry variieren, je nachdem aus welchem Teil Indiens sie stammen, so variieren auch die Rezepte für Currypulver. Es gibt keine Grundsubstanz.

Inzwischen hat Currypulver auch in den europäischen Küchen Eingang gefunden und wird zu Gerichten benutzt, die mit Curries absolut nichts zu tun haben; diese Konfusion wurde dadurch begünstigt, daß es kein Standardrezept gibt. Bei einem Gericht, für das ein bißchen Currypulver vorgeschrieben ist, macht es einen gewaltigen Unterschied, ob man etwa das berühmte Vencatachellum-Currypulver aus Madras benutzt oder ein europäisches Currypulver, das kaum besser schmeckt als grober Kurkuma (Tumerik). Ein Koch muß auf so etwas achten.

Wer an fernöstlicher Küche ernsthaft interessiert ist, sollte bereit sein, sich seine Gewürze selbst zu rösten und zu mahlen. Man braucht dazu nicht mehr als eine alte eiserne Bratpfanne, eine elektrische Kaffeemühle, die nur für Gewürze benutzt wird, und ein feines Sieb.

Alle gebräuchlichen und ungebräuchlichen Gewürze Indiens und Südostasiens sind in diesem Buch behandelt, doch ist es sicher nützlich, die wichtigsten Zutaten für Curry und Currypulver samt ihren gebräuchlichsten indischen Namen einmal aufzuführen.

Schwarzer Pfeffer (*kali mirchi*) ist eine häufige Zutat für Currypulver und Curries. In manchen Gegenden benutzt man auch (indischen) Langpfeffer (*pipel*). Er ist aromatisch und nicht so scharf wie roter Chilipfeffer. Weißer Pfeffer (*safed mirchi*) wird selten oder gar nicht zu Curry benutzt.

Chilipfeffer. Wichtigste Zutat sind die getrockneten Schoten des roten Chilipfeffers *(lal mirchi)*, der zu einem feinen Pulver zermahlen wird und die Schärfe des Curry bestimmt. Grüner Chilipfeffer *(hari mirchi)* wird auch verwendet; beide sind scharf, unterscheiden sich jedoch im Geschmack. Die Samen sind besonders »heiß« und werden manchmal weggelassen. Natürlich kann man aus grünen Chilis kein Currypulver machen, sie werden zu Pasten verwendet.

Gewürznelken *(laung)*, Zimt *(dalchini)* und Kardamom *(elaichi)*. Obgleich diese drei Gewürze verschiedene Aromen haben, verbinden sie sich gut in Curries und können als eine Gruppe betrachtet werden. Nur wenn eines der drei vorschmeckt, verändert sich der Charakter des Curry, doch zusammen ergeben sie ein reiches, würziges Bouquet.

Koriander *(dhania)*. Koriandersamen ist das wichtigste aller Curry-Gewürze, er wird vor dem Mahlen leicht angeröstet. Das Aroma ist mild und ziemlich süß, fast jedes Currypulver enthält größere Mengen davon. Wieviel man davon verwendet, hängt davon ab, wieviel Fleisch zubereitet werden soll. Koriander bestimmt den Grundgeschmack, Chilipfeffer die Schärfe des Gerichts.

Kreuzkümmel *(jeera)* wird in Kochbüchern oft fälschlich mit Kümmel übersetzt. Es gibt mehrere Arten (weiße und schwarze) von unterschiedlicher Würzkraft. Das Aroma ist durchdringend und tritt stärker in den Vordergrund als andere.

Curryblatt *(karipatta)* gibt dem Madras-Curry seinen einzigartigen Geschmack. Doch nur die frischen Blätter wirken entsprechend; nach meiner Erfahrung haben die getrockneten Blätter, die man kaufen kann, kaum noch Aroma.

Bockshornklee *(methi)*. Der geröstete und gemahlene Samen ist Bestandteil vieler Currypulver. Er ist bitter und hat ein eigenartiges, jedoch nicht sehr ausgeprägtes Aroma und sagt einem europäischen Gaumen nicht sonderlich zu.

Ingwer. Getrockneter Ingwer *(sonth)* kann nach Belieben einigen Currypulvern zugesetzt werden. Der nicht so scharfe frische Ingwer *(adrak)*, den man überall in Südostasien kaufen kann, ist ein häufigerer Bestandteil lokaler Curries und Currypasten. Natürlich macht Ingwer einen Curry schärfer, und es gibt viele Leute, die einen mit Chili gewürzten scharfen Curry mögen, nicht aber einen mit Ingwer. In Indien setzt man Ingwer oft zur Verdauungsförderung zu.

Muskatblüte *(tavitri)*, Muskat *(taiphal)* und Piment *(kabab cheene)*. Diese und manche andere Gewürze können manchmal zu Curry benutzt werden, sind jedoch weniger gebräuchlich. Piment wird allerdings zu Pilaw und Muskatblüte wird in Malaysia zu Curry benutzt.

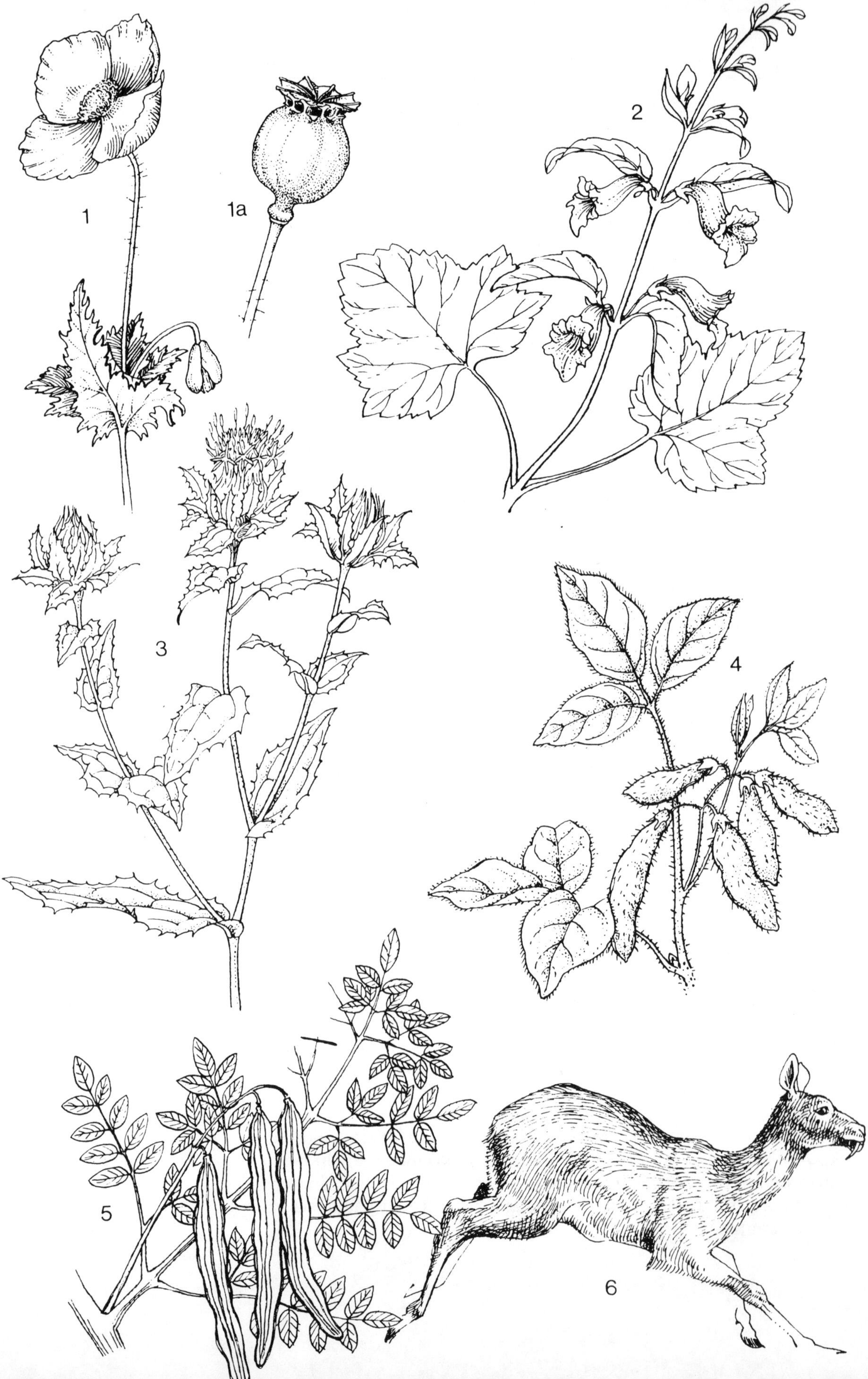
1
1a
2
3
4
5
6

Zeichnung 3
1 Mohnblüte
1a Mohnsamenkapsel
2 Sesam
3 Färberdistel
4 Sojapflanze mit Bohnenhülsen
5 Meerrettichbaum mit Samenhülsen
6 Moschustier

SENFSAMEN *(rai)*. Brauner Senfsamen gehört zu manchen Curries, doch nicht wegen seiner Schärfe. Röstet man ihn nämlich trokken, entwickelt er ein eigenartig nussiges Aroma. In Butter oder *Ghee* »geröstet« dient er in der indischen Küche häufig als Schlußwürze. Scharfes Senfpulver wird in Indien kaum verwendet.

KURKUMA *(haldi)* gibt dem Curry Farbe, und das ist meist seine Hauptaufgabe. Curries mit zuviel Kurkuma schmecken ordinär und haben oft ein erdiges Aroma, das an überalterte Gewürze erinnert. In manchen Gegenden ist Kurkuma Hauptbestandteil von Fischcurries.

MOHNSAMEN *(khus-khus)* und LINSEN *(gram)*. Beide bringen zwar etwas Würze mit, dienen aber hauptsächlich dazu, die Konsistenz des Curry zu verbessern.

Asiatische Curries sind sehr unterschiedlich, enthalten jedoch oft Zwiebel, Knoblauch, Salz und gewöhnlich einen sauren Bestandteil wie Tamarinde, Limonelle, unreife Mangos oder andere Sauerfrüchte. Ferner auch solche Würzen wie Senföl, Kokosnuß, Lichtnuß, Zitronengras, Galgant, getrocknete Garnelen, Stinkasant, Rohzucker und so weiter.

Eine Vorstellung von dem außerordentlichen Variantenreichtum der Currypulverrezepte vermittelt die folgende Aufstellung. Jeder Buchstabe steht für eine andere Kombination:

	A	B	C	D	E	F	G	H	I	J	K	L	M
Schwarzer Pfeffer	1	1	4	1	1	1⅓	2	2	½	1	1¼	8	4
Chilipfeffer	1	2	–	1	8	1	3	2	6	8	4	–	–
Nelken	1	1	4	–	–	–	–	–	–	–	½	2	2
Zimt	–	2	1	–	–	–	–	–	–	1	½	2	2
Kardamom	1	1	1	–	–	1	–	–	–	1	½	2	4
Koriander	8	6	–	8	6	8	8	8	8	8	8	8	8
Kreuzkümmel	–	2	4	2	1	–	1	1	1¼	4	2	6	4
Curryblatt	–	–	½	–	½	–	–	–	–	–	–	–	–
Bockshornklee	–	½	–	2	1	–	1	–	1½	–	1	–	–
Ingwer	1	–	–	1	–	2	–	1	–	–	–	–	–
Muskatblüte, Muskat und Piment	–	1	1	–	–	–	–	–	–	–	–	–	–
Senfsamen	–	–	–	½	1	–	–	2	–	–	–	–	–
Mohnsamen und Linsen	–	–	–	1	–	–	–	–	–	–	–	–	–
Kurkuma	10	–	–	5	–	10	4	2	2	3	2½	–	–

Die Zahlen geben die jeweiligen Gewichtsanteile an.

Dill

ENGL: Dill
FR: Aneth odorant, Fenouil bâtard
IT: Aneto
SP: Eneldo
BOT: Anethum graveolens
FAM: Umbelliferae
Tafel II, Nr. 5, Seite 82
Zeichnung 6, Nr. 2, Seite 72

Dill ist eine wichtige Würzpflanze; man benutzt sowohl den Samen als auch die Blätter. Als Heimat wird manchmal Süeuropa, manchmal Westasien angegeben, auf jeden Fall aber wird er seit alters her in Europa benutzt; er wurde sicher schon zur Zeit der alten Griechen und Römer verwendet und breitete sich im Mittelalter – wenn nicht früher – bis nach Mitteleuropa aus. Er ist eine typische Pflanze der Petersilienfamilie, hat gelbe Blütendolden und gefiederte, fadendünnige Blätter, die dem Fenchel sehr ähnlich, jedoch viel kleiner sind. Die Pflanze wird etwa 1 m hoch. Im Geschmack haben die Blätter jedoch keine Ähnlichkeit mit Fenchel, sie riechen und schmecken eher nach Petersilie als nach Anis. Der Same schmeckt anders als das grüne Blatt, nämlich bitterer und kümmelähnlich: Beide enthalten das gleiche ätherische Öl Carvon.

Die Pflanze ist einjährig und kann leicht aus Samen gezogen werden; sie wächst in fast jedem Boden. Sie ist nicht empfindlich, bevorzugt jedoch einen warmen, windgeschützten Standort. Wenn man es gestattet, sät sie sich selbst aus. Das grüne Kraut kann man auf einigen europäischen Märkten kaufen, doch die meisten Dillfreunde müssen ihn sich selbst ziehen. Er läßt sich trocknen, verliert dabei aber den größten Teil seiner Würzkraft. Tieffrieren bringt befriedigende Ergebnisse.

In Südeuropa, von Spanien und Portugal bis Bulgarien und Rumänien, findet man ihn als Unkraut auf den Feldern, doch wird er außer in Griechenland in den Mittelmeerländern wenig verwendet. Beliebter ist er in Skandinavien (wo man dazu neigt, des Guten zuviel zu tun), in Deutschland und in anderen Mittel- und Osteuropäischen Ländern, besonders in Rußland, den Balkanländern und Rumänien.

Am bekanntesten ist wohl die Verwendung von Dill beim Einlegen von Gurken. Diese säuern durch Milchsäuregärung (wie Sauerkraut und Sauermilch), und der grüne Dill – man nimmt gewöhnlich die ganze Pflanze einschließlich der halbreifen Samen – ergibt den dominierenden Geschmack.

Dill wird auch zu Sauerkraut verwendet, überhaupt scheint er sich zu sauren Gerichten gut zu eignen. Durch Mazerieren läßt sich Dillessig herstellen, der wie das frische Kraut zu Salaten aller Art gut paßt.

In Nordeuropa reicht man Dillsoße zu Fisch (z.B. in Deutschland zu Aal), gewissermaßen als Alternative zur Fenchelsoße. In Rußland, Rumänien und anderen Balkanländern gehört Dill zu Gurken, Joghurt und saurer Sahne – manchmal zu allen dreien zusammen. Er kann in den gefüllten Weinblättern Rumäniens, der Türkei und Griechenlands enthalten sein. In diesen Gegenden wird er oft Spinatgerichten beigegeben, ebenso gedämpftem Huhn, Pilzen und Lamm. Gelegentlich wird er gehackt den Gerichten bei Beginn des Kochens zugefügt, doch da Dill durch Kochen sein Aroma einbüßt, ist es besser, ihn erst dann beizugeben, wenn man das Gericht vom Feuer nimmt. Für die skandinavische, südeuropäische und türkische Küche ist der Dillgeruch charakteristisch, auch für einige Teile Rußlands.

Dillsamen läßt sich wie Kümmel ebenfalls als Würze benutzen, in erster Linie dient er jedoch als Ausgangsprodukt für Dillöl. Die ätherischen Öle werden durch Destillation der Samen und des Krautes gewonnen. Auch eine Abart, Indischer Dill, wird zu diesem Zweck benutzt, hat jedoch ein etwas anderes Aroma. Die Öle werden von der Konservenindustrie verwendet, besonders zu Pickles und Marinaden. Manche kennen auch Dillwasser oder Dillsirup, den Optimisten schreienden Babies zur Verdauungsförderung oder als Beruhigungsmittel eingeben. Dill ist ein nützliches Würzkraut und lohnt den Anbau; richtig dosiert erschließt er neue Geschmacksnuancen.

Eberesche

Anderer Name: Vogelbeere

ENGL: Rowan, Mountain Ash, Rodden
FR: Sorbe (Beere)
IT: Sorbo
SP: Fresno alpestre
BOT: Sorbus aucuparia
FAM: Rosaceae
Zeichnung 8, Nr. 3, Seite 108

Dieser wohlbekannte, in Nordeuropa wildwachsende Baum wird wegen seiner dekorativen orangeroten Beeren auch in Gärten gepflanzt. Er ist ein naher Verwandter der Elsbeere, Mehlbeere und Zwergmispel und entfernter verwandt mit Weißdorn und dem Azavolweißdorn. Die englische Bezeichnung *Rowan* stammt aus dem Skandinavischen (*Raun:* norwegisch; *Rön:* schwedisch).

Aus den Beeren dieses Baumes kann man ein köstliches, herbes Gelee machen, das vorzüglich zu Wildbret paßt. Die Beeren werden mit genügend Wasser so lange gekocht, bis der Saft rot und bitter ist. Man seiht ihn dann durch ein Tuch und kocht ihn mit Zucker (zwischen zwei und drei Pfund Zucker pro Liter), bis er geliert.

Eine alte Bauernfrau aus Northumberland, eine der großartigsten englischen Köchinnen vom Lande, die ich je kennengelernt habe, verwendete Vogelbeeren zu vielen Fleischgerichten. Der Leser möge den Versuch mit diesen säuerlichen, bitteren und herben Beeren wagen, die jährlich unbeachtet verderben.

Eberries

ENGL: Southernwood, Lad's Love, Old Man
FR: Aurone
IT: Abrótano
SP: Abrotano
BOT: Artemisia abrotanum
FAM: Compositae
Zeichnung 9, Nr. 3, Seite 116

Eberries ist ein stark duftender, buschiger Strauch, der gewöhnlich in Gärten als Ziergewächs angepflanzt wird. Andere Artemisia-Arten sind Wermut, Estragon und Beifuß. Eberries ist in Südeuropa beheimatet und wächst wild in Spanien und Italien. 1548 wurde er erstmals nach England eingeführt. Der Geruch ist sehr stark und ziemlich unangenehm. Die jungen Schößlinge sollen jedoch in Italien als Würze verwendet werden, besonders für Kuchen. Allerdings habe ich diese Verwendung noch nie selbst beobachten können, obwohl ich immer wieder danach geforscht habe.

In Frankreich wird er auch *Garde-robe* genannt, denn er schützt Kleider vor Motten und Fliegen.

Einmachgewürze

Einmachgewürz besteht gewöhnlich aus schwarzen Pfefferkörnern, roten Pfefferschoten und einigen der folgenden Gewürze: Senfkörner, Piment, Nelken, Ingwer, Muskat und Korianderkörnern. Das Verhältnis ist je nach Rezept verschieden, manchmal werden auch noch andere Gewürze beigefügt.

Eisenkraut

ENGL: Vervain
FR: Herbe sacrée, Verveine officinale
IT: Verbena
SP: Verbena
BOT: Verbena officinalis
FAM: Verbenaceae
Zeichnung 9, Nr. 5, Seite 116

Dies ist eine jener Pflanzen, die seit der Zeit des antiken Persien als Zauber-, Heil- und Küchenkraut gebraucht wurden. Eisenkraut wird manchmal auch Verbene genannt (und mit dieser verwechselt) und oft in alten Pflanzenbüchern erwähnt. Die getrockneten Blätter verwendete man als Tee, vornehmlich zu Heilzwecken. Seit die Meinung aufgekommen war, man könne aus Eisenkraut einen wirksamen Liebestrank brauen, mag es auch mancher Koch mit diesem Kraut versucht haben. Es soll gut für

Nieren- und Leberschäden sein und ist häufig auch Bestandteil hausgemachter Liköre. In Nordamerika ist eine andere Wildart heimisch *(Verbena hastata)*, die ebenfalls als Heilkraut dient.

Enzian

ENGL: Gentian
FR: Gentiane
IT: Genziana
SP: Genciana
BOT: Gentiana lutea
FAM: Gentianaceae
Zeichnung 5, Nr. 5, Seite 64

Bei Enzian denken wir gewöhnlich an ein Gewächs mit schönen blauen Blüten, doch die Abart, die hauptsächlich zur Herstellung von Bitteraroma dient, *Gentiana lutea*, hat gelbe Blüten. Sie wächst in den Alpen, den Karpaten, den Balkangebirgen und auch weiter ostwärts in zusagenden Bergregionen. Die Enzianwurzel schmeckt zunächst süß, dann fürchterlich bitter. Sie wird zur Herstellung von Aperitifs und Schnäpsen benutzt, so zum *Suze* (Frankreich) und zu *Enzian* (Deutschland, Österreich). Manche Leute mögen die würzige Bitterkeit der Enzianwurzel, doch das ist wohl eine Frage der Gewohnheit.

Erdnuß

ENGL: Peanut, Groundnut
FR: Arachide, Cacouette, Pitache de terre
IT: Arachide
SP: Cacahué, Cacahute, Maní (Cuba)
BOT: Arachis hypogaea
FAM: Leguminosae (Papilionaceae)
Zeichnung 17, Nr. 6, Seite 208

Diese einjährige Hülsenfrucht stammt aus Südamerika und wächst in beinah jedem warmen Land der Welt. Die »Schale« ist die trokkene, fasrige Hülse, die sich während der Reifezeit in den Boden gräbt.

Aus Erdnüssen gewinnt man ein wichtiges Öl: Erdnuß- oder Arachideöl. In gereinigtem Zustand ist es praktisch geschmacklos und zählt zu den besten handelsüblichen Ölen. Man verwendet es oft statt Olivenöl, oder man mischt es mit diesem, und als Salatmarinade ist es besser als Olivenöl von minderer Qualität, wie es oft in Südfrankreich verwendet wird.

Geröstete Erdnüsse und Erdnußbutter haben einen charakteristischen Geschmack und sind ein wichtiger Bestandteil vieler Würzsoßen der indonesischen Küche. In Nordamerika verwendet man Erdnußbutter sehr häufig bei der Herstellung von Kuchen und Konfekt.

Esche

ENGL: Ash
FR: Frêne
IT: Frassino
SP: Fresno
BOT: Fraxinus excelsior
FAM: Oleaceae
Tafel VI, Nr. 3, Seite 166

Die jungen Schößlinge und Knospen kann man in Essig und Öl angemacht als Salat essen. In Frankreich werden die Blätter manchmal durch Gärung zu einem Getränk verarbeitet, zu *Frenette*. Kocht man die Knospen in viel Wasser, um den Gehalt an Bitterstoff zu verringern, bis sie weich sind, so kann man daraus unter Zusatz von Salz, Gewürzen und Weinessig hervorragende Pickles machen. In Italien braut man aus den Blättern und Früchten einen Tee (einen Eßlöffel voll auf eine Tasse kochenden Wassers), der nicht nur erfrischt, sondern auch harntreibend und mild abführend wirkt. Die Anwendung von Kräutern in der Volksmedizin überschneidet sich häufig mit der in der Küche.

Essenzen

Essenzen sind Auszüge wichtiger Aromen, die durch Mazerieren oder Destillieren gewonnen werden; gewöhnlich werden sie in alkoholischer Lösung auf Flaschen abgefüllt. Leider gehen während des Extraktionsprozesses einige der feinsten Geschmacksnuancen verloren. Schlimmer aber sind manche industriellen Essenzen mit synthetischen Aromen oder billigen Ersatzstoffen. Man sollte nur solche benutzen, für die ein erstklassiger Hersteller geradesteht, doch solche Produkte können teuer sein.

Folgende Essenzen sind handelsüblich: Ananas, Anschovis, Basilikum, Birnen, Cayennepfeffer, Erdbeer, Fenchel, Grüne Minze, Himbeer, Ingwer, Kardamom, Kassia, Knoblauch, Koriandersamen, Kümmel, Majoran, Muskat, Muskatblüte, Nelken, Orange, Pfefferminz, Piment, Ratafia, Selleriesamen, Vanille, Zimt, Zitrone.

Zu Hause kann man sich wahrscheinlich mit den folgenden begnügen: feinstes Pfefferminzöl (falls man Pfefferminzcreme selbst macht), Rosenwasser, Orangenblütenwasser und vielleicht eine gute Kaffee-Essenz für Cremes, Eiscreme und Eis, doch frisch geröstete Kaffeebohnen sind in jedem Falle besser (siehe auch SCHNÄPSE UND LIKÖRE und ÄTHERISCHE ÖLE).

Essig

Essig wird schon seit mindestens 5000 Jahren verwendet, möglicherweise sogar noch länger, weil er durch einen völlig natürlichen Vorgang entsteht. Hefepilze sind immer in der Luft vorhanden, so daß unter natürlichen Bedingungen eine zuckerhaltige Flüssigkeit (z.B. Fruchtsaft, Malzextrakt oder Honigwasser) in alkoholische Gärung gerät. Wenn sich Alkohol gebildet hat und die Flüssigkeit nicht fest verkorkt wurde, oxydieren Bakterien den Alkohol zu Essigsäure. Das Resultat ist jene saure Flüssigkeit, die wir als Essig kennen. Um den Alkohol zu oxydieren, benötigen die Bakterien Sauerstoff. Deshalb bildet sich Essig nur aus einer alkoholischen Lösung, die der Luft ausgesetzt wurde.

Wenn Essig offen stehen bleibt, wird die Essigsäure wiederum von Mikroorganismen angegriffen und zerstört, soweit die Konzentration der Säure einen gewissen Grad nicht übersteigt. So wie Schnaps oder starke Weinsorten nicht sauer werden, kann auch künstlich konzentrierter Essig nicht verderben. Verdünnter Essig jedoch ist nicht haltbar. Wenn man also Pickles aus stark wasserhaltigem Gemüse herstellt, muß man es entweder mit einem starken Essig ansetzen oder das Gemüse vorher gründlich entwässern.

Die Stärke der Essigsäure im Essig variiert beträchtlich. Weinessig ist der stärkste natürliche Essig mit über 6¹/₂ Prozent Säure; Malzessig und Obstessig sind weniger stark, sie enthalten 4 bis 5 Prozent Säure. Destillierte oder verstärkte Essigsorten erreichen 12 Prozent.

Obwohl Essigsäure außer dem sauren Geschmack auch ein eigenes Aroma hat, beruht der besondere Geschmack eines guten Essigs auf kleinen Mengen anderer Bestandteile, hauptsächlich flüchtiger Ester, die ihm ein fruchtiges oder sonstwie interessantes Aroma verleihen. Diese Substanzen sind in Wein, Malz und Most enthalten, aus denen der Essig hergestellt wurde, und deshalb kann man nur aus gutem Wein guten Essig machen. Die Wahl eines guten Essigs, besonders für Salate oder delikate Soßen, ist sehr wichtig und wird oft nicht genügend beachtet.

WEINESSIG kann weiß oder rot sein, je nachdem ob er aus weißem oder rotem Wein hergestellt wurde. In Weinbaugebieten wird der meiste Essig aus Wein gemacht (das wird wenigstens behauptet), doch die Qualitäten sind sehr unterschiedlich. In manchen Gegenden ist es üblich, daß die Leute sich ihren eigenen Essig zubereiten, indem sie übriggebliebenen Wein in eine Flasche zusammenschütten und stehenlassen, bis er sauer wird. Manchmal ergibt eine solche mehr oder weniger gute Methode einen ausgezeichneten Essig, aber ebenso oft ist das Ergebnis scharf und ordinär.

Bei der Weinessig-Fabrikation läßt man den Wein durch offene Fässer tropfen, die locker mit Flechtwerk oder Hobelspänen gefüllt sind, damit eine möglichst große Oberfläche entsteht. Auf dieser Oberfläche wird der Wein mitsamt seinen Bakterien dem Sauerstoff der Luft ausgesetzt. Die Bakterien vermehren sich, verwandeln den Alkohol in Essigsäure, und während dieses Vorgangs entsteht Hitze; je schneller der Prozeß abläuft, um so größer die Hitze. Die Hitze bewirkt jedoch, daß die delikaten Aromastoffe flüchtig werden, und deshalb gewinnt man mit dieser raschen, wenn auch billigen Methode nur einen minderwertigen Essig.

Bessere Essigsorten gewinnt man durch das langsame Orleans- und Boerhaave-Verfahren. Eichenfässer mit Luftlöchern auf der Oberseite werden zur Hälfte mit Wein gefüllt. Auf der Oberfläche bildet sich ein Film von Bakterien, bekannt als »Essigmutter« (diese enthält auch winzige Nematodenwürmer, die den Vorgang unterstützen). Die Temperatur wird auf etwa 21 ° C gehalten. Der Alkohol neigt dazu, an die Oberfläche zu steigen, die Essigsäure hingegen sinkt zu Boden, so daß man wöchentlich Essig vom Boden ablassen und Wein nachfüllen kann. Dieser langsamere, kühle und ruhige Herstellungsprozeß erhält dem Essig das Aroma des Weins, aus dem er hergestellt wird. Guter Weinessig in einem solch langsamen Prozeß hergestellt ist teuer, aber er ist immer sein Geld wert. Er eignet sich viel besser als Zitronensaft oder Malzessig zum Anmachen von Salat und sollte nur in seltenen Diätfällen durch Zitronensaft ersetzt werden, wenn dieser auch von vielen Gesundheitsaposteln noch so sehr angepriesen wird.

MALZESSIG. In England und in Nordeuropa wird der Essig üblicherweise aus Bier hergestellt; das Produkt nennt man Malzessig. Malz oder eine Mischung von Malz und Korn wird mit Wasser erhitzt und dann zu einer Art grobem Bier vergoren. Bakterien greifen diese alkoholische Flüssigkeit an, während sie durch Fässer tropft, die mit Korbgeflecht oder Buchenholzschnitzel gefüllt sind. Der nach einigen Monaten ausgereifte Malzessig enthält etwa 6 Prozent Säure und wird für den Verkauf dann verdünnt. Malzessig wird gewöhnlich gefärbt und schmeckt ganz anders als Weinessig. Für manche Zwecke ist er besser geeignet, z.B. zur Herstellung englischer Pickles. Wer eine internationale Küche führen will, sollte verschiedene Essigsorten bereithalten, und zwar Malzessig für englische Originalrezepte und Weinessig für südeuropäische Rezepte, es sei denn, man weiß aus persönlicher Erfahrung, daß im konkreten Fall ein anderer Essig vorzuziehen ist. Man kann nicht sagen, der eine Essig sei besser als der andere, sie sind nur verschieden.

OBSTESSIG wird aus Most gemacht und hat einen starken Eigengeschmack. Er ist in Amerika ziemlich beliebt, aber man kann ihn nicht wahllos statt Wein- oder Malzessig nehmen. Aus allerlei Gründen ist jedoch anzunehmen, daß sich Obstessig besonders gut für eine Gesundheitsdiät eignet. Auf verdünnten Obstessig mit Honig schwört eine ganze Schule der Naturheilkunde, die in Amerika entstand, inzwischen aber in der ganzen Welt ihre Anhänger hat.

DESTILLIERTE ESSIGSORTEN werden vielfach in Nordengland und Schottland verwendet (welcher Schotte könnte einer Destillation widerstehen!). Sie sind farblos und werden durch sorgfältige Vakuum-Destillation von natürlichem Essig gewonnen. Obwohl destillierter Essig viel stärker ist als der natürliche, hat er etwas vom Aroma des ursprünglichen Essigs bewahrt. Weil er sehr stark ist, eignet er sich gut zur Herstellung von Pickles.

BRANNTWEIN-ESSIG wird durch Destillation gewonnen, und zwar bevor der ganze Alkohol sich in Essigsäure verwandelt hat. Deshalb enthält er eine kleine Menge Alkohol, die das Aroma entscheidend beeinflußt.

ANDERE ESSIGSORTEN werden aus Met, Obstwein oder irgendwelchen gegorenen Flüssigkeiten hergestellt. Die Essigsorten folgen gewöhnlich dem landesüblichen Getränk; so findet man in Japan oder China Essig aus Reiswein. *Yamabukizu* ist ein süßsaurer japanischer Essig, der als Reiswürze verwendet wird (als Ersatz kann eine kleine Tasse Weißweinessig dienen, der mit drei Teelöffeln voll Zucker gesüßt wird). Ein anderer interessanter Essig stammt von dem Wein, der aus den Früchten der Cashewnuß gebraut wird.

GEWÜRZESSIG wird häufig mit Hilfe von Früchten, Blumenblättern, Kräutern oder Gewürzen hergestellt. Zumeist handelt es sich um hausgemachte Produkte, aber einige kann man auch in Geschäften kaufen. Estragonessig ist der gebräuchlichste. Kräuteressig wird gewonnen, indem man Kräuter oder Gewürze in Essig auslaugt und die Flüssigkeit dann – soweit nötig – filtriert.

SYNTHETISCHE UND MINDERE ESSIGSORTEN. Es gibt einige wirklich abscheuliche Essigsorten. Sie werden aus synthetischer Essigsäure fabriziert und entsprechend mit Wasser verdünnt; entweder sind sie farblos oder mit Karamel gefärbt.

Noch häufiger wird billiger Essig zwar auf natürlichem Weg, aber aus minderwertigen Rohstoffen wie Holzabfällen hergestellt. Auch wenn diese Produkte sorgfältig gereinigt wurden, sind darin möglicherweise doch Spuren von schädlichen Chemikalien enthalten. Deshalb sollte man billigen Essig vermeiden, nicht nur wegen seinem minderen Geschmack, sondern auch aus Gesundheitsgründen.

1
2
2a
3
4
5
6
7

Estragon

ENGL: Tarragon
FR: Estragon
IT: Dragoncello, Estragon, Estragone
SP: Estragon, Tarragon, Tarragona
BOT: Artemisia dracunculus
FAM: Compositae
Zeichnung 9, Nr. 1, Seite 116

Estragon ist eines der bedeutendsten Küchenkräuter und botanisch verwandt mit Wermut, Eberries und Beifuß. Die buschige mehrjährige Staude wird etwa 1 m hoch, hat schmale Blätter und kleine schrotkorngroße graugrüne Blüten. Sie braucht gut durchgearbeiteten Boden und Sonne oder Halbschatten. Im Winter sollte man Estragon zurückschneiden und mit Streu gegen den Frost schützen. Man kann ihn im Herbst auch ausgraben und in einen kalten Kasten für den weiteren Gebrauch einsetzen. Alle drei oder vier Jahre sollte man die Anpflanzung erneuern, da Estragon sonst sein Aroma verliert, besonders wenn er in ungeeignetem Boden wächst.

Echter französischer Estragon bildet, wenn überhaupt, selten lebenfähigen Samen; deshalb muß er durch Ableger oder Wurzelteilung vermehrt werden. Gute Ableger sind oft schwierig zu bekommen. Der Samen stammt immer von dem sehr schlechten russischen Estragon *(Artemisia dracunculoides)*, der bleichere Blätter und einen ganz anderen Geschmack hat; er ist schärfer und hat nur eine Spur jenes delikaten Aromas, dessentwegen der französische Estragon so hoch geschätzt wird. Russischer Estragon wird in Persien häufig als Salat zu gegrilltem Fleisch gereicht.

Estragon wird hauptsächlich für Gerichte der französischen Küche verwendet, aber sogar auf französischen Märkten ist das Angebot unregelmäßig, und auch dort hat sich russischer Estragon eingeschlichen. In Italien gibt es ihn selten, außer in Siena und Umgebung.

Das Aroma des französischen Estragons läßt sich unmöglich durch irgendwelche Vergleiche beschreiben, aber die meisten Leute kennen es vom Estragon-Essig; deshalb soll mit diesem begonnen werden. Man kann Estragon-Essig kaufen, aber man kann ihn auch selbst herstellen, indem man eine Flasche mit frischem Kraut füllt, das man vor der Blüte gepflückt hat, und dann mit Weißweinessig aufgießt. Nach zwei Monaten kann man ihn abgießen, aber man läßt den Estragon besser in der Flasche, weil er hübsch aussieht und obendrein noch das Aroma weiter verbessert. Estragon-Essig läßt sich vielfach verwenden, besonders für Salatsoßen und Mayonnaisen. Er spielt auch bei der Senfherstellung eine Rolle. Estragon kann getrocknet werden, gewöhnlich bekommt er dadurch aber einen heuähnlichen Beigeschmack. Man kann ihn jedoch tieffrieren oder die Blätter in Einmachgläser pakken, diese luftdicht verschließen und sterilisieren.

Estragon-Essig und das frische Kraut sind die wesentlichen Bestandteile der *Sauce béarnaise*. Man braucht ihn natürlich auch für alle französischen Gerichte *à l'estragon*, z.B. *Poulet à l'estragon* und *Œufs en gelée à l'estragon*. Gewöhnlich ist er auch ein Bestandteil der feinen Kräutermischung für Omelettes wie auch vieler Soßen *(Verte, Ravigote, Massine)*, von Kräuterbutter, Sahnepürres und Sahnesuppen. Man gibt ihn auch an Seezunge, Geflügel, Eier und Salate. Obwohl sein Aroma flüchtig ist, ist er stark und teilt sich schnell den Gerichten mit, besonders heißen Speisen. Weil man ihn hauptsächlich zu Delikatessen verwendet, sollte man ihn

Zeichnung 4

1 Florentiner Schwertlilie
2 Frucht des Schraubenbaumes
2a Schraubenbaum
3 Frauenhaarfarn
4 Sassafras
5 Vanille
6 Kalmus
7 Khas-Khas

mit Verstand gebrauchen. Estragon benützt man auch zum Aromatisieren verschiedener Liköre und bei der Parfümherstellung.

Eine Art der Samtblume, *Tagetes lucida*, hat einen estragonähnlichen Geschmack und wird manchmal als Ersatz verwendet.

Färberdistel

Anderer Name: Saflor
ENGL: Safflower, Bastard Saffron, Safflor
FR: Carthame, Safran bâtard
IT: Cartamo
SP: Cártamo
BOT: Carthamus tinctorius
FAM: Compositae
Zeichnung 3, Nr. 3, Seite 48

Die Färberdistel ist in Indien zu Hause und eine wichtige Anbaupflanze in vielen warmen Ländern. Sie wächst in Südfrankreich und ist auch genügend widerstandsfähig, um in unseren Gärten zu überleben. Die Blüten sind orangerot oder gelb und enthalten Carthamin, ein wichtiges Färbemittel, das man als Speisefarbe wie auch für Textilien und Kosmetika (mit französischer Kreide vermengt ergibt es Rouge) verwendet. In manchen Gegenden Polens werden die Blüten dem Brotteig und anderen Nahrungsmitteln beigemischt.

Die Färberdistel wird auch wegen ihres Samens angebaut, aus dem ein wertvolles Speiseöl gepreßt wird. Es zählt zu den Salatölen mit dem geringsten Cholesteringehalt. Die Samen werden manchmal von armen Leuten gegessen, und die Blätter können sogar als Salat verwendet werden. Einige Wildarten der Färberdistel, die im Mittleren Osten und in Nordindien wachsen, haben ähnliche Eigenschaften und lokale Verwendungszwecke.

Fenchel

ENGL: Fennel
FR: Anet doux, Fenouil
IT: Finocchio
SP: Hinojo
BOT: Foeniculum vulgare, var. dulce, sativum usw.
FAM: Umbelliferae
Tafel II, Nr. 6, Seite 82
Zeichnung 6, Nr. 1, Seite 73

Fenchel ist eine unempfindliche, perennierende Pflanze, wird jedoch oft einjährig gezogen. Sie kann bis zu 1,80 m hoch werden, hat gelbe Blütenköpfe und hellgrüne, gefiederte Blätter. Fenchel wächst in jedem Boden und läßt sich leicht aus Samen ziehen (Aussaat im April); er dauert einige Jahre aus, besonders wenn man ihn nicht blühen läßt.

Als Würze dient sowohl die Pflanze als auch der aromatische Samen. Es gibt auch Zuchtvarietäten, z. B. den Florentiner Fenchel mit knollenartig verdickter Basis und den Carosella, dessen Stengel man verwendet. Beide Sorten sind beliebte Gemüse, speziell in Italien; ihr Anbau verlangt viel Sorgfalt und ein entsprechendes Klima.

Der Fenchel stammt aus Südeuropa, wo er seit Urzeiten im Gebrauch ist. Die Römer verwendeten ihn gern, die ihn wohl auch nach Nordeuropa brachten. Später gelangte er auch nach Amerika und ist heute in Kalifornien eines der häufigsten Unkräuter. Zur Gewinnung des Samens wird Fenchel in vielen Ländern angebaut, besonders in Frankreich, Deutschland und Italien, aber auch in Indien, Japan und Amerika. Praktisch gibt es außerhalb der feuchten Tropen kaum ein Land, in dem nicht Fenchel angebaut wird. Die Blätter lassen sich mit modernen Methoden trocknen, man kann sie auch tieffrieren; im Kühlschrank halten sie sich dagegen nicht gut. Frischer Vorrat ist natürlich am besten; eine Pflanze reicht normalerweise für eine Familie aus.

Der Geschmack variiert erheblich, je nachdem, um welche Art es sich handelt. Wilder Fenchel ist leicht bitter und hat kein Anisaroma. Süßem oder Römischem Fenchel fehlt der Bitterstoff, dafür schmeckt er stark nach Anis. Er enthält tatsächlich große Mengen des ätherischen Öls Anethol, das zu 90 Prozent im Ölanteil des Anis enthalten ist. Bitterer Fenchel wird hauptsächlich in Mitteleuropa und Rußland angebaut, süßer in erster Linie in Italien, Frankreich und Griechenland. Es ist von erheblicher Bedeutung, welche Art man als Würze benutzt.

Seit Jahrhunderten ist der Fenchel in der europäischen Küche heimisch und gehört traditionell zu frischem wie zu gesalzenem Fisch. Fenchel und Fisch gehörten so eng zusammen, daß man von sehr armen Leuten sagte, sie äßen an Fasttagen nur Fenchel, während die Reichen den Fenchel mit Fisch äßen. Auch heute noch gehören beide zusammen, etwa zur kurzen Fischbouillon, als Fenchelsoße, fein gehackt in Majonnaise und zur Füllung von Fisch. Die seltsamste Verwendung findet er wohl in dem berühmten provençalischen Gericht *Grillade au fenouil,* wozu gegrillter Seebarsch, Seebarbe oder manchmal auch Forelle gehört; der Fisch wird auf getrockneten Fenchel gebettet und dann flambiert, wobei der Fenchel verbrennt und der Fisch ein einzigartiges Aroma erhält. Fenchel paßt auch sehr gut zu Schweinefleisch (Italien), zu Spanferkel sowie zu Marinaden für Wildschwein. Feingehackt nimmt man ihn auch zu Kalbfleisch, zu Suppen, Essigsoßen und Salaten. Speziell die italienische Küche kennt Rezepte, in denen Fenchel eine wichtige Rolle spielt. Der grüne Same des wilden Fenchel ist besonders gut und wird bei der Zubereitung von Schnecken oft dem Würzbouquet zugegeben. Überhaupt ist Fenchelsamen ein nützliches Gewürz, der Geschmack ist anisähnlich, jedoch nicht so süß. Lange bevor man daranging, die grünen Teile zu verwerten, hatte der Samen schon große Bedeutung in der Volksmedizin. Er ist tatsächlich ein gutes Mittel zur Verdauungsförderung und soll, einigen Experten zufolge, auch für Schlankheitskuren geeignet sein. Doch sonst wird er nicht gerade häufig verwendet. In Florenz gibt es eine Salamisorte, *Finocchiona,* die mit Fenchelsamen gewürzt ist. In Indien wird er manchmal Curries zugefügt, doch kaut man ihn viel häufiger nach den Mahlzeiten zur Verdauungsförderung und zur Reinigung des Atems.

Der Gemüsefenchel, bekannt als Florentiner Fenchel oder *Finocchio,* ist eine gezüchtete Varietät mit knollenartig verdickten Stengelbasen. Roh hat er einen delikaten Anisgeschmack und wird von den meisten Leuten als Salat sehr geschätzt. Weniger bekannt ist der Stengelfenchel, eine Abart, die als *Carosella* oder *Cartucci* bekannt und besonders in Süditalien beliebt ist.

Zur Herstellung mancher Alkoholika wird Fenchel benutzt, es gibt auch einen Fenchellikör, *Fenouillette.*

Fetthenne

ENGL: Stonecrop
FR: Orpin
SP: Chubarbas, Fabacrasas

Zusammen mit Hauswurz und Dickblatt gehören die Fetthennen-Gewächse zur Familie der *Crassulaceen.* Sie haben fleischige Blätter und sind den meisten Leuten vertraut als Bewuchs von alten Mauern, Dächern oder feuchtem Felsen.

BOT: Sedum-Arten
FAM: Crassulaceae

Felsen-Fetthenne
ENGL: Reflexed Stonecrop
FR: Grand orpin jaune, orpin réfléchi
IT: Erba risetta, Sopravivolo dei muri
SP: Fabacrasa reflejada
BOT: Sedum reflexum
Tafel VI, Nr. 7, Seite 166

Die gelb blühende Felsen-Fetthenne ist eine ausgezeichnete Salatpflanze. Früher wurde sie auch als Suppenwürze verwendet, wie Spinat zubereitet oder wegen ihrer fleischigen Konsistenz auch als Sauergemüse eingelegt wie Meerfenchel. Die weiße Fetthenne *(Sedum album)* kann man ebenso verwenden.

Einige Bücher führen auch die im Wald wachsende große Fetthenne *(Sedum telephium)* als Salatpflanze an, aber diese Art war wohl eher als Heilkraut bekannt (z. B. als »Hühneraugenkraut«).

Die scharfe Fetthenne *(Sedum acre)*, auch als Mauerpfeffer oder Vogelbrot bekannt, ist als Würzkraut nicht geeignet, weil sie einen außerordentlich beißenden Geschmack hat.

Fischaroma

Viele Fische oder Schalentiere haben überhaupt keinen Fischgeschmack, wenn sie absolut frisch sind: Der Fisch als Organismus ist tot, doch die Zellen leben noch. Fisch dieser Art kennen wir nur aus Spezialrestaurants (z. B. das berühmte Fischereihafen-Restaurant in Hamburg-Altona) oder von solchen Restaurants, wo Fische in Behältern oder Bassins am Leben gehalten werden. Roher Frischfisch, wie man ihn z. B. in einigen Gegenden Hollands und im Fernen Osten ißt, hat gleichfalls keinen »fischigen« Geschmack: Er schmeckt nur nach Meer, wenigstens in den ersten Stunden. Wer am Ufer des Kaspischen Meeres Kaviar ißt, wird gleichfalls nicht den geringsten Fischgeschmack feststellen.

Doch der zarte Geschmack von frischem Fisch gilt nur wenigen als ideal, die meisten Menschen lieben den kräftigen Duft der Verwesung, und Fisch, der wirklich »hinüber« ist oder fermentiert wurde, steht hoch im Ansehen. Es gibt da ganz unglaubliche Erzeugnisse. Während ich an diesem Buch schrieb, brachte ich aus Schweden eine Büchse »Surströmming« mit. Mein Vorschlag: Schicken Sie Ihre Familie für einen Tag weg, öffnen Sie die Büchse in der hintersten Ecke des Gartens, den Wind im Rücken und einen Spaten in der Hand. Nachdem man den Schrecken genossen hat, schnell vergraben und annehmen, man habe wirklich probiert.

Es gibt in der ganzen Welt eine Menge besserer Erzeugnisse aus fermentiertem, getrocknetem oder gesalzenem Fisch. Etwa Stockfisch (ungesalzen getrocknet) oder gesalzenen Kabeljau (frz.: Morue), der die Grundlage ist zu manchen berühmten Gerichten wie der *Brandade de morue* der Provence, des *Bacalao* sowie der typischen Freitagsgerichte mittelmeerischer Gegenden, zu denen (gewässerter) Salzfisch, Kartoffeln und schwarze Oliven gehören. Alle diese Gerichte schmecken kräftig nach fermentiertem Fisch und wären völlig anders und weniger interessant, würde man sie mit frischem Fisch bereiten.

Fisch, Garnelen, Schalentiere, Tintenfisch und Kraken, sämtlich in der Sonne getrocknet, bilden im Fernen Osten einen großen Teil der Nahrung. »Bombay Ente« ist z. B. der getrocknete Rumpf eines kleinen, gallertartigen Fisches *(Harpodon negerus)*. Die Strände der Fischerdörfer bei Bombay sind übersät mit riesigen Gestellen, auf denen dieser Fisch und andere Arten in der tropischen Sonne trocknen. Natürlich duftet es hier wie in einer Fischmehlfabrik. Bombay-Ente und andere Fischdelikatessen wie getrockneter Tintenfisch aus Japan sind neuerdings bei uns in Mode als ausgefallene »Cocktail snacks«. Getrocknete Kraken werden ebenfalls in aller Welt geschätzt; es gibt Strände (z.B. in Mauritius), die zu manchen Jahreszeiten mit diesen in der Sonne trocknenden Kopffüßlern übersät sind. *Bêche de mer* oder Trepang, aus dem die Chinesen Suppe bereiten und der gewöhnlich zu Rezepten aus Malaysia gehört, ist nichts anderes als sonnengetrocknete Seegurke, ein niederes Tier mit dem Umriß einer Gurke, dem Seestern und dem Seeigel verwandt. Balachan oder Malakka-Käse, der an allen Küsten von Indien bis Vietnam zu Hause ist und von dem es viele Abarten gibt, besteht hauptsächlich aus einer Paste aus Salz und stark getrockneten Garnelen.

Es gibt zahllose wichtige Soßen und Würzen, die durch das Fermentieren von Fisch entstehen: so *garon* (altgriechisch), *garum* und *liquamen* (lateinisch). *Garon* wurde bereits sechs oder sieben Jahrhunderte vor Christi Geburt benutzt, und ähnliche Produkte verwendeten die Römer in der Küche und als Tischwürze. Kleine Fische wurden samt Eingeweiden und allem für zwei oder drei Monate in Salzwasser eingelegt, die Flüssigkeit dann abgesiebt. Im Grunde geht man heute beim Zubereiten von Anschovis noch genauso vor, sieht man einmal davon ab, daß man damals das Eingeweide nicht herausnahm und die Flüssigkeit höher schätzte als den Fisch selbst. Von daher stammt wahrscheinlich die im heutigen Italien übliche Sitte, Anschovisflüssigkeit, ja selbst die Lake von Salzheringen als Würze zu verwenden. Auch in Ägypten und im Sudan gibt es eine kraftvolle Soße, *faseekh* genannt, die dadurch entsteht, daß man kleine Fische mit Salz in alten Petroleumfässern fermentiert.

Fast gleiche Methoden wendet man im Fernen Osten an, in Kambodscha, Vietnam, in Thailand und anderswo. Vietnam ist reich an Fisch, nicht nur an Seefisch, auch an Süßwasserfisch aus dem Mekong und seinen Nebenflüssen und aus den überfluteten Reisfeldern. Die Nationalwürze ist eine Flüssigkeit namens *nguoc-nam*. Es gibt beträchtliche Unterschiede in Geschmack und Qualität; die beste wird aus Fischfilets gemacht und heißt *phuquoc*, nach der Insel, von der sie stammt. Man sagt, es gäbe kein Essen ohne *nguoc-nam*. Man kann den Reis damit übergießen oder es in einem kleinen Schüsselchen neben jedem Gedeck servieren, um Fisch- oder Fleischbrocken hineinzutauchen. Die Soße wird gewöhnlich abgeschmeckt mit Zitronensaft, Zucker, Knoblauch und rotem Pfeffer. Mich erinnert der Geschmack immer an Fischleim, doch enthalten diese Soßen viele Aminosäuren, sind nahrhaft und gesund. Vietnamesische Mütter geben ein paar Tropfen *nguoc-nam* ins Babyfläschchen. In Frankreich, das ja alte Beziehungen zu Vietnam hat, kann man vietnamesische Nahrungsmittel kaufen oder in Restaurants bekommen.

Ein anderes Beispiel für eine südostasiatische Würzsoße ist *prahoc*. Kleine Fische werden ohne Kopf in einen Korb gepackt, dann schön zertrampelt und anschließend gewaschen, indem man den Korb mehrmals ins Wasser taucht. Schuppen und Eingeweide werden auf diese Weise entfernt. Dann legt man die Fische zwischen Bananenblätter und preßt mit dicken Steinen das Wasser aus, mischt Salz dazu (eine Portion Salz auf zehn Portionen Fisch), trocknet ihn einen Tag in der starken Sonne, packt ihn dann zusammengestampft in einen Steingutkrug zum Fermentieren. Einen Monat lang wird jeden Tag die Flüssigkeit abgeschöpft, dann ist die *Prahoc*-Soße fertig (siehe auch Ketchup).

Fleischextrakt

Bouillonwürfel

Fleischextrakte wurden erstmals zu Beginn des 19. Jahrhunderts hergestellt; ihr Erfinder ist der große deutsche Chemiker Justus von Liebig. 1847 begann die Fabrikation in Fray Bentos, Uruguay. Liebig hatte sich seit 1840 von der Chemie abgewandt und mit der Landwirtschaft beschäftigt, wo er mehr direkten Nutzen für die Menschen zu stiften hoffte. Seiner Anregung verdanken wir den ersten Kunstdünger, der im Jahre 1843 produziert wurde. Im gleichen Jahr erschien *Christmas Carol* von Charles Dickens; es gab damals genug »Tiny Tims«, die verantwortungsbewußte Menschen wie Liebig auf die skandalöse Unterernährung hinwiesen.

Für die Herstellung von Liebigs Fleischextrakt wird rohes Fleisch mit kaltem Wasser zermahlen. Die abgefilterte Flüssigkeit enthält 15 bis 25 Prozent gelöstes Fleisch. Kocht man diese Lösung, so gerinnt das Eiweiß; sobald es sich gesetzt hat, läßt sich eine klare Suppe abziehen. Diese wird über schwacher Hitze eingedampft zu einer braunen Paste, die nach gebratenem Fleisch riecht und schmeckt. Etwa 30 Pfund rohes Fleisch sind nötig, um 1 Pfund Extrakt herzustellen, echter Liebig Fleischextrakt muß daher teuer sein.

Die billigeren Extrakte und Bouillonwürfel enthalten unterschiedliche Mengen an echtem Fleischextrakt, Salz und andere Fleischprodukte und sind versetzt mit Glutamat, das den Geschmack intensiviert. Sie können auch Kräuter, Gewürze und Würzmittel enthalten, ferner Hefeextrakt und Farbe. Rezepte und Methoden werden von den Herstellern geheimgehalten; der Koch kann allein seinen Geschmackssinn dagegensetzen. Manche dieser Konzentrate und Würfel sind im Notfall ganz brauchbar, manche benutzt man besser nicht.

Flohkraut

Anderer Name: Poleiminze
ENGL: Pennyroyal
FR: Pouliot
IT: Menta Romana, Puleggio
SP: Poleo
BOT: Mentha pulegium
FAM: Labiatae
Zeichnung 15, Nr. 5, Seite 192

Flohkraut, eine kleine Abart der Gattung Minze, ist in Europa beheimatet und wächst wild an schattigen feuchten Stellen. Die Blüten sind purpurrot. Wenn man sie im Garten ziehen will, verlangt diese Minze Feuchtigkeit und Schatten. Meist wird sie aus Wurzeln gezogen, aber man kann sie auch aussäen. Obwohl Flohkraut mehrjährig ist, neigt es doch dazu, bei Frost einzugehen.

Flohkraut hat einen kräftigen, ziemlich aufdringlichen Minzegeschmack, und der lateinische Name *pulegium* leitet sich von der Tatsache her, daß die Römer damit Flöhe vertrieben. Es soll bei Keuchhusten, Asthma und Unpäßlichkeit heilsam sein.

Frauenhaarfarn

Anderer Name: Venushaar

ENGL: Maidenhair Fern, Capillaire
FR: Adranthe, Capillaire cummun, Cheveux de Venus
IT: Capeluenere
SP: Culantrillo
BOT: Adiantum capillus-veneris
FAM: Adiantaceae
Zeichnung 4, Nr. 3, Seite 56

Frauenhaarfarn wird mit Wasser und Zucker gekocht zu sogenanntem Kapillarsirup; die jungen Damen des 19. Jahrhunderts sollen ihn gern zu Wein genossen haben. Boswell zufolge soll Samuel Johnson Portwein mit diesem Sirup versetzt genossen haben – Kommentar überflüssig.

Gekocht ergibt der Farn eine schleimige, fast geleeartige Flüssigkeit von charakteristischem Geschmack, die oft jedoch mit Geschmackszutaten versetzt wird. Im viktorianischen England war es Mode, Frauenhaarfarn zu Blumenarrangements zu verwenden, auch verzierte man damit Kuchen und Nachspeisen. Die Pflanze wächst wild in fast ganz Europa sowie im gemäßigten und tropischen Amerika. Da sie feuchte, schattige Stellen bevorzugt, findet man sie oft an Brunnen und Quellen; in Britannien ist sie jedoch selten.

Früchte

Zeichnung 8, Seite 108

Früchte enthalten sowohl verschiedene organische Säuren als auch Zucker, hauptsächlich Fruchtzucker und Glukose (siehe Zucker). Unreife Früchte enthalten viel Stärke, die beim Reifen in Zucker umgewandelt wird. Das richtige Verhältnis zwischen Süße und Säure ist bestimmend für den Wohlgeschmack einer Frucht.

Früchte verschiedener Art – reife, unreife oder getrocknete – werden überall in der Welt als süße oder saure Zutaten zum Kochen benutzt. Alle haben ein eigenes Aroma, das kräftig ausgeprägt sein kann. Geschmack und Säure können sehr stark differieren, je nachdem ob es sich um reife oder unreife Früchte handelt (z. B. bei Mangos), oder ob man die Schale, das Fruchtfleisch oder den Samen benutzt (z. B. Zitronen und Pfirsiche). Beide können sich auch durch Kochen oder Trocknen völlig ändern (z. B. schwarze Johannisbeeren und Feigen). Und schließlich zeigen die verschiedenen Früchte ganz unterschiedliche Ergebnisse beim Einmachen, Tieffrieren, Lagern und beim Transport. Erzeugnissen der Konservenindustrie werden manchmal ätherische Öle oder synthetische Geschmacksstoffe zugefügt, um den bei der Herstellung entstandenen Aromaverlust auszugleichen. In der Küche kann man mit einem Fruchtlikör oder Fruchtgeist ähnliche Wirkung erzielen; manchmal helfen auch kleine Zusätze von anderen Früchen wie Quitte oder Zitrone den Geschmack verbessern.

Die Verbindung von Früchten mit Fleisch und Gemüsen ist in Teilen des Mittleren und Fernen Ostens durchaus üblich, in Europa jedoch selten, häufiger dagegen in Amerika. Früchte aller Art dienen bei uns meist als Beilage zu Fleisch und Fisch, doch ist es schwierig zu sagen, wo die Grenze zwischen Garnierung, Soße und Würze liegt. Hier einige Beispiele:

ANANAS: zu Schweinefleisch, Schinken; zu Kalbfleisch in Dänemark.

ÄPFEL: zu Gans und Schwein in vielen europäischen Ländern, im Mittleren Osten mit Huhn gefüllt, zu Sauerkraut und Rotkohl in Deutschland und Polen, zu Fisch zusammen mit Meerrettich oder zusammen mit Heringen zu einem Pie gekocht in Yorkshire.

1
2
3
4
5
6

APRIKOSE: zu Schweinefleisch und in Soßen in Europa, Fernost und Südafrika.
BIRNE: geschmort mit Fleisch in Südafrika.
GRANATAPFEL: als Saft zu Fleisch im Mittleren Osten.
KIRSCHE: zu Ente; kandierte Kirschen zu Huhn im Mittleren Osten.
ORANGE: zu Ente.
PFLAUME: zu Schweinefleisch und Schinken in Europa; zu Hammeleintopf in arabischen Ländern.
PREISELBEERE: zu Truthahn; als Kompott zu Omeletts und Wild in Deutschland.
QUITTE: zu Schweinefleisch, Gans oder anderem Fleisch in Persien.
ROSINE: sauer und süß zu Fleisch im Mittleren Osten, zu Rheinischem Sauerbraten in Deutschland.
ROTE JOHANNISBEERE: als Gelee zu Hammel, Hase, Ochsenschwanzsuppe.
STACHELBEERE: zu sauren Soßen, zu Hammel im Mittleren Osten.
TRAUBE: zu Seezunge und Rebhuhn.

Außerdem werden noch einige Wildfrüchte – einige davon schmecken stark adstringierend – verwendet, so etwa Schlehe, Vogelbeere und Holzapfel. Die Kombination von Früchten mit Fleisch, Geflügel oder Fisch kann sehr reizvolle Ergebnisse bringen, und da dieser Aspekt des Würzens oft vernachlässigt wird, empfehle ich ihn der Aufmerksamkeit des Lesers.

Zeichnung 5
1 Hopfen
2 Quassia
3 Sumpfnelke
4 Waldmeister
5 Enzian
6 Sarsaparilla

Fünf Gewürze

Anderer Name: Chinesische Fünf Gewürze

ENGL: Chinese Five Spices, Five Fragrances
FR: Cinq épices chinoises, Cinq parfums

Dies ist eine subtile chinesische Gewürzmischung, die man in Spezialgeschäften kaufen kann. Sie besteht zu gleichen Teilen aus feingemahlenem Anispfeffer, Sternanis, Kassia, Nelken und Fenchelsamen. Zur Bereitung fernöstlicher Gerichte ist dieses Mischgewürz unerläßlich, eignet sich aber auch vorzüglich zu heimischen Schweinefleischgerichten und sollte daher in der Küche vorhanden sein. Ich nehme es oft zum Würzen von Schweineleberpastete.

Gagel

Andere Namen: Gagelstrauch, Sumpfmyrte

ENGL: Bog Myrtle, Candle Berry, Sweet Gale
FR: Galè odorant, Myrtre des Marais
IT: Myrica gale
SP: Mirto holandés
BOT: Myrica gale
FAM: Myricaceae
Tafel V, Nr. 5, Seite 165

In den feuchten Mooren der nördlichen Länder der nördlichen Halbkugel ist Gagel sehr verbreitet. Sie wächst strauchartig und wird zwischen 60 cm und 2 m hoch; der Stengel ist rötlich. Die männlichen und weiblichen Kätzchen wachsen gewöhnlich auf verschiedenen Pflanzen und sind vor den Blättern da. Die Blätter haben ein angenehmes Aroma, das schwach an Lorbeer erinnert; man benutzte sie früher in ganz Nordeuropa zum Würzen von Bier. Getrocknet wurden sie in China als Tee verwendet. Gagel war einst von erheblicher Bedeutung und wurde in Britannien sogar durch Gesetze geschützt.

Der charakteristische Geruch ist auf ein Wachs zurückzuführen, das von Drüsen auf der Blattunterseite ausgeschieden wird. Die

Früchte sind besonders wachsreich; mazeriert man sie in heißem Wasser, so sammelt sich das Wachs an der Oberfläche. Früher machte man Kerzen daraus, die beim Brennen einen süßen Duft verbreiteten. Daher auch die englische Bezeichnung *Candle Berry* (Kerzenbeere).

Einem Gewährsmann zufolge werden die kleinen, zweiflügeligen Früchte heute noch in Schweden und in Frankreich zum Würzen von Suppen benutzt. Ich selbst erinnere mich an ein altes Kochbuch aus Northumberland, das sowohl Früchte wie Blätter für Fleischeintöpfe empfahl. Wer in der Nähe eines Moores lebt, wo diese Pflanze vorkommt, sollte sie einmal ausprobieren, das Ergebnis ist interessant; außerdem ist sie eine echte Würze für bäuerliche Gerichte.

Galgant

Anderer Name: Galanga

ENGL: Galangal
FR: Souchet long, Souchet odorant
IT: Galanga
SP: Galang
BOT: Alpinia galanga, Kaempferia galanga Alpinia officinarum
FAM: Zingiberaceae
Zeichnung 18, Nr. 2 und 2a, Seite 216

Es gibt zwei eng verwandte Sorten, den Großen und den Kleinen Galgant, letzterer ist der wichtigere. Beide gehören zur Ingwerfamilie, der Große stammt aus Indonesien. Sein aromatischer Wurzelstock ist größer als die der kleineren Art und mit Verdickungen besetzt; die Rhizome beider Arten sind außen rotbraun, die der großen Sorte ist jedoch innen gelb oder weiß. Großer Galgant wird zu einigen einheimischen Curries verwendet; er schmeckt ziemlich ingwerähnlich.

Der Kleine Galgant ist das Rhizom einer Pflanze, die im südlichen China beheimatet ist und dort seit Urzeiten benutzt wird. Auch in altindischen Quellen wird sie erwähnt. Die Pflanze ist perennierend und hat Trauben von prachtvollen Blüten. Die kleinen Wurzelstöcke sind außen rotbraun, innen hellrot. Der Geschmack liegt zwischen Pfeffer und Ingwer. In Europa ist er seit langem als Gewürz von Bedeutung, vor allem in der Spirituosenfabrikation; er ist in fast jedem Magenbitter enthalten. In Südostasien, z.B. in Malaysia, wird er viel zu Curries benutzt.

Gartennelke

ENGL: Clove Pink, Clove Carnation, Gillyflower
FR: Oeillet-giroflée
IT: Garofano
SP: Alheli, Clavel
BOT: Dianthus caryophyllus
FAM: Caryophyllaceae
Tafel VII, Nr. 2, Seite 183

Viele moderne Nelkenarten haben ihren köstlichen aromatischen Duft durch Züchtung verloren, aber die altmodische kleine Gartennelke duftet noch immer ähnlich wie die Gewürznelke.

Sie stammt wahrscheinlich aus dem Mittelmeerraum, doch findet man sie heute von der Normandie bis zum Pandschab. Zu Römerzeit und besonders im 17. und 18. Jahrhundert wurde sie als Würzmittel benutzt; es war z.B. alter Brauch, in den Gläsern von Brautleuten Nelkenblüten schwimmen zu lassen, eine Varietät hieß sogar »Weintauche«. Gartennelken kann man zur Bereitung von Likören verwenden (man sagt, sie würden zu Chartreuse gebraucht, doch das Rezept ist geheim), ebenso zu Magenbittern, zum Würzen von Essig und Salaten (hauptsächlich als Dekoration) und sogar zu Suppen und Soßen.

Das Aroma läßt sich konservieren, wenn man kochendes Zuckersirup über die Blüten gießt, ein paar Stunden stehen läßt und sie dann aussiebt.

Gelbolde

ENGL: Alexanders, Allisanders, Black Lovage
FR: Ombrelle jaune
IT: Smirnio
SP: Esmirnio
BOT: Smyrnium olusatrum
FAM: Umbelliferae
Zeichnung 6, Nr. 6, Seite 72

Die Gelbolde ist ein kräftig gebauter Doldenblütler, die unter günstigen Bedingungen 1,20 bis 1,50 m hoch wird. Sie hat gelbgrüne Blüten und schwarze Früchte, die dem des Sellerie in Aussehen und Geschmack ähneln. Ursprünglich stammt die Pflanze aus dem Mittelmeerraum, doch ist sie längst in ganz Europa heimisch, z. B. in England, wo man sie auf dem Ödland und den Klippen der Küsten findet. Man kann sie im Garten ziehen; sie bevorzugt einen sonnigen Standort, Aussaat im März oder April.

Als Gemüse oder Würze ist die Gelbolde aus der Mode gekommen; sie wurde früher im gleichen Maße und zum gleichen Zweck benutzt, wie wir heute Sellerie benutzen, der sie verdrängt hat. Wer einen großen Garten hat, findet sie vielleicht anbauwürdig wegen ihres Geschmacks, der zwischen Petersilie und Sellerie liegt, oder weil sie eine Abwechslung darstellt.

Geranie

Andere Namen: Pelargonie, Rosengeranie

ENGL: Geranium, Pelargonium, Rose Geranium
FR: Bec de grue, Géranium rosat, Pélargonium
IT: Erba cancella, Geranio odoroso
SP: Geranio
BOT: Pelargonium capitatum (Pelargonium graveolens)
FAM: Geraniaceae
Zeichnung 9, Nr. 4, Seite 116

Die Geranien stammen aus Südafrika und wurden 1690 nach Europa gebracht. Seit 1847 werden sie in Frankreich gezüchtet zur Gewinnung von Rosengeranienöl, das in der Parfümindustrie Verwendung findet. Heute werden sie in vielen warmen Ländern der Erde gewerblich angebaut, etwa in Südfrankreich, Spanien und Nordafrika. Besonders berühmt ist das Öl von der Insel Réunion. Gutes Rosengeranienöl ist von Rosenöl fast nicht zu unterscheiden; es gibt erhebliche Aromaunterschiede, die durch Boden und Klima bedingt sind, selbst bei Pflanzen, die durch Stecklinge von der gleichen Mutterpflanze gezogen wurden. Außerdem gibt es eine Menge Varietäten: Zitronengeranien, Orangengeranien, Apfelgeranien, Muskatgeranien usw.

Die Pflanze ist nicht frosthart, kann aber leicht aus Stecklingen gezogen werden, die man, wenn die Frostgefahr vorbei ist, an einer sonnigen Stelle mit durchlässigem Boden einsetzt. Pflanzabstand etwa 1 m. Zu Beginn des Winters schneidet man die Pflanze zurück und bringt sie ins Haus.

Alle grünen Teile der Rosengeranie sind aromatisch, besonders die Blätter, nur die Blüten sind geruchlos. Das Aroma ist kurz vor der Blüte und wenn die Blätter zu gilben beginnen am stärksten. Der für die jungen Blätter charakteristische Zitronengeruch ändert sich dann und wird rosenähnlicher.

In der Küche ergeben die Blätter eine exotische Geschmacksvariante, ähnlich wie Rosenwasser. Man nutzt sie zum Würzen von Früchten, Süßspeisen und Gelees. Die Kochbuchautorin Elizabeth David empfiehlt zwei oder drei Blätter auf ein Pfund Brombeeren, zu denen Geranien eine »außerordentliche Affinität« hätten; die Blätter verleihen dem Brombeergelee ein herrliches Aroma. Die ätherischen Öle der Rosengeranie sind Geraniol und Citronellol, die auch die Hauptbestandteile von Rosenöl sind (nicht verwechseln mit den europäischen Geraniensorten Ruprechtskraut und Storchenschnabel).

Gewürz

ENGL: Spice
FR: Aromate, Epice
IT: Spezie
SP: Especia

Das deutsche Wort »Gewürz« stammt nicht unmittelbar, wie man annehmen möchte, von »Wurzel«, sondern von der althochdeutschen Bezeichnung *wurz* (Kraut, Pflanze).

Das englische Wort Spice sowie das jetzt ungebräuchliche deutsche Wort »Spezerei« stammt vom lateinischen *species* und bedeutete ursprünglich Waren-Sorten. Heute versteht man unter Gewürz vor allem getrocknete aromatische Produkte aus den tropischen Gebieten Südostasiens, zum Teil auch aus der Neuen Welt oder aus Afrika.

Eine genaue Definition zu geben ist schwierig, gewöhnlich bezeichnet man die folgenden Dinge als Gewürze: schwarzer Pfeffer und seine Verwandten, Weißer Pfeffer, Kubeb-Pfeffer, Lang-Pfeffer, Muskat und Muskatblüte, Piment, Kardamom (Samen oder Früchte), Nelken (Knospen), Zimt und Kassia (Rinde), getrockneter Ingwer, Gelbwurz, Turmeric usw.

Koriander, Kümmel, Dillsamen, Kreuzkümmel, Safran usw. werden wohl auch manchmal als Gewürz bezeichnet, aber die milden Produkte Europas gehören eigentlich in eine andere Kategorie, denn unter »Gewürze« versteht man eigentlich Dinge, die einmal aus dem Fernen Osten oder Westindien mit dem Schiff eingeführt wurden.

Gewürznelke

Andere Namen: Nelke, Nägelchen

ENGL: Clove
FR: Clou de girofle
IT: Chiòdo di garofano
SP: Clavo
BOT: Eugenia caryophyllata (Syzygium aromaticum)
FAM: Myrtaceae
Tafel I, Nr. 5, Seite 81
Zeichnung 19, Nr. 6, Seite 224

Nelken gehören zu den bekanntesten Gewürzen. In China benutzte man sie schon einige hundert Jahre vor Christi Geburt; über die Karawanenstraßen gelangten sie auch ins alte Rom. Sie stammen von den Gewürzinseln (Molukken); Portugiesen und Holländer hatten in früheren Jahrhunderten zeitweilig das Liefermonopol, das erbittert umkämpft war. Im 18. Jahrhundert war das Monopol gebrochen, die Nelke gelangte auch in andere tropische Länder wie Sansibar, Madagaskar und Westindien. Gewürznelken gedeihen nur in Seenähe, das ist einer der Gründe, warum Sansibar heute der bedeutendste Produzent dieses Gewürzes ist. Nähert man sich der Insel an einem heißen, schwülen Abend, wenn die leichte Brise durch die Bäume streicht, so riecht man den Nelkenduft lange bevor Land in Sicht kommt.

Der recht hübsche immergrüne Nelkenbaum wird etwa 10 m hoch, die karminroten Blüten sind traubenförmig angeordnet. Man sieht sie jedoch ziemlich selten, denn das Aroma, das in allen Teilen des Baumes enthalten ist, konzentriert sich besonders in den Knospen. Die jungen rosafarbenen Knospen pflückt man daher, bevor sich die Blüte entfalten kann. Sie werden sorgfältig auf Matten aus Palmblättern oder über schwacher Hitze getrocknet. Dabei färben sie sich schwarzbraun, und das vertraute Gewürz ist fertig.

Nelken variieren beträchtlich hinsichtlich Größe, Aussehen und Würzkraft, je nach Alter und Ursprungsland. Sie sollten wohlgeformt, fettig und glatt sein, nicht aber runzlig und staubig. Da das Nelkenaroma sehr stark ist, läßt sich das Problem der Lagerung leichter lösen als bei manchen anderen Gewürzen.

Die Nelkenwürze beruht auf einem ätherischen Öl, das die meisten Leute ausgerechnet vom Besuch beim Zahnarzt kennen. Es ist ein kräftiges, wirkungsvolles Antiseptikum, wodurch die Nelken in Pickles, Suppen und Curries doppelt wertvoll werden.

Gewürznelken sollte man »am Stück« kaufen, nicht gemahlen. Braucht man mal etwas Nelkenpulver, läßt sich der Stift in der Mitte leicht zerstoßen. Die Verwendung von Nelken in der Küche reicht sehr weit; man spickt mit den Nägelchen Zwiebeln, man braucht sie zu Lebkuchen, Obstgerichten und zum Einmachen, ebenso zu Wild, Schweinebraten und vielen anderen Fleischgerichten wie z. B. *Coq au vin.* Gewürznelken gehören zum Glühwein, auch würzt die Industrie verschiedene Liköre damit. In manchen indischen Curries sind sie enthalten, oft zusammen mit Kardamom und Zimt.

In einer Hinsicht ist dieses Gewürz ziemlich schwierig: Man tut leicht zuviel des Guten, ein Gericht ist schnell überwürzt und ruiniert. Andererseits könnte man schwerlich ohne Nelken auskommen; nimmt man eine einzige Nelke zu einem Fleischeintopf oder zum *Pot au feu* – wie das in Frankreich und Italien üblich ist – so ist das genau richtig. Man schmeckt die Nelke gar nicht, doch ohne sie wäre das Fleisch weniger aromatisch. Verwendet man jedoch Nelken und Essig zusammen – etwa zum Einlegen von Gurken, Zwiebeln, Fisch u. a. –, bildet sich nur ein ziemlich dürftiges Aroma. Es mag eine Marotte sein, aber ich lasse beim Einlegen die Gewürznelken oft weg.

Ginkgonuß

ENGL: Ginkgo Nut, Maidenhair Tree
BOT: Ginkgo biloba
FAM: Ginkgoaceae
Zeichnung 17, Nr. 5, Seite 208

Der Ginkgobaum ist eine Art lebendes Fossil und stammt aus China und Japan. Der weibliche Baum trägt kleine, faul riechende Früchte, die gelben Pflaumen ähneln. Der nach dem Verfaulen des Fruchtfleisches übrigbleibende Kern ist die Ginkgonuß. Sie hat einen eigenartigen Geschmack und wird in der chinesischen und japanischen Küche als Würze benutzt. Geröstet wird sie aber auch so verzehrt. In Fachgeschäften erhältlich.

Glutamat

Mononatriumglutamat

ENGL: Monosodium Glutamate, M.S.G., »Taste Powder«, Ve-tsin
FR: Glutamate de soude
IT: Glutiminato di soda
SP: Glutamato de sodio
PEKING-CHINESISCH: Mei Jing

Glutamat ist ein weißes, kristallines Chemieprodukt, nämlich das Natriumsalz der Glutaminsäure, so wie normales Salz das Natriumsalz der Salzsäure ist. Hier endet aber die Vergleichsmöglichkeit, denn Glutaminsäure ist eine der organischen Aminosäuren, die die Bausteine des Eiweißes sind und frei werden, wenn Eiweiß zerfällt. Einige davon sind für die Ernährung sehr wichtig, Glutaminsäure gehört jedoch nicht dazu. In natürlicher Form kommt Glutaminsäure in Kleber vor (dem Weizeneiweiß), einer klebrigen Substanz, die dafür sorgt, daß man aus Mehl überhaupt Brot und Kuchen backen kann.

Glutamat wurde ursprünglich aus Weizen hergestellt, doch die Chemiker sind immer auf der Suche nach billigeren Rohstoffen, deshalb benutzt man heute Zuckerrübenmelasse oder, noch billiger, man vergärt Glukose-Lösungen, die einfache Stickstoffzusätze enthalten, mit Hilfe spezieller Bakterien. Etwa 23 Prozent der Glukose kann auf diese Weise umgewandelt werden.

Ich erwähne diese Details, weil manche Leute gern wissen, was sie essen, insbesondere wenn die chemische Industrie im Spiel ist. Glutamat scheint danach ganz harmlos zu sein, doch glaubt man, daß es auf die Dauer Leberschäden hervorruft; es wird daher von einigen Fachleuten abgelehnt. Dennoch wird es in fast allen Industrieländern hergestellt, in Europa, Amerika, in China und Japan. Hauptsächlich wird es in Fertigprodukten, in Suppenwürfeln und Fertigsuppen verwendet. In der Sojabohnensoße ist es als Naturprodukt enthalten.

Glutamat ist unter den verschiedensten Handelsmarken käuflich. Es hat so gut wie keinen Eigengeschmack, besitzt jedoch die ungewöhnliche Fähigkeit, Fremdgeschmack zu intensivieren, besonders den von Fleisch. Küchentradition hat Glutamat nicht, sieht man von einigen Naturprodukten Chinas und des Fernen Ostens ab; in Europa und Amerika ist es eine Errungenschaft des 20. Jahrhunderts. Man kann es zu allem benutzen, dessen Geschmack man verbessern möchte.

Während ich an diesem Buch arbeitete, hatte ich eine umfangreiche Korrespondenz mit vielen Ländern; unter anderem erhielt ich aus der Volksrepublik China eine vorzügliche Broschüre. Sie enthielt ein Rezept, das seiner fabelhaften Sparsamkeit wegen zitiert werden muß: »Ein chinesischer Koch kann eine Suppe bereiten, die selbst für Götter gut genug ist, indem er bloß eine Handvoll frischen Gemüses in zwei Tassen kochendes Wasser wirft, einen halben Teelöffel Glutamat und zwei Teelöffel Salz hinzufügt.«

Granatapfel

ENGL: Pomegranate
FR: Grenade
IT: Melogranate, Melograne
SP: Granada
BOT: Punica granatum
FAM: Punicaceae
Tafel II, Nr. 12, S. 82

Der Granatapfel war möglicherweise der »Apfel« des Paradieses. Er stammt aus Persien und wird dort seit über viertausend Jahren angebaut. Der historische Beiname seiner botanischen Bezeichnung, *punica,* erinnert an die Tatsache, daß er auf dem Weg über Karthago in Nordafrika zu den Römern gelangte. Heute wachsen Granatäpfel in warmen trockenen Klimazonen der ganzen Welt, hauptsächlich in Spanien und Marokko, in allen Mittelmeerländern, an der Levante und auch weiter östlich, z. B. in Pakistan und Indien. Die schönen, zinnoberrot blühenden Büsche bilden den charakteristischen Schmuck der mit Lehmmauern umgebenen Gärten des Mittleren Ostens. Es gibt auch weißblühende und gefüllte Spielarten, die als Ziersträucher gezogen werden. Dornige Sorten ergeben gute Schutzhecken.

Gute Granatapfel-Früchte sind ziemlich selten. Man kann sie nur aus guten Züchtungen gewinnen, und zwar in Gegenden, die einen kalten Winter und einen heißen, trockenen Sommer haben. Frisch oder zu einer Paste eingedickt, wird der Saft im ganzen Mittleren Osten Fleischgerichten beigegeben. In Persien verwendet man ihn hauptsächlich in einem köstlichen Eintopfgericht namens *koreshe Fesenjan,* in dem sich der Fleischgeschmack mit dem sauersüßen Fruchtaroma mischt. Im Libanon stellt man den Saft oder die Paste für solche Fleischgerichte überwiegend aus sauren Granatäpfeln her. Manchmal richtet man das berühmte Auberginen-Gericht *Imam Bayildi* damit an. Getrocknete Samen streut man auf süße Speisen und auf *Hummus* (ein Pürree aus Kichererbsen und *Tahina*), doch dies ist hauptsächlich Dekoration. In Indien können sie in der Füllung für *parathas*, in *pakoras* und einigen Curries enthalten sein. Grenadine-Sirup wird aus Granatapfelsaft gewonnen.

Gundelrebe

ENGL: Ground Ivy, Alehoof
FR: Herbe de Saint-Jean, Lierre terrestre
IT: Edera terrestre
SP: Hiedra terrestre
BOT: Glechoma hederacea
FAM: Labiatae
Zeichnung 13, Nr. 2, Seite 148

Die schmale kriechende Pflanze ist in Nordeuropa und Britannien weit verbreitet; sie wächst in Hecken und auf Ödland, die Blüten sind purpurn bis blau. Zerreibt man sie, so entwickelt sich ein grober Geruch nach Minze. Da die Pflanze häufig vorkommt und leicht zu erkennen ist, sei sie Anfängern zum Experimentieren empfohlen.

Blumen und Blätter, zur Blütezeit geschnitten und im Schatten getrocknet, ergeben einen Heiltrank: einen Teelöffel getrockneter Gundelrebe mit einer Tasse kochendes Wasser aufgießen und 20 Minuten ziehen lassen, dann mit Honig süßen. Das soll gut sein gegen Husten und Erkältung.

Gundelrebe wurde früher zum Würzen von Bier bentuzt; vor der Einführung des Hopfens diente sie auch zum Haltbarmachen und Klären des Bieres.

Harvey's Sauce

Dies ist eine alte englische Soße, die für scharf gewürzte Grill- oder Bratgerichte vorgeschrieben sein kann. Die Bezeichnung ist seit einer Gerichtsentscheidung des Jahres 1870 frei benutzbar, da es einige Rezepte gibt, die mindestens auf das 17. Jahrhundert zurückgehen.

Es gibt verschiedene Abarten, die jedoch meist auf Walnuß- und Pilzsoße basieren, gewürzt mit Anchovis, Knoblauch und oft auch Sojasoße und Essig. Im Aussehen ähnelt sie der Worcestershire-Soße, ist jedoch nicht scharf, obgleich sie etwas Chilipfeffer enthält.

Harz

Harz ist der gummiartige Saft, der aus Nadelbäumen quillt, wenn sie verletzt werden. Verschiedene Arten werden wie Gummibäume angezapft, das flüssige Harz wird in Gefäßen gesammelt. Unter anderem liefert es das Rohmaterial für Terpentin.

Harz wird als Würze für jene griechischen Weine verwendet, die *Retsina* genannt werden. In Griechenland wachsen etwa neun verschiedene Nadelbaumarten, einschließlich der Pinie, die so charakteristisch für die nördlichen Küsten des Mittelmeeres ist. Das Harz aller dieser Arten und noch einiger harzhaltiger Pflanzen kann für den *Retsina* verwendet werden, aber die gebräuchlichste Quelle (und auch die verbreitetste Konifere) ist die Aleppo- oder Jerusalem-Kiefer *(Pinus halepensis)*.

1
1a
2
3
4
4a
5
6
7

Retsina selbst hat einen ausgeprägten Geschmack und ist außerhalb Griechenlands selten zu bekommen. Um ihn richtig genießen zu können, braucht man die romantische Atmosphäre einer Taverne und den Duft gegrillten Fleischs, das mit knusprig gebratenen Innereien garniert ist. Es gibt auch einen Likör mit Harzgeschmack, der als *Chaquesin* bekannt ist (siehe auch Mastix).

Dornige Hauhechel

ENGL: Restharrow
FR: Bugrane
IT: Anonide
SP: Gatuña
BOT: Ononis spinosa
FAM: Leguminosae (Papilionaceae)
Tafel VI, Nr. 4, Seite 166

Die dornige Hauhechel ist in Europa verbreitet, besonders auf kalkhaltigem Boden und den Kreidefelsen Englands. Die rauhhaarige Pflanze hat dunkelgrüne Blätter und einen zähen kriechenden Stengel, der oft dornig ist. Die Blüten ähneln kleinen, purpurroten Erbsenblüten.

Gerard sagt: »Die Wurzel ist lang, verläuft weit verzweigt, ist sehr zäh und kann kaum durch den Pflug in Stücke gerissen werden, so daß die Ochsen manchmal überhaupt nicht vorwärts kommen und steckenbleiben müssen. Aus diesem Grunde heißt die Pflanze in England ›Rest-Plough oder Rest-Harrow‹« (also Pflug-Rast oder Eggen-Rast). Er sagt auch (wahrscheinlich zitierte er Dioscorides), daß »die zarten Sprossen oder Früchte dieses Strauches, bevor die Dornen hart werden, süßsauer eingelegt werden können. Man ißt sie dann als wohlschmeckende Soße zu Fleisch, aber auch als Salat«.

Hefe

Die meisten kennen Bäckerhefe als eine käseähnliche Substanz, die nach Bier riecht. Sie setzt sich aus Millionen von Hefepilzen zusammen, kleinen einzelligen Pflanzen, die sich durch Sprossen vermehren, wenn sie in eine geeignete Zuckerlösung wie etwa Fruchtsaft geraten. Hefepilze sind winzig, wenn auch größer als Bakterien, und haben während ihrer vegetativen Phase gewöhnlich eine ovale Form. Sie produzieren Sporen, falls sie in einem langen Ruhestadium unter ungünstigen Umständen überleben müssen.

Hefe erzeugt Enzyme, die wiederum auf einfache Zuckerarten einwirken und diese in Kohlendioxyd und Alkohol umwandeln. Dieser Vorgang spielt sich ab beim Keltern von Wein wie auch beim »Gehen« von Brot oder Kuchenteig, wobei sich auch noch ein eigentümliches Aroma entwickelt. Es gibt eine Menge verschiedener Hefearten, die den Flüssigkeiten, die sie vergären, die unterschiedlichsten Geschmacksrichtungen verleihen. Wenn man selbst Wein herstellen will, sollte man besser keine Bäckerhefe verwenden, wie in den alten Rezepten vorgeschlagen wird, sondern eine echte Weinhefe aufzutreiben suchen, wie man sie heute als Kulturen in Spezialgeschäften kaufen kann. Diese Hefe ist von Natur aus in Trauben aus aller Welt vorhanden, und ihr Aroma ist besser. Auch muß man sich vor den wilden Hefepilzen hüten, die in der Küchenluft sind; wenn diese in selbstgemachten Wein geraten, mißrät er völlig.

Zeichnung 6
1 Fenchelstengel
1a Fenchelknolle
2 Dill
3 Kerbel
4 Krause Petersilie
4a Glatte Petersilie
5 Wohlriechende Süßdolde
6 Gelbdolde
7 Liebstöckel

Hefeextrakt

ENGL: Autolysed Yeast, Yeast Extract

Konzentrierter Hefeextrakt wird in der vegetarischen Küche häufig zur Vortäuschung von Fleischgeschmack verwendet. Ende des 19. Jahrhunderts wurde der erste Hefeextrakt in Deutschland entwickelt; seit 1902 wird er auch in England hergestellt. Heute ist er in fast allen Ländern erhältlich. Er entsteht durch Autolyse von frischer Brauereihefe unter Zusatz von Salz. Bei der Autolyse werden die Zellen durch ihre eigenen Enzyme zerstört. Die Lösung wird von den unlöslichen Zellresten getrennt und bei Niederdruck eingedampft. Das Ergebnis ist eine klebrige braune Masse – Hefeextrakt. Sie kann in Wasser wieder gelöst werden und enthält große Mengen des Vitamins B_2, Niacin und Riboflavin. Gewöhnlich wird der Hefeextrakt noch durch Auszüge aus Kräutern und Gewürzen geschmacklich verbessert.

Himmelsschlüssel

Anderer Name: Schlüsselblume

ENGL: Cowslip
FR: Fleur de coucou, Primevère commune
IT: Primavera
SP: Primula, Vellorita
BOT: Primula veris
FAM: Primulaceae
Tafel VII, Nr. 5, Seite 183

Die Blüten der Himmelsschlüssel haben einen delikaten, süßen Geruch und wurden früher häufig zur Bereitung von Wein und Tee benutzt, weil man annahm, sie seien schlaffördernd. Die Blüten wurden auch kandiert und frisch zu Salaten und als Dekoration benutzt. Auf ländlichen Märkten in den englischen Midlands konnte man vor noch nicht langer Zeit Schlüsselblumen kaufen. Infolge der modernen landwirtschaftlichen Methoden und durch die Zerstörung der natürlichen Weiden werden sie jedoch immer seltener. Heute ist es schwierig, die nötige Menge aufzutreiben.

Die Primel (Primula vulgaris) läßt sich ähnlich verwenden. Die jungen Blätter eignen sich gut zu Frühlingssalat, wer jedoch dagegen allergisch ist, bekommt Hautausschlag.

Holunder

ENGL: Elder
FR: Sureau noir
IT: Sambuco
SP: Saúco
BOT: Sambucus nigra (Europäischer Holunder), Sambucus canadensis (Amerikanischer Holunder)
FAM: Caprifoliaceae
Tafel VII, Nr. 7, Seite 183
Zeichnung 8, Nr. 2, Seite 108

Der Holunderbaum ist an den Wegrändern Europas, Westasiens und Nordamerikas sehr häufig anzutreffen; es gibt eine Menge Abarten. Die in Europa und Nordamerika verbreitetste Form hat große, weiße Blütenbüschel und später zahllose kleine, purpurn bis schwarze Beeren. Abgeholzte Bäume riechen ausgesprochen unangenehm, doch manche Leute schätzen die wie Bambusspitzen eingelegten jungen Schößlinge.

Frische oder getrocknete ältere Blütenstände sind Ausgangspunkt für viele altväterliche Heilmittel, die auch schlaffördernd wirken sollen. Sie sind aber auch eine nützliche Würze. Das etwas schwächliche Aroma ähnelt, wie manche sagen, dem der Muskatellertrauben; jedenfalls wurde es früher benutzt, um minderem Moselwein Geschmack zu verleihen. Auch Angelika wurde zu diesem Zweck benutzt, und beide – Angelika und Holunderblüten – eignen sich auch zum Würzen von eingekochten Früchten, Gelees und Marmeladen. Holunder paßt besonders gut zu Stachelbeergelee; man rührt den Gelee mit einem Zweig Holunderblüten durch, bis er genügend Aroma aufgenommen hat, und nimmt ihn dann heraus. In den Teig getaucht, lassen sich die Blütenstände auch backen.

Die Beeren werden meist zu Holunderwein verarbeitet; in früheren Zeiten wurden sie auch zum Färben von Wein benutzt, insbesondere von Portwein. Holunderbeeren schmecken ziemlich streng, nicht gerade angenehm und bitter. Doch der unangenehme Geschmacksbestandteil vergeht, wenn die Beeren getrocknet sind. In geringen Mengen verwendet, passen sie zu Äpfeln und eingemachten Früchten und dienen auch zum Färben von Apfelgelee. In manchen Ländern Nordeuropas, z. B. in Dänemark, bereitet man aus Holunderbeeren eine Fruchtsuppe, die mit Klößen oder geröstetem Brot serviert wird. Sie sind auch die Basis für ein Ketchup *(Poulac)*.

Honig

ENGL: Honey
FR: Miel
IT: Miele
SP: Miel

Honig ist der älteste Süßstoff; erst in den letzten zweihundert Jahren ist raffinierter Zucker so billig geworden, daß er Allgemeingut wurde. Die Methoden der Honiggewinnung sind sehr unterschiedlich; sie reichen vom durchorganisierten Gewerbebetrieb unserer Tage bis zum Sammeln von wildem Honig in den Wäldern Westbengalens oder bei den Pygmäen im Kongo. Primitive Völker halten ihre Bienen oft in ausgehöhlten Bäumen; anderswo, etwa in den Wäldern Nordpersiens, muß man die Bienenstöcke hoch in die Bäume hängen, damit die Bären nicht darankommen.

Im Durchschnitt enthält Honig 38 Prozent Fruchtzucker, 31 Prozent Glukose, 7 Prozent Malzzucker und anderes. Doch die Anteile variieren, je höher der Glukoseanteil, um so leichter wird der Honig fest. Alter Honig wird jedoch immer fest – der Zucker wird kristallin. Durch Rühren kann man den Vorgang beschleunigen. Festen Honig kann man jedoch durch Erwärmen flüssig machen; die Temperatur sollte gerade so hoch sein, daß man nicht anfassen kann. Er wird dann so leicht nicht wieder fest. Der Handel ist also in der Lage, die Honigsorte zu produzieren, die der Markt verlangt. Rohrzucker ist in Honig nicht enthalten, obgleich er im Nektar der Blüten vorkommt, doch wird er von den Enzymen im Speichel der Bienen zu Glukose und Fruchtzucker umgeformt.

Honig enthält außerdem gummiartige sowie duftende ätherische Substanden, ferner organische Säuren und Pollenkörner. Entscheidend ist, von welchen Blüten er stammt. Die Farbskala kann von Weiß und Creme bis zu Rot, Braun, Purpur, Schwarz und sogar Seegrün reichen. Selbst ganz frisch kann er fest oder dünnflüssig sein wie die meisten Honigarten aus tropischen Gegenden oder Wildhonig. Uns interessiert hier der Geschmack, und der kann sehr unterschiedlich sein. Allein in den Vereinigten Staaten gibt es zwischen 200 und 300 Honigarten! Der meiste Honig stammt vom Klee und seinen Verwandten, von Weißklee, Süßklee, Luzerne usw. Kleehonig ist mild und eignet sich am besten für alle möglichen Verwendungen in der Küche. Es gibt aber auch Honige mit einem bestimmten Geschmack: Orangenblüten, Grapefruit, Salbei, Eukalyptus, Himbeer, Weidenröschen. Rosmarinhonig kommt von den mittelmeerischen Hügeln; nach Harz duftender Honig aus Nadelwäldern, z.B. aus dem Schwarzwald; parfümierter Blütenhonig kommt aus Grasse, von der italienischen

Riviera oder aus den Alpen. Man kann auch Buchweizen-, Akazien-, Stachelbeer-, Sykomoren- und, wie ich gelesen habe, auch exotischen grünen Honig in roten Waben aus Afrika und schwarzen Honig aus Brasilien bekommen. Falls Sie je solche Köstlichkeiten zum Kochen benutzen wollen, so sollten sie nicht erhitzt werden, denn dadurch werden die Aromastoffe ausgetrieben.

Honig von manchen Blüten wie z. B. Oleander ist giftig und bisweilen narkotisch. Honig von der Besenheide *(Calluna vulgaris)* ist gelantineartig; der beste enthält viele Luftbläschen. Schneidet man die Wabe auf, so fließt er nicht aus. Honig von anderen Heidekräutern ist rot und würzig und normalerweise flüssig. Wenn Honig im Kochprozeß erhitzt wird, ist nicht nur das delikate Aroma dahin, der Zucker karamellisiert auch. Ist für ein Gericht Honig vorgeschrieben, der nicht mitgekocht wird, so ist es wichtig, den richtigen zu wählen. Der Experimentierfreude bietet sich aber hier ein weites Feld.

Honigklee

Anderer Name: Steinklee
ENGL: Melilot, Sweet Clover (USA)
FR: Mélilot
IT: Meliloto
SP: Mililoto, Trébol dulce
BOT: Melilotus officinalis und andere Arten
FAM: Leguminosae (Papilionaceae)
Tafel V, Nr. 10, Seite 165

Die große, ziemlich weitverbreitete Pflanze hat einen unregelmäßigen Wuchs und gelbe Blüten, die ähnlich angeordnet sind wie die der Lupine. Die gezähnten Blätter stehen in Dreiergruppen. Sie wächst wild in Nordamerika und Europa einschließlich Großbritannien, wohin sie wahrscheinlich verpflanzt wurde, weil man früher heilende Umschäge daraus bereitete. Man findet sie auf Freiland und Ödflächen, doch kann man sie auch als Viehfutter anbauen.

Im getrockneten Zustand entwickelt Honigklee den Geruch von frisch gemähtem Gras, er wurde deswegen in Kräuterbieren verwendet. Heute benutzt man ihn zum Füllen oder Umwickeln von Kaninchenfleich oder zu Marinaden, wo er dem eingelegten Fleisch den süßen, heuähnlichen Geschmack vermittelt. Auch in Stews kann er Verwendung finden. Anders als die meisten Kräuter ist Honigklee getrocknet am besten. Er hat gewisse Ähnlichkeit mit Bockshornklee (siehe diesen), der zur gleichen Pflanzenfamilie gehört. Eine verwandte Art, *Trigonella caerulea,* wird bei der schweizerischen Stadt Lachen am östlichen Ende des Zürichsees angebaut; der freie Verkauf ist verboten. Im 14. Jahrhundert gelangte sie von Kleinasien nach dort und wird seitdem zum Würzen einer lokalen Käsesorte benutzt, dem Schabzieger. Die Pflanzen werden vor der Blüte geerntet und zusammen mit anderen Kräutern dem Käse zugesetzt, der seinerseits wiederum gerieben als Würze dient und bei uns als grüner Kräuterkäse bekannt ist.

Hopfen

ENGL: Hop
FR: Houblon
IT: Luppolo
SP: Lupulo

Diese bekannte Kletterpflanze findet man wild in den gemäßigten nördlichen Breiten, einschließlich England und Nordamerika, aber auch in ähnlichen Klimazonen südeuropäischer Gebirge. Der Hopfenanbau wurde durch die Römer kultiviert, doch erreichte er England nicht vor dem 16. Jahrhundert. Auf dem Kontinent ist er

BOT: Humulus lupulus
FAM: Cannabaceae
Zeichnung 5, Nr. 1, Seite 64

wesentlich früher bezeugt. Größtes Erzeugerland ist Deutschland (Hallertau).

Die weiblichen Blüten sind kleine grüne, zapfenförmige Dolden. Sie enthalten Harze und aromatische Bitterstoffe (einige davon wirken übrigens narkotisch, vielleicht ist das der Grund, warum manche Leute von Bier müde werden). Die Dolden werden im Spätsommer geerntet und über schwacher Hitze getrocknet; in dieser Form wird Hopfen von den Brauereien verwendet. Getrockneter Hopfen dient auch als Quelle für Bitterstoff, der sich durch Kochen leicht extrahieren läßt (siehe Bier). Zum Bierbrauen werden auch andere Bitterstoffe verwendet, z.B. Quassia; in Deutschland ist das jedoch nicht erlaubt, es darf nur Hopfen benutzt werden, der das Bier zugleich haltbar macht.

Die Pflanze läßt sich leicht ziehen und ergibt einen hübschen Sichtschutz bzw. Hintergrund; sie windet sich linksherum, im Gegensatz zur Stangenbohne, die rechtsherum windet. Die männlichen Blüten und vor allem die jungen Schößlinge *(jets d'houblon)* sind in allen Hopfenanbaugebieten ein beliebtes Gemüse; man kann sie wie Spargel zubereiten oder mit Butter und Sahne angemacht als Beilage verwenden *(à l'anversoise)*. Blanchiert und mit Öl und Zitronensaft angemacht ergeben sie einen vorzüglichen Salat.

Ingwer

ENGL: Ginger
FR: Gingembre
IT: Zenzero
SP: Jengibre
BOT: Zingiber officinale
FAM: Zingiberaceae
Tafel I, Nr. 16, Seite 81
Zeichnung 18, Nr. 6, Seite 216

Ingwer ist eines der bekanntesten Gewürze. Die Pflanze hat lange Blätter und dicke, kriechende Rhizome. Auf den ersten Blick erinnert sie ein wenig an Iris, doch beim zweiten Blick erkennt man, daß sie zu einer ganz anderen Familie gehört. Sie wird ungefähr 1 m hoch, die Blüten sind meist gelb, sie haben purpurne Lippen und wirken sehr dekorativ. Der Wurzelstock – er ist das Gewürz – wird »Hand« genannt; er sieht oft aus wie eine geschwollene Hand mit flachen, deformierten Fingern.

Obgleich ursprünglich in den feuchten Tropendschungeln Südostasiens beheimatet, wird er heute überall angebaut, wo es tropisches Klima und etwas Schatten gibt. In Asien, von Indien bis hin nach China, wird er seit Urzeiten verwendet; getrockneter Ingwer gelangte schon vor der Gründung des römischen Reiches nach Mittelost und nach Südeuropa. Sicher war er eines der ersten Gewürze, das Europa aus Asien erhielt; damals galt er als ein arabisches Produkt. Die Rhizome halten sich lange, so hatten die Spanier keine Schwierigkeiten, den Ingwer mit Hilfe ihrer Segelschiffe nach den Karibischen Inseln zu bringen und dort anzupflanzen. Er wurde schnell heimisch und bereits 1547 von Jamaika nach Spanien gebracht. Inzwischen wird er im ganzen Tropengürtel gewerblich angebaut, vom südlichen China über Japan bis zu den Karibischen Inseln, in Queensland, Westafrika, Indien, Indonesien und sogar in Florida.

Im mittelalterlichen Europa spielte er nicht nur als Gewürz eine Rolle, sondern auch als Medizin. Zur Zeit des Schwarzen Todes galt er als ein Mittel gegen die Pest und war vielleicht wirklich ganz nützlich, weil er schweißtreibend wirkt (doch der einzige Mensch, den ich kenne, der vor der Erfindung der Antibiotika die Beulenpest überlebte, behauptet steif und fest, sein Leben dem schottischen Whisky zu verdanken). Wenn Ihre Gäste sich den Schweiß von der Stirn wischen, nachdem sie Ihren scharfen Spezialcurry gegessen haben, dann war sicher zuviel Ingwer darin.

FRISCHER INGWER. Das frische Rhizom war früher nur in den Anbaugebieten erhältlich, heute findet man es schon auf deutschen Wochenmärkten. Die »Hand« sollte prall, nicht runzelig sein, das Fleisch sollte fest sein und nur leicht faserig. Der Geschmack ist milder und auf subtile Weise anders als der von getrocknetem Ingwer – der Unterschied ist schwierig zu beschreiben, man kann höchstens sagen, er sei weniger »gewürzhaft«. Frischer Ingwer, geschält und zu einem Brei zerstoßen, gehört zu vielen Curryarten. In tropischen Ländern zieht man ihn dem getrockneten Gewürz für die meisten Verwendungszwecke vor. Er kann in leicht gesalzenem Essig eingelegt werden. In Delhi gibt es ein Geschäft, in dem man ein zwanzig Jahre altes »Eingemachtes« kaufen kann, das *Gillori-Ingwer* heißt. Es besteht aus großen, papierdünnen Scheiben von frischem Ingwer, die zu kleinen Dreiecken geformt, mit Gewürzen gefüllt und mit einer Gewürznelke zugesteckt sind. Es ist unsagbar scharf und aromatisch und soll wie Fernet branca jedes bekannte Leiden heilen.

Geschälten Ingwer kann man in Branntwein oder Sherry aufbewahren. Es gibt ihn auch in Büchsen, kandiert und in Sirup eingelegt. Der feinste konservierte Ingwer heißt »Stem«-Ingwer und ist fast faserfrei, weil er aus den jüngsten Schößlingen der Rhizome gemacht wird. In Zuckersirup eingelegter Ingwer ist natürlich eine chinesische Erfindung; er wird als Nachtisch gegessen oder zum Würzen von Kuchen und Cremes verwendet, wozu man auch den Sirup allein nehmen kann.

GETROCKNETER INGWER. Die Rhizome werden entweder ungeschält gewaschen und dann getrocknet; in diesem Fall ist das Produkt meist dunkel und schuppig und heißt Grüner oder Schwarzer Ingwer. Man kann sie jedoch auch blanchieren, schälen und bleichen; meist hat diese zweite Sorte eine feine Schutzschicht aus Kalkpuder. Sie gilt als die beste. Die klassische Art, getrockneten Ingwer vorzubereiten, ist das »Quetschen«: Man schlägt mit einer Küchenrolle oder einem Hammer darauf, um die Fasern zu zerbrechen, damit das scharfe Aroma entweichen kann.

INGWERPULVER. Gemahlener Ingwer hat den Nachteil aller gemahlenen Gewürze: Das Ausgangsprodukt kann von schlechter Qualität gewesen sein, vielleicht wurde er auch verfälscht. Das Ingweraroma basiert aber nicht nur auf dem scharfen Geschmack eines Harzes, das beständig ist, sondern auch auf einem ätherischen Öl, das leicht flüchtig ist, und gerade dem verdankt er seine besondere Note. Ein guter Koch kauft also getrockneten Ingwer »am Stück«, quetscht ihn gut, zerstampft ihn dann oder mahlt ihn in einer elektrischen Kaffeemühle, die nur für Gewürze benutzt wird. Die Faserteile lassen sich leicht aussieben, und sofort benutzt behält das Pulver die ganze Kraft und Frische des Ingweraromas.

In der europäischen Küche wird Ingwer hauptsächlich für Süßspeisen und Naschwerk verwendet. Fast jedes Land hat sein Ingwerbrot, Ingwerbiskuits, Ingwerkuchen: England, Flandern, Deutschland, Holland und die Schweiz. Es gibt auch Ingwertoast und Ingwerschnaps, und die Kochbücher quellen über von Rezepten zu ingwergewürzten Puddings, Cremes und süßen Soßen, ganz zu schweigen von Ingwerbier, Ingwerwein, Ingwerlikör, »Dry Ginger« und Ingwerpunsch. Als Tischgewürz dient es zum Bestreuen von Früchten, besonders von Melonen und Pfirsichen.

Ingwer wird häufig zu Pickles, Fertigsoßen und Chutneys verwendet, in Europa jedoch wenig zu Fleisch- und Fischgerichten serviert. Anders dagegen in den Küchen Asiens, wo Ingwer häufig zusammen mit Fleisch, Fisch und Schalentieren auf den Tisch kommt. Manchmal liest man, Ingwer passe nicht zu Fisch, doch wenn man den Chinesen trauen darf – und das darf man wahrlich –, ist diese Meinung unsinnig. Es scheint sogar, als ob Ingwer die Fähigkeit habe, die weniger angenehmen Seiten des Fischgeruchs zu neutralisieren; mit Hilfe von Ingwer, etwas Sherry und zerriebener Rübe kann man sogar aus einem Schellfischkopf, den sonst die Katze bekäme, eine exzellente Suppe bereiten. Im ganzen Fernen Osten, besonders in Korea, China und Japan, gibt es viele Rezepte für Fisch und Fleisch, die ein wenig Ingwer vorschreiben, und zwar als wesentlichen Bestandteil des Rezeptes.

Käse

Käse ist eines der ältesten Lebensmittel, das wir kennen. Im ewigen Eis des Altai-Gebirges in Sibirien wurde ein Grab entdeckt, das noch eßbaren (allerdings ziemlich ausgereiften) Käse enthielt, der zur Zeit von Christi Geburt hergestellt worden war. Käse ist nicht nur eine Zutat für viele Gerichte, sondern auch Würze. So kann man mit Roquefort nicht nur grünen Salat anmachen, sondern mit Parmesan auch die köstliche Sauce Mornay herstellen. Geriebener Käse ist in Italien eine Art Tischgewürz.

Die italienische Küche benutzt geriebenen Parmesan in kleinen Mengen zu sehr vielen Rezepten, so daß man oft den Eindruck hat, zu allem gehöre Parmesan. Diese geringen Mengen schmecken nicht vor, geben aber den Fleisch-, Fisch-, Reis-, Eier- und Gemüsegerichten den charakteristischen Geschmack; natürlich gibt es auch Gerichte, in denen der Käsegeschmack dominiert.

Insgesamt dürfte es auf der Welt einige tausend verschiedene Käsesorten geben, es ist daher äußerst wichtig, den richtigen Käse für das richtige Gericht zu benutzen. So ist zum Beispiel die korrekte Würze für Sauce Mornay eine Mischung aus Parmesan (it.: Parmigiano oder Grana) und Gruyère (*nicht* Emmenthaler!). Diese beiden Käse sind süß; nimmt man statt dessen einen scharfen oder säuerlichen, wird das Rezept verfälscht. Schärfere Käsesorten, die ähnlich hart wie Parmesan sind, heißen Pecorino und werden hauptsächlich in Süditalien benutzt. Einer davon, der Sardo, wird auf Sardinien hergestellt und ist in Genua besonders beliebt zur Bereitung von *Pesto* (siehe Basilikum). An einem kalten Novemberabend in den sardinischen Bergen, wenn die Touristen längst weg sind, kann man mit einem Glas Oleana beim Feuer sitzen, Walnüsse knacken, Sardo-Käse mit *Carta di musica* (papierdünnes Brot, das musikalisch knirscht) essen und den Schafhirten in ausgebeulten Hosen und Garibaldi-Hut beobachten, wie er Sardo macht: Er fischt mit seinen schwieligen, nicht sehr sauberen Händen die geronnenen Milchklumpen zusammen.

Kaffee

ENGL: Coffee
FR: Café
IT: Caffe
SP: Cafè
BOT: Coffea arabica, Coffea robusta und andere
FAM: Rubiaceae
Zeichnung 2, Nr. 1, Seite 40

Es gibt ungefähr fünfundzwanzig Abarten des Kaffeebaumes, einige davon werden gewerbsmäßig angebaut, doch *Arabica* ist der originale und auch heute noch wichtigste. Das Aroma der anderen ist weniger gut, dafür sind sie widerstandsfähiger gegenüber Krankheiten oder haben höhere Erträge.

Umstritten ist, ob *Coffea arabica* aus Äthiopien oder dem Jemen stammt; beide Länder sind gebirgig und liegen sich am Roten Meer gegenüber. Die gängige Story sagt, daß der Baum von Äthiopien nach Jemen gebracht wurde, die Daten schwanken zwischen 575 und 850 n. Chr., er war also im alten Ägypten, Griechenland und Rom gänzlich unbekannt. Zu Anfang kann der Kaffee nur lokale Bedeutung gehabt haben, denn es dauerte fast tausend Jahre, bis er Kairo erreichte, wo das erste Kaffeegeschäft 1550 eröffnet wurde. 1600 notierte Bacon, er werde in der Türkei getrunken. Die ersten Kaffeehäuser in London und Paris entstanden nach 1650 und wurden schnell populär. Das erste Wiener Kaffeehaus eröffnete 1684. Am Ende des 17. Jahrhunderts gab es Plantagen auf Ceylon und in Ostindien; im frühen 18. Jahrhundert brachten Franzosen den Kaffee auf die Karibischen Inseln, von dort gelangte er 1727 nach Brasilien. Heute erzeugt ihn fast jedes Land mit passendem Tropenklima.

Der arabische Kaffeebaum kann 5 bis 6 m hoch werden, wird aber gewöhnlich buschförmig gezogen. Als Dschungelpflanze liebt er den Halbschatten. In der äußeren Erscheinung ähneln die Büsche dem Lorbeer, die hübschen weißen Blüten sind den Gardenien ähnlich und duften süß nach Jasmin. Die reifen Beeren sind rot und etwa kirschgroß, sie wachsen in Trauben. Jede Frucht enthält zwei Bohnen, die mit der flachen Seite zueinander gekehrt und von einer pergamentartigen Hülle umgeben sind. Das Fruchtfleisch ist süß und wird von den Affen sehr geschätzt, die über die Plantage herfallen, wenn sie können. Ein kleiner Prozentsatz der Früchte enthält eine winzige runde Bohne statt zweier abgeflachter, diese ergeben den Perlkaffee. Bei der Bearbeitung muß sowohl das Fruchtfleisch als auch die Pergamenthülle entfernt werden. Bei einigen der feinsten Sorten geschieht das, indem man zunächst die ganze Frucht in der Sonne trocknet (Kirschkaffee), doch meist läßt man die Früchte etwas fermentieren, bis das Fruchtfleisch matschig ist und weggewaschen werden kann; anschließend werden die Bohnen »im Pergament« getrocknet. Dann werden die Bohnen voneinander getrennt, gesäubert und nach

1
2
3
4
5
6
7
8
9
6a
10
11
12
13
14
15
16
17
17a

schwarz
Kreuzkümmel
grau
Kümmel
Schwarzkümmel
Anis
DILL
FENCHEL
KORIANDER
Sellerie
AJOWAN
Bockshornklee
Senf
Granatapfel

Größen sortiert. Gleichzeitig werden die Perlbohnen ausgelesen.

Ungerösteter Rohkaffee hat eine grünliche oder gelbliche Farbe und keinerlei Kaffeearoma. Bis zu einem bestimmten Zeitpunkt wird er durch Lagerung besser. Es gibt unzählige verschiedene Arten, die sich nach dem Rösten erheblich unterscheiden hinsichtlich Aroma, Körper, Säure und Farbe. Hier beginnt das Feld der Experten, denn Kaffee wird normalerweise gemischt, z. B. eine Sorte mit kräftigem Aroma und wenig Körper wird mit einer Sorte versetzt, die viel Körper und wenig Aroma hat. Will man jedoch mit Kaffee würzen, so ist es besser, eine ungemischte Sorte nach ihrem Aroma auszuwählen, etwa den besten Mokka.

Viele beklagen es, daß der Kaffee nicht so köstlich schmeckt, wie er beim Rösten riecht. Aber leider verdanken wir dieses köstliche Aroma dem flüchtigsten aller ätherischen Öle, und eine Menge davon geht nun mal beim Rösten verloren. Den besten Kaffee erzielt man, wenn man ihn schnell und gleichmäßig röstet – etwa 8 bis 12 Minuten bei 200 Grad. (Perlbohnen sind deshalb besser, weil sie rund sind und sich daher gleichmäßiger rösten lassen.) Zu schwach gerösteter Kaffee kann sein Aroma nicht voll entwickeln. Röstet man ihn zu kräftig, wie das gewöhnlich bei den weniger guten Sorten der Fall ist, wird er bitter, und die Feinheiten des Aromas sind dahin. Solange die Röstware noch heiß ist, verliert sie ständig an Wert; deshalb muß man den Kaffee am Ende des Röstens schnell abkühlen. Doch selbst im kalten Zustand verflüchtigen sich die ätherischen Öle nach und nach; frisch geröstet schmeckt Kaffee daher am besten. Beim Rösten setzt man oft geringe Mengen Zucker zu, der dazu beiträgt, die Außenhaut der Bohne zu versiegeln.

Beim Mahlen ist der Verlust an ätherischen Ölen noch größer, und der Sauerstoff der Luft schadet dem Aroma ebenfalls. Schon eine halbe Stunde, die zwischen Malen und Aufgießen vergeht, verursacht einen spürbaren Geschmacksverlust. Wer Kaffee schätzt, kauft ihn also nicht gemahlen, sondern mahlt selbst. Das ist keine Marotte, der Unterschied ist tatsächlich erheblich, außerdem sind kleine elektrische Mühlen gut und preiswert.

Aufgießen sollte man den Kaffee nur mit Wasser, das den Siedepunkt noch nicht ganz erreicht hat, auch dadurch schont man das Aroma. Es ist bezeichnend, daß die Länder, die Kaffeemaschinen und Expressomaschinen benutzen – z. B. Frankreich und Italien –, den schlechtesten Kaffee kaufen. Die besten Sorten gehen nach Amerika, Deutschland und Skandinavien.

Je feiner man mahlt, um so leichter kann der Kaffee seine Qualitäten entwickeln, außerdem ist es sparsamer, doch setzt er sich dann nicht so gut ab. Am besten gelingt er, wenn man ihn filtert und eine Steingutkanne benutzt. Auf diese Weise sollte man auch starken Kaffee zum Würzen herstellen. Selbst der beste gemahlene, vakuumverpackte Kaffee kann da nicht mithalten, ebensowenig wie die schnell löslichen Instantkaffees und Extrakte.

Das beste Ergebnis erzielt man, wenn man grob zerstoßene, frisch geröstete Bohnen bei Zimmertemperatur in Sahne legt, die die köstlichen, aber flüchtigen Bestandteile des Aromas extrahiert.

Tafel I
Gewürze:
1 Piment
2 Weiße Pfefferkörner
3 Schwarze Pfefferkörner
4 Kassiaknospen
5 Gewürznelke
6 Samenkapseln von Kardamom
6a Kardamomkapsel mit Samen
7 Lange dunkle Kardamomart
8 Stinkasant
9 Muskat
10 Kassiarinde
11 Zimtrinde
12 Vanilleschote
13 Muskatblüte
14 Kurkuma
15 Getrockneter Ingwer
16 Frischer Ingwer
17 Roter Pfeffer (Chilipfeffer)
17a Roter Pfeffer mit Samen

Tafel II
Würzsamen (etwa 6fach vergrößert):
1 Kreuzkümmel (schwarz und grau)
2 Kümmel
3 Schwarzkümmel
4 Anis
5 Dill
6 Fenchel
7 Koriander
8 Sellerie
9 Ajowan
10 Bockshornklee
11 Senf
12 Granatapfel

Die Sahne hat dann den Wohlgeschmack des frisch gerösteten Kaffees, nicht aber seine Bitterkeit. Nicht nur die Bohne, auch die Blätter und die Rinde des Kaffeebaumes enthalten alkalische Stimulantien (wie etwa Coffein), und in einigen Ländern werden sie gekaut oder man macht »Tee« daraus.

Kalmus

Andere Namen: Magenwurzel, Ackerwurz
ENGL: Calamus, Sweet Flag, Sweet Grass
FR: Calamus, Jonc odorant, Lis des marais
IT: Calamo aromatico
SP: Cálamo aromático
BOT: Acorus calamus
FAM: Araceae
Zeichnung 4, Nr. 6, Seite 56

Diese wildwachsende Sumpfpflanze ist über die ganze nördliche Halbkugel bis nach Nordamerika verbreitet, stammt jedoch aus dem Fernen Osten. Sie gedeiht am besten im flachen Wasser der Teichränder oder in langsam fließenden Gewässern. Ihr Stengel wird bis zu 1,20 m hoch; die Blattränder sind gekräuselt. Kalmus wurde erstmals im 13. Jahrhundert in Polen kultiviert.

Alle Teile der Pflanze sind würzig und aromatisch; die Kalmuswurzel wurde früher kandiert und als scharfe Zutat zu Süßspeisen verwendet wie heute Ingwer. Die getrocknete und gemahlene Wurzel wird als Würze verwendet, weniger in der Küche als in der Likörindustrie. Die ganz jungen Blattknospen können als Salate gegessen werden, ältere Teile sind meist zäh.

Kamille

ENGL: Camomile, Chamomile
FR: Camomille
IT: Camomilla, Camomilla romana
SP: Camomila, Manzanilla
FAM: Compositae

Römische Kamille oder Gartenkamille
ENGL: Sweet Camomile
BOT: Anthemis nobilis
Tafel V, Nr. 4, Seite 165
Echte Kamille
ENGL: Wild Camomile, German Camomile
BOT: Matricaria chamomilla

Sowohl die Echte Kamille als auch die Gartenkamille wachsen wild in großen Teilen Europas und in gemäßigten Klimazonen Asiens, ebenso in den Oststaaten der USA. Die Gartenkamille ist eine ausdauernde Pflanze, die Echte einjährig; beide können leicht im Garten gezogen werden. Für kommerzielle Nutzung wird meist eine doppelblütige Abart der Gartenkamille angebaut. Es gibt keine einhellige Meinung darüber, welche Pflanze wertvoller ist.

Kamillentee, der aus den getrockneten Blütenständen gemacht wird, ist ein uraltes Heilmittel und wird heute noch in den weniger tablettensüchtigen Ländern angewendet. Kamilleauszüge werden auch einigen Wermuts und Aperitifs zugesetzt, doch der sehr trokkene Manzanilla-Sherry hat nichts mit dem spanischen Namen der Kamille zu tun: Es ist ein Ortsname.

Hautwässer und Haarwässer wurden früher aus Kamille bereitet; zum Bleichen von blondem Haar verwendet man sie immer noch. Eine Mischung aus Wein, Zucker und Kamille gilt als Linderungsmittel bei Nieren- und Blasenleiden. Im England der Tudor-Zeit pflegte man Kamillenrasen zu säen, es gibt heute noch einen beim Buckingham Palast.

Kaper

ENGL: Caper
FR: Câpre, Fabagelle
IT: Cappero
SP: Alcaparra, Tápana, Tápara

Der Kapernstrauch ist ein kleiner Busch mit harten, ovalen Blättern. Die Blüten, etwa so groß wie die der wilden Rose, sind weiß oder rosa und haben vier Blütenblätter sowie eine Quaste langer purpurfarbener Staubblätter. Sie sind sehr hübsch, aber sehr kurzlebig; Blüten, die sich am Morgen öffnen, sind nachmittags welk.

BOT: Capparis spinosa
FAM: Capparidaceae

Das berühmte Zitat aus dem Prediger Salomo, »Die Blumen werden welken, die Schönheit dahinschwinden«, könnte sich sehr wohl auf die Kaper beziehen, die auch im Heiligen Land zu Hause ist. Da der Strauch oft an alten Mauern und Ruinen wächst – er war früher im Kolosseum sehr zahlreich vertreten –, umgibt ihn ein Hauch von Melancholie. Heute findet man ihn schon auf dem Abfall und Schutt der neuen Hotelbauten Mallorcas.

Seit Jahrtausenden wird die Kaper bereits als Würzmittel benutzt. Sie wächst wild in den Ländern des Mittelmeers. Ich begegnete dem Strauch in Zypern, am Ufer des Toten Meeres und sogar ganz weit östlich, am Rand der Steppen im nordöstlichen Persien. Es ist fraglich, ob die Kaper in diesen fernen Gegenden wirklich einheimisch ist oder ob sie früher einmal dorthin verpflanzt wurde, denn die Einheimischen wissen oft nichts damit anzufangen. Sie wächst auch in Nordafrika bis weit in die Sahara hinein, wo sie, um zu überleben, ihre Blätter immer senkrecht zur Sonne stellt. In diesen sehr heißen Ländern ist die Pflanze mit Dornen bewehrt; die Abart jedoch, die weiter nördlich gewerbsmäßig angebaut wird, z.B. in Südfrankreich, ist ohne Dornen.

Zypern ist das Land, wo Kapern im Überfluß wild wachsen und sehr häufig verwendet werden. Dort benutzt man nicht nur die eingelegten Knospen, sondern auch die kleinen, gurkenähnlichen Früchte (wie auch in Spanien), und legt sogar ganze Zweige samt Blättern und Stacheln ein. Das ist ländlich-derb, aber köstlich. Die besten Kapern sind die *Nonpareilles* und stammen aus Südfrankreich, insbesondere aus der Gegend der Rhône-Mündung und aus dem weiter östlichen Departement Var. Spanien, Italien und Algerien erzeugen ebenfalls große Mengen von Kapern wie auch Kalifornien und andere Landschaften mit mediterranem Klima. Die Kultivierung der Kaper ist jedoch ziemlich schwierig, und sie zu ernten bedeutet aufwendige Handarbeit. Die Knospen werden im Idealfall jeden Morgen gepflückt, gerade wenn sie die richtige Größe erreicht haben. Man läßt sie einen Tag an der Luft trocknen und füllt sie dann entweder in Fässer mit starkgesalzenem Weißweinessig oder salzt sie trocken ein. Die besten Kapern werden ausgelesen und in Flaschen verpackt; der Preis, den man dafür zu zahlen hat, ist gewöhnlich ein Maßstab für die Qualität, die man erhält. In den Mittelmeerländern, wo Kapern zum Küchenalltag gehören, kann man sie auch lose auf dem Markt kaufen. Sie sind zwar oft von minderer Qualität, weil sie entweder zu groß oder nur gesalzen sind, doch sind sie billig.

Der Geschmack einer frischen Kaper ist nicht gerade vielversprechend; das charakteristische Aroma entwickelt sich erst nach dem Einlegen, wodurch eine organische Säure entsteht (Caprinsäure), die in konzentrierter Form unangenehm nach Ziegenbock riecht. Geringe Mengen von Caprinsäure sind trotz (oder vielleicht auch wegen) ihres Bocksgeruchs ein wichtiges Würzmittel und in vielen Nahrungsmitteln enthalten. Es gibt zahlreiche Ersatzmittel für Kapern (Ginsterknospen, Knospen der Sumpfdotterblume, Kreuzblättrige Wolfsmilch [kann giftig sein] usw.), doch den meisten fehlt die würzende Essenz, außer den eingelegten Samen der Kapuzinerkresse, die köstlich sind.

In der Küche spielen Kapern eine große Rolle; die Aufbewahrung ist problemlos: Man muß nur die Flüssigkeit aufbewahren, bis die letzte Kaper verbraucht ist. Sie dürfen nie austrocknen, auch darf man nie Essig zugießen, dadurch verdirbt man sie. Zum Schluß kann man die übrigbleibende Flüssigkeit dann ebenfalls als Würze verwenden.

In England benutzt man Kapern im allgemeinen nur zu Kapernsoße, die gewöhnlich zu gekochtem Hammelfleisch gereicht wird; in Deutschland gehören Kapern zu Königsberger Klops, zu Hühnerfrikassee und zu Tatar. Die Franzosen benutzen sie zu Remoulade, *Ravigote, Gribiche* und manchmal zu Vinaigrette-Soßen. Sie werden oft kombiniert mit kleingeschnittenen Pickles, mit Anschovis und Kräutern. Durch Hinzufügen von zerriebener Zitronenschale kann man diese Mischung noch verbessern, doch das steht in den Kochbüchern nicht. Wie zu erwarten, werden die meisten Kapern in den Ursprungsländern verbraucht. Sie passen gut zu Fisch. Kapernsoße wird gern zu Salm oder Steinbutt gegessen; aber auch billigerer Fisch wird gern mit Kapern gekocht oder garniert. Weißfisch zum Beispiel *(Merlans à la Bretonne)* oder Rochen *(Raie au beurre noir)* oder Meeraal *(Congre sauté aux câpres)*. Besonders beliebt sind sie am Mittelmeer zu gesalzenem Kabeljau, der das übliche Freitagsgericht ist. Viele kaufen ihren (bereits eingeweichten) Kabeljau gleich zusammen mit den Kapern, z.B. zu *Morue à la provençale*, wozu außer Kapern Knoblauch und Oliven gehören. Auch in Fleischgerichten haben Kapern ihren Platz, besonders in solchen, die sonst zu ölig wären. In einigen dieser Gerichte ist die Soße ziemlich knapp bemessen, so daß die Kapern fast trocken sind und beinahe gebraten werden. Beißt man in eine solche salzig-saure Kaper, so entwickelt sich der darin eingeschlossene Geschmack explosionsartig, das ergibt einen interessanten und erfrischenden Effekt.

Kapern spielen auch eine Rolle in Kräuterbutter (z.B. *Montpellier-Butter*) sowie in Salaten und Horsd'œuvre (etwa *Tapénade*); man ißt sie auch zu Liptauer Käse. Als Dekoration kann sie wegen ihres kräftigen Geschmacks ein Fehlgriff sein.

Kapuzinerkresse

ENGL: Nasturtium
FR: Capucine, Cresson d'Inde
IT: Nasturzio
SP: Capuchina, Nasturcia
BOT: Tropaeolum majus
FAM: Tropeolaceae
Zeichnung 10, Nr. 3, Seite 124

Diese weitverbreitete Gartenpflanze stammt aus Peru. Wegen ihrer orangenfarbenen oder gelben trompetenförmigen Blüten ist sie in der ganzen Welt beliebt und wächst fast überall, sonnige Lage vorausgesetzt. Mit der Wasserkresse ist sie nicht verwandt, doch haben die Blätter ein kresseähnliches Aroma und eignen sich vorzüglich zu Butterbrot und Salaten.

Legt man die Knospen, Blüten und Samen der Kapuzinerkresse ein, so entwickelt sie den Bocksgeschmack der Kapern. Am besten pflückt man die Früchte alle paar Tage, sonst werden sie zu hart. Wenn man sie gewaschen und getrocknet hat, füllt man sie in eine Flasche mit stark gesalzenem Essig. In etwa einem Monat entwikkelt sich ihr exzellentes neues Aroma, man kann sie dann statt Kapern benutzen. Doch ist der Geschmack unterschiedlich: Die Samen sind schärfer, die Knospen milder.

Kapuzinerkresse-Essig bereitet man, indem man voll entfaltete Blüten in eine Flasche füllt und Weinessig aufgießt, der mit kleinen Mengen von Schalotte, Knoblauch, Chilipfeffer und Salz gewürzt ist. Die Nektar enthaltenden Kelchsporne sind eine Köstlichkeit.

Kardamom

ENGL: Cardamom
FR: Cardamome
IT: Cardamomo
SP: Cardamomo
BOT: Elettaria cardamomum
FAM: Zingiberaceae
Tafel I, Nr. 6, 6a, 7, Seite 81
Zeichnung 18, Nr. 7, Seite 216

Kardamom ist ein asiatisches Gewürz, das bereits zu Zeiten der Griechen und Römer über die Karawanenstraßen nach Europa kam, doch wurde er damals hauptsächlich als Parfüm benutzt. Man sagt, er sei schon 700 Jahre vor Christus in den königlichen Gärten Babylons angebaut worden, und falls das stimmen sollte, so war das ziemlich weit weg von seinem natürlichen Lebensraum und Klima. Die perennierende buschförmige Pflanze gehört zur Ingwerfamilie und wird etwa 2,50 m hoch; die lanzettförmigen Blätter sind wie Palmwedel angeordnet, doch besteht keinerlei Verwandtschaft. Sie wächst wild in den feuchten, hügeligen Dschungeln Südindiens, oft auf den Abhängen von Schluchten oder unter luftigen Tropenbäumen – genau an den Stellen, an denen man sich vor Schlangen in acht nehmen muß. Die Stengel, die die kleinen Samenkapseln tragen (das eigentliche Gewürz), kriechen flach über den Boden; sie entwickeln sich am Fuß der Pflanze, was ziemlich ungewöhnlich ist.

Heute gibt es Kardamom-Plantagen in vielen tropischen Ländern bis hin nach Mittelamerika. Die Anlage geschieht meist so, daß man einen Wald abholzt und nur einige Bäume als Schattenspender stehen läßt. Die Samenkapseln reifen nicht alle zur selben Zeit, sondern über einen längeren Zeitraum hinweg, so daß man im Abstand von ein paar Wochen erneut pflücken muß. Die Kapseln werden in der Sonne oder über Feuer getrocknet und manchmal weiß gebleicht; ihre Naturfarbe ist fahlgrün oder braun.

Diese getrockneten Samenkapseln kauft man als Kardamom, und obgleich es nach Farbe und Größe verschiedene Varianten gibt, haben sie doch alle ungefähr dreieckige Form. Kardamom ist teuer, man sollte daher vor dem Kauf die Qualität prüfen. Das geschieht, indem man eine Kapsel öffnet und den Samen untersucht. Er sollte leicht klebrig, braunschwarz sein und kräftigen Geruch und Geschmack haben. Dieses Gewürz sollte man nie gemahlen kaufen, da der Gehalt an ätherischem Öl schnell verfliegt.

Kardamomsamen schmeckt wohltuend mild, entfernt an Eukalyptus erinnernd. Er ist Bestandteil vieler Liköre und wird in Nordeuropa, in Skandinavien, Norddeutschland und Rußland zu Kuchen und Gebäck benutzt. Schweden allein nimmt ein Viertel der indischen Produktion auf. Auch bei den Arabern ist das Gewürz sehr beliebt (Saudi-Arabien ist Indiens zweitbester Kunde); arabische Dhaus haben es weit verbreitet, die mit den Häfen der indischen Westküste Handel trieben, und deren Hinterland ist die Heimat des Kardamom. Auf Kardamom geht der eigenartige, exotische Geschmack des Beduinenkaffees zurück: Gewöhnlich werden ein paar geöffnete Kardamomkapseln in die langen, schnabelförmigen Tüllen der Kaffeekannen aus Messing gesteckt. Gießt man den Kaffee hindurch, so wird er entsprechend gewürzt, und nichts ist kennzeichnender für die trostlosen Grenzposten und Polizeistationen des Nahen Ostens als dieser Geruch von Kardamom-Kaffee.

In Curries und Pilaws, besonders in denen aus Nordindien und Pakistan, ist Kardamom unentbehrlich. Geringe Mengen werden auch zu europäischen Fleischgerichten benutzt; einige deutsche Wurstrezepte schreiben ihn vor, für deutsches und österreichisches Weihnachtsgebäck ist er unentbehrlich. Zur Bereitung von Pickles verwendet man ihn, ebenso beim Einlegen von Heringen.

Das Gewürz paßt vorzüglich zu Punschgetränken und zu Glühwein. Zum Würzen von Pudding taucht man die zerdrückte Kapsel kurzzeitig in die heiße Milch.

Vom echten Kardamom gibt es verschiedene Varietäten (z.B. Malabar, Mysore, Ceylon), die sich in Geschmack und Erscheinung einigermaßen ähneln. Aber es gibt noch ungefähr fünfzig andere Pflanzenarten, die dem Kardamom nahe verwandt sind. Die Samen einiger dieser Pflanzen werden ebenfalls als Kardamom verkauft, obgleich sie ganz anders aussehen und oft einen ziemlich strengen Kampfergeschmack haben. Sie sind weniger wert, doch ist es nicht reizlos, sie einmal kennenzulernen, denn Kardamom ist teuer, und manche dieser Ersatzgewürze sind in den letzten zwanzig Jahren populär geworden. Wie die folgende Geschichte beweist: bei meinem letzten Besuch in Bombay erzählte mir ein indischer Freund, daß er bei einem Hotelessen in seinem Curry etwas fand, was er für einen Kakerlak hielt. Er fischte ihn raus und rief den Kellner. Der Kellner rief den Geschäftsführer und der wiederum den Koch. An dieser Stelle hätte der Koch nach klassischer Manier den Kakerlak verspeisen, sich genüßlich die Lippen lecken und ausrufen müssen: »Was, Sie mögen diesen köstlichen kleinen Fisch nicht?« Doch der indische Koch erklärte beflissen, was der Kakerlak wirklich war: ein großer, haariger »Kardamom«-Samen. Wie dem auch sei, solch langer, haariger, brauner »Kardamom«, der früher ganz ungebräuchlich war, wird jetzt gebräuchlich. Doch man sollte ihn lieber meiden wie die Kakerlaken auch.

Karotte

Andere Namen: Möhre, Mohrrübe

ENGL: Carrot
FR: Carotte
IT: Carota
SP: Safranories (katalanisch), Zanahoria
BOT: Daucus carota
FAM: Umbelliferae

Karotten wachsen in Europa wild, im Unterwuchs der Hecken findet man sie besonders häufig. Die Wildform ist holzig und leicht giftig. Französischen und deutschen Züchtern des 16. Jahrhunderts verdanken wir es, daß sie ihr Gift verlor und aus der wenig ansprechenden Wurzel die köstliche Karotte wurde.

Man findet sie heute auf allen Märkten der Welt. Es gibt viele Varietäten, und die besten Züchtungen haben auch das holzige Mark nicht mehr. Die meisten Sorten sind orange, aber es gibt auf ausländischen Märkten auch weiße, dunkel-purpurne und rote Sorten. Der Geschmack ist der gleiche.

In geringen Mengen benutzt man sie oft als Würze zu Suppen und Eintröpfen; auch in Fischmarinaden haben sie ihren Wert. Da der Karottengeschmack sich vor allem in der Haut oder in der direkt darunter liegenden Schicht konzentriert, sollte man Karotten niemals schrappen oder schälen. Das ist sehr wichtig, denn der Unterschied zwischen geschälten und ungeschälten Karotten ist enorm. Sehr alte Karotten oder solche, die in Plastikbeuteln verkauft werden, haben oft einen häßlichen, schwammigen Ausschlag, der abgeschält werden muß. Wenn eben möglich, sollte man immer frische, ungewaschene Karotten kaufen.

Karotten verleihen dem Gericht ihr spezifisches Aroma und eine gewisse Süße; sie enthalten tatsächlich eine große Menge Zucker, so daß man in Frankreich schon versucht hat, daraus Zukker zu gewinnen.

Kassia – siehe Zimt und Kassia

Katzenminze, echte

ENGL: Catmint, Catnep, Catnip
FR: Cataire, Herbe aux chats
IT: Erba gatta
SP: Calaminta
BOT: Nepeta cataria
FAM: Labiatae

Die Katzenminze ist auf den kalkhaltigen Böden Asiens und Europas zu Hause, kommt jedoch in Südengland ziemlich selten vor; in Nordamerika ist sie als Gartenflüchtling weit verbreitet. Die perennierende Pflanze wird über 60 cm hoch, die Blätter und Stengel sind wie mit weißlichen Daunen besteckt: die weißen, rotgetupften Blüten wachsen in dichten Quirlen an der Spitze des Stengels. Die Pflanze ist leicht aus Samen oder durch Teilung zu ziehen.

Die Katzenminze hat ein ziemlich eigenartiges Minze-Aroma, aber die Katzen lieben es und balgen gern darin herum. Zu römischer Zeit bereitete man daraus einen berühmten Tee, der später auch in Nordamerika beliebt war. Im Mittelalter benutzte man die Blätter zum Würzen von Fleisch und die jungen Schößlinge zu Salat. Angeblich soll sie heute noch in Frankreich als Würze verwendet werden, doch ist sie mir dort nie begegnet.

Kerbel

Andere Namen: Gartenkerbel, Suppenkraut

ENGL: Garden Chervil
FR: Cerfeuil
IT: Cerfoglio
SP: Perifollo
BOT: Anthriscus cerefolium
FAM: Umbelliferae
Zeichnung 6, Nr. 3, Seite 72

Gemeiner Kerbel
ENGL: Cow Parsley
FR: Cerfeuil sauvage
IT: Cerfoglio selvatico
SP: Perifolio silvestre
BOT: Anthriscus sylvestris

Der Gartenkerbel ist ein enger Verwandter des Gemeinen Kerbel, der im Sommer unsere Hecken weiß erblühen läßt; es gibt auch noch eine Reihe von anderen Pflanzen, die manchmal Kerbel genannt werden. Seine Heimat ist Südrußland, der Kaukasus und der Mittlere Osten. Wahrscheinlich wurde er durch die Römer bei uns eingeführt; hin und wieder findet man ihn auch als Gartenflüchtling.

Kerbel hat fein geschnittene Blätter, doch gibt es auch wie bei Petersilie krausblättrige Formen, die dekorativer wirken. Die einjährige Pflanze wird etwa 50 cm hoch und hat kleine weiße Blüten, die, wie in der Familie üblich, doldenförmig angeordnet sind.

Kerbel kann in fast jedem Gartenboden und auch im Blumenkasten gezogen werden, doch liebt er keine trockene Hitze. Der Samen läuft schnell auf; will man also ständig Vorrat haben, muß man während des Sommers alle 14 Tage eine Folgesaat vornehmen oder aber die Pflanzen, wenn sie 5 bis 8 cm hoch sind, auf

1a
1
2
3
4
5
6
7

Zeichnung 7
1 Tamarinde
1a Hülse der Tamarinde
2 Sumach
3 Schwarzkümmel
4 Sauerklee
5 Sauerampfer
6 Kleiner Sauerampfer
7 Rundblättriger (römischer) Ampfer

Wurzelhöhe zurückschneiden und damit die Bildung von neuen Blättern anregen. Wintervorrat kann man nur in warmen Kästen oder im Glashaus ziehen.

In den Vereinigten Staaten und England wird Kerbel wenig benutzt; in Deutschland schon etwas mehr, z. B. zur berühmten Kerbelsuppe. Wichtig ist er allein in Frankreich, und wer an französischer Küche interessiert ist, muß ihn sich selbst ziehen, denn er ist auf dem Markt selten erhältlich. Sein Geschmack ist delikat, nicht so robust wie Petersilie, dem er etwas ähnelt. Er hat jedoch einen ganz bestimmten Eigengeschmack – manche sagen nach Anis, manche nach Lakritz. Das Kraut sollte frisch gebraucht werden, entweder gehackt oder als kleine Blattzweige, die die Franzosen *Pluches* nennen. Es eignet sich nicht, lange mitgekocht zu werden, sondern wird entweder roh verwendet oder am Schluß des Kochprozesses, wenn das Gericht schon vom Feuer ist, zugefügt; Suppen werden z. B. damit bestreut, bevor man sie serviert.

Kerbel ist gewöhnlich Bestandteil der *Fines herbes* zu Omelett; auch ist er klassischer Bestandteil der Ravigote-Soßen und wird in diesen – seien sie nun heiß oder kalt – niemals stark erhitzt. Häufig wird er mit Estragon kombiniert, auch zum Würzen von Soßen benutzt, z. B. Bèchamel-Soße, und sogar zum Würzen von frischer Sahne. Kerbel mit Weinessig aufgesetzt, gibt diesem seinen feinen Geschmack. Man verwendet ihn auch zu Salat und als Dekoration. Gelegentlich wird Schafgarbe (siehe diese) als Ersatz für Kerbel empfohlen.

Gartenkerbel sollte nicht mit Knollenwurzelkerbel verwechselt werden, das ist ein Gemüse und gehört zu einer anderen Art der Petersilienfamilie. Die Wurzel des Gartenkerbel gilt als giftig.

Ketchup

Catchup, Catsup

Die Bezeichnung gelangte im späten 17. Jahrhundert aus Ostindien nach Europa. In Fernost gibt es viele verschiedene Schreibweisen, etwa *ketsiap, keotsiap, kitjap, ketjap* usw. Wahrscheinlich bedeutete Ketchup ursprünglich die Lake, in der Fisch eingelegt war, oder in anderen Fällen den Extrakt aus fermentierten Fischen (siehe Fischaromen). Heute bezeichnet man als Ketchup fast immer einen salzigen Extrakt aus Fisch, Schalentieren, Früchten, Gemüsen und Pilzen. Wer die Küche eines fernöstlichen Landes erproben will, sollte nur ein Ketchup aus dem betreffenden Land benutzen, das Gericht könnte sonst die falsche Würze erhalten.

TOMATENKETCHUP ist eigentlich nichts weiter als eine Soße, die jedoch neuerdings als Würze benutzt wird, vor allem in England und Amerika.

PILZKETCHUP ist schwarze Pilzsoße, die durch Salz extrahiert, dann eingekocht wurde; gewöhnlich mit Pfeffer, Kräutern und Gewürzen versetzt. Heute ist sie ein Industrieprodukt, früher wurde sie zu Hause hergestellt; in alten englischen Kochbüchern findet man noch viele Rezepte dafür. Früher waren die Wiesen im Sommer weiß von Wiesenchampignons, denn damals verwendete man noch keinen Kunstdünger, der die Pilze vernichtet, und außerdem gab es auf jedem Bauernhof Pferde. Unsere Vorfahren sammelten körbeweise Pilze, und es gab immer mehr, als man sofort verbrauchen konnte. Da sich Wiesenchampignon nicht gut trocknen läßt, war Pilzketchup eine Möglichkeit, ihn zu konservieren. Auf dem europäischen Festland, wo man viel mehr Pilzarten zu essen pflegt, neigt man mehr dazu, die Pilze einzulegen (in Osteuropa schätzt man die Pilzarten am meisten, die sich am besten einlegen lassen) oder zu trocknen, wie das in Italien allgemein üblich ist.

Heute, wo Zuchtpilze immer erhältlich und Wildpilze Mangelware sind, ist Pilzketchup weniger im Gebrauch. Dennoch sei es als nützliche Würze für das Gewürzfach empfohlen (siehe Pilze).

Altenglische Kochbücher enthalten auch Rezepte für allerlei andere Ketchups, die man heute kaum noch findet. Für Austernketchup etwa, hergestellt aus Austern, Weißwein, Branntwein und/oder Sherry, Schalotten, Gewürzen und Salz. Die Arme-Leute-Version war Muschelketchup aus Muscheln und Apfelwein. Windermere-Ketchup war Pilzketchup mit Merrettich; Poulac-Ketchup basierte auf Holunderbeeren; Wolfram-Ketchup auf Ale, Anchovis und Pilzen. Bliebe noch zu erwähnen das Walnußketchup aus Irland, Fischketchup, Gurkenketchup und Prince-of-Wales-Ketchup. Sie waren meist englische Erfindungen des 18. und 19. Jahrhunderts, zweifellos wären sie interessant für jemanden, der sich die Mühe macht, sie herzustellen. Rezepte dafür gibt es in älteren Kochbüchern, z. B. in Cassels *Dictionary of Cooking*, das um die Jahrhundertwende erschien.

Zurück zum Fernen Osten: Ketchup (oder *ketjab*) ist absolut notwendig zur Bereitung indonesischer oder indonesisch-holländischer Gerichte. Die echten Produkte sind schwierig zu bekommen, doch ohne sie erzielt man niemals das richtige Ergebnis.

Khas-Khas

ENGL: Khas-Khas, Vetiver
BOT: Vetiveria zizanioides, (Andropogon muricatus)
FAM: Gramineae
Zeichnung 4, Nr. 7, Seite 56

Wer Indien besucht und unter seinem heißen Klima gelitten hat, kennt wohl die feuchten, kühlenden Schirme, die man dort über Fenstern und Türen errichtet. Sie werden oft aus der Wurzel des Khas-Khas-Grases gemacht, das mit anderen Duftgräsern nahe verwandt ist (siehe Zitronengras).

Khas-Khas wird in Indien, Java, Réunion, Brasilien und anderen heißen Ländern angebaut. Das ätherische Öl der Wurzel findet in der Parfümherstellung Verwendung, dient aber auch zum Würzen von Fruchtgetränken und Konfekt. Khas-Sirup und Khas-Wasser sind manchmal in Spezialgeschäften erhältlich.

Knoblauch

ENGL: Garlic
FR: Ail
IT: Aglio
SP: Ajo
BOT: Allium sativum

Wahrscheinlich stammt der Knoblauch aus Asien, er wurde aber schon zu altägyptischer Zeit im Mittelmeerraum angebaut. Heute zieht man ihn in allen warmen Klimazonen der Welt. Es gibt viele Varietäten: Die Knollen können eine weiße Haut, eine rosafarbene oder violette haben. Die Größenunterschiede können beträchtlich sein, ebenso die Größe und Zahl der Zehen, die eine Knolle enthält. Es gibt Sorten mit winzigen Zehen und solche mit

FAM: Liliaceae
Zeichnung 1, Nr. 8, Seite 32

Riesenformat. Der Geschmack variiert je nach Sorte und Klima. Der eine ist mild, süß und fast nussig, der andere scharf. Der beste stammt aus warmen Ländern. Knoblauch aus kalten und feuchten Anbaugebieten ist oft minderwertig und von schlechterem Geschmack.

Er liebt nährstoffreichen, leichten und offenen Boden; erhält er dazu noch genügend Sonne, so ist er leicht zu ziehen. Die Knolle wird in ihre Zehen zerlegt, und diese pflanzt man etwa 5 cm tief und mit 15 cm Abstand in der Reihe. Für warme Länder ist der Herbst die Pflanzzeit, weiter nördlich muß man jedoch bis zum frühen Frühjahr warten. Verfärbt sich im Hochsommer das Grün an der Spitze, so ist die Knolle reif; die Pflanze wird herausgenommen, getrocknet und eingelagert.

Guter Knoblauch ist fest, die Zehen unter der papierartigen Hülle dürfen nicht eingeschrumpft und keinerlei Farbflecken vorhanden sein. Zu manchen Zeiten ist es schwierig, Knoblauch von solcher Qualität aufzutreiben; wer dann gezwungen ist, welken Knoblauch zu verwenden, sollte alle verfärbten Stellen sorgfältig ausschneiden. Verfärbter Knoblauch schmeckt übel und verdirbt jedes Gericht. In Ländern, die auf Eigenversorgung angewiesen sind, gibt es fast immer zu Ende der Lagerzeit und vor der neuen Ernte Schwierigkeiten. Andererseits ist der im Frühsommer angebotene Knoblauch oft zu früh geerntet und kann ziemlich fade sein. Zweifellos wurde Knoblauch in Europa früher mehr verwendet als heute, und obgleich er jetzt eine gewisse Renaissance erlebt, gibt es viele Leute, die ihn um keinen Preis benutzen – aus Standesdünkel. Das gilt auch für Nordamerika, nicht aber für Länder, wo jeder damit umgeht. Dennoch kann es einen umwerfen, in einem Frühzug zu sitzen mit lauter Leuten, die zum Frühstück rohen Knoblauch gespeist haben. Doch das mildere Aroma gekochten Knoblauchs wird kaum bemerkt, und trinkt man dann auch noch Rotwein zum Essen, so soll man angeblich nichts mehr riechen. Provençalische Mädchen kann man jedenfalls ohne Gefahr küssen.

Knoblauch ist äußerst gesund. Er enthält antiseptische Wirkstoffe, die das Verdauungssystem beleben; er vermindert den Blutdruck und lindert Bronchitis. In früheren Zeiten nannte man ihn »Arme-Leute-Theriak« (als Theriak bezeichnete man damals Gegenmittel gegen giftige Bisse oder Stiche). Die römischen Legionäre aßen ihn vor der Schlacht als eine Art Aufputschmittel, auch gab man ihn Hähnen vor dem Kampf. Den Matrosen sagte man nach, sie liefen lieber ohne Kompaß als ohne einen reichen Vorrat an Knoblauch aus. Ich selbst habe keine Expedition angetreten ohne einige Knoblauchknollen in der Tasche. Knoblauch ist eine sehr konzentrierte Würze und kann eine Unmenge von Gerichten verfeinern. Es gibt Kochbücher, die in panischem Entsetzen mahnen, ihn »nur ganz wenig« zu benutzen, doch viele der köstlichsten Gerichte enthalten eine ganze Menge Knoblauch, und was soll das schlechte Leben schon nützen.

Wird nur wenig Knoblaucharoma benötigt, so reibt man üblicherweise die Schüssel mit einer angeschnittenen Zehe aus oder auch nur den Boden usw. Etwas größere Mengen stellt man leicht her, indem man die Zehe auf einem Teller leicht an den Zinken einer Gabel reibt. Für noch größere Mengen benutzt man eine Knoblauchpresse oder schneidet ihn fein. Die Spanier haben folgenden pfiffigen Trick: die Zehe unter die Breitseite des Messers legen, mit einem kräftigen Schlag zerquetschen und dann kleinschneiden. Die Zehen sind oft nicht leicht zu schälen, auch dafür zeigte mir meine spanische Köchin einen Trick: die konkave Seite der Zehe dem Teller zukehren und langsam mit dem Daumen nach unten drücken. Das Fleisch lockert sich, und die papierartige Hülle kann abgezogen werden. Meine Köchin zerdrückte auf ländliche Art die Knoblauchzehe so wie sie war, mit Haut und allem, und warf sie in den Topf – keine schlechte Sache, wenn man sie vor dem Servieren wieder herausfischt, aber das tat sie nicht. Knoblauchgeschmack kann man auf angenehme Weise in Form von Knoblauchbutter zufügen (nur denen, die Knoblauch mögen) oder als Knoblauchöl (ein paar grob zerkleinerte Zehen werden in Öl geschüttelt) oder indem man Toast oder Brot mit Knoblauch einreibt.

Es gibt auch Knoblauchessig, der durch Mazerieren gewonnen wird, sowie Knoblauchsalz, das man als Fertigprodukt kaufen, aber auch selbst herstellen kann, indem man Knoblauch mit Salz zerstößt. Knoblauch schmeckt scharf und kann nicht mit der Zwiebel verglichen werden. Ißt man Knoblauch roh, hat er sowohl Eigengeschmack als auch Schärfe, was auch für die kräftigen Soßen aus rohem Knoblauch gilt (etwa für die *Aioli* Südfrankreichs und Spaniens und die *Skordalia* Griechenlands). In geringen Mengen hat er nur Eigengeschmack, keine Schärfe. Die Menge ist also entscheidend; Knoblauch ist also ein Beispiel dafür, was auf Seite 21 über das Bemessen von Würzzutaten gesagt wurde.

Gekochter Knoblauch schmeckt anders als roher; raffinierte Ergebnisse lassen sich erzielen, wenn man gekochten und rohen mischt. So kann etwa eine Fischsuppe, die bereits Knoblauch enthält, serviert werden mit Croûtons, die mit rohem Knoblauch eingerieben wurden, sowie mit einer *Rouille*, die zerstoßenen Knoblauch enthält. Es gibt katalanische Soßenrezepte, die vorschreiben, daß die Hälfte des Knoblauchs vorgeröstet sein muß, die andere Hälfte roh.

Knoblauch gehört zum Küchenalltag in ganz Südeuropa, im Mittleren und Fernen Osten, Afrika, Westindien, Mexiko und Südamerika. Er verbindet sich gut mit Fleisch, Wild, Fisch, Schalentieren und den meisten Gemüsen und Kräutern. Oft wird er zusammen mit Petersilie und Pilzen verwendet, wobei er den Pilzgeschmack zu heben scheint. Es ist wahrscheinlich leichter, eine Liste der Gerichte aufzustellen, zu denen Knoblauch nicht verwendet wird, als eine Liste der Tausende von Gerichten, zu denen er gehört. Nach der Zwiebel war der Knoblauch wohl die wichtigste Würze, die die Menschheit entdeckt hat, und es ist bezeichnend, daß er in den Ländern eine bedeutende Rolle spielt, die die beste Küche haben – von Frankreich bis China.

Knoblauchkraut

Anderer Name: Lauchhederich

ENGL: Garlic Mustard, Jack-by-the-Hedge, Onion Nettle
FR: Alliaire
IT: Alliaria
SP: Erìsimo
BOT: Alliaria petiolata
FAM: Cruciferae
Zeichnung 16, Nr. 6, Seite 200

Diese verbreitete Heckenpflanze ist in allen gemäßigten Gebieten Europas und Asiens heimisch und wurde auch nach Ostkanada und den Vereinigten Staaten verpflanzt. Sie ist perennierend oder zweijährig, hat weiße Blüten und wird 60 bis 90 cm hoch. Zerreibt man die grobgezähnten, nesselähnlichen Blätter, entwickelt sich ein kräftiger Knoblauchgeruch.

Knoblauchkraut wurde früher viel als Würze und Salatgemüse benutzt. Man aß es mit Brot und Butter, gekocht als Suppenkraut, gebraten mit Hering und Schinken; in Deutschland verwendete man es als Salatpflanze zu Salzfleisch. In alten ländlichen Rezepten wird es heute noch erwähnt. Knoblauchkraut verliert beim Kochen leicht seine Würzkraft, roh genossen, auf Butterbroten mit Käse oder Fleisch, ist es jedoch köstlich. Die Blütentrauben ergeben eine hübsche Dekoration.

Die verwandte Wegrauke *(Sisymbrium officinale)* hat gelbe Blüten und findet sich häufig in englischen Hecken. Auch diese Pflanze ist nützlich, doch ziemlich scharf, in Frankreich wird sie gelegentlich verwendet (siehe Senfrauke).

Kokosnuß

ENGL: Coconut
FR: Noix de coco
IT: Cocco
SP: Coco (fruto)
BOT: Cocos nucifera
FAM: Palmae

Die Kokospalme stammt aus Malaysia, wächst aber heute an allen tropischen Küsten der Welt und wird manchmal auch weiter landeinwärts kultiviert. Die Verwendung von Kokosnuß und Kokosnußöl ergibt ein ganz bestimmtes Lokalkolorit. Bei uns wird sie fast nur getrocknet (Kokosflocken) zu Nachspeisen und Süßwaren verwendet, doch in den tropischen Ländern, besonders in Südostasien, gehört sie zu einigen Fisch- und Fleischgerichten und ist auch die Basis mancher indischer Chutneys. Sehr oft wird Kokosmilch benutzt, doch damit ist nicht die süße Flüssigkeit aus dem Innern der Nuß gemeint, sondern eine Milch oder Sahne, die dadurch entsteht, daß man das Fleisch fein zerkleinert, es kurz in heißem Wasser mazeriert und dann die Milch auspreßt. Sie ähnelt der Kuhmilch, doch hat sie einen delikaten Kokosnußgeschmack. Sie ist weniger gut, wenn man sie aus Kokosflocken herstellt; Exil-Inder benutzen heute meist gute Kokosnußbutter. Wenn in einem Rezept für Curry Kokosnußmilch vorgeschrieben ist, muß man sie sich beschaffen, denn Kuhmilch bringt nicht dasselbe Ergebnis. Pudding, der mit Kokosmilch statt Kuhmilch hergestellt wurde, ist besonders köstlich.

Kola

ENGL: Cola, Colah, Kola
FR: Cola, Kola
IT: Cola
SP: Cola
BOT: Cola nitida und Cola acuminata
FAM: Sterculiaceae

Kolanüsse, die in manchen Ländern gekaut werden, enthalten große Mengen von zwei alkalischen Stimulantien, Coffein und Theobromin. Der Baum hat einen glatten Stamm und wird 15 bis 18 m hoch. Sein Heimatland ist das tropische Westafrika, doch wird er heute auch auf den Karibischen Inseln, in Brasilien und im tropischen Asien angebaut. Er hat große, ovale Blätter, die Blüten sind außen gelb, innen rot gestreift. Die Fruchtstände erscheinen traubenförmig, jeder Fruchtstand enthält mehrere Nüsse. Diese sind entweder rot oder gelb und verfärben beim Kauen die Lippen.

Die Kolanuß schmeckt zuerst bitter, dann süß. Man kann ein einfaches Getränk daraus bereiten, indem man sie pulverisiert und dann ein paar Minuten in Wasser aufkocht. Kola wird bekanntlich zu allerlei Erfrischungsgetränken verwendet, aber auch zum Färben und Würzen von Wein. Die im Handel erhältliche Kolaessenz läßt sich zu Getränken verarbeiten oder dient zum Würzen von Cremes.

Koriander

Andere Namen: Schwindelkraut, Krapfenkörner

ENGL: Coriander, Chinese Parsley, Japanese Parsley
FR: Coriandre
IT: Coriandolo
SP: Coriandro, Culantro
BOT: Coriandrum sativum
FAM: Umbelliferae
Tafel II, Nr. 7, Seite 82
Zeichnung 11, Nr. 1, Seite 132

Die robuste einjährige Pflanze wird etwa 60 cm hoch und hat weiße oder rötliche Blüten. Zur Samenerzeugung wird im Frühjahr ausgesät und sofort nach der Reife (August/ September) geerntet, bevor die Früchte abfallen. Doch es ist einfacher, sie zu kaufen. Will man die Blätter benutzen, sind Folgesaaten während des Sommers notwendig. Koriander stellt keine großen Ansprüche an den Boden und wächst auch im Blumenkasten; alle Curryliebhaber sollten ihn anbauen.

Die Pflanze stammt aus Südeuropa und dem Mittleren Osten, wächst aber heute überall in der Welt. Es ist eines der ältesten Gewürze überhaupt (»Und das Haus Israel hieß es Manna. Und es war wie Koriandersamen, und weiß, und hatte einen Geschmack wie Semmel mit Honig«, 2. Buch Mosis, 16,31). Nicht nur in Europa, auch in Indien und China wird Koriander sowohl in der Küche als auch in der Medizin seit vielen tausend Jahren benutzt.

Beim Gebrauch muß man sorgfältig unterscheiden zwischen grünen Blättern und dem reifen Samen, der Geschmack ist völlig anders. (Die Wurzel wurde früher als Gemüse genutzt – und wird es wahrscheinlich heute noch in China –, doch ist sie zu klein und zu holzig, um mehr zu sein als eine bloße Kuriosität.) Die Bezeichnung Koriander ist abgeleitet von dem griechischen Wort *Koris* gleich Wanze, wegen der angeblichen Ähnlichkeit zwischen dem Geruch von Korianderblättern und Wanzen. Die meisten Leser werden nicht das Vergnügen haben, Wanzen zu kennen; wer jedoch schon mal unter primitiven Bedingungen im Fernen Osten reiste, dem steht ein Urteil zu. Tatsächlich ist die Ähnlichkeit nur gering.

Auf dem Kontinent werden Korianderblätter kaum benutzt, in England werden sie gewöhnlich als »unangenehm« oder »nicht für die Küche geeignet« verstoßen. Doch das ist Unsinn. Tatsächlich ist es wohl das meistgebrauchte Küchenkraut der Welt; man findet es auf fast allen Märkten von Beirut über Indien bis China und Japan, man liebt es nicht nur in Südostasien, sondern auch in Mexiko und Südamerika.

Wie viele andere Gewürze und Kräuter wurde Koriander durch die Römer zu uns gebracht; bis zum 16. Jahrhundert wurden auch die Blätter als Würze benutzt. Dann kamen sie aus der Mode wie manches andere Kraut auch. Wer lange in Indien gelebt hat, vermißt an einem außerhalb des Landes hergestellten Curry sofort einen wichtigen Geschmacksbestandteil: Koriandergrün. Es ist tatsächlich ein Hauptbestandteil vieler Curryarten und ist auch, zerstoßen mit Kokosnuß, grünen Peperoni, Salz und dem Saft einer Zitrone oder etwas Sauermilch, die Basis für ein ganz hervorragendes und sehr populäres indisches Chutney. Das Aroma von Koriandergrün paßt übrigens besonders gut zu grünen Peperoni.

Auf dem Markt kann man es nicht nur an seinem Geruch erkennen, sondern auch daran, daß die unteren Blätter fächerförmig, die oberen gefiedert sind. Zum Trocknen eignet es sich nicht, kann aber tiefgefroren und in Salz und Öl konserviert werden.

Koriandersamen ist kugelförmig und läßt sich leicht in zwei Teilfrüchte zerlegen; bei der Reife variiert die Farbe zwischen Blaßgrün, Creme oder Braun. Er ist – ganz oder gemahlen – fast überall erhältlich; Verfälschung braucht man nicht zu befürchten, denn er ist billig. Er darf nur nicht alt sein, denn im gemahlenen Zustand verliert er schnell seine beste Würze. Der Geschmack ist süß-aromatisch und erinnert ein bißchen an Orangenschale. In Indien wird Koriandersamen vor dem Mahlen leicht angeröstet, das ergibt ein mehr curryähnliches Aroma. Es gibt jedoch erhebliche Geschmacksunterschiede je nach Herkunft. Rußland, Ungarn, Nordafrika, Indien und Südamerika sind die Haupterzeuger, die auch durch Destillation das ätherische Öl erzeugen. Samen wie Öl werden gewerblich genutzt in Backwerk, Likören, Wermuts und Konserven.

In England und Nordamerika wird Koriander fast nur zum Einlegen benutzt, obgleich man in älteren Kochbüchern noch Rezepte findet, die es für Steak, Nieren und Austern-Pie vorschreiben. Wahrscheinlich kennen es viele Leute vom Ansehen her und wissen nur nicht seinen Namen. In Frankreich wird es selten benutzt, in Italien nur in einigen Gegenden. In Deutschland ist es als Spekulatius- und Lebkuchengewürz sowie als Wurstzutat geschätzt. Viel Koriander wird in all den Gegenden benutzt, die von der arabischen Küche beeinflußt sind, also der Mittlere und Nahe Osten, Nordafrika, die Balkanländer, Spanien und Portugal – und von da ausgehend Mexiko und Südamerika. Für alle Gerichte *à la greque* ist Koriandersamen fast immer ein klassischer Bestandteil. Es dient als Soßenwürze und paßt gut zu Fisch. Grob gemahlen gehört es zu Schweinebraten, Lamm, Ziegenbraten oder anderen würzigen Fleischgerichten Nordafrikas oder der Levante. Wer indisch, malaiisch oder indonesisch kochen will, wird Koriander in großen Mengen brauchen. Und wenn es so etwas wie ein Grundgewürz für Curry gibt, dann ist es Koriander. Da er ein mildes Gewürz ist, braucht man einen Eßlöffel voll, um andere Gewürze auszubalancieren, von denen man nur einen Teelöffel oder noch weniger nimmt.

Auch zu Süßspeisen wird er verwendet, ebenso zu manchen Kuchenarten, auf dem Balkan auch zu Brot. Verzuckerter Koriander galt früher als eine Art Konfekt.

Dieses Gewürz, das eines der interessantesten und vernachlässigtsten zugleich ist, sollte in keiner Küche fehlen.

Kresse

ENGL: Cress
FR: Cresson
IT: Crescione
SP: Lepidio
FAM: meist Cruciferae

Brunnenkresse
ENGL: Watercress
FR: Cresson de fontaine
IT: Crescione d'acqua
SP: Berro de agua, Crenchas
BOT: Rorippa nasturtium-aquaticum (Nasturtium officinale)
FAM: Cruciferae
Zeichnung 16, Nr. 1, Seite 200

Gartenkresse
ENGL: Garden Cress
FR: Cresson alénois, Passerage cultivée
IT: Agretto
SP: Lepidio
BOT: Lepidium sativum
FAM: Cruciferae
Zeichnung 16, Nr. 2 und 2a, Seite 200

Barbarakraut
ENGL: American Cress
FR: Barbarée, Roquette des jardins
IT: Barbarea, Erba barbara
SP: Oruga del jardin
BOT: Barbarea verna und Barbarea vulgaris
FAM: Cruciferae
Zeichnung 16, Nr. 3, Seite 200

Brasilianische Kresse
ENGL: Brazil Cress
BOT: Spilanthes oleracea
FAM: Compositae

Mit dem Namen Kresse werden verschiedene Pflanzen bezeichnet, die meisten davon gehören zur Kohlfamilie und haben alle mehr oder weniger den scharfen, pfeffrigen Geschmack der Brunnenkresse. Man benutzt sie gern als Salatwürze, zur Dekoration sowie in Kräutermischungen und Soßen.

Seltener werden sie gekocht oder zum Verfeinern von gekochten Gerichten verwendet.

Die BRUNNENKRESSE ist europäischen Ursprungs, wurde aber auch nach Nordamerika verpflanzt. Sie wächst wild in Flüssen und Bächen, die heute jedoch meist verunreinigt sind, so daß Infektionsgefahr besteht (früher vor allem durch Typhuserreger). Brunnenkresse wird daher meist in Spezialbehältern oder Tanks gezogen, die aus sauberen Quellen gespeist werden. Auch in Südeuropa wächst die Pflanze wild, ist jedoch im Norden weit populärer, wahrscheinlich, weil es dort weniger Auswahl an frischem Wintersalat gibt.

Die beste Brunnenkresse ist dunkelgrün, bräunlich oder fast schwarz und saftig, die Stengel sollten nicht mit Wurzelfasern überwachsen sein. Doch nach dem Aussehen allein kann man nicht auf die Qualität schließen; häufig haben weniger fleischig erscheinende Pflanzen ein besseres Aroma. Man sollte sie nicht im Kühlschrank aufbewahren, sondern so in kaltes Wasser legen, daß die Blätter gerade herausschauen, und dann in einem kühlen Raum lagern. Vor Gebrauch sollte man sie kurz abspülen und nicht stundenlang einweichen, sie ist ja eine Wasserpflanze.

Brunnenkresse kann wie Salat angemacht werden, dient aber ebenso als Beigabe zu Salaten, zu Käse und belegten Broten. Ferner nutzt man sie als Suppenwürze und als Soße zu Süßwasserfischen (angemacht wie Petersiliensoße) und zu den verschiedensten Mischungen von gehackten Kräutern, z.B. zu Kartoffeln und zu Kräuterbutter.

Die GARTENKRESSE stammt aus Persien und ist eine einjährige Pflanze. Mittlerweile ist sie in ganz Europa und Nordamerika heimisch geworden. Sie wird 30 bis 40 cm hoch und hat die typischen weißen Blüten der Kreuzblütler. Die jungen Pflanzen ergeben einen pikanten Salat. Andere wilde Abarten des *Lepidium* werden ebenfalls gelegentlich genutzt und sind meist unter der volkstümlichen Bezeichnung Pfefferkraut bekannt. Außerdem gibt es zahlreiche gezüchtete Varietäten, z.B. die sogenannte australische Kresse, die goldene Blätter hat.

Das BARBARAKRAUT und das nahe verwandte *Barbarea vulgaris* sind in vielen Ländern unter allerlei volkstümlichen Namen bekannt. Die perennierende oder zweijährige Pflanze stammt aus Kontinentaleuropa, ist heute jedoch auch in Britannien und Nordamerika heimisch. In der Erscheinungsform ist sie der Brunnenkresse ziemlich ähnlich, doch sind die Blätter kleiner und das Aroma nicht so fein. Als Wintersalat und als Ersatz für Brunnenkresse ist sie nützlich, daher wird sie gärtnerisch angebaut oder im Frühjahr die Wildpflanze gesammelt, wie es z.B. die italienischen Einwanderer Nordamerikas tun.

1
2
3
4
5

1
2
3
4
5
6

Andere Kressenarten wie die sogenannte Brasilianische Kresse und die Parakresse werden in wärmeren Ländern als Salatpflanzen kultiviert; sie sind ziemlich scharf.

Kreuzkümmel

Andere Namen: Stachelkümmel, Kumin

ENGL: Cumin
FR: Cumin, Cumin de Maroc
IT: Comino
SP: Comino
BOT: Cuminum cyminum
FAM: Umbelliferae
Tafel II, Nr. 1, Seite 82
Zeichnung 11, Nr. 4, Seite 132

Die Pflanze ist in heißen Ländern beheimatet und wird etwa 30 cm hoch, kriecht jedoch, weil die Stengel weich sind. Sie hat lila oder weiße Blüten. In warmen Lagen mit gutem Sandboden kann man sie aus Samen ziehen, aber da man den Samen benutzt, der bei uns nicht reift, und nicht die Blätter, ist das wenig sinnvoll.

Haupterzeuger sind die nordafrikanischen Küstenstaaten, Malta, Sizilien, der Mittlere Osten und Indien; in kleinerem Maße auch Amerika. Der getrocknete Same ist ganz oder gemahlen im Handel. Man sollte nur frisch gemahlenen Kreuzkümmel kaufen, denn wie fast alle Gewürze verliert er nach dem Mahlen schnell seine Aromastoffe.

Kreuzkümmel stammt aus dem Fernen Osten, wurde aber schon lange vor Christi Geburt im Mittelmeerraum angebaut. Den Römern diente er als Ersatz für Pfeffer und, zu einer Paste zermahlen, auch als Brotaufstrich. Da Kümmel und Kreuzkümmel sich etwas ähnlich sehen, gibt es in vielen europäischen Sprachen arge Konfusion, obgleich der Geschmack doch sehr verschieden ist. In manchen Ländern ist Kreuzkümmel daher nur den Leuten ein Begriff, die arabische, fernöstliche oder mexikanische Gerichte kennen.

Von jeher wurde das Gewürz nicht nur in der Küche, sondern auch in der Medizin benutzt; es sollte z. B. eine zu blasse Haut kräftigen! Die mittelalterliche Medizin empfahl es bei Magen- und Darmleiden, bei Appetitlosigkeit und vielem anderen. Heute wird es noch in der Tiermedizin verwendet.

Der Same hat einen eigenartigen, scharf-aromatischen Geschmack, der in den Küchen des Fernen Ostens, Mexikos und Nordafrikas sehr beliebt ist. Zu vielen Curries wird Kreuzkümmel benötigt, doch sagen indische Köche immer wieder, die Europäer schätzten das nicht. Vielleicht muß man sich an den Geschmack erst gewöhnen. Auch in Amerika wird er viel zu würzigen Gerichten benutzt, etwa zu dem mexikanischen Chili con carne. Kreuzkümmel ist ein durchdringendes, kräftiges Gewürz, das dazu neigt, vorzuschmecken; ganz anders also als Kümmel, dessen Aroma sich sehr gut mit Fleischgerichten verträgt, wie man an der österreichischen Küche sieht. Wer orientalische, mexikanische, überhaupt alle scharfgewürzten Gerichte liebt, für den ist Kreuzkümmel ein absolutes Muß. In der europäischen Küche nimmt man ihn manchmal zum Einlegen, z. B. von Kohl, doch niemals zu Süßspeisen. Das extrahierte Öl wird zu Magen- und Bitterlikören verwendet.

Tafel III
Südeuropäische Zutaten:
1 Lorbeerblatt
2 Olive
3 Basilikum
4 Majoran
5 Origano

Tafel IV
Aromatische Pflanzen:
1 Rosmarin
2 Wacholder
3 Boretsch
4 Wildthymian
5 Raute
6 Myrte

Küchenkräuter

Anderer Name: Fines herbes

Das ist eine feststehende Mischung von drei oder vier delikaten Kräutern, die man zum Würzen bestimmter Gerichte benutzt. In der französischen Küche verwendet man meist Petersilie, Estra-

ENGL: Fines herbes
FR: Fines herbes
IT: Verdure tritate
SP: Hortalizas

gon, Kerbel und Schnittlauch. Für manche Gerichte kann eine andere Zusammensetzung vorgeschrieben sein.

Fines herbes benutzt man meist zu Omeletts, aber auch zu Suppen und Soßen und vielen anderen Gerichten. In älteren Kochbüchern wird unter dieser Bezeichnung manchmal eine Mischung aus gehackten Pilzen und Schalotten verstanden, die auch *duxelles* genannt wird.

Kümmel

Andere Namen: Wiesenkümmel, Mattenkümmel

ENGL: Caraway
FR: Carvi, Cumin des prés
IT: Carvi, Comino tedesco
SP: Alcaravea, Carvi
BOT: Carum carvi
FAM: Umbelliferae
Tafel II, Nr. 2, Seite 82
Zeichnung 11, Nr. 3, Seite 132

Die zweijähreige Pflanze wird über 60 cm hoch, hat die typischen cremeweißen Blüten und die gefiederten Blätter der Doldenblütler. Sie bevorzugt Halbschatten und mittelschweren Boden, ist jedoch nicht schwierig zu ziehen. Will man nur die Blätter benutzen, so kann man sie den ganzen Sommer über aussäen; der Same reift erst im folgenden Jahr.

Der Kümmel wächst wild in Europa und in den gemäßigten Zonen Asiens (Persien, Türkei) und Nordafrika, ist jedoch auf den Britischen Inseln nicht heimisch; in Nordamerika ist er naturalisiert worden. Seit uralter Zeit wird er benutzt, er war schon in der römischen Küche gebräuchlich und ist es noch heute in den meisten europäischen Küchen. Gewerbsmäßig wird er in großem Stil in Holland, Deutschland, Rußland, den Balkanländern und Nordafrika angebaut; kleiner Mengen werden auch in England und in den Vereinigten Staaten erzeugt.

Die jungen Blätter haben ein mildes Aroma, das etwa zwischen Petersilie und Dill liegt und der beißenden Würze des Samens gar nicht ähnelt. Doch das Blattaroma ändert sich, wenn die Pflanze älter wird. Im Mittelalter wurden feingehackte Kümmelblätter zu Suppen und Salaten gebraucht, genau wie wir heute Petersilie und Kerbel verwenden; in einigen Gegenden tut man das noch heute. In manchen Ländern ißt man auch die dünnen, zapfenförmigen Wurzeln gekocht als Gemüse, was ausgezeichnet schmeckt.

In der Küche des Elisabethanischen England spielte Kümmel eine große Rolle, inzwischen ist das nicht mehr der Fall. Man verwendete ihn zu Kuchen, Brot und Früchten ebenso häufig wie heute noch in Süddeutschland und Österreich. Bratäpfel z.B. wurden immer mit Kümmel serviert, und das ist auch in die Literatur eingegangen (Shakespeare, Heinrich IV.).

Kinder haben manchmal eine unüberwindliche Abneigung gegen Kümmel, auch manche Erwachsene mögen ihn nicht. Sie sollten in Österreich, wo man fast alles damit zu würzen scheint, besonders wachsam sein. Ich erinnere mich noch sehr gut, wie ich einmal in einer Berghütte um zwei Uhr nachts auf meinem Bett saß und bei Kerzenlicht versuchte, den Kümmel aus dem Brot zu pikken. Während meiner Lehrzeit als Bergsteiger in den österreichischen Alpen begann ich fast jeden Aufstieg mit diesem hoffnungslosen Versuch. Vielleicht verdanke ich es diesen alten Erinnerungen, daß ich Kümmel jetzt mag.

Ob man nun Kümmel mag oder nicht, vorsichtig dosiert ist er in pikanten Gerichten durchaus am Platze. Kümmel ist ein ausgesprochen deutsches Gewürz; Deutschland und Österreich sind die größten Kümmelverbraucher der Welt. Man verwendet ihn zu Gebäck (Kümmelbrezel) und Brot, zu Käse und Sauerkraut, ebenso zu Kohlgerichten und Salaten, ferner zu Fleischgerichten, z.B. Schweinebraten und Gulasch. Obgleich er meiner Meinung nach das feine Aroma des Paprikas zerstört, gibt erst der Kümmel dem deftigen alpinen Gulasch, das man im Skiurlaub heißhungrig verzehrt, den spezifischen Geschmack.

Früher wurde Kümmel manchmal mit Zucker überzogen, diese Art Bonbons waren ein Verdauungsmittel. Ebenso wie der Kreuzkümmel (mit dem er oft verwechselt wird) verwendet man ihn heute noch zur Herstellung von Likören und Schnäpsen, z.B. Aquavit. Für gewerbliche Zwecke benutzt man das ätherische Öl, das bei der Dampfdestillation des trockenen, reifen Samens entsteht. Dieses Öl, dessen Hauptbestandteil (mehr als 50 Prozent) Carvon ist, wird unter anderem zu Backwerk, Süßspeisen und Bonbons benutzt.

Eine Warnung zum Schluß: In einigen Kochbüchern mit Rezepten aus Fernost wird Kümmel als ein Ingredienz für Curry genannt. Das ist fast immer ein Übersetzungsfehler, denn hier ist Kreuzkümmel (siehe diesen) gemeint, zu dem man im Fernen Osten weit mehr tendiert und der ganz anders schmeckt.

Kurkuma

Anderer Name: Gelbwurz

ENGL: Turmeric, Indian Saffron
FR: Curcuma, Safran des Indes, Terre-mérite
INDISCH: Haldi, Huldie
IT: Curcuma
SP: Cúrcuma
BOT: Curcuma longa
FAM: Zingiberaceae
Tafel I, Nr. 14, Seite 81
Zeichnung 18, Nr. 1 u. 1 a, Seite 216

Gemahlener Kurkuma ist bekannt als jene gelbe Pulver, das man für »Picallili« verwendet. Die Pflanze stammt aus Südostasien. Sie ist von Vietnam bis in das feuchte Bergland von Südindien heimisch. Heute gedeiht Gelbwurz in den tropischen Gegenden der ganzen Welt. Sie ist mehrjährig, hat lange Blätter ähnlich denen der Lilie und blaßgelbe Blüten, die zu einer dichten Ähre zusammengeschlossen sind. Ähnlich wie beim verwandten Ingwer liefern die Wurzelstöcke den Würzstoff. Sie haben aber einen runden Querschnitt, sind also nicht abgeflacht, und wenn man sie zerteilt, zeigen sie eine glänzend orangegelbe Farbe. Sie werden gekocht und dann ungefähr zwei Wochen lang in der Sonne getrocknet; danach wird die äußere Haut abgerieben. Soweit ich unterrichtet bin, wird frischer Kurkuma nicht in der Küche verwendet. Obwohl er in den Basaren des Orients gewöhnlich ganz verkauft wird, ist er einer der wenigen Gewürze, die man ohne weiteres auch gemahlen kaufen kann. Er ist so billig, daß sich eine Fälschung nicht lohnt, und außerdem ist es schwierig, ihn zu Hause zu mahlen.

Gelbwurz ist eines der Gewürze, die ihren Weg von Indien durch Arabien nach Europa gefunden haben. Sie wurde zum Färben verwendet, aber dafür eignet sie sich nicht besonders gut, weil die Farbe nicht beständig ist; die safranfarbenen Gewänder der Mönche des Ostens werden allerdings oft mit Gelbwurz gefärbt. Es ist die billigste und gebräuchlichste gelbe Farbe, die es dort zu kaufen gibt. Die Farbe ist nicht ganz wasserfest (in Alkohol löst sie sich jedoch sofort). Verkauft wird Kurkuma vor allem als Farbstoff für eine Reihe von Lebensmitteln, hauptsächlich für Senf und Essiggemüse. Kurkuma ist gewöhnlich ein Bestandteil von Currygerichten und Currypulver. In Indien verwendet man es auch zum Färben von Süßspeisen. Er kann jedoch nicht als Ersatz für Safran oder ein anderes geschmackloses Färbemittel wie Anatto gelten, weil er einen eigentümlich würzigen Geschmack besitzt.

In Kochbüchern für indische Küche wird Kurkuma manchmal fälschlicherweise mit »Safran« übersetzt, obwohl die beiden nur die gelbe Farbe gemein haben. Wenn man andererseits Gelbwurz statt Safran verwendet, z. B. in *Bouillabaisse*, ist das Ergebnis katastrophal (siehe *Safran*).

Labkraut, echtes

ENGL: Lady's Bedstraw, Yellow Bedstraw
FR: Caille-lait, Gaillet
IT: Gaglio, Galio
SP: Galio
BOT: Galium verum
FAM: Rubiaceae
Tafel V, Nr. 9, Seite 165

Diese Wildpflanze ist in ganz Europa anzutreffen; in den Oststaaten der USA ist sie stellenweise ein verbreitetes Unkraut. Sie wuchert und hat kleine gelbe Blüten. Wegen ihres angenehmen Heuduftes stopfte man früher die Betten damit aus (vermutlich die der Damen). Sie gehört zur selben Familie wie die Färberwurzel (Krapp), aus der Farbstoff gewonnen wurde. Auch Labkraut wurde zur Herstellung von Farbstoff verwendet, doch hauptsächlich wurde es zur Käsebereitung benutzt: Der Saft läßt Milch gerinnen wie Labferment. Der botanische Name Galium stammt von *Galion*, einer Pflanze, die bei Dioscorides erwähnt wird, weil sie geeignet sei, Milch gerinnen zu lassen.

Lichtnuß

ENGL: Candlenut
BOT: Aleurites moluccana
FAM: Euphorbiaceae
Zeichnung 17, Nr. 7, Seite 208

Die Lichtnuß ist der hartschalige Same eines hübschen Baumes, der in Malaysia und auf den Inseln des Pazifik heimisch ist, inzwischen aber auch in anderen heißen Ländern angebaut wird. Steckt man die ölhaltige Nuß auf die Mittelrippe eines Palmblattes, so kann man sie anzünden und als behelfsmäßige Leuchte benutzen – daher der volkstümliche Name. Der Baum wird seiner ölhaltigen Nüsse wegen angebaut; dieses Öl ist Grundstoff für Farben, Linoleum, Seife und andere Produkte. Der Preßrückstand ist ebenso giftig wie die frische Nuß (viele Euphorbias sind giftig), das Gift verflüchtigt sich jedoch nach einiger Zeit.

In der Küche Malaysias wird die Lichtnuß – roh oder geröstet – häufig gebraucht, zusammen mit so ungewöhnlichen Gewürzen wie Galgant (Siam-Ingwer) und Zitronengras spielt sie eine Rolle in den dortigen Curries, die sich beträchtlich von den besser bekannten indischen Curries unterscheiden.

Liebstöckel

Andere Namen: Badekraut, Maggikraut

Der Liebstöckel stammt aus Südeuropa; es gibt jedoch eine Abart *(Ligusticum scoticum)*, die ebenfalls Liebstöckel genannt wird und im nördlichen Britannien und an den nördlichen Atlantikküsten Nordamerikas wild wächst (amerikanischer Name *Sea lovage* oder *Scottish lovage*).

Die perennierende Pflanze gehört zu den Doldenblütlern und wird gut 2 m hoch. Sie hat dicke hohle Stengel, grünlichgelbe Blüten und sieht fast aus wie eine übergroße Selleriepflanze. Bei den Griechen und Römern war sie hochgeschätzt, wurde früher auch in England und Amerika viel benutzt, doch heute ist sie in beiden Ländern fast unbekannt. In Mittel- und Südeuropa ist sie jedoch auch heute noch in Gebrauch. Alle Teile der Pflanze sind verwendbar, die Blätter, der Same und die Wurzel.

ENGL: Lovage, Love Parsley
FR: Livèche
IT: Levistico
SP: Ligústico
BOT: Levisticum officinale oder Ligusticum officinale
FAM: Umbelliferae
Zeichnung 6, Nr. 7, Seite 72

Liebstöckel ist leicht zu ziehen, er liebt guten, feuchten Boden und sonnige Lage. Man sät ihn entweder aus oder teilt einen älteren Wurzelstock. Falls man nicht die Wurzeln als Gemüse verwenden will, genügt eine Pflanze im Garten vollauf.

Die Pflanze hat ein spezifisches Aroma, das schwer zu beschreiben ist. Mir kommt es wie eine Mischung aus Sellerie, Moschus und Zitrone vor; anerkannte Kräutergärtner sagen, sie erinnere an Maggi. Das unterstreicht, wie schwierig es ist, etwas zu beschreiben, was ausschließlich auf subjektiver Erfahrung beruht.

Die Blätter werden gelegentlich – blanchiert oder roh – zu Salaten verwendet. Die Stengel kann man kandieren wie Angelika, die Samen kann man auf Butterbrote streuen, besonders auf Käsebrote. Am besten eignet Liebstöckel sich zweifellos zum Würzen von Suppen und Soßen, denen er seinen eigentümlichen Geschmack verleiht. Doch ist Vorsicht geboten, die Würzkraft ist beträchtlich.

Vielleicht ist Liebstöckel das interessanteste der halbvergessenen Kräuter aus Großvaters Garten und einen Versuch wert.

Limette

ENGL: Lime
FR: Limette, Limon
IT: Lima, Limetta
SP: Lima
BOT: Citrus aurantifolia
FAM: Rutaceae

Wie andere Citrusfrüchte stammt auch die Limette aus Südostasien, doch liegt ihre Geschichte im dunkeln, weil sie in der frühen Literatur mit der Zitrone verwechselt wurde. Der Baum wächst unregelmäßig strauchartig und ist mit scharfen Dornen bewehrt. Die ziemlich kleinen Blüten sind weiß, die Früchte gewöhnlich rund und grünlichgelb; sie erreichen nur einen Durchmesser von drei bis fünf Zentimeter. Die Schale ist dünn und fest und hat den charakteristischen Limettengeruch; der Saft ist sehr sauer und leicht bitter. Die Limette bevorzugt ein heißeres Klima als die Zitrone, die sie daher oft in der Küche tropischer Länder ersetzen muß.

Entsprechend dem Klima und der Sorte gibt es jedoch beträchtliche Unterschiede; bei einigen ist das Aroma der Schale ausgesprochen widerlich, sie riechen stark nach Insektenpulver, andere schmecken wie fertig gekaufter Limettensaft. Wenn in einem Rezept Limette vorgeschrieben ist, kann man sie keinesfalls durch Zitrone ersetzen, sie würde das Gericht spürbar verändern. Außerhalb der Tropen gibt es sie fast nie regelmäßig zu kaufen, von einigen Gegenden der USA abgesehen.

Die sogenannte süße Zitrone *(Citrus limetta)* sieht aus wie eine grüne Orange und wächst in den Tropen, in Indien und Palästina. Sie ist wahrscheinlich eine Mutation der Zitrone, wird nur als Frucht gebraucht und gilt nicht als Würzmittel. Im Mittleren und Fernen Osten gibt es noch eine Reihe anderer Früchte, die mehr oder weniger der Limette oder der Zitrone ähneln, einige davon sind halbwild. Schalen und Blätter können unterschiedliche Aromen haben, die manchmal an Eukalyptus oder Ingwer erinnern.

Linde

ENGL: Lime, Linden, Basswood (USA)
FR: Tilleul, Tilleul de Hollande
IT: Tiglio
SP: Tilia
BOT: Tilia cordata (kleinblättrige Linde), Tilia platyphyllos (großblättrige Linde), Tilia americana (Basswood – amerikanische Linde)
FAM: Tiliaceae
Tafel VII, Nr. 8, Seite 183

Der Baum ist in Europa und Nordamerika heimisch. Die gemeine europäische Linde ist eine Hybride der kleinblättrigen und der großblättrigen Form.

Auf fast jedem europäischen Markt, der noch einigermaßen bodenständig ist, gibt es einen Kräuterstand, wo man getrocknete Lindenblüten zur Bereitung von Lindenblütentee kaufen kann. Die Blüten sind gelblich und wachsen in Trauben, sie haben einen angenehmen, kräftigen Geruch. Lindenblütentee wird zur Verdauungsförderung und vor dem Schlafengehen als Beruhigungsmittel getrunken. Die Blüten werden jedoch auch manchmal zum Würzen von Cremes und Süßspeisen genutzt und dienen auch häufig zum Aromatisieren selbstgemachter Liköre. Die Blüten der amerikanischen Linde ergeben den besonders delikaten Basswood-Tee.

Löwenzahn

Andere Namen: Hundeblume, Milchdistel, Pißkraut

ENGL: Dandelion
FR: Dent de lion, Pissenlit
IT: Dente di leone, Radicchiella
SP: Amargón, Diente de león
BOT: Taraxacum officinale
FAM: Compositae
Tafel VII, Nr. 1, Seite 183

Die Blätter der Wildpflanze sind ziemlich zäh und sehr bitter, doch gibt es durch Züchtung verbesserte Sorten. Als Salatpflanze ist Löwenzahn besonders im Winter sehr wertvoll, kann aber auch wie Spinat gekocht werden, besonders zusammen mit Sauerampfer. Er wirkt stark auf die Nieren, daher auch die entsprechenden volkstümlichen Bezeichnungen in Deutschland und Frankreich. Die anderen Namen gehen auf den gezackten Umriß der Blätter zurück, die Löwenzähnen ähneln sollen.

Löwenzahn-Wein wird aus den Blütenblättern gemacht, Blätter und Wurzeln nutzte man, um Kräuterbieren Bitteraroma zu geben. Die Wurzel dient wie Zichorie geröstet und gemahlen als Kaffee-Ersatz. Sie enthält kein Koffein und gilt als Beruhigungsmittel; in Reformhäusern ist sie meist erhältlich.

Lorbeer

Anderer Name: Lorbeerblatt

ENGL: Bay, Sweet Bay, Sweet Laurel
FR: Laurier
IT: Alloro, Lauro
SP: Laural
BOT: Laurus nobilis
FAM: Lauraceae
Tafel III, Nr. 1, Seite 99

Der Lorbeer ist ein kleiner Baum, gewöhnlich in Buschform gezogen, unter besonders günstigen Bedingungen kann er jedoch bis zu 18 m hoch werden. Er hat zähe, lanzettförmige Blätter und bringt in warmen Klimazonen beerenartige Früchte hervor, die äußerlich kleinen Oliven ähneln. Die grünen Blätter sind glatt, zerdrückt man sie, so entwickelt sich der charakteristische kräftig-balsamische Wohlgeruch. Die Bäumchen sollten entweder im späten September oder im frühen April gepflanzt werden; sie vertragen ein paar Minusgrade, doch meist überstehen sie den Winter unserer Breiten nicht. Man zieht ihn daher oft in Kübeln, die Sand, Lehm und Torf zu gleichen Teilen enthalten sollten, obenauf eine Lage gut verrotteten Stallmist, der immer feucht gehalten werden muß.

Der Baum soll aus Kleinasien stammen, ist aber schon seit uralter Zeit rund um das Mittelmeer herum heimisch. Aus seinen Blättern wurde die berühmte »Lorbeerkrone« gewunden, das Symbol für Weisheit und Ruhm im alten Griechenland und Rom, die von siegreichen Feldherren und Kaisern getragen wurde. Nach einem damals weit verbreiteten Aberglauben sollte Lorbeer auch vor dem Blitz schützen.

Zum Gebrauch in der Küche kann man Lorbeer sowohl frisch als auch getrocknet verwenden. Frisch sind die Blätter ziemlich bitter und hocharomatisch. Oft läßt man daher die Blätter ein paar Tage trocknen; dadurch schwindet der Bitterstoff, das Aroma aber bleibt erhalten. Im Handel erhält man oft getrocknete Lorbeerblätter, die zu lange gelagert wurden; sie sind ohne Würzkraft und daher wertlos.

Als Gewürz wird Lorbeer in der ganzen Welt geschätzt, besonders aber in Frankreich und in den Mittelmeerländern; es gehört tatäschlich zu jeder guten europäischen Küche. Als fester Bestandteil gehört es zum *Bouquet garni*, zu Marinaden, Bouillon, Pickles und Oliven. Man packt sogar Lorbeerblätter rund um Süßholz und getrocknete Feigen, um den Rüsselkäfer abzuwehren! Wenn Lorbeer hier ziemlich kurz abgehandelt wird, so sagt das nichts über seine tatsächliche kulinarische Bedeutung, denn er scheint zu fast allem zu passen. Keine Küche kommt ohne ihn aus, ihn zu benutzen, sollte eine Selbstverständlichkeit sein.

Lorbeer kann man auch in Milch aufkochen, zur Herstellung von würzigen Cremes oder Pudding. Der Lorbeergeschmack ist jedoch ziemlich dominierend, was man früher offenbar mehr schätzte als heute. Aus den Beeren kann man ein dickes grünliches Öl destillieren, das in einigen Likören Verwendung findet.

Lorbeer sollte nicht mit Kirschlorbeer *(Prunus laurocerasus)* verwechselt werden, wie das manchmal geschieht. Die Blätter des Kirschlorbeers enthalten Bittermandelöl und sind in welkem Zustand giftig.

Mädesüß

ENGL: Meadow-sweet
FR: Reine des prés, Ulmaire
IT: Olmaria, Regina dei prati
SP: Barba, de cabra Ulmaria
BOT: Filipendula ulmaria
FAM: Rosaceae
Tafel V, Nr. 6, Seite 163

Diese Blume wächst häufig auf feuchten Sumpfwiesen oder in Flußniederungen; fast jeder kennt ihre cremeweißen Blüten. Der Geruch erinnert an Weißdorn (der zur selben Familie gehört) und ruft bei vielen Menschen Übelkeit hervor oder Kopfschmerzen. Doch die Pflanze ist völlig harmlos und gilt als gute Kräutermedizin und Stärkungsmittel. Als Würze pflegte man die Blüten Kräuterbieren und Landweinen zuzusetzen; es lohnt sich vielleicht, sie in Marmeladen, Gelees und eingemachten Früchten zu probieren. Aus den Wurzeln soll man Brot bereiten können, doch da müßte man sich schon in arger Not befinden. Am besten lassen sich die getrockenten Blüten zu einem Tee verwenden, der ein altes Hausmittel für Nierenbeschwerden und Rheumatismus ist.

Majoran

Andere Namen: Wurstkraut, Meigram, Mairan

Majoran stammt aus dem Mittelmeerraum, wo er seit alter Zeit angebaut wird. Das stark duftende Kraut wird 30 bis 60 cm hoch und ist erkennbar an den vielen kleinen »Knoten«, die es entwik-

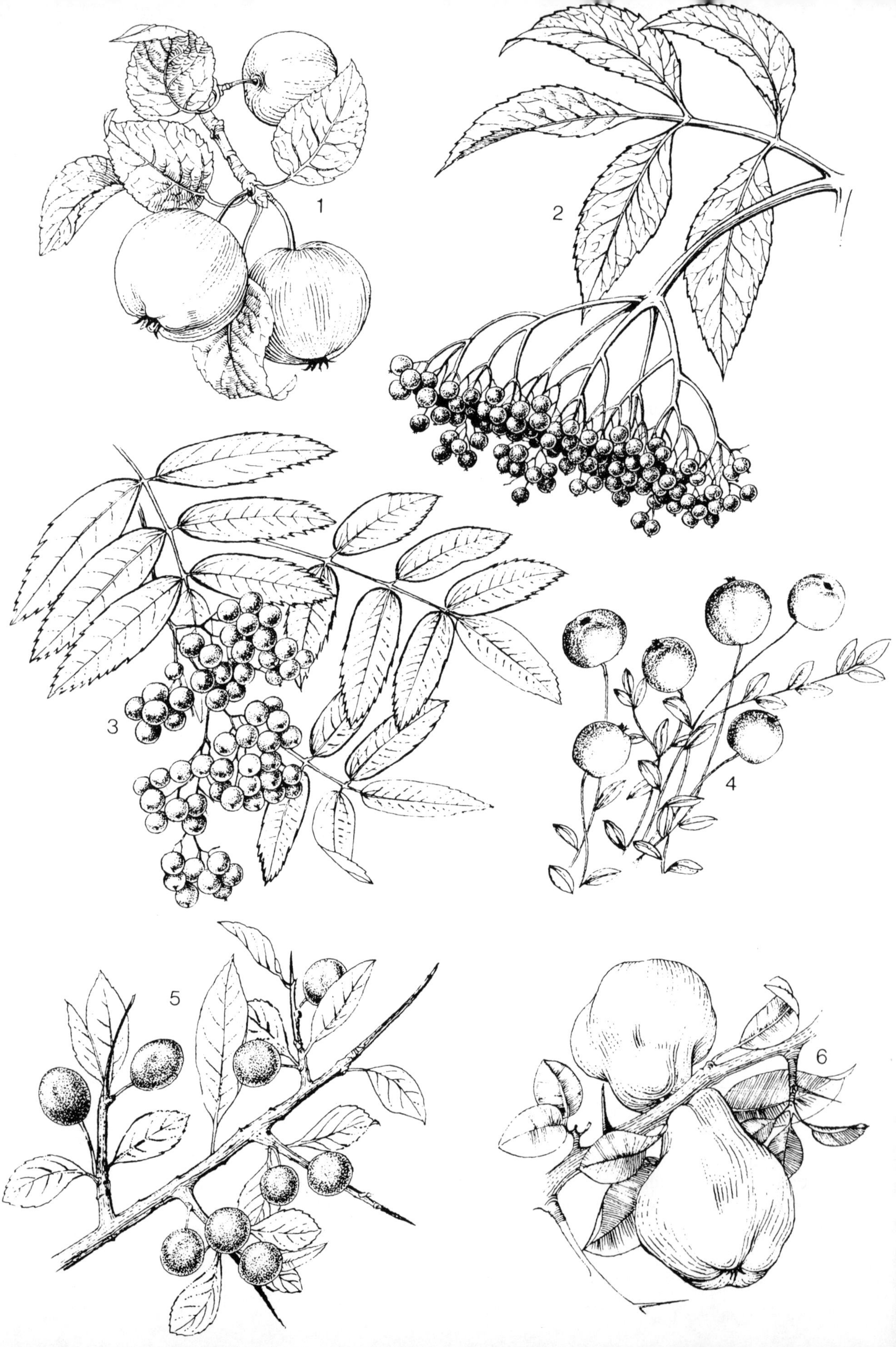
1
2
3
4
5
6

kelt. In warmen Ländern ist es perennierend, in kälteren wird es einjährig gezogen, denn es ist nicht frosthart. Die Pflanze braucht einen guten leichten Boden und viel Sonne. Die Anzucht erfolgt am besten im Treibhaus, doch kann man auch im späten Frühjahr ins Freiland aussäen oder einen kalten Kasten benutzen, der mit gutem Kompost gefüllt ist, und auspflanzen, wenn das Wetter entsprechend ist. Pflanzabstand mindestens 25 cm. Im Gegensatz zu anderen Lippenblütlern wird Majoran (wie Basilikum) am würzigsten, wenn er unter günstigen Bedingungen aufwachsen kann.

ENGL: Marjoram
FR: Majolaine, Origan
IT: Maggiorana, Persa
SP: Amàraco, Mejorana
BOT: Majorana hortensis (Origanum majorana)
FAM: Labiatae
Tafel III, Nr. 4, S. 99
Zeichnung 14, Nr. 5 u. 5a

Das Kraut kann frisch verwendet werden, eignet sich aber auch sehr gut zum Trocknen und zum Tieffrieren. Es sollte daher das ganze Jahr über in der Küche vorrätig sein.

Im Aroma ist Majoran dem Thymian verwandt, den er oft ersetzt und mit dem er auch gemischt verwendet wird; doch Majoran ist viel süßer und wohlriechender. Frisch kann er fast ein blumiges Parfum haben. Er ist eines der wichtigsten Kräuter überhaupt und äußerst vielseitig verwendbar. So gut wie alle europäischen Küchen verwenden ihn, ebenso die Küchen der Länder, die europäisch beeinflußt sind; im Fernen Osten wird er dagegen weniger benutzt.

Majoran kann man praktisch all den Gerichten zusetzen, zu denen man Thymian verwenden kann. Doch da er ein wesentlich delikateres Aroma als Thymian hat, sollte man ihn erst zu Ende des Kochprozesses oder nur solchen Gerichten zufügen, die kurz erhitzt werden wie z.B. Omeletts. Man kann ihn auch frisch benutzen; so ist feingehackter Majoran beispielsweise besonders köstlich zusammen mit Zitronensaft zum Anmachen von Anchovis. In Deutschland verwendet man große Mengen von Majoran zum Würzen der verschiedensten Wurstsorten. Die Abart SUPPENMAJORAN *(Origanum onites)* wird häufig angebaut, weil der echte Majoran ziemlich empfindlich ist, doch ist das Aroma längst nicht so gut und sogar ein bißchen bitter. Auch diese Pflanze stammt aus dem Mittelmeerraum, wird etwa 30 cm hoch und hat weiße Blüten. Sie bevorzugt ebenfalls guten, leichten Boden und Sonne, ist aber sonst ohne Schwierigkeiten zu ziehen. Die Vermehrung geschieht durch Aussaat oder Wurzelteilung; die Pflanze perenniert. Bis zu einem gewissen Grade kann man Majoran durch Suppenmajoran ersetzen, besonders in den stärker gewürzten Gerichten, die Zwiebel, Knoblauch und Wein enthalten und in denen das delikate Aroma des echten Majorans ohnehin zum größten Teil untergehen würde. Die Pflanze wächst in Griechenland wild und gehört zu denen, die unter der Sammelbezeichnung *rigani* laufen.

In Griechenland gibt es wenigstens zehn verschiedene Wildformen des Majorans, die alle als *rigani* bezeichnet werden. Eine davon heißt Wintermajoran (*Origanum heracleoticum*) und wird manchmal in Gärten angebaut. *Rigani* benutzt man in Griechenland zu gegrilltem Fleisch und anderen Gerichten; außerhalb des Landes sind die authentischen Zutaten jedoch nicht zu be-

Zeichnung 8
1 Holzapfel
2 Holunder
3 Eberesche
4 Preiselbeere
5 Schlehe
6 Quitte

kommen, so daß es unmöglich ist, die entsprechenden Gerichte exakt nachzukochen.

Eine weitere berühmte Abart des Majorans ist der KRETISCHE DIPTAM *(Origanum dictamnus)*, der hauptsächlich auf Kreta angebaut wird (bezeichnet als *dictamo, ditamo, erontas, stomatochorto* und *malliarochorto*). Er dient zwar hauptsächlich medizinischen Zwecken, wird aber auch als Würze verwendet.

WILDER MAJORAN: siehe *Oregan*.

Malagettapfeffer

Anderer Name: Paradieskörner

ENGL: Grains of Paradise, Guinea Grains, Melegueta Pepper
FR: Graines de paradis, Malaguette, Poivre de Guinée
IT: Grani di Meleguetta, Grani paradisi, Mani guetta
SP: Malagueta
BOT: Aframomum melegueta, Amomum granum paradisii
FAM: Zingiberaceae

Die Paradieskörner stammen von einer Pflanze, die mit dem Kardamom verwandt und an der Küste und auf den vorgelagerten Inseln des tropischen Westafrika zu Hause ist, vom Kongo bis Sierra Leone. Teile dieser Küste im Golf von Guinea hießen einst Malagetta- oder Pfefferküste. Noch heute kommt ein großer Teil dieses Gewürzes aus Ghana, obgleich es inzwischen auch in anderen tropischen Ländern angebaut wird.

Die Pflanze wird etwa 2 m hoch, hat lange Blätter und hübsche gelbe, orchideenähnliche Blüten in dichten Ständen. Die braunen Samen sind das Gewürz; sie wachsen im sauren Fruchtfleisch der gelben, birnenförmigen und orangefarbenen Frucht.

Malagettapfeffer ist scharf und pfeffrig, früher wurde er viel benutzt als Pfefferersatz. Zusammen mit Ingwer und Zimt diente er auch zur Herstellung eines Würzweines, der unter dem Namen Hippokras bekannt war. Auch heute noch wird er hauptsächlich zu Kurmitteln auf Weinbasis verwendet.

Im Handel findet man das Gewürz gewöhnlich nicht; wer sich jedoch für alte Rezepte interessiert, wird es vielleicht in der einen oder anderen Drogerie auftreiben können.

Malz

ENGL: Malt
FR: Malt
IT: Malto
SP: Malta

Aus jeder Körnerfrucht kann man Malz herstellen, gewöhnlich wird jedoch Gerste verwendet. Das Korn wird in Wasser eingeweicht, bis es zu keimen beginnt; die »Blattfeder« muß so lang werden wie das Korn. Durch Erhitzen (»darren«) wird das Keimen unterbrochen; je höher die Temperatur, desto dunkler wird das Malz. Das Darrmalz wird nun zerkleinert und mit warmem Wasser verrührt. Während des Keimprozesses ist ein Enzym entstanden, die Diastase, das die Getreidestärke zu einer Mischung aus Dextrin und Malzzucker verwandelt; die Brauer nennen sie »Würze«. Zu Küchenzwecken kauft man am besten fertigen Malzextrakt, eine klebrige braune Substanz, die aus »Würze« durch Filtern und Eindampfen gewonnen wird.

Malzextrakt enthält Malzzucker, der nur ein Drittel so süß ist wie normaler Rohrzucker; er gärt leicht und zieht Feuchtigkeit an. Aus diesem Grund eignet er sich nicht nur zur Herstellung von selbstgemachtem Bier (am besten mit Hopfen gewürzt), sondern auch zum Backen von braunem Brot. Er fördert die Tätigkeit der Hefebakterien und verhindert, daß das Brot so schnell austrocknet wie sonst. Doch Malzextrakt enthält nicht nur Zucker, er hat auch einen ausgesprochenen Eigenschmack, den er, in entsprechenden Mengen benutzt, Kuchen und Brot vermittelt.

Malzkaffee entsteht durch Rösten gemälzter Gerste. Er ist ein wohlbekanntes Ersatzmittel für Kaffee in Notzeiten. Da er Nährstoffe enthält und frei von Stimulantien ist, wird er als Getränk für Kinder und Kranke geschätzt.

Malzessig wird aus vergorener Maische hergestellt.

Mandel

ENGL: Almond
FR: Amande
IT: Mandorla
SP: Almendra
BOT: Prunus amygdalus (Amygdalus communis)
FAM: Rosaceae

Süßmandel
ENGL: Sweet Almond
FR: Amande douce
IT: Mandorla
SP: Almendra dulce
BOT: Prunus amygdalus, var. dulcis

Bittermandel
ENGL: Bitter Almond
FR: Amende amère
IW: Mandorla
SP: Almendra amarga
BOT: Prunus amygdalus, var. amara

Cuddapah-Mandel (Chironji-Nüsse)
BOT: Buchanania lanzan, Buchanania latifolia
FAM: Anacardiaceae

Die Mandel ist der Samen eines Baumes, der dem Pfirsich verwandt ist; die Früchte sehen fast aus wie kleine grüne Pfirsiche. Der Mandelbaum ist im östlichen Mittelmeer beheimatet, wird aber schon seit vielen Jahrhunderten in Südeuropa und im Mittleren Osten kultiviert. Heute findet man ihn in fast allen warmen Klimazonen, aber Spanien und Italien sind die Hauptlieferanten. Das Fruchtfleisch, das die Nuß umgibt, ist im reifen Zustand nicht eßbar, denn es ist zäh und faserig. Unreif jedoch und mit noch weichem Stein gelten sie mancherorts als Delikatesse. Im Frühsommer kann man sie rund um das Mittelmeer überall bekommen. Es gibt viele Abarten wie z.B. Jordan-Mandel, Valencia-Mandel, doch unterscheiden sie sich nur hinsichtlich Form und Größe voneinander. Für unsere Zwecke ist nur der fundamentale Unterschied zwischen Süßmandel und Bittermandel wichtig.

SÜSSMANDELN sind ein sehr feines Würzmittel. In der Küche des frühen europäischen Mittelalters war Mandelmilch sehr gebräuchlich. Im Fernen Osten werden viele delikate Süßspeisen mit Süßmandeln oder der tropischen Cuddapah-Mandel zubereitet, z.B. die berühmten »Schwimmenden Mandeln« Chinas. Sie sind auch eine wichtige Zutat für eine Reihe von Suppen, Fisch- oder Fleischgerichten und werden entweder ganz, gemahlen, in Scheiben geschnitten, frisch, geröstet (dabei ändert sich das Aroma) oder gebraten beigefügt. Besonders häufig ist die Verwendung von Mandeln in Gerichten arabischen Ursprungs, aber auch in der spanischen Küche (z.B. geröstet für Romesco-Soße) wie in den milden Formen des Curry und Pilaw in Nordwestindien, Pakistan und Kashmir. Auch die Levante macht regen Gebrauch davon; Huhn, gefüllt mit einer leicht gewürzten Mischung aus Reis und Mandeln, ist ein bevorzugtes Gericht des Nahen und Mittleren Ostens. In den Vereinigten Staaten schließlich bereitet man Fisch und Schalentiere gern mit Süßmandeln zu.

Will man gemahlene Mandeln benutzen, so ist es besser, sie selber in der Mandelmühle zu zerkleinern, denn das Mandelmehl, das es zu kaufen gibt, ist oft mit billigem Nußmehl verfälscht und mit einer Spur Bittermandeln versetzt. Bittermandeln jedoch ruinieren den Geschmack eines jeden Gerichts, für das Süßmandeln vorgeschrieben sind.

BITTERMANDELN haben einen völlig anderen Geschmack, der dem der Süßmandeln in keiner Weise ähnlich ist. Den gleichen kräftigen Geschmack weisen auch die Kerne von Pflaume, Pfirsich, Kirsche und anderen verwandten Steinobstsorten auf; er findet sich auch in den Blättern des Pfirsichs und des Kirschlorbeers *(Pru-*

nus laurocerasus). Bittermandelessenzen von sehr verschiedenem Wert sind im Handel, ebenso Liköre, die aus Bittermandeln oder den erwähnten Fruchtkernen hergestellt sind.

Der Geschmack der Bittermandel entwickelt sich erst, wenn das Nußfleisch mit Wasser in Berührung kommt. Ein Enzym bewirkt dann eine Reaktion zwischen dem Wasser und dem Glycosid Amygdalin (eine bittere Substanz, die dem Zucker verwandt ist), und es entstehen zwei Stoffe, die vorher nicht vorhanden waren: Bittermandelöl und Blausäure. Beide riechen etwa gleich, doch die Blausäure ist ein überaus gefährliches Gift; ihr Anteil beträgt etwa 2 bis 4 Prozent der Masse. Glücklicherweise ist Blausäure sehr flüchtig und vergeht beim Erhitzen. Bittermandeln sollten deshalb niemals roh gegessen werden, insbesondere nicht von Kindern. Schon kleine Mengen sind gesundheitsschädlich.

Die Bittermandel wird in Süßspeisen, Biskuits und Kuchen verwendet, ebenso bei der Herstellung des berühmten »Lübecker Marzipans«. Den Geschmack von Pflaumen und Kirschen, die das Bittermandelaroma bereits im Kern mitbekommen haben, kann man intensivieren, indem man einige Kerne knackt und den Inhalt vor dem Kochen zugibt. Zu Fleisch werden Bittermandeln seltener gebraucht. Zwar schmeckt gebratenes Schweinefleisch oder Huhn mit Bittermandeln sehr gut, doch ist die richtige Abstimmung schwierig und verlangt eigentlich die Sensibilität eines chinesischen Kochs. Gelingt es aber, dann ist es köstlich.

Außer Bittermandelöl gibt es auch Süßmandelöl; das ist kein ätherisches Öl oder Würzöl, sondern ein fettes Öl, das hauptsächlich in Konditoreien benutzt wird. Es kann sowohl von Süßmandeln wie von Bittermandeln gepreßt werden, meist stammt es von Bittermandeln. In jedem Falle aber hat es ein mildes, nussiges Aroma, ist süß und keineswegs bitter. Wenn man jedoch nach dem Pressen die Rückstände mit Wasser mischt, entwickelt sich der Bittermandelgeschmack. Durch Destillieren gewinnt man daraus Bittermandelöl, die Grundlage einer guten Mandelessenz. Bittermandelöl kann auch synthetisch hergestellt werden und dient in alkoholischer Lösung als Backaroma.

Röstet man Bittermandeln, werden die Enzyme zerstört, und der typische Geschmack entwickelt sich nicht. Kleinere Süßmandeln enthalten manchmal geringe Mengen an Bitteraroma, das zu wissen ist für einen Koch ganz nützlich.

TROPISCHE MANDELN (Katappenbaum, Java-, Malysia-, Malabar-Mandel usw). Echte Mandeln wachsen nicht in den Tropen; man ersetzt sie dort durch entsprechende Nüsse, die einigermaßen ähnlich sind. Unter ihrem angestammten Namen erscheinen sie dann in Büchern über die Kochkunst in Indien, Malaysia, Vietnam oder den ehemaligen Kolonialländern. So ist Badam der gebräuchliche Name einer »Mandel« in Indien und dem Fernen Osten, die französische Bezeichnung ist *Badamier*.

CUDDAPAH-MANDELN oder CHIRONJI-NÜSSE werden häufig in indischen Kochbüchern erwähnt. Man kann sie in jedem Fall durch Süßmandeln ersetzen.

Mango

Anderer Name: Mangopflaume

ENGL: Mango
FR: Mangue
IT: Mango
SP: Mango, Manguey
BOT: Mangifera indica
FAM: Anacardiaceae

Mango ist eine der ältesten Tropenfrüchte, seit sechstausend Jahren wird sie kultiviert. Sie stammt aus Indien (wo es immer noch die besten gibt), wird aber heute in fast allen Tropenländern angebaut. Es gibt viele Sorten. Die schlechteste bringt kleine, faserige Früchte mit starkem Terpentingeschmack hervor; die beste hat schönes festes, doch schmelzendes Fruchtfleisch und einen ganz hervorragenden säuerlich-süßen Geschmack. Viele halten sie für die beste Frucht der Welt.

(Mango sollte nicht verwechselt werden mit Mangostin, der Frucht des Mangostanbaums aus Malaysia, die ebenfalls den Anspruch erhebt, die beste Frucht der Welt zu sein, Mangroven wiederum sind Bäume und Büsche in tropischen Sümpfen . . .)

Der Mangobaum ist groß und ausladend, die dunkelgrünen Blätter spenden viel Schatten. Indische Mangohaine sind kühl und voller Vögel; Vogelfreunde und Mangoliebhaber kommen hier gleichweise auf ihre Kosten. Die Früchte sind zwar je nach Sorte unterschiedlich groß, doch wiegen drei Stück normalerweise nicht mehr als ein Pfund. Ihr Umriß ist oval, die dünne Haut weich, aber doch fest, die Farbe kann zwischen Dunkelgrün, Gelb und Rot liegen. Die Farbe des Fruchtfleisches kann variieren von Gelb bis zu der von eingemachten Pfirsichen; der Stein ist groß und flach und läßt sich nicht leicht lösen. Mangos müssen vollreif sein.

Die reife Frucht wird in Indien zu Erfrischungsgetränken, Mus, Gelee und Eiscreme benutzt. Es gibt Mangos in Büchsen und den Saft in Flaschen zu kaufen, doch leider hat keines dieser Produkte im Geschmack viel Ähnlichkeit mit der frischen Frucht. Auch kann man das getrocknete, klebrige Fruchtfleisch kaufen; es wird aus reifen Früchten hergestellt, ist süß und schmeckt andersartig.

Unreife oder grüne Mangos (sie stammen gewöhnlich von überreich tragenden, nicht veredelten Sorten) sind eine wichtige Würzzutat für Curries, Chutneys und Pickles. Sie schmecken sauer und adstringierend und haben ein harziges Aroma. Unreife Mangos, in Scheiben geschnitten und getrocknet – sie sind ledrig und weiß oder keksfarben –, kann man in indischen Gewürzläden kaufen. Sie sind auch als Pulver erhältlich, das *amchoor* oder *amchur* heißt (von *am* oder *aam*, dem gebräuchlichen Hinduwort für Mango). *Amchoor* wird häufig als säuernde und würzende Zutat zu vegetarischen Curries verwendet. Einige fernöstliche Gerichte schreiben auch die getrocknete Steinnuß vor; die Blüten werden in Siam gegessen, die zarten Blätter auf Java.

Viele Menschen schwärmen für süßes Mangochutney, eine speziell englische Vorliebe, die Ende des vorigen Jahrhunderts aufkam. Doch die Inder scheinen die trocknen Pickles vorzuziehen, die aus gesalzenen grünen Mangos bereitet werden. Ob scharf gewürzt oder mild, diese Pickles sind unvergleichlich, und das in einem Land, das für seine Pickles berühmt ist, von den *avkhai* des Andrah, deren Schärfe über Monate in vergrabenen Krügen reifte, bis zur »Knospenfrucht« des tiefen Südens, die im Geschmack der Olive näherkommen als anderen Mangos.

Maniok

Anderer Name: Brotwurzel

ENGL: Cassava, Bitter Cassava, Cassareep
FR: Cassave, Manioc
IT: Cassava
SP: Canabe
BOT: Manihot esculenta (Manihot utilissima)
FAM: Euphorbiaceae
Zeichnung 2, Nr. 4, Seite 40

Der Maniokstrauch oder die Cassavapflanze (auch Manioka, Manihot, Yuca, Yucca und in Peru Jucca genannt) stammt aus Südamerika und ist in den meisten tropischen und subtropischen Gebieten eine wichtige Nährpflanze, besonders in Südamerika und Westafrika. Die perennierende Pflanze wird etwa 3 m hoch und sieht aus wie ein kleiner Baum. Die Wurzeln enden in großen Knollen, die eßbar sind. Das Fertigprodukt kennen wir als Tapiokamehl. Zwischen hundert und zweihundert Varietäten sind bekannt, doch gibt es nur zwei Haupttypen: süß und bitter. Die Wurzeln aller Maniokas enthalten Blausäure, den äußerst giftigen Bestandteil der Bittermandeln. Doch Blausäure ist glücklicherweise flüchtig und kann durch Kochen ausgetrieben werden.

Die Wurzelknollen der süßen und weniger giftigen Maniokas kann man gekocht essen; meist werden sie aber wie die Knollen der giftigeren bitteren Sorten zuerst zerrieben und dann der Saft ausgedrückt. Der feste Rückstand wird dann zu Fladen verbacken, die Cassava-Brot heißen; der giftige, milchige Saft wird durch Kochen eingedickt. Dieser sirupartige Stoff ist eßbar und wird zusammen mit Gewürzen in einigen westindischen Gerichten verwendet, insbesondere zum Westindischen Pfeffertopf.

Mannstreu

Anderer Name: Stranddistel

ENGL: Sea Holly, Eringo
FR: Panicaut, Panicaut maritime
IT: Erba S. Pietro
SP: Cardo corredor, Eringe
BOT: Eryngium maritimum
FAM: Umbelliferae

Diese ziemlich seltsam aussehende, stachelige Pflanze wächst auf sandigem oder steinigem Boden dicht am Meer in England und anderen Teilen Europas. Sie ist weiß bereift, und ihre blauen Blütenköpfe sehen nicht so aus, als ob sie zur gleichen Familie gehöre wie die Petersilie. Man braucht schon einige Botanikkenntnisse, um zu erkennen, warum sie so klassifiziert wird. Mannstreu war in vergangenen Zeiten ein recht wichtiges Gewürz, doch heute wird sie kaum noch erwähnt. Die Wurzeln wurden ausgezogen und blanchiert, dann getrocknet oder kandiert. Mannstreu wurde früher angebaut; man verkaufte es als Würze für Gelees, Zuckerwerk und Süßspeisen. Heutzutage müßte man sie schon selbst ausgraben und verarbeiten. Der italienische Name wird auch für andere Pflanzen gebraucht.

Mastix

ENGL: Mastic, Lentisk, Mastich
FR: Mastic
IT: Lentischio, Mastice
SP: Almáciga, Lentisco
BOT: Pistacia-Arten
FAM: Anacardiaceae

Mastix ist eine harzige Substanz, die gewöhnlich in Form von »Tränen« verkauft wird. Er ist Bestandteil von Firnissen und Lakken und entsteht bei Rindenverletzung von Bäumen der *Pistacia*-Familie. Eines dieser Familienmitglieder ist der Mastixbaum *(Pistacia lentiscus)*, eigentlich ein unregelmäßig geformter Busch mit dichten Trauben roter Beeren; im mittelmeerischen Hügelland ist er sehr häufig und geradezu charakteristisch. Er dient als Unterlage bei der Zucht von Pistazienbäumen *(Pistacia vera)*. In den östlichen Mittelmeerländern wird das Mastixharz wie Kaugummi gekaut. Eine Abart *(Pistacia lentiscus Chia* oder *Latifolia)* wächst nur auf der griechischen Insel Chios; von dort stammt ein spezieller Mastix, der zum Würzen von Brot und Feingebäck benutzt wird. Der griechische Likör *Mastiha* wird ebenfalls auf der Basis von Chios-Mastix hergestellt (siehe auch Harz).

Meerfenchel

ENGL: Samphire, Peter's Cress, Rock Samphire, Sea Fennel
FR: Bacil, Fenouil de mer, Perce-pierres
IT: Critmo, Finocchio di mare
SP: Hinojo marino
BOT: Crithmum maritimum
FAM: Umbelliferae

Der Meerfenchel ist ein Doldenblütler mit grünlichgelben Blüten. Man kann ihn an seinen dicken, saftigen Blättern mit ihrem charakteristischen starken Geruch sofort erkennen. Er wächst an Meeresküsten (in England kommt er nur stellenweise vor, obwohl er gelegentlich auf Märkten angeboten wird), aber an den südeuropäischen Atlantikküsten, in den meisten Mittelmeerländern und auf der Krim ist er weit verbreitet. Meerfenchel hat einen sehr kräftigen aromatischen und salzigen Geschmack (mich erinnert er immer an eine Mischung von Sellerie und Petroleum, aber ich bin überzeugt, daß dies nur meine ganz persönliche Empfindung ist). In England wird er gewöhnlich sauer eingelegt (man kennt Fälle, daß Menschen durch Meerfenchel vergiftet wurden, der in Kupfergefäßen eingelegt war). Eingelegter Meerfenchel wird heute noch auf südeuropäischen Märkten verkauft, etwa neben Olivenkrügen auf den Märkten von Mallorca. Meerfenchel ist ein ziemlich aufdringliches Pickle, und die meisten Menschen bekommen ihn bald satt, auch wenn sie ihn anfänglich ganz gern mochten. Manchmal verwendet man die Pflanze auch frisch als Salat, auch in Butter gedünstet als Gemüse oder zur Verzierung. Man sollte den Meerfenchel nicht mit dem sogenannten *»golden samphire« (Inula crithmoides)* verwechseln, der ein naher Verwandter des echten Alant ist *(Inula helenium)*.

Meerrettich

Anderer Name: Kren (Süddeutschland und Österreich)

ENGL: Horseradish
FR: Cran, Raifort
IT: Kren, Rafano
SP: Rábano rústico, Rábano picante
BOT: Armoracia rusticana (Armoracia lapathifolia)
FAM: Cruciferae
Zeichnung 10, Nr. 4, Seite 124

Die Pflanze hat schon viele wissenschaftliche Namen getragen, etwa *Amoracia lapathifolia, Cochlearia armoracia* (danach würde sie zu den Löffelkräutern gehören) oder *Radicula armoracia* und *Rorippa armoracia* (danach würde sie zu den Kressen gehören). Um die Verwirrung voll zu machen, wird von einigen Autoritäten behauptet, Meerrettich sei von den Griechen schon tausend Jahre oder noch länger vor Christi Geburt benutzt worden und in England bereits vor der Römerherrschaft bekannt gewesen. Aber de Candolle (1806–1893) reiht ihn in seinem Buch »L'origine des plantes cultivées« unter die Arten ein, die seit weniger als zweitausend Jahren angebaut werden. Mein Buch aus der zweiten Auflage von Gerards »Herbal« (1663) besagt, daß Meerrettich damals in England als Würze bekannt war, er werde jedoch »in Deutschland« benutzt. Die Engländer zogen Senf vor.

Der Meerrettich stammt aus Osteuropa, wird jedoch in allen nördlichen Ländern angebaut, besonders in Nordosteuropa. Die Pflanze ist zählebig und kann, wenn sie sich einmal angesiedelt hat, nur schwer wieder ausgerottet werden. In vielen Gegenden Europas ist sie daher als Gartenflüchter verwildert anzutreffen. In Südeuropa wird Meeerrettich wenig benutzt, in Italien z. B. nur bis zur Linie Turin–Venedig, südlich davon kaum noch.

Die Pflanze wächst in fast jedem Boden, nasser Tonboden ausgenommen; will man jedoch brauchbare Wurzeln erzielen, so ist ein gut gedüngter, nicht zu schwerer, gut gepflegter Gartenboden und sonnige Lage erforderlich. Die Vermehrung geschieht durch Wurzelstücke mit oder ohne Knospe. Im Herbst nimmt man die

1
2
3
4
5
6
7

Wurzeln am besten heraus und lagert sie in feuchtem Sand.

Meerrettich hat große, ampferähnliche grüne Blätter, die sich jung gut zu Salat eignen, doch gewöhnlich verwendet man nur die dicke weiße Wurzel. Man reinigt sie zunächst von der anhaftenden Erde und entfernt verfärbte Stellen. Das äußere Fleisch ist am schärfsten, das Herz weniger. Die Wurzeln werden dann gerieben, geraspelt oder auch mit einem scharfen Messer feingeschnitten. Sind die Wurzeln klein und krumm, ist das keine angenehme Sache.

Zeichnung 9
1 Estragon
2 Pyrethrum
3 Eberries
4 Geranie
5 Eisenkraut
6 Verbene
7 Beinwell

Meerrettich schmeckt höllisch scharf und »brennt in der Nase«. Kein Wunder, denn er enthält ähnliche ätherische und daher flüchtige Öle wie der Senf, die wie bei diesem durch ein Enzym freigesetzt werden (siehe Senf). Kocht man Meerrettich, so kann das Enzym nicht wirken, es entwickelt sich also keine Schärfe; es ist daher sinnlos, Meerrettich heißen Gerichten zuzugeben, die flüchtigen Öle werden ausgetrieben. Geriebenen Meerrettisch sollte man rasch verbrauchen, denn er verliert schnell an Wert.

Man benutzt ihn zu kurzgebratenem Fleisch ohne Zusätze, vermischt mit geriebenen Äpfeln als Beilage zu Fisch; mit Majonnaise zu Fisch und Geflügelsalat, Tomaten oder Eiern und auch zu aufwendigeren Gerichten. Meerrettichsoßen stammen wahrscheinlich aus Deutschland, gehören aber schon so lange zum Küchenrepertoire Skandinaviens, Englands und Nordfrankreichs, daß man sie als eingebürgert ansehen kann. Die Rezepte schreiben gewöhnlich, aber nicht immer, Essig und Sahne vor; manchmal basieren sie auch auf Bratensoße, Eigelb und Öl sowie hartgekochtem Eigelb oder auch weißer Soße. Gelegentlich werden diese Soßen sanft gekocht oder nur gewärmt, meist aber werden sie kalt angerührt. In Frankreich, wo man Sahne und Zitronensaft dazu nimmt, sind sie wohl am besten. In Amerika gibt es Rezepte für geeiste Meerrettichsoßen und Tunken.

Meerrettich paßt gut zu Roastbeef und zu Fisch, besonders zu Süßwasserfisch und geräuchertem Fisch, aber auch zu gekochtem Huhn und Wildgeflügel und hartgekochten Eiern. Durch Mazerieren kann man Meerrettichessig herstellen, und es gibt auch ein altes englisches Rezept für eingelegten Meerrettich: Die Wurzelstücke werden in Essig konserviert. In Scheiben geschnitten läßt er sich auch in einem schwachwarmen Backofen trocknen; man kann ihn dann zerstoßen und in einer Flasche aufbewahren. Es gibt jedoch guten getrockneten Meerrettich, besonders aus Schweden und den Vereinigten Staaten. Er bleibt scharf und ist besser als die fertigen Soßen in Flaschen. In Deutschland gibt es guten geriebenen Meerrettich in Flaschen zu kaufen; der beste stammt aus dem Bayerischen Wald.

Meerrettichbaum

Andere Namen: Behennußbaum, Ölmoringie

Der kleine Baum hat wohlriechende weiße Blüten und wächst wild in den Wäldern des westlichen Himalaya. In Indien und Südostasien wird er häufig kultiviert, in geringerem Maße auch in den Südstaaten der USA. Verwildert kommt er auf den Karibischen

ENGL: Horseradish Tree, Ben Tree, Drumstick
BOT: Moringa pterygosperma
FAM: Moringaceae
Zeichnung 3, Nr. 5, Seite 48

Inseln vor. Gewerblich wird er meist zur Gewinnung der Behennüsse angebaut, aus denen Öl gewonnen wird.

Den englischen Namen »Drumstick« (Trommelstock) erhielt er wegen seiner Samenhülsen, sie werden bis zu 50 cm lang und haben neun Rippen. Die Hülsen sind ziemlich faserig, kocht man sie jedoch, so schmecken sie fleischig und sind charakteristisch für indische Gemüsecurries. Auch die kleinen Blätter werden zu Curries benutzt oder dienen, zusammen mit grünen Mangos und Zwiebeln zerstampft, als Würze für Chutney. Den Namen Meerrettichbaum erhielt er, weil die Wurzel tatsächlich so scharf wie Meerrettich ist und gelegentlich als Würze Verwendung findet.

Milchsäure

Obgleich wir sie nie in reiner Form als Würze benutzen, ist uns der Geschmack der Milchsäure von der Sauermilch her vertraut. 1857 entdeckte Pasteur, daß Bakterien das Säuern der Milch verursachen; inzwischen hat man eine Unzahl von Bakterien isoliert, die das gleiche leisten können. Sie sind praktisch überall vorhanden, also auch auf jedem nicht sterilisierten Küchengerät.

Milchsäurebakterien bauen einfachen Zucker in der gleichen Weise um wie Hefe, doch da ihnen ein Enzym fehlt (nämlich Karboxyglase), das in Hefe vorhanden ist, ist das Endprodukt nicht Alkohol, sondern Milchsäure. Einige dieser Organismen wandeln 95 Prozent des vergärbaren Zuckers in Milchsäure um; andere bilden eine Mischung aus Milchsäure und Essigsäure oder ähnlichen flüchtigen organischen Säuren, die für den Geschmack entscheidend sind.

Sauermilchprodukte sind so bedeutend, daß sie eine eigene Gruppe bilden. Milchsäuregärung beschert uns das Sauerkraut und die sauren Gurken und gibt anderem Eingemachten und Pickles den Geschmack.

Zur Bereitung von Sauerkraut wird Weißkohl mit Hilfe eines »Hobels« feingeschnitten und mit 2 bis 3 Prozent Salz vermischt. Der Kohl wird lagenweise in ein Faß gepackt, jede Lage mit Salz bestreut und durch Gewichte beschwert. Die Flüssigkeit, die sich bald durch Osmose bildet, muß immer höher stehen als das Kraut, dann sind die Entwicklungsbedingungen günstig für eine Serie von Bakterien, die die Milchsäure erzeugen. Sie wird nur 2 bis 2 1/2 Prozent stark, genügt aber, um den Kohl zu konservieren. Bei Gurken wirken die Bakterien auf ähnliche Weise. Das alles klingt schwieriger, als es tatsächlich ist, es sind ja in manchen Ländern bäuerliche Alltagsarbeiten.

Da durch die Gärung der Zuckergehalt des Sauerkrauts fast völlig oder ganz verbraucht wird, ist es ein ideales Gemüse für die Schlankheitskur. Milchsäure wirkt auch günstig auf die Verdauung ein und zerstört oder lähmt allerlei Bakterien, die Magen- und Darmbeschwerden oder Krankheiten hervorrufen.

Es gibt viele Minzearten, die meisten stammen aus den gemäßigten Zonen der Alten Welt, insbesondere aus dem Mittelmeerraum und aus Westasien. Die Klassifizierung ist schwierig, weil die Minzen sich leicht miteinander kreuzen oder Hybriden bilden. Das ergibt allerlei Verwirrung – schon die wohlbekannte Pfefferminze ist ein Hybrid und keine selbständige Art.

Im Aroma unterscheiden sich die Minzen erheblich, je nach Boden und Klima.

Folgende Minzen wachsen in Europa wild:

WASSER- oder BACHMINZE. Sie ist wahrscheinlich am weitesten verbreitet und liebt einen sehr feuchten Standort. Für den Küchengebrauch ist das Aroma nicht gut genug. Durch Kreuzung mit der Grünen Minze entstand aus ihr die Pfefferminze, die auch wild vorkommt.

ACKERMINZE. Auch sie ist weit verbreitet, liebt aber einen trockneren Standort, z.B. Kornfelder oder Wegränder. Weder diese Art noch ihre Kreuzung mit der Wasserminze ist in der Küche verwendbar.

PFERDEMINZE (Roßminze) kommt auf dem Festland und in Britannien nur an einigen Stellen vor. Wahrscheinlich ist sie identisch mit der biblischen Minze; sie wird im Osten angebaut.

RUNDBLÄTTRIGE MINZE. Die Wildform ist ziemlich selten. Kultivierte Varietäten sind als Apfelminze, Ananasminze usw. bekannt. Sie sind wohl die besten für den Küchengebrauch.

GRÜNE MINZE oder Grüne Roßminze. Sie stammt aus dem Mittelmeerraum und ist in England ein weitverbreiteter Gartenflüchtling. Wahrscheinlich kam sie durch die Römer zu uns. Für den Hausgebrauch und für gewerbliche Zwecke wird diese Sorte am meisten angebaut. Es gibt viele Abarten, die sich hinsichtlich der Farbe der Blätter und Stengel, der Behaarung, der Blattform und des Aromas unterscheiden. Es gibt auch sehr hübsche krausblättrige Formen.

PFEFFERMINZE. Sie wird häufig als eigene Art aufgeführt, doch weiß man längst, daß sie ein Bastard aus Wasserminze und Grüner Minze ist. Es gibt Kultursorten, etwa die schwarze Pfefferminze mit dunklen Stengeln und die weiße Pfefferminze mit grünen Stengeln. Letztere soll das bessere Aroma haben, doch Klima und Boden sind da von erheblicher Bedeutung.

Als Kraut wird die Pfefferminze zum Kochen kaum benutzt. Als Ausnahme von der allgemeinen Regel gilt hier, daß ein feines Pfefferminzöl besser ist als die frische Pflanze. Gelegentlich braucht man Pfefferminzaroma zu Süßspeisen, am meisten verwendet man es jedoch zu Süßwaren und Bonbons. Pfefferminzcreme sollte man zu Hause selbst bereiten, er ist die Mühe wert, wenn man das beste Pfefferminzöl benutzt, das man bekommen kann. Dann merkt man erst, wie miserabel z.B. Pfefferminzbonbons sind. Pfefferminzöl enthält Menthol, das eine leicht betäubende Wirkung hat und im Mund das Kältegefühl hervorruft.

Es gibt zahlreiche Pfefferminzliköre, *Crème de menthe* ist einer der bekanntesten; einige davon sind grün gefärbt, andere weiß.

Minze

ENGL: Mint
FR: Menthe
IT: Menta
SP: Hierbabuenas, Mentas
BOT: Mentha
FAM: Labiatae

Wasserminze (Bachminze)
ENGL: Water Mint
FR: Menthe aquatique
IT: Menta d'acqua
SP: Hierbabuena acuática
BOT: Mentha aquatica

Ackerminze
ENGL: Corn oder Field Mint
FR: Baume des champs
IT: Menta salvadega, Mentaster
SP: Menta arvense
BOT: Mentha arvensis

Pferdeminze (Roßminze)
ENGL: Horse Mint
BOT: Mentha longifolia

Rundblättrige Minze
ENGL: Round-leaved Mint
FR: Menthe rotondefeuillée
IT: Menta selvatica
SP: Matapulgas
BOT: Mentha rotundifolia

Grüne Minze (Grüne Roßminze)
ENGL: Spearmint
FR: Baume vert, Menthe verte
IT: Mentastro verde
SP: Hierbabuena punitaguda, Menta verde
BOT: Mentha spicata (Mentha viridis)
Zeichnung 15, Nr. 2, Seite 192

Pfefferminze (Edelminze)
ENGL: Peppermint
FR: Menthe anglaise
IT: Menta pepe, Menta peperina
SP: Hierbabuena, Menta, Piperita
BOT: Mentha piperita
Zeichnung 15, Nr. 3, Seite 192

Orangenminze
ENGL: Eau de Cologne Mint
BOT: Mentha citrata
Zeichnung 15, Nr. 1, Seite 192

Orangenminze (Lavendelminze, Bergamottminze). Auch diese Sorte wird häufig in Gärten gezogen. Sie hat einen kräftigen Wohlgeruch, ähnlich wie Orangenblüte, der jedoch nicht allen Leuten gefällt. Sie wird manchmal in Drinks verwendet.

Die Minzsorte, die für den eigenen Garten geeignet ist, ermittelt man am besten durch Ausprobieren, wobei man möglichst eine Gewürzgärtnerei zu Rate zieht. Da die Minzen sehr verschieden in ihrer Qualität sind, muß man also die Sorte ausfindig machen, die für den betreffenden Boden und das Klima am geeignetsten ist. Das feinste Aroma hat nicht die am meisten angebaute Grüne Minze, sondern die große Rundblättrige Minze, z.B. die Apfelminze. Die wollige Textur der Blätter ist nach dem Kleinschneiden nicht mehr spürbar.

Minzen sind perennierende Pflanzen, doch Stengel und Blattwerk vergehen im Winter. Sie lieben Teilschatten und viel Feuchtigkeit. Die Pflanzung erfolgt im frühen Frühjahr; man legt die Wurzelstücke 5 cm tief mit etwa 5 cm Abstand. Beginnt die Pflanze im Herbst zu welken, schneidet man das Blattwerk am besten ab und mulcht mit verrottetem Stallmist. Minzen werden oft von Rost befallen, und gerade die Sorten sind besonders gefährdet, die sich am besten für die Küche eignen. Die beste Lösung ist, die befallenen Pflanzen zu verbrennen und mit gesunden Wurzelteilen in einer anderen Ecke des Gartens neu zu beginnen.

Winteranbau im Treibhaus ist möglich, man bekommt sie daher gelegentlich außerhalb der Saison. Minze kann auch getrocknet werden (am schnellsten in einem handwarmen Backofen), sie ist auch getrocknet erhältlich, doch das Aroma ist weniger gut. Sie eignet sich auch zum Tieffrieren. Gut gesalzene konzentrierte Minzsoße, in eine Flasche gefüllt, hält sich im Kühlschrank fast unendlich lang.

Seit dem Altertum wird die Minze als Würze benutzt. Die Römer brachten die Grüne Minze zu uns und nach England auch die »Mint-sauce«. Für die englische Küche ist Minze die meist benutzte Sommerwürze; man nimmt sie zu neuen Kartoffeln und grünen Erbsen, aber auch als »Mint-sauce« zu Lamm und Hammel. Zu letzterem gehört sie in England so fest wie Castor zu Pollux. Man sagt, die Franzosen verachteten »Mint-sauce« (aber nach meiner Erfahrung hat sie kaum einer je probiert), doch sie paßt tatsächlich vorzüglich zu fettem Lamm, weniger jedoch zu den mageren Stücken, wie sie jetzt üblich sind. In früheren Zeiten war Minzgelee in England sehr populär, und einige Köche benutzen auch heute noch Minzenbutter.

In Frankreich wird die Minze wenig verwendet, kaum eines der großen klassischen Gerichte schreibt sie vor. In Spanien und Italien wird Minze etwas mehr benutzt, obgleich dort die Auswahl an anderen Kräutern groß ist und Minze nicht gut zu Knoblauch paßt. In Deutschland verwendet man sie meist nur als Tee. In allen Ländern der Levante und des Mittleren Ostens ist Minze dagegen wieder sehr beliebt, ebenso in Indien. Dort wird sie z. B. mit Kokosnuß zusammen gestoßen und bildet die Grundlage von Chutneys, die auch Zwiebeln, grünen Chilipfeffer, grüne Mangos und andere Dinge enthalten können.

Im allgemeinen verträgt Minze sich nicht gut mit anderen Kräutern, obgleich es Mischungen gibt für einige Fleischfüllungen. Sie paßt dagegen gut zu Ente und Orangen, auch zu beiden zusammen, ebenso zu Hammel, doch kaum zu anderem Fleisch. Zu einigen Gemüsen wie Kartoffeln, Erbsen, Bohnen, Linsen, Gurken, Tomaten, Auberginen, Möhren und Pilzen kann sie köstlich sein. Minze paßt zu vielen Früchten, zu Äpfeln und Stachelbeeren etwa, zu Fruchtsalaten und Fruchtgetränken, zu Eisbechern und zu Eisgetränken mit Alkohol. Außer heißem Tee läßt sich auch ein erfrischender Eistee daraus herstellen, und in Indien braut man einen heißen, milchigen Minzentee.

Minze ist vor allen Dingen ein erfrischendes Kraut für den Sommergebrauch; wer es liebt, dem seien englische Kochbücher empfohlen.

Mohn

ENGL: Poppy
FR: Coquelicot
INDISCH: Cus-cus, Khush-khusch, Khus-khus
IT: Papavero, Semi di papavero (Samen)
SP: Ababa, Adormidera, Amapola
BOT: Papaver somniferum
FAM: Papaveraceae
Zeichnung 3, Nr. 1 u. 1a, Seite 48

Viele Mohnsorten werden als Zierblumen gezogen. Obwohl man die Blätter des gewöhnlichen Feldmohns zu einem (leicht narkotischen) Spinat verarbeiten kann und ich gelegentlich die Stengel des blauen Mohns (Sp.: *Meconopsis*) gekaut habe, der ziemlich ähnlich wie Lattich schmeckt, hat lediglich der Opium-Mohn wirklich kulinarische Bedeutung.

Der Opium-Mohn stammt aus dem Mittleren Osten und war als Medizin den Ägyptern, Griechen und Römern bekannt, möglicherweise auch schon älteren Kulturen, da der Mohnanbau Persien, Indien und China um 800 v. Chr. erreichte. Opium besteht aus der Gummimilch, die aus den grünen unreifen Samenkapseln quillt, wenn man sie ritzt. Sie enthält ungefähr vierundzwanzig verschiedene Alkaloide. Die Samen und das daraus hergestellt Öl wurden zu wichtigen Nahrungsmitteln.

Der Opium-Mohn ist eine einjährige Pflanze mit großen weißen, rosaroten oder lila Blüten, die man heute auch in manchen Ländern als Gartenflüchtling findet. Opium-Mohn wird nicht nur in Indien, China und dem Mittleren Osten angebaut, sondern auch in den Balkanländern, in Deutschland, Nordfrankreich und ein wenig auch in England.

Es gibt viele Arten von Opium-Mohn und zwei ganz verschiedene Typen von Mohnsamen. Die Art, die man für gewöhnlich in Europa antrifft, sieht aus wie blaugraue Schrotkörner; der in Indien gebräuchliche Samen ist viel kleiner und cremegelb. Im Geschmack unterscheiden sie sich jedoch kaum.

In Europa und dem Mittleren Osten verwendet man den Mohn hauptsächlich bei der Herstellung von Konditoreiwaren. Der Geschmack gebackener Körner ist angenehm nußartig. Der Samen wird auf Kuchen oder Brot gestreut oder als Füllung der verschiedensten Kuchenarten verwendet. In Indien ist Mohnsamen als *khus-khus* bekannt (nicht zu verwechseln mit dem nordafrikanischen Gericht Cous-cous oder dem indischen Namen für Vetiver,

Vetiveria zizanoides, der khas-khas lautet). Mohnsamen wird auch für Curries verwendet, denen man ihn teils wegen des Geschmacks beimischt, teils um sie anzudicken. In Indien werden zum Andikken von Curries niemals stärkehaltige Mehle verwendet.

Mohnsamen ist auch ein wichtiger Öllieferant. Kalt gepreßt ergibt er ein klares Speiseöl, das in Frankreich den Namen *Olivette* trägt. Ein zweites Pressen unter Erhitzung ergibt ein rotes Öl, das später entfärbt und für Farben und industrielle Zwecke dient.

Monarde

ENGL: Bergamot
FR: Bergamote
IT: Bergamotta
SP: Bergamota
FAM: Labiatae
Zeichnung 13, Nr. 7, Seite 148

Wilde Monarde
BOT: Monarda fistulosa

Rote Monarde
BOT: Monarda didyma

Zitronenmonarde
BOT: Monarda citriodora

Die Monarden sind ein aromatisches Kraut aus der Minzefamilie und stammen aus Nordamerika. Die wilde Abart ist im südlichen Kanada und in den nördlichen Regionen der Vereinigten Staaten zu Hause. Sie wird 50 bis 70 cm hoch, die Blüten sind purpurn oder rot, die Blätter haben einen angenehmen Zitronenduft.

Die rote Monarde heißt auch scharfe Melisse oder rote Melisse, Indianerfeder oder Oswego-Tee, nach den Oswego-Indianern, die sie benutzten. Nach dem Teesturm von Boston (1773) wurde der Oswego-Tee auch von den Kolonisten getrunken. Der Halbstrauch gelangte nach Europa, wo er heute oft als Schmuckpflanze dient. Das Aroma der Monarde findet Verwendung in der Parfüm- und Likörindustrie.

Ebenfalls aus Nordamerika stammt die Zitronenmonarde; ihre aromatischen Qualitäten sind denen der wilden und roten Monarde ähnlich.

Für den Gebrauch in der Küche sind sie alle kaum von Bedeutung. Die Blätter werden gelegentlich zur Bereitung von süßen Fruchtgetränken oder Eisbechern verwendet. Man kann auch einen Tee daraus bereiten, der als Beruhigungs- und Schlafmittel gilt.

Moschus

ENGL: Musk
FR: Musc
IT: Muschio
SP: Almizclena
Zeichnung 3, Nr. 6, Seite 48

Ambrette (Ablemosch)
ENGL: Ambrette
FR: Ambrette
IT: Ambretta
SP: Abelmosco, Quimbombo
BOT: Hibiscus abelmoschus
FAM: Malvaceae

Manchmal stößt man auf exotische Gerichte wie dieses, daß von dem persischen Dichter Firdausi stammt: ». . . ein junges Kalb, gewürzt mit Rosenwasser, altem Wein und reinem Moschus.« Das klingt wie ein Rezept für eine Odaliske, doch benutzte man Rosenwasser und Moschus zur Shakespeare-Zeit auch in England und Frankreich häufig als Würze für Pasteten, Kuchen und Cremes. Moschus stammt aus der Bauchdrüse des männlichen Moschustieres, einem kleinen, hirschartigen Tier, das kein Geweih trägt, jedoch mit langen Fangzähnen bewehrt und im Himalaya und anderen asiatischen Gebirgen zu Hause ist. (Moschus wird auch von einigen anderen Tierarten gewonnen.)

Der Duft von reinem Moschus ist so stark, daß er Kopfschmerzen verursacht, und so ausdauernd, daß die herrliche Hagia Sophia in Istanbul heute noch danach riecht: Als sie vor mehr als tausend Jahren erbaut wurde, mischte man Moschus dem Mörtel bei. Der Duftstoff wird auch synthetisch erzeugt, es gibt auch einige moschusduftende Pflanzen; für die alten Rezepte sind sie nicht brauchbar.

Ambrette- oder Abelmoschus-Samen sind ein Ersatz für echten Moschus und dienen im Osten manchmal als Kaffeegewürz. Wer gegen den tierischen Moschus eine Abneigung hat, wird Ambrette als Würze vorziehen. Geschmack und Geruch werden oft als »moschusartig« beschrieben, doch tatsächlich ist der Unterschied zum echten Moschus ziemlich erheblich.

Mundgefühl

Dieser Begriff ist von Technikern geprägt worden und bezeichnet eine Reihe von Empfinden, die von Nahrungs- oder Würzmitteln hervorgerufen werden und genaugenommen weder Geschmack noch Aroma betreffen.

Das wichtigste ist die Temperatur der Speise; sie kann ein paar Grad unter dem Gefrierpunkt liegen und halbwegs bis zum Siedepunkt (etwa 50 Grad Celsius) reichen. Die Temperatur als solche ist eine ganz wesentliche Empfindung, außerdem beeinflußt sie stark die Würzkraft: Einige Dinge wirken stärker bei Hitze, andere stärker bei Kälte.

Ein wesentliches Mundgefühl ergibt sich auch aus der Beschaffenheit des Nahrungsmittels, also aus Feuchte, Trockenheit, Rauhheit, Schlüpferigkeit, Öligkeit, Biß usw. Doch so wichtig das auch ist, für dieses Buch ist es eine Sache am Rande. Andere Mundgefühle sind von größerer Bedeutung in diesem Zusammenhang, weil sie oft als Teil des Geschmacks angesehen werden: Schmerz (ausgelöst durch scharfen Senf, roten Chilipfeffer, Meerrettich, Pfeffer), Betäubung (durch Nelken und Vanille), Kältegefühl (bei Menthol und Minze) und Adstringenz oder Zusammenziehen der Mundschleimhäute (bei Alaun und Schlehen).

Muskat

Muskatnuß

engl: Nutmeg
fr: Muscade, Noix de muscade
it: Noce moscata
sp: Moscada, Nuez moscada
bot: Myristica fragrans
fam: Myristicaceae
Tafel I, Nr. 9, Seite 81
Zeichnung 19, Nr. 7, Seite 224

Die Muskatnuß wächst an einem großen immergrünen Baum, der auf einigen indonesischen Inseln und auf den Philippinen heimisch ist. Heute findet man ihn jedoch in allen Tropengebieten, insbesondere auf den Karibischen Inseln. Die reife Frucht sieht aus wie eine gelbe Pflaume; sie trocknet allmählich ein und springt dann auf. Darunter liegt die hellrote Samenhülle, die wir getrocknet als Muskatblüte kennen. Muskat muß schon im Mittelalter nach Europa gekommen sein; der englische Dichter Chaucer (gest. 1400) erwähnt ihn in einem Gedicht.

Doch erst nachdem die Portugiesen 1512 die Gewürzinseln entdeckt hatten, wurde er allgemein benutzt. Die Nachfrage war groß, und daher war Muskat eines der Gewürze, die in der gewalttätigen Folgezeit so viel Material für die Geschichtsbücher lieferten.

Muskat kann naturbelassen und dunkel oder mit einem weißen Kalküberzug versehen sein, der Schädlinge abwehren soll. Gewöhnlich setzt man ihn gerieben dem Gericht zu; in diesem Zustand verliert er allerdings schnell seine beste Würze. In der heutigen englischen Küche verwendet man Muskat zu Kuchen und Süßspeisen, er ist aber gleichfalls für Fleischgerichte von Bedeutung. Gut paßt er auch zu Wurst und anderen Fleischprodukten,

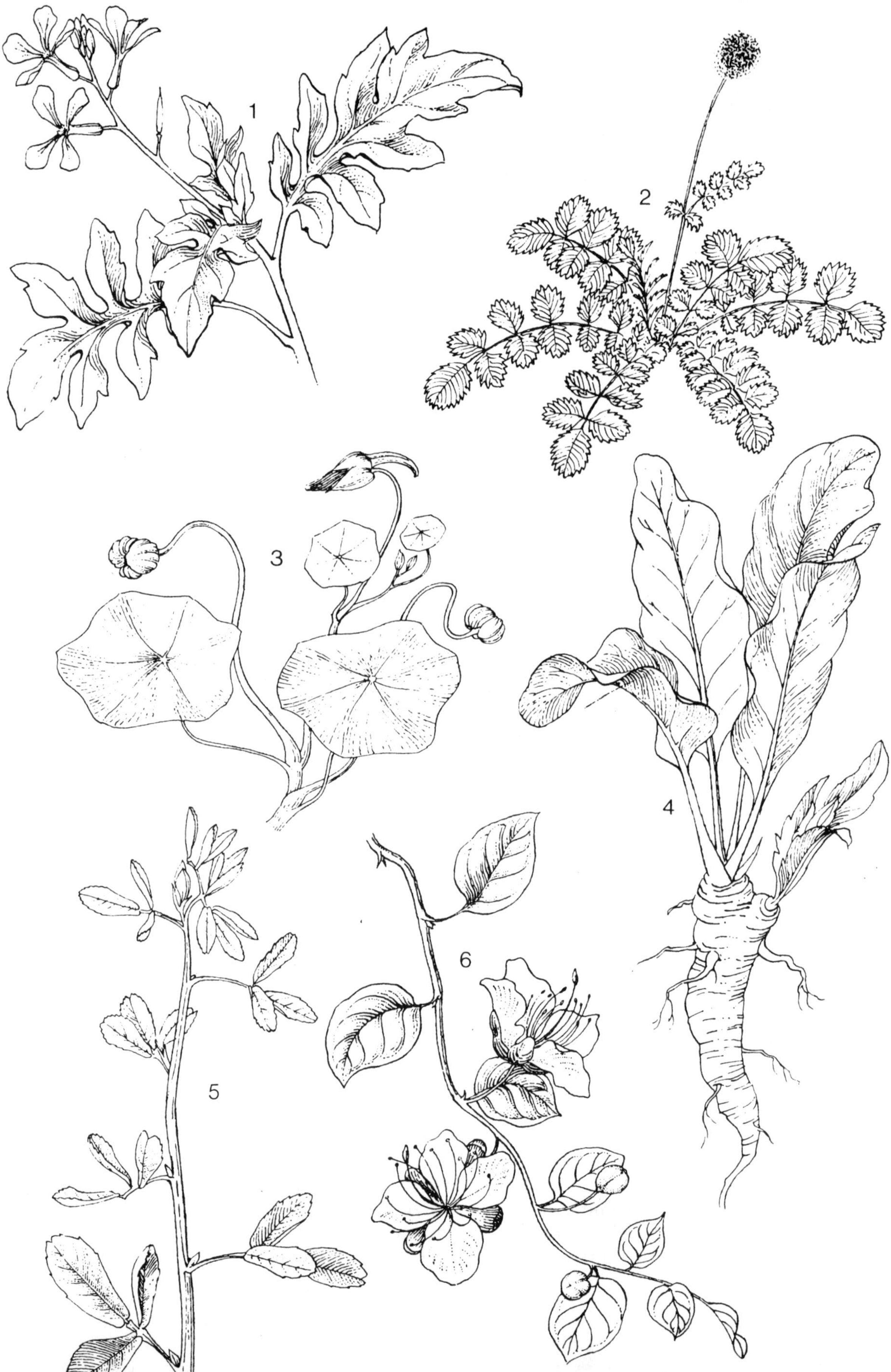
1
2
3
4
5
6

von Haggis bis zu Mortadella. In Deutschland verwendet man ihn gern zu weißen Gemüsen (eine Spur Muskat z.B. verfeinert gekochten Spargel erheblich), zu Fleischbrühen und Suppen. Er paßt auch gut zu Spinat; diese Geschmackskombination ist in Italien besonders beliebt. Ravioli-Füllungen enthalten oft Spinat und damit auch Muskat. Daß er auch gut zu Käse paßt, ist ein weiterer Grund für sein enorme Popularität in Italien. Die Länder der Levante würzen ebenfalls gern damit; wie auch Zimt verleiht er Hammelgerichten einen spezifischen Geschmack. Muskat ist auch ein wesentlicher Bestandteil der Würzgerichte des Mittleren und Fernen Ostens. Zu Curries gehört er jedoch normalerweise nicht.

Punsch und anderen Getränken, die vor dem Schlafengehen getrunken werden, fügt man gern Muskat bei wegen seiner einschläfernden Wirkung. Doch in größeren Mengen ist er giftig; Beigaben zu alkoholischen Getränken steigern deren Wirkung beträchtlich.

Zeichnung 10
1 Senfrauke
2 Pimpinelle
3 Kapuzinerkresse
4 Meerrettich
5 Bockshornklee
6 Kapernzweig mit Blüten und Früchten

Muskatblüte

ENGL: Mace
FR: Fleur de Muscade, Macis
IT: Macis
SP: Macia, Macis
BOT: Myristica fragrans
FAM: Myristicaceae
Tafel I, Nr. 13, Seite 81

Muskatblüte ist der getrocknete Samenmantel, nicht die Blüte der Muskatnuß. Wenn das Fruchtfleisch aufbricht, sieht man darunter die Muskatblüte, die als leuchtend karminrote Hülle die harte schwarze Schale des Samens – der Muskatnuß – umgibt. Sie wird abgezogen, flach gepreßt und getrocknet zu den typischen »Blättern«, die beinahe so aussehen wie getrocknete gelbbraune Algen.

Das Aroma der Muskatblüte ist dem Muskat ähnlich, doch noch feiner; dafür ist sie auch wesentlich teurer. Der Preis kann ein gewisser Anhaltspunkt für Qualität sein; minderwertige Muskatblüte ist gewöhnlich brüchig und hat weniger Würzkraft. Das Gewürz ist auch gemahlen im Handel und in dieser Form sehr brauchbar für Kuchen, Süßspeisen und einige Wurstarten. Wie alle gemahlenen Gewürze verliert es schnell sein Aroma; man sollte es daher gut verschlossen aufbewahren und immer nur kleine Mengen und dafür öfter kaufen. Weil es so teuer ist, wird es manchmal verfälscht. Man kann sich eine Essenz selber herstellen, indem man das Gewürz in einem kräftigen Trinkbranntwein mazeriert, z.B. in Wodka.

Muskatblüte ist ein beliebtes Kuchengewürz; auch zu vielen Suppen und Stews gehört ein »Blatt« Muskatblüte. In dieser Form läßt sich das Gewürz auch am besten bei solchen Dingen wie klaren Suppen, Soßen und Gelees verwenden: Das gemahlene Gewürz würde das Aussehen stören, das »Blatt« kann man herausnehmen. Einige Curryrezepte schreiben Muskatblüte vor, doch in Indien ist das Gewürz nicht gebräuchlich, es gilt als zu teuer.

Im Handel sind auch Sorten, die von Abarten des Muskats stammen, etwa Wilde Muskatblüte, Bombay- und Papua-Muskatblüte. Für den Küchengebrauch sind sie nicht gut genug.

Muskatellersalbei

ENGL: Clary, Clary Sage
FR: Orvale, Sauge sclarée
IT: Erba moscatella
SP: Salvia silvestre
BOT: Salvia sclarea
FAM: Labiatae

Muskatellersalbei stammt aus Südeuropa und soll 1562 England erreicht haben. Die ziemlich winterharte Pflanze ist zweijährig, wird jedoch meist wie eine einjährige behandelt; sie erreicht eine Höhe von 50 cm bis 1 m. Die Blüten sind bläulichweiß bis weiß, mit purpurweißen, bläulichen oder gelblichen Hochblättern. Man kann sie aus Samen ziehen, sie liebt leichten Boden und braucht einen warmen Standort, wenn sie auch kalte Winter überstehen soll. Die großen Blätter des Muskatellersalbei sind sehr würzig und können sowohl frisch als auch getrocknet verwendet werden. Frisch sind sie allerdings ziemlich bitter. Zeitweilig wurden sie früher zusammen mit den Blüten dazu benutzt, Wein Muskatellergeschmack zu geben, daher auch der deutsche Name. Das ätherische Öl dieser Pflanze findet in der Parfümerie Verwendung, es riecht ein bißchen nach Ambra.

Heute steht das Kraut nicht mehr hoch im Kurs; da es jedoch bei einiger Sorgfalt den Winter übersteht, wo man kaum frische Kräuter zur Hand hat, ist es für den Garten empfehlenswert. Zarte Blätter eignen sich zu Omeletts, zu Cremes und Süßspeisen sowie zu Orangen- und Zitronensaft.

Myrte

ENGL: Myrtle
FR: Myrte
IT: Mirto
SP: Arrayán, Mirto
BOT: Myrtus communis
FAM: Myrtaceae

Die Myrte sollte nicht mit der Heidelbeere oder Blaubeere *(Vaccinium myrtillus,* it.: *Mirtillo)* verwechselt werden, die manchmal fälschlich Myrte genannt wird, jedoch zur Heidekraut-Familie gehört.

Die richtige Myrte hat wohlriechende Blüten und Blätter, sie wächst in den Bergen Spaniens, Italiens, Südfrankreichs, Nordafrikas und im Mittleren Osten. Zusammen mit Rosmarin und Erdbeerbaum ergibt sie den herrlichen Duft mittelmeerischer Berghänge, der für poetische Gemüter mit der Wärme und dem blauen Himmel dieser Gegend identisch ist.

Die Myrte ist ein immergrüner Busch mit geraden Zweigen und steifem Blattwerk. Aus den sehr schönen weißen Blüten werden im Spätsommer erfrischend aromatische purpurschwarze Beeren. Früher wurden diese Beeren getrocknet und wie Pfeffer verwendet. Die Blüte jedoch ist süß und nur schwach harzig, sie erinnert ein wenig an Wachholder.

Myrte wird als Gewürz dort verwendet, wo sie wächst, im trokkenen Bergland; sie ist besonders beliebt bei den Schafhirten, die Myrtenzweige in das Feuer werfen, über dem sie ihr Lamm braten. Die Blätter dienen auch als Würze für Schweinebraten und zu Singvögeln, die leider im Mittelmeergebiet als Delikatesse gelten. Gewöhnlich würzt man das Fleisch, indem man es mit den Blättern umwickelt oder indem man das bereits gegarte Fleisch vor dem Auftragen mit den Blättern füllt.

Natterkopf

ENGL: Viper's Bugloss
FR: Vepérine

Der Natterkopf ist eine verbreitete Wildblume, die man in Europa bis Südengland auf kalkreichem Boden findet. Die haarige zweijährige Pflanze wird bis zu 60 cm hoch. Natterkopf blüht blau, obwohl die Knospen zunächst rosa sind. Die Pflanze ähnelt dem verwandten Borretsch und kann auf die gleiche Weise verwendet werden (besonders in Eisbechern), obwohl sie keinen so ausgeprägten Gurkengeschmack hat. Blau ist für gewöhnlich keine natürliche Speisefarbe, aber manchmal ist es nützlich, ein paar blaue Blumen zu kennen, die eßbar sind und als Dekoration verwendet werden können. Natterkopf gehört mit wilder Zichorie (Wegwarte), Veilchen und Borretsch in diese Gruppe.

IT: Lingua di cane
SP: Buglosa
BOT: Echium vulgare
FAM: Boraginaceae
Tafel V, Nr. 7, Seite 165

Noyeau

Der Name stammt aus dem Französischen und bedeutet »Stein einer Frucht«; Noyeau oder Crème de Noyeau ist ein Likör, der aus Fruchtkernen bereitet wird, aus denen der Kirsche, des Pfirsichs, der Aprikose oder der bitteren Mandel. Bringt man sie mit Wasser zusammen, entwickelt sich das Bittermandelaroma.

Noyeau ist ein europäisches Produkt, doch man sagt, die beste Qualität käme aus Martinique. Es wird hergestellt durch Mazerieren der Kerne in hochprozentigem Alkohol; die Lösung wird dann noch einmal destilliert, um die Blausäure auszutreiben. Tut man das nicht, ist Noyeau giftig, und manche Sorten sind es in größeren Mengen tatsächlich.

Noyeau ist eine nützliche Würze, denn der süße Likör schmeckt kräftig nach Bittermandeln; qualitativ ist er besser als Mandelessenz. Kochbücher aus der Zeit vor dem ersten Weltkrieg enthalten oft Rezepte zur Herstellung von Noyeau und auch für seine Verwendung.

Nüsse

Kastanie
Anderer Name: Marone

ENGL: Chestnut
FR: Châtaigne, Marron
IT: Castagno
SP: Castaña
BOT: Castanea sativa
FAM: Fagaceae

Haselnuß
ENGL: Hazel nut
FR: Aveline
IT: Nocciolo
SP: Avellana
BOT: Corylus avellana und andere Corylus-Arten
FAM: Betulaceae

Walnuß
ENGL: Walnut
FR: Cerneau (grüne Walnuß), Noix
IT: Noce
SP: Nuez de Nogal
BOT: Juglans regia (Europäische Walnuß)
FAM: Juglandaceae

Läßt man die Bittermandel einmal außer acht, so ist es schwierig zu entscheiden, ob die Nüsse zu den Würzen gehören oder nicht. Oft werden sie beigefügt, um Substanz zu schaffen, oft sind sie aber auch Hauptzutat. Doch Nüsse steuern auch ihren Eigengeschmack bei, man sollte sie also doch wohl erwähnen. Mandeln, Pinienkerne, Pistazie, Erdnuß und die seltsame Gingkonuß haben ihr eigenes Stichwort.

EDELKASTANIE. Die gewöhnliche europäische Kastanie ist die *Castanea sativa*, doch werden in Nordamerika, China und Japan viele andere Arten kultiviert. Roßkastanien sind in Europa weit verbreitet, die Edelkastanie ist jedoch hauptsächlich in den warmen Ländern Südeuropas zu Hause. Nur die wenigsten wissen, daß es einige hundert Varietäten gibt. Sie unterscheiden sich hinsichtlich Geschmack, Süße und Haltbarkeit. Für den Koch ist jedoch eine andere Eigenschaft wichtig: ob sich die braune Innenhaut lösen läßt oder nicht. Man kann es mit einem Trick versuchen: die Hülle aufschlitzen und die Kastanie im Backofen rösten. Die Hülle wird dadurch brüchig und kann abgeschält werden. Doch gewöhnlich klebt die braune, bittere und adstringierende Haut immer noch am Kern, besonders bei den runzeligen Arten. Manchmal kann man sie entfernen, wenn man die Kastanien ein wenig in heißem Öl brät, doch was man auch tut, bei bestimmten Varietäten gelingt es einfach nicht, die Haut völlig loszuwerden. Man liest so oft von fabelhaften Tricks, die bei Anwendung enttäuschen. Dies ist so ein Fall. Es wäre daher gut, wenn der Handel die Varietät kennzeichnen würde, wie das bei Äpfeln getan wird.

Kastanien sind das Grundmaterial für Süßspeisen in Südeuropa, besonders in Italien. Bei Fleischgerichten verwendet man sie auch zu Soßen, jedoch nur ausgesprochen süße Kastanien. Die Italiener bereiten auch eine Suppe daraus, verwenden sie als Gemüse und zur Garnitur. In manchen Gegenden Deutschlands gehört Kastanie zur Füllung von Geflügel.

HASELNUSS (Lambertsnuß). Wildformen dieser Nuß wachsen überall da, wo ihnen das Klima zusagt, in Europa, im Mittleren Osten, in Asien und Nordamerika. Es gibt viele Zuchtvarietäten. Gemahlene Haselnüsse benutzt man zu Kuchen wie zu Fleischgerichten. In manchen Ländern setzt man sie Lebergerichten zu; auch in der Küche des Mittleren Ostens sind sie vorhanden. Geröstet sind sie eine wichtige Würzzutat zu Romesco-Soße.

WALNUSS. Die europäische Walnuß ist eine von vielen Arten, die es auf der nördlichen Halbkugel gibt; häufig wachsen sie in Gebirgsgegenden. Die Nüsse des Pekan-Baums *(Carya illinoinensis)* und anderer amerikanischer Hickories sind Verwandte und haben einen etwa ähnlichen Geschmack. Man verwendet sie hauptsächlich zu Konditoreiwaren. Die Walnuß jedoch hat einen festen Platz in der europäischen und mittelöstlichen Küche. Grüne Walnüsse werden in Essig eingelegt oder in Sirup eingemacht oder zu Likör verarbeitet *(Brou de noix)*; der süße Kern wird auch mit Traubensaft oder Essig angemacht, dazu kommen Salz, Pfeffer und Schalotten. In Deutschland ißt man zu frischen Nüssen gern Schwarzbrot mit Butter und trinkt dazu Wein. Frische Nüsse muß man enthäuten, doch entschädigt der delikate Geschmack für die Arbeit. Im Mittleren Osten werden die geknackten Nüsse oft in Eiswasser gelegt, so daß sich die Haut leichter abziehen läßt. Reife Nüsse sind ein beliebtes Kuchengewürz, man verwendet sie aber auch zu Füllungen und zu Geflügelsoßen (z.B. Tscherkessisches Huhn) im Mittleren Osten, zu *Raito*, dem traditionellen Salzfischgericht der Provence, und auch zum italienischen *Pesto*. Früher wurde Walnußöl in Frankreich und Deutschland häufig zum Kochen oder als Salatöl verwendet, doch heute ist es ziemlich teuer (s. Bezugsquellen).

Die Nüsse zu lange aufzubewahren, ist witzlos: Sie werden ranzig. Wer einen Walnußbaum pflanzen möchte, sollte unbedingt einen erfahrenen Fachmann zu Rate ziehen; die Wahl der richtigen Sorte ist entscheidend, es gibt nämlich auch minderwertige.

Öl Das Wort stammt von »Olive«. Es gibt drei verschiedene Arten: Mineralöl, das in der Küche gefährlich ist; fettige Öle, das sind unsere Speise- und Salatöle; und die ätherischen Öle, die als Würzstoffe grundlegende Bedeutung haben und in Blumen, Kräutern, Früchten und Gewürzen enthalten sind.

FETTIGE ÖLE. Sie haben gewöhnlich kaum Eigengeschmack, können jedoch Spurenstoffe enthalten, die ihnen Geschmack verleihen. Den besseren und altbewährten Arten wie etwa Olivenöl wird ein feines Naturaroma nachgesagt, doch handelsübliche Öle büßen ihren Eigengeschmack durch Dampf- oder Vakuumdestillation ein. Auf diese Weise verlieren die Öle ihre Individualität und sind nicht mehr leicht unterscheidbar; man kann sie also mischen oder eines durch das andere ersetzen.

Überall dort jedoch, wo Öl noch nach alter Art hergestellt wird oder wo es von guten Köchen wimmelt, wo nicht Fett gleich Fett ist und niemand die Sorten durcheinandermischt, dort ist das Öl zweifellos eine wichtige Würze der betreffenden Küche. Manche Leute regen sich darüber auf, daß bestimmte Länder hauptsächlich mit Öl, andere wieder nur mit Schmalz oder Butter kochen. Doch das ist ein armseliges Unterscheidungsmerkmal. Zu gewissen ländlichen Gerichten gehört nun mal der Geschmack von Gänseschmalz, Schweineschmalz, Speck oder Hühnerfett und zu anderen eben Butter. Und Butter ist nicht gleich Butter: welch ein Unterschied zwischen feiner Alpenbutter und der aus der Normandie und wiederum zwischen dieser und dem indischen *Ghee*, das gewöhnlich aus geklärter Büffelmilch hergestellt wird.

Auch das Öl führt in eine Welt von verschiedenen Würzen. Olive, Sesam-Samen, Kokosnuß, Palmöl, Mohn, Erdnuß, Färberdistel, Sonnenblume, Senf und Mandel haben ihr eigenes Stichwort. Aus den Bucheckern mehrerer Buchensorten *(Fagus)* stellt man in einigen Teilen Frankreichs ein ausgezeichnetes Salatöl her. Es gibt noch andere gute, jedoch teure Nußöle, etwa das Walnußöl, und es gibt auch weniger bekannte ölhaltige Samen von großer wirtschaftlicher Bedeutung wie etwa Niger.

Ätherische Öle. In ihrer chemischen Zusammensetzung können sie sehr verschieden sein, doch haben sie außer der Tatsache, daß sie Öle sind, noch zwei Dinge miteinander gemein: Sie sind aromatisch und flüchtig, verdampfen also beim Erhitzen (was fettige Öle nicht tun).

Ätherische Öle sind der wichtigste Bestandteil aller Würzstoffe; man gewinnt sie aus Gewürzen, Blumen oder Kräutern entweder durch Destillation oder durch Lösung in Alkohol. Die Köche früherer Zeiten wendeten viel Zeit auf, ihre eigenen Destillationen herzustellen. Ein Verfahren, das als *Enfleurage* bekannt ist, besteht darin, daß Blumenblätter auf geeigneten fettigen oder wachshaltigen Substanzen ausgebreitet werden, die dann das kostbare aromatische Öl absorbieren. Dieses Verfahren wird bei der Parfümherstellung häufig angewendet und ist auch für den Koch von Interesse: Butter und Sahne kann man leicht auf die gleiche Weise würzen.

Bei jedem Kochprozeß, der langes Garen bei starker Hitze vorschreibt, gehen die meisten ätherischen Öle verloren. Es kann daher vorteilhaft sein, einige Gewürze und Kräuter gegen Ende des Kochprozesses zuzusetzen oder starkes Kochen so gut wie möglich zu vermeiden, sobald man gewürzt hat (etwa das Eindampfen lassen). Andererseits öffnet das Kochen die Zellwände und ermöglicht dadurch das Freiwerden der flüchtigen Öle, die ihr Aroma jetzt an das Gericht abgeben können. Zwei verschiedene Prinzipien liegen also hier im Widerstreit, doch durch Erfahrung lernt man es, zwischen den Extremen hindurchzusteuern.

Weil sie Öle sind, lösen sich die ätherischen Öle nicht in Wasser. Einige lösen sich jedoch in Fett, Speiseöl oder in Alkohol; durch diese kann man also die ätherischen Öle extrahieren und, zumindest in den Fetten, auch festhalten. Da Alkohol gleichfalls flüchtig ist, verdampft er fast völlig beim Kochen.

Einige der wichtigsten ätherischen Öle sind im Rohmaterial nicht enthalten, sondern entwickeln sich erst, wenn das betreffende Produkt geröstet wird (wie bei Kaffee) oder gesüßt wird (wie bei Vanille), oder wenn es mit Wasser gemischt wird (wie bei Bittermandeln und Senf).

Olive

ENGL: Olive
FR: Olive
IT: Oliva
SP: Aceituna, Oliva
BOT: Olea europaea
FAM: Oleaceae
Tafel III, Nr. 2, Seite 99

Die Olive ist an den Küsten des Mittelmeeres heimisch und eine der ältesten bekannten Früchte; seit prähistorischer Zeit wird sie schon kultiviert. Antike griechische und römische Schriften erwähnen sie häufig, die Bibel ebenfalls. Heute findet man Olivenbäume auch in anderen Teilen der Welt, wo ein passendes Klima gegeben ist. Rund um das Mittelmeer herum – Ägypten ausgenommen – wachsen riesige Mengen von Olivenbäumen, viele davon sind uralt und entsprechend knorrig. Das schöne silbriggrüne Blattwerk ist charakteristisch für das mediterrane Hügelland. Im Frühling sind die Bäume übersät mit unscheinbaren Blüten, aus denen es gummiartig tropft. Man parkt sein Auto besser nicht unter einem Olivenbaum. Später bilden sich grüne Beeren, die bei der Reife schwarz oder dunkelpurpurn sind.

Es gibt viele Sorten, die sich in Größe, Farbe, Ölgehalt und Geschmack unterscheiden. Der Geschmack allerdings hängt weitgehend von Klima und Bodenbeschaffenheit ab. Und der Geschmack der Olive wie auch des Öls, das man daraus preßt, steht in keinem Zusammenhang mit der Größe oder dem Aussehen der Frucht. Oft schmecken die am besten, die klein und unansehnlich sind, und oft stammen sie auch noch aus ziemlich rauhen, entlegenen Bergtälern.

Der erste Mensch, der eine wilde Olive aß und dann beschloß, daraus irgend etwas zu machen, muß ein Genie gewesen sein. Rohe Oliven sind unglaublich bitter und nicht eßbar. Man kann den Bitterstoff durch mehrmaliges Wässern entfernen; er verschwindet auch allmählich, wenn man die Olive mehrere Monate in Salzwasser legt. Allerdings nicht bei allen Arten, und diejenigen, die man zur Ölgewinnung anbaut, eignen sich niemals zum Verzehr.

Grüne Oliven sind unreif gepflückt worden, schwarze sind reif. Die Flaschen mit säuberlich verpackten Oliven, wie wir sie angeboten bekommen, sind nur ein schwacher Abglanz des überreichen Angebots, das man auf jedem größeren südländischen Markt findet, besonders in Spanien. Es gibt Oliven, entsteint und mit einem Streifen rotem Paprika oder mit Mandeln oder mit Anchovis gefüllt; sie können mit Thymian, Knoblauch oder Fenchel gewürzt sein, sie können zerstampft, eingelegt und fermentiert sein. Wendet man nun diese Verfahren auf die verschiedenartigen Sorten an, so ergibt sich eine Unzahl von Produkten. Aber auf diesen Märkten kann man nicht nur probieren, bevor man kauft, es wird sogar von einem erwartet.

Zu gekochten Gerichten verwendet man die Olive ausschließlich im Mittelmeerraum (es gibt einige wenige Ausnahmen, z.B. die Kreolische Küche). Für uns ist sie eine Würze, denn schon ein paar Oliven geben einem Gericht eine besondere Note. Manchmal schreibt ein Rezept gefüllte grüne Oliven vor oder, was seltener ist, geschlitzte oder saure Oliven, doch meist wird die schwarze Olive für heiße Gerichte benötigt. Sie gehören zu Salzfisch mit Kartoffeln, zu Kaninchen, Huhn, Taube, Drosseln und anderen Kleinvögeln sowie zu Gemüsegerichten wie Tomate und Aubergine. Oliven sind auch Bestandteil von Horsd'œuvres, Salaten, Soßen und Überzügen.

Olivenöl

ENGL: Olive Oil
FR: Huile d'olive
IT: Olio d'oliva
SP: Aceite de oliva

Das feinste Olivenöl wird aus frischen reifen Früchten kalt gepreßt. Es sieht hellgelb oder grünlich aus und hat einen sehr delikaten Geschmack. Weniger gutes Öl ergibt die zweite heiße Pressung. Miserables Öl stammt von miserablen Oliven; dieses Produkt wird folgerichtig desodorisiert. In einem Land, wo wenig Olivenöl gebraucht wird, ist es manchmal schwierig, Öl zu bekommen, das nicht durch zu langes Lagern ranzig geworden ist. Manche Menschen mögen Olivenöl deswegen nicht, weil es sie an das medizinische Olivenöl der Apotheken erinnert.

Als ich noch an der ligurischen Küste Italiens lebte, war der Einkauf des Ölvorrats das Ereignis des Jahres für diejenigen von uns, die besonderen Wert auf beste Qualität legten. Wir beluden den Wagen mit großen Korbflaschen und fuhren zu bestimmten Gebirgsdörfern, die in dem Ruf standen, das feinste Öl zu produzieren. Nach Auskunft der Experten ist die Qualität abhängig von der Lage des Olivenhaines und von der Höhe, in der er sich befindet. Und wie beim Wein wechselt sie von Jahr zu Jahr. Man prüfte das Öl nicht nur durch Abschmecken, sondern goß auch ein paar Tropfen auf die Handfläche, rieb dann beide Hände fest gegeneinander und beurteilte dann das Aroma in der Handkuppe. Nach dieser Methode kann man ein gutes Olivenöl leicht von einem minderwertigen unterscheiden.

Doch hat natürlich jeder seine persönlichen Vorlieben. Es gibt leichte Öle mit zartem Duft und andere, die schwer und fruchtig sind. Beide Sorten werden für Salat empfohlen, doch sollte man das schwerere Öl nicht zu Majonnaise verwenden, es ist zu kräftig. Falls Sie Olivenöl mögen, werden Sie sicherlich beide Sorten im Hause haben wollen, sie jedoch zu verschiedenen Zwecken benutzen.

Wo Olivenöl produziert wird, benutzt man es seit alters her zum Kochen und Braten, entweder pur oder gemischt mit Schmalz oder Butter. Olivenöl gibt besonders allem Gebratenen einen spezifi-

1
2
3
4
5
6

schen Geschmack, und selbst bei Gerichten, die kräftig mit Knoblauch und Kräutern gewürzt sind, schlägt der Ölgeschmack immer wieder durch. Leider ist es verhältnismäßig teuer, so daß man heute selbst in den Mittelmeerländern mehr und mehr andere Öle zum Kochen und Braten verwendet, das Olivenöl bleibt reserviert für den Salat – und für den Export. Der Auswahl seines Olivenöls sollte ein guter Koch genausoviel Aufmerksamkeit widmen wie der Auswahl seiner Butter. Beide sollten von bester Qualität sein.

Zeichnung 11
1 Koriander
2 Anis
3 Kümmel
4 Kreuzkümmel
5 Angelika
6 Stinkasant

Orange

ENGL: Orange
FR: Orange
IT: Arancio
SP: Naranja
BOT: Citrus-Arten
FAM: Rutaceae

Apfelsine, Süße Orange
ENGL: Sweet Orange
FR: Orange douce
IT: Arancio
SP: Naranja china
BOT: Citrus sinensis

Pomeranze
ENGL: Bitter Orange
FR: Bigarde, Orange amère
IT: Arancio amaro, arancio forte
SP: Bigarde, Naranja amarga
BOT: Citrus aurantium

Mandarine oder Tangerine
ENGL: Mandarine Orange
FR: Mandarine
IT: Mandarino
SP: Mandarina
BOT: Citrus reticulata

Kumquat
ENGL: Kumquat
FR: Koumquat
IT: Kumquat
SP: Naranja japonesa
BOT: Fortunella japonica und andere Bezeichnungen

Die Orangen stammen vermutlich aus Südchina oder Vietnam und gelangten ziemlich spät nach Europa. Sie wurden von den Arabern in die Mittelmeerländer gebracht, man weiß nur nicht genau, ob im 1. oder im 10. Jahrhundert n. Chr. Die frühesten Orangensorten waren saure oder bittere Arten, die süßen Orangen folgten erst viel später. Als frühesten Zeitpunkt nimmt man etwa das Jahr 1300 an, aber einige Experten sind der Meinung, daß erst Vasco da Gama die süße Orange von einer Reise ums Kap der Guten Hoffnung (1498) nach Portugal mitgebracht und so in Europa eingeführt habe. Die Orangen mit locker sitzenden Schalen, gewöhnlich als Mandarinen oder Tangerinen bekannt, kamen jedoch erst in der zweiten Hälfte des 19. Jahrhunderts nach Europa. Wenn man wissen will, um welche Art von Orangen es sich in alten Rezepten handelt, sind diese Daten sicher von Nutzen.

In der Botanik sind die Citrusfrüchte sehr umstritten, weil diese leicht Hybriden bilden. Dies aber wird den Koch nicht weiter stören, der sich mehr für die sehr große Zahl von Spielarten interessiert.

Die übliche Einteilung ist folgende:

SÜSSE ORANGEN. Diese haben festanliegende Schalen und sind die gebräuchlichsten Speiseorangen. Man kann folgende Sorten unterscheiden: die großen und grobporigen spanischen Orangen; die mittelmeerischen Sorten mit feinporiger Schale; die Blutorangen, deren Fruchtfleisch rötlich bis dunkelrot gefärbt ist; schließlich die Navels, die keine Kerne, dafür aber einen Nabel besitzen.

Die POMERANZE sieht der süßen sehr ähnlich. Auch die Bäume gleichen einander; sie haben beide die gleichen dunkelgrünen Blätter und blaue Dornen. Der Unterschied liegt hauptsächlich in der Frucht, die bei der Pomeranze zu sauer und zu herb ist, als daß man sie roh essen könnte. Diese Orangen werden in der Hauptsache wegen ihrer stark duftenden Blüten gezogen, die man für Orangenblütenwasser und »Neroli-Öl« verwendet, einen Aromastoff für Parfüms. Die Rinde der bitteren Orange, bekannt als Bergamottorange, wird ihrer Schale wegen in den Mittelmeerländern angebaut. Sie liefert ein Öl, das man ebenfalls für Parfüms benötigt. Obwohl bittere Orangen sehr wertvoll für die Küche sein können, werden sie in Gegenden, wo man nur die Blüten gebraucht, gewöhnlich auf den Müll gekippt. Übrigens wird aus ihnen die englische Orangenmarmelade hergestellt.

MANDARINE oder TANGERINE. Beide Sorten haben locker anhaftende Schalen. Die Früchte schälen und teilen sich sehr leicht. Auch unter dieser Gruppe gibt es viele Spielarten. Der Geschmack ist weniger säuerlich als bei der Süßorange. Die Schale ist hocharomatisch, stark ölhaltig und unterscheidet sich von den Schalen anderer Orangen durch ihr typisches Mandarinenaroma.

Obwohl KUMQUATS wie winzige Orangen aussehen, die an winzigen Orangenbäumen wachsen, sind sie nur entfernt mit ihnen verwandt. Die Frucht hat einen Durchmesser von etwa $2^1/_2$ cm, und hierzulande kennt man sie vorwiegend als Konserven. Man findet sie aber schon gelegentlich im Handel; sie werden zunehmend populär.

Das Besondere von Gerichten mit Orangengeschmack basiert auf dem Aromagehalt der Orangenschale. Speiseorangen werden aufgrund ihres schmackhaften Fruchtfleisches ausgewählt; ihre Schale interessiert nicht weiter, zumal sie oft zur Verkaufsförderung gespritzt und nicht als eßbarer Teil betrachtet wird. *Ente à l'Orange*, Cumberland-Sauce und natürlich *Sauce bigarade* sollten ja auch vorzugsweise mit der Schale der bitteren Orange gewürzt werden. Diese eignet sich auch am besten für jene getrockneten Orangenschalen, die in Südfrankreich häufig als Bestandteil von *bouquet garni* verwendet werden. Für Kuchen oder Creme wird sie allerdings zu bitter sein. Obwohl Schale und Saft von Mandarinen und Tangerinen weniger zum Würzen verwendet werden, eignen sie sich für Süßspeisen, Cremes, Marzipan und dergleichen ebenso vorzüglich wie Orangen.

Die Blätter des Orangenbaumes werden gelegentlich auch als Würzstoff verwendet, aber für gewöhnlich sind sie nur Menschen zugänglich, die dort leben, wo Orangen wachsen und die Blätter leicht zu beschaffen sind. Orangenblüten und Orangenblütenwasser werden gleichfalls als Würze verwendet, besonders im Mittleren Osten. Vorzügliches Orangenblütenwasser wird an vielen Orten (vor allem in Südfrankreich) hergestellt, aber auch in der Levante, z. B. in Beirut. Ich habe auch schon Orangenblütenmarmelade gegessen, die in Persien und im Mittleren Osten sehr beliebt ist.

Viele Liköre werden mit Orangenschale aromatisiert. Einer davon, den man für gewöhnlich zum Würzen von Cremes und Soßen verwendet, ist *Curaçao*, ursprünglich ein holländischer Likör, dessen Grundstoff die aromatischen grünen Orangen aus Curaçao bilden, einer Insel in der Karibischen See nördlich der Küste von Venezuela. Es gibt noch eine ganze Anzahl von Likören, in denen das Orangenaroma vorherrscht: *Cointreau, Triple Sec, Grand Marnier, Aurum, Cristal Floquet, Van der Hum* etc. (siehe auch *Spirituosen* und *Liköre*).

Oregan

Anderer Name: Wilder Majoran

ENGL: Origano, Oregan, Wild Majoram

FR: Origan

Dies ist das pikante Kraut, das der neapolitanischen Pizza ihren charakteristischen Geschmack verleiht – ich zögere, »pikant« zu sagen, denn eigentlich ist es dieselbe Pflanze, die wild an den Kalkfelsen Englands wächst und wilder Majoran genannt wird. In kalten Klimazonen wird dieses Kraut jedoch nicht so pfeffrig, sondern schmeckt wie irgendwelches Grünzeug. Die in Süditalien wachsende Wildpflanze ist wiederum viel kräftiger im Geschmack als jene, die man in Norditalien findet.

IT: Erba acciuga, Origano rigamo
SP: Oregano
BOT: Origanum vulgare
FAM: Labiatae
Zeichnung 14, Nr. 4, S. 174

Für gewöhnlich wird Oregan in Bündeln, zumeist getrocknet, auf den italienischen Märkten feilgeboten, und die Großhändler sind keineswegs gewillt, die Plätze preiszugeben, an denen ihr Oregan wächst; sie betrachten dies als ihr Berufsgeheimnis. Es gibt eine Anzahl verschiedener Spielarten, je nach Bodenbeschaffenheit und Klima. Um die Schwierigkeiten noch größer zu machen, wird in manchen Ländern (z.B. Mexiko) jede ähnlich duftende Würzpflanze als Oregan bezeichnet, auch wenn sie botanisch überhaupt nicht damit verwandt ist. Oregan ist ein besonders wichtiges Gewürz der italienischen Küche, und da man es nahezu immer in getrocknetem Zustand verwendet, sollte man italienischen Oregan kaufen. Man verwendet ihn zusammen mit Tomaten, Käse, Bohnen, Auberginen, Zucchini, Fisch, Muscheln und Fleisch. Er ist auch ein Bestandteil des handelsüblichen mexikanischen Chilipulvers und der Chili-Bohnen. Getrockneter Oregan eignet sich gut für alle jene Feinschmecker, die stark gewürzte Speisen lieben.

Palmöl

BOT: Elaeis guineensis
FAM: Palmaceae

Die Ölpalme trägt eine große Anzahl nußähnlicher Früchte, aus deren Fruchtfleisch und Kern Öl gepreßt wird. Das Kernöl ist das eigentliche Palmöl und bildet einen wichtigen Grundstoff für Margarine. Zum Kochen wird es in vielen tropischen Gegenden verwendet, hauptsächlich an der Westküste Afrikas. Gerichte dieser Gegend erhalten ihren charakteristischen Geschmack durch das Palmöl. Man gewinnt es auch aus verschiedenen anderen Arten der Ölpalme, die aus Westafrika stammt, heute aber bereits über die ganzen Tropen verbreitet ist.

Papaya (Baummelone)

ENGL: Papaya, Papaw
FR: Papayer
IT: Papaia
SP: Papaya
BOT: Carica papaya
FAM: Caricaceae

Die Papaya stammt von den Karibischen Inseln und aus Mexiko, heute zählt sie jedoch zu den verbreitetsten Tropenfrüchten. Der kleine Baum ist leicht zu erkennen. Die Früchte ähneln der Melone und hängen unter einer Blätterkrone, die den Wipfel eines einzelnen narbigen Stammes bildet. Das ganze erinnert an eine riesig aufgeschossene Chicoreestaude, die ihre Blätter entfaltet hat. Ursprünglich gab es nur weibliche oder männliche Pflanzen, aber moderne Gartenbotaniker haben zweigeschlechtliche Spielarten gezüchtet, was ziemlich unüberlegt war.

Die reife Frucht hat innen einen Hohlraum, der zum Teil mit schwarzen oder grauen gelantineartigen Kernen gefüllt ist wie mit grobkörnigem Kaviar. Die Früchte spielen in tropischen Ländern eine große Rolle, sind ausgezeichnet und sehr gesund, besitzen aber ein starkes, ausgeprägtes Aroma (das manche Menschen zunächst nicht mögen).

Wenn man die Pflanze anschneidet, gewinnt man einen dicken

Milchsaft, der in der Kaugummiherstellung verwendet wird. Man setzt ihn auch Fleischgerichten zu, um sie mürber zu machen, denn der Saft enthält ein verdauungsförderndes Ferment, das Papain. Er ist in vielen handelsüblichen Mürbemachern enthalten. Die Samen sind von milder Schärfe und erinnern in ihrem Aroma etwa an Senf oder Kresse. Sie werden in den Anbaugebieten als Gewürz verwendet und tauchen manchmal in tropischen Rezepten auf. Manche Leute kauen sie auch.

Die Frucht darf nicht mit *Asimina tribola* verwechselt werden, auch Michigan Banane genannt, einer eßbaren Frucht, die in vielen Gebieten der Vereinigten Staaten wild wächst.

Paprika-Arten

ENGL: Capsicum Peppers
BOT: Capsicum frutescens und Capsicum annuum
FAM: Solanaceae

Roter Pfeffer (Chilipfeffer)
ENGL: Chilli Pepper
FR: Piment fort, Piment-oiseau (Vogel-Pfeffer)
IT: Diavoletto, Peperoncino
SP: Chile (Mexiko), Guindilla
Tafel I, Nr. 17 u. 17a, Seite 81

Cayennepfeffer
ENGL: Chilli Powder, Cayenne Pepper
FR: Cayenne, Poivre de Cayenne
IT: Pepe di Caienne, Pepe rosso picante
SP: Cayena inglesa, Pimienta de Cayena, Pimienta picante (de la guindilla)

Paprika (süß)
ENGL: Sweet oder Bell Pepper
FR: Piment doux
IT: Peperone
SP: Pimiento dulce, Pimiento morrone

Paprika (scharf)
ENGL: Paprika
FR: Paprica de Hongrie, Piement doux d'Espagne
IT: Paprica
SP: Paprika, Pimentón

Die Arten von *Capsicum* (sie gehören wie die Kartoffel zur Familie der Solanaceen oder Nachtschattengewächse) stammen aus Südamerika und liefern den roten Pfeffer, den Cayenne-Pfeffer wie den süßen und den scharfen Paprika. Viele Arten dieser Familie wachsen wild in Südamerika, hauptsächlich in Brasilien, aber es ist nicht sicher, daß dies die Ahnen des kultivierten Capsicum-Pfeffers sind, denn dieser wurde schon lange vor der Entdeckung Amerikas durch Columbus von den Indianern angebaut. Wie bei vielen seit langer Zeit kultivierten Pflanzen kann man also auch hier nicht mit Sicherheit sagen, von welcher Art sie abstammen. Die meisten Experten glauben, daß alle gezüchteten Paprikasorten auf eine ursprüngliche Art zurückgehen.

Paprika war außerhalb Amerikas vor Columbus unbekannt. Heute produziert Indien allein über eine Viertelmillion Tonnen Roten Pfeffer pro Jahr; man fragt sich, wie man dort in vergangenen Zeiten überhaupt ohne ihn ausgekommen ist.

Auch scheint es seltsam, daß man keine klare Trennungslinie zwischen den äußerst scharfen Sorten und dem großen, fleischigen, süßen Paprika ziehen kann, den wir als Gemüse verwenden. Wenn man all die Hunderte von verschiedenen Sorten betrachtet, die auf den Märkten angeboten werden, wird man tatsächlich feststellen, daß die in der Küche übliche Unterscheidung zwischen süßen und scharfen Schoten nur in nördlichen Ländern gemacht wird, wo Paprikaarten nicht angebaut und vergleichsweise weniger verwendet werden. Es gibt Schoten aller Formen und Größen, sowohl scharfe als auch süße, in vielen Geschmacksvariationen. Einige eignen sich gut zum Trocknen, andere wieder sind dafür zu fleischig. Es bleibt einem nichts anders übrig, als sie mit ihren ortsüblichen Namen zu benennen und jeden Versuch aufzugeben, sie nach Größe und Form ordnen zu wollen. Eine klare und genaue Übersetzung von einer Sprache in die andere ist kaum möglich. Vom Küchenstandpunkt aus gesehen kann man jedoch die Paprikasorten grob nach der Verwendungsmöglichkeit einteilen, soweit man sich darüber im klaren ist, daß ihr Aussehen irreführend sein kann.

ROTER PFEFFER (Chilipfeffer) ist eine scharfe Abart von Paprika, die in heißen Gegenden der ganzen Welt angebaut wird. Er ist sehr unterschiedlich in Form und Größe (von winzigen runden Schoten von der Größe eines kleinen Fingers bis zu riesigen Spielarten, die über 30 cm lang werden) wie auch in der Schärfe (von mild bis höllisch scharf). Im reifen Zustand sind die Schoten gewöhnlich rot, können aber auch gelb, sahnefarben oder fast purpurschwarz sein. Mäßig gebraucht sind sie gesund; sie enthalten eine verdauungsfördernde Substanz und sind reich an Vitamin C, aber wenn sie sehr scharf sind, können sie Blasen hervorrufen und schmerzhafte Schwellungen an Gaumen und Zunge. Hauptsächlich die Samen und Spitzen der Schoten können sehr schmerzhaft wirken. In Ländern, wo man sie häufig ißt, werden sie – sofern es sich nicht um eine milde Art handelt – sorgfältig zerkleinert oder pulverisiert. Wer es gewohnt ist, roten Pfeffer zu essen, wird mit der Zeit allerdings ziemlich abgehärtet, wie Reisende in Südindien oder Mexiko beobachten konnten. Hier gibt man beinahe schon Babys rote Pfefferschoten als Schnuller.

Roter Pfeffer ist das Gewürz par excellence der heißen, armen Länder; aber er wird auch – allerdings wesentlich sparsamer – in der westlichen Küche verwendet, denn die Schoten, die für gewöhnlich milder sind als die Samen und Kerngehäuse, sind für viele Menschen noch zu scharf. Einige Sorten sind außergewöhnlich beißend (besonders die kleinen, die auch Vogel-Pfeffer genannt werden), wenn einmal eine einzelne Schote dieser Art mild schmeckt, dann ist dies eine Ausnahme. Da man die Schoten nicht nach ihrem Äußeren beurteilen kann, muß man die Schärfe durch Kosten feststellen, was zuweilen zu schmerzhaften Erfahrungen führt.

FRISCHE GRÜNE PFEFFERSCHOTEN, unreif (Peperoni), werden auf den Märkten der meisten heißen Länder angeboten, man kann sie mittlerweile auch in Europa oder den Vereinigten Staaten kaufen. Sie sollten fest und grün sein und nicht schlaff oder schon im Farbwechsel begriffen. Sie können sowohl sehr scharf wie auch mild sein und haben gewöhnlich neben der Schärfe das delikate Paprikaaroma. In der europäischen Küche werden sie nur wenig verwendet, doch sie schmecken ausgezeichnet, wenn man sie zerkleinert und auf gegrillte Steaks klopft. Man kann auch die Außenwand der Schote mit einem Messer zu einem Brei schaben und ein bißchen davon vielen Gerichten als Würze beifügen. Wer scharfe Gerichte liebt, hat hier ein weites Feld zum Experimentieren. Grüne Pfefferschoten eignen sich besser für Essiggemüse als getrocknete, und sie wären zweifelsohne in der europäischen Küche ebenso zu Hause wie in der östlichen, wenn sie leichter zu beschaffen wären.

Wenn man sie für indische oder südostasiatische Gerichte benötigt, darf man frische grüne Pfefferschoten nicht durch getrocknete ersetzen. Ein besonders köstliches Rezept ist eine Paste von grünen Pfefferschoten, die unter der Beigabe von Salz und Zitronensaft mit geriebener Kokosnuß und grünem Koriander gemischt wird (siehe Koriander).

FRISCHE REIFE PFEFFERSCHOTEN sind für gewöhnlich rot oder orangenfarbig und sollten an der Staude ausgereift sein. Aus diesen werden Chilisoße oder -paste hergestellt. Es ist wahr, daß man

Tabascosoße und viele Markensorten von echter Chilisoße kaufen kann (obgleich sich auch eine pikante Tomatensoße unter dem Namen Chilisoße verbirgt), aber keine ist so gut (mit Ausnahme von Tabascosoße, die eine besondere Spezialität darstellt) wie hausgemachte Chilisoße. Diese stellt man her, indem man reife, rote Pfefferschoten mit Salz, Essig, Zucker, Knoblauch und Gewürzen nach persönlichem Geschmack kocht. Die Fruchtmasse treibt man durch ein Sieb, um Haut und Kerne zu entfernen.

Natürlich gibt es noch viele andere Zubereitungsarten von rotem Pfeffer, besonders in Südostasien. Indonesischen Gerichten wird er gewöhnlich als Chili-Sambal beigegeben oder in Form anderer, oft höllisch scharfer Zutaten. Manche davon sind verhältnismäßig mild und süß, andere hingegen sollten mit Totenschädel und gekreuzten Knochen gekennzeichnet werden. Man muß jedenfalls wissen, daß die kleinen dicken, roten Pfefferschoten aus Westindien für die meisten Menschen zu scharf sind. Milch, Eiscreme und Yoghurt sind nützliche Medikamente für »Pfeffer-Gebrannte«.

Reife rote Pfefferschoten lassen sich sehr leicht in der Sonne oder auf dem warmen Herd trocknen. Im Ganzen werden sie für Pickles verwendet oder Gerichten (z.B. Zarzuela) beigefügt, um diesen Schärfe zu verleihen. Sie werden natürlich nicht mitgegessen und können vor Abschluß des Kochprozesses entfernt werden, wenn der nötige Schärfegrad erreicht ist.

CHILI-PULVER ist Bestandteil von zahllosen Küchenrezepten, angefangen von Käsestangen, *Chili con carne* und *Tamales* (südamerikanische, fleischgefüllte Pfannkuchen) bis zu den Tausenden von Curryarten. Der Geschmack von Chili-Pulver kann kräftig oder mild und von unterschiedlicher Schärfe sein. Man sollte es nicht mit Paprika verwechseln.

Das beste Chili-Pulver ist das hausgemachte. Die getrockneten Pfefferschoten sollten zuerst leicht geröstet werden, indem man sie in einer Bratpfanne über dem Feuer so lange umrührt, bis sie dunkelrot werden, etwas dampfen (dies beißt in den Augen), aber keineswegs anbrennen. Danach werden sie in einer Mühle gemahlen und gesiebt.

Das handelsübliche Chili-Pulver, wie es in Nordamerika verkauft wird, ist oft eine Mischung, die Origano, Schokolade, Kreuzkümmel und andere Gewürze enthält. Es ist für mexikanische Gerichte gedacht, etwa Chili-Bohnen und dergleichen. Es gibt verschiedene Marken, die Rezepte sind geheim, und viele Menschen haben eine feste Meinung, welche Marke die beste ist. Genaugenommen ist es jedoch unkorrekt, solche Mischungen als »Chili« zu bezeichnen.

CAYENNE-PFEFFER ist eine besondere Art der roten Pfefferschote, die vermutlich aus Cayenne in Französisch-Guyana stammt, obwohl der Name möglicherweise auch aus dem *Tupi* kommt, der *Lingua franca*, die im Bereich des Amazonasbeckens und der südamerikanischen Küste gesprochen wird. Alte Rezepte geben an, daß die Samen entfernt und die roten Pfefferschoten mit ein wenig Mehl und Salz zu einer Paste verarbeitet werden. Diese

Paste wird in kleinen Fladen getrocknet und leicht gebacken, ehe man sie zu Pulver zerreibt. Wenn überhaupt, unterscheidet sich Cayenne-Pfeffer von Chili-Pulver dadurch, daß das letztere gröber ist. Cayenne-Pfeffer stellt man im Streuer für Leute bereit, die gern damit würzen, z.B. Austern; feingesiebtes Chili-Pulver ist aber oft besser.

NEPAL-PFEFFER besteht aus den gemahlenen Schoten einer gelben Spielart des Chili-Pfeffers. Er ist aromatisch und weniger scharf als Cayenne-Pfeffer. Diese Art wird im Gebiet des Himalaya auf den Hausdächern getrocknet.

CHILI-ESSENZEN werden hergestellt, indem man Pfefferschoten in Alkohol oder alkoholischen Lösungen auslaugt. Kleine Pfefferschoten kann man in Sherry einlegen und die Flüssigkeit dann zum Würzen von Suppen verwenden. Als Indien noch britisch war, hatte sich diese Gewohnheit in jeder Offiziersmesse durchgesetzt, da viele der an Curry gewöhnten Offiziere die Suppen zu geschmacklos fanden. Nach anderen Rezepten legt man Pfefferschoten in feinen Kognak ein. Einige dieser Gebräue sind derart scharf, daß ein Tropfen zuviel davon buchstäblich Höllenqualen verursachen kann. Chili-Essenz ist jedenfalls ein probates Mittel, Schärfe zu erzeugen, und die Flüssigkeit, die sich dafür am besten eignet, ist wahrscheinlich Wodka. Die Alkoholmenge ist so gering, daß sie das Aroma wenig beeinflußt. Besonders scharfe Essenzen sind nicht zu empfehlen, weil man mit schwächeren Lösungen viel exakter dosieren kann.

PAPRIKASCHOTEN sind größer als Chilis und haben weniger oder gar keine Schärfe. In Südeuropa und Nordamerika sind sie schon seit langer Zeit in Gebrauch, doch jetzt werden sie auch in Mitteleuropa immer beliebter. Die Pflanzen gedeihen zum Unterschied von den Chili-Pfeffersorten auch in nördlichen Breiten; einige Arten vertragen sogar leichten Frost. Die Schoten sind nach Größe und Geschmack verschieden, einige sind etwas scharf, besonders die Samen und Scheidewände, bei anderen Sorten hat die Züchtung jedoch nicht nur die Schärfe, sondern auch das Aroma vertrieben. Die Schoten werden grün, reif oder unreif verwendet. Wenn sie reif sind, werden sie je nach Sorte auch rot, gelb oder orangerot.

Gute Sorten haben den starken und unverwechselbaren Paprikageschmack. Deswegen kann man Paprika nicht nur als Gemüse oder Salat anrichten, sondern auch zum Würzen verwenden. Man bekommt Paprika auch als Gemüsekonserve oder sauer eingelegt.

Süße Paprikasorten, die sich für Gemüse eignen, sind meist so fleischig, daß man sie nicht auf natürliche Weise, sondern nur künstlich trocknen kann.

PAPRIKAPULVER (Ungarischer Paprika, Spanischer Pfeffer) ist ein leuchtendrotes Pulver, das aus besonderen Paprikasorten hergestellt wird, es ist andeutungsweise scharf, aber frei von der beißenden Schärfe des Chili-Pulvers. Diese Pflanzen wurden in Europa gezüchtet, werden heute aber auch in Amerika angebaut. Um die

1
2
3
4
5
6
7

Schärfe möglichst zu mildern, werden Herz und Samen meist entfernt, so daß das Produkt aus pulverisiertem Fruchtfleisch besteht.

Obwohl Paprika das ungarische Nationalgewürz ist, wird in Spanien wie auch in den Vereinigten Staaten ein beinahe identisches Gewürz hergestellt *(Pimenton)*. Leider wird viel minderwertiger Paprika verkauft, allerdings nicht mehr mit Mennige verfälscht, wie das in früheren Zeiten der Fall gewesen sein soll.

Guter Paprika sollte eine leuchtendrote Farbe haben, spanischer *Pimenton* spielt allerdings oft ins Zinnoberrote. Ist er schmutzigbraun gefärbt, schmeckt er möglicherweise schal. Guter Paprika ist mild und süß, man bekommt ihn allerdings in verschiedenen Schärfegraden; er hat ein ausgeprägtes Aroma und eine spezifische Bitterkeit. Man kann ihn in reichlichen Mengen verwenden, denn er ist wegen seines hohen Gehaltes an Vitamin C sehr gesund. Die kleinen Streubüchsen mit Paprika, die oft verkauft werden, sind völlig nutzlos, es sei denn man streut nur zur Verzierung.

Paprika ist von entscheidender Bedeutung für Gulasch, Paprikasch und viele andere ungarische Gerichte aus Fleisch und Geflügel, ebenso für spanische Gerichte und verschiedene spanische Würste (z.B. *Sobresada*).

Im Ganzen getrocknete milde Paprikaschoten werden besonders in Spanien verwendet. Dort gab es sie jedenfalls zuerst, und das Klima ist für den Anbau besonders gut geeignet. Die Schoten, aus denen *Pimenton* hergestellt wird, sind von zugespitzter Form und dick. Eine spitzgeformte Abart wird für die Romesco-Soße verwendet, die tomatenrunde Sorte namens *Nora* braucht man für *Bacalao a la vizcaina*. Diese besonderen Paprikaarten durch Guindillas oder – noch schlimmer – durch *Guindilla de Murcia* (eine Art Vogelpfeffer) zu ersetzen, käme einer Katastrophe gleich, und eine Romesco-Soße, die man aus *Noras* statt aus Romesco-Schoten zubereitet, hat zu wenig Würze.

Besucher Spaniens sollten sich einen Vorrat der verschiedenen Paprikasorten kaufen und die Schoten in der Küche aufhängen. Aber Vorsicht! Markthändler sind nicht immer gute Köche und geben zuweilen falsche Informationen.

Zeichnung 12
Eßbare Pilze:
1 Leberpilz
2 Pietra Fungaia
3 Aegerita
4 Parasol
5 Shiitake
6 Judasohr
7 Feldschwindling

Petersilie

Andere Namen: Peterlein, Peterling, Kräutel

ENGL: Parsley
FR: Persil
IT: Prezzemolo
SP: Perejil
BOT: Petroselinum crispum
(Petroselinum sativum)
FAM: Umbelliferae
Zeichnung 6, Nr. 4 u. 4a, Seite 72

Petersilie ist ein so verbreitetes Kraut und so anpassungsfähig an alle klimatischen Bedingungen, daß sie kaum einer Beschreibung bedarf. Es gibt eine große Anzahl von verschiedenen Sorten, glattblättrige und krausblättrige. In Europa und Amerika werden fast ausschließlich die krausblättrigen Arten gezogen, in anderen Ländern aber sind die glattblättrigen Arten gebräuchlicher und die krausblättrigen fast unbekannt. Manche Leute behaupten, daß die glattblättrige Petersilie das bessere Aroma hätte, aber dies hängt wohl eher von Klima und Bodenbeschaffenheit ab als von der Sorte. Die glattblättrige Petersilie nimmt sich nicht so hübsch als Dekoration aus, aber das spielt weiter keine Rolle in solchen Län-

Hundspetersilie
ENGL: Fools Parsley
FR: Ache de Chiens, Persil des fous
IT: Cicuta aglina
SP: Perejil de perros
BOT: Aethusa cynapium

Italienische Petersilie
ENGL: Neapolitan Parsley
FR: Persil aux feuilles de Céleri
IT: Prezzemolo napoletano
SP: Perejil napolitano

Wurzelpetersilie
ENGL: Hamburg Parsley
FR: Persil à grosse racine, Persil aux racines de Navet
IT: Prezzomolo con radice bulbosa
SP: Perejil hamburgo

dern, wo man das Kraut nur zum Würzen verwendet, statt es wie kleine Bäumchen in einen Berg von kalten Fleischscheiben zu pflanzen. Glattblättrige Sorten sind wetterhärter als krausblättrige, und zwar nicht nur in ihrer mittelmeerischen Urheimat, sondern seltsamerweise auch in den kalten und nassen Klimazonen, wo die krause Petersilie dominiert. Die glatten Blätter werden nicht so leicht von Regengüssen und Schnee zerstört. Aber einen großen Vorteil hat die krause Petersilie: Sie kann nicht mit der giftigen Hundspetersilie verwechselt werden, die ein gewöhnliches Gartenunkraut ist und manchmal auch in Petersilienbeeten Wurzel schlägt. Obwohl die Blätter der Hundspetersilie dunkler sind und beim Abpflücken einen unangenehmen Geruch verbreiten, ist der Unterschied nicht so augenscheinlich, und auch bei noch so sorgfältiger Prüfung der gepflückten Stengel schwindelt sich immer wieder einmal ein Stengel Hundspetersilie ein. Viele Leute sind schon erkrankt, weil sie irrtümlich Hundspetersilie erwischten, und das ist vielleicht der Grund, warum man z.B. in England die mooskrause Petersilie vorzieht.

Obwohl der berühmte schwedische Botaniker Linnaeus der Meinung war, die Petersilie stamme aus Sardinien, halten andere Wissenschaftler die östlichen Mittelmeerländer für die Heimat der Petersilie. Wie dem auch sei, sie wurde bereits im alten Griechenland und in Rom verwendet, obwohl möglicherweise mehr für sakrale Zwecke als in der Küche. Für die Einführung der Petersilie nach Nordeuropa werden verschiedene Daten genannt. Die meisten nehmen die Mitte des 16. Jahrhunderts dafür an, aber sicherlich haben sie schon die Römer während ihrer mehrere Jahrhunderte dauernden Kolonialherrschaft eingeführt. Petersilie wurde natürlich auch mit den ersten Siedlern nach Amerika gebracht.

Petersilie ist zweijährig. Wenn man sie also im Frühjahr sät, tragen diese Pflanzen erst im Sommer des folgenden Jahres Samen und gehen dann ein. Eine andauernde Versorgung ist in gemäßigtem Klima leicht zu erreichen, wenn man zweimal sät: einmal im späten Frühjahr und das andere Mal zum Sommerausgang.

Petersilie ist winterhart, aber bei sehr kaltem Wetter sollte man sie besser abdecken. Petersilie braucht gutes Erdreich und ein schattiges Plätzchen, doch in manchen Gebieten der Erde gibt es weder das eine noch das andere.

Eines braucht die Petersilie jedoch unbedingt: eine Menge Platz. Es heißt, daß eine Pflanze die andere nicht berühren solle. Petersiliensamen braucht bekanntlich lange Zeit zum Keimen. Es dauert einen oder zwei Monate. Manche Leute weichen ihn vor der Aussaat in lauwarmem Wasser ein. Wunder wirkt auch ein Eimer kochendes Wasser, das man in die Saatrillen gießt, ehe man sie zudeckt. Torf in den Rillen trägt ebenfalls zur schnelleren Keimung bei.

Aus mancherlei Gründen ist es oft in einigen Städten schwer, frische Petersilie zu bekommen. Stadtbewohner können sie jedoch leicht in Blumenkästen, die mit gutem Kompost gefüllt sind, selber ziehen. Man muß den Kompost nur gut feucht halten und die

Pflanzen ab und zu flüssig düngen. Im Spätherbst kann man die Petersilienpflanzen in Blumentöpfe setzen, die man im Haus aufbewahrt. So hat man den Winter über frische Petersilie und obendrein noch einen hübschen Zimmerschmuck.

Petersilie kann tiefgekühlt oder getrocknet werden. Selbstgetrocknete Petersilie ist von zweifelhafter Qualität, aber die in jüngster Zeit gewerbsmäßig hergestellte getrocknete Petersilie ist durchaus brauchbar, wenn sie auch nicht so gut ist wie das frische Kraut.

Weil der Geschmack von Petersilie nahezu jedermann wohlbekannt ist, wäre es witzlos, ihn mit irgendwelchen Worten zu beschreiben. Viele Pflanzenfresser unter den Tieren mögen Petersilie gerne, für Vögel jedoch soll sie giftig sein. Der Saft von Petersilie darf nur in kleinen Mengen genossen werden, denn er ist eine ziemlich starke Medizin.

Eine große Zahl von Gerichten der feinen europäischen Küche ist ohne Petersilie undenkbar. Sie gehört immer (oft nur die Stengel) in das Bouquet garni, und kleingehackt bildet sie die Grundlage von feiner Kräutermischung. Sie ist unerläßlich für eine Unmenge von Soßen, angefangen von den verschiedenen Arten der Petersiliensoße bis zu *Sauce tartare, Vinaigrette, Ravigote, Verte* usw. Sie ist auch der wichtigste Bestandteil von Küchenmeisterbutter, Knoblauchbutter und vielen anderen Mischungen. Man kann Petersilie noch pikanter machen, wenn man bis zur Hälfte der Menge Zitronenmelisse hinzufügt.

Fast alle europäischen Gerichte – ausgenommen Süßspeisen – können Petersilie enthalten: Suppen, Eierspeisen, Fisch, Muscheln, Fleisch und Geflügel. Ein guter Koch verwendet sie häufig, so daß man die Beigabe von feingehackter Petersilie fast stets als Zeichen eines mit Liebe und Sorgfalt zubereiteten Essens werten kann. Eine der wichtigsten Verwendungsarten wird in Frankreich *Persillade* genannt (das ist feingehackte Petersilie, gewöhnlich mit Schalotten gemischt), die man dem Gericht erst nach dem Garwerden zufügt. Das hebt nicht nur das Aussehen, sondern auch den Geschmack.

Viele Köche des Kontinents fügen dem Essen feingehackte Petersilie ebenso instinktiv bei wie Salz. Das bedeutet natürlich, daß sie sich der geringen Mühe unterziehen müssen, Petersilie zu hakken. Petersilie sollte gut durchgespült und trocken gedrückt werden, bis man sicher ist, daß kein Sand mehr daran haftet. Es gibt Küchengeräte zum Zerkleinern von Petersilie, ich selbst ziehe jedoch ein großes scharfes, französisches Küchenmesser vor und ein hölzernes Brett, das ich auf ein gefaltetes Küchentuch lege, um den Schall zu dämpfen. Für kleinere Portionen nehme ich eine *Hachinette*, das ist eine hölzerne Schale mit einem halbmondförmigen Messer, das recht gut zu gebrauchen ist.

Außer der Blattpetersilie gibt es noch zwei Arten, die man kennen sollte. Die eine ist als Italienische Petersilie bekannt und wird wegen ihrer Stengel gezogen. Man ißt diese wie Stangensellerie. Die andere ist die Hamburger oder Wurzelpetersilie, die wegen ihrer Wurzel angepflanzt wird. Obwohl diese Petersilie in England und in den Vereinigten Staaten nicht mehr üblich ist, war sie im 18. Jahrhundert dort weit verbreitet. Heute kommt sie hauptsächlich in Nord- und Osteuropa und in Teilen Frankreichs vor. Der Geschmack liegt ungefähr zwischen Petersilie und Sellerie; sie wird in Deutschland vielfach zum Verfeinern von Gemüsesuppen und Eintopfgerichten verwendet. Häufig ist sie auch Bestandteil eines Kräuterstraußes, den man in Deutschland als Suppengrün bezeichnet.

Chinesische oder Japanische Petersilie ist grüner Koriander und hat einen völlig anderen Geschmack (siehe Koriander).

Pfeffer

ENGL: Pepper, Black Pepper
FR: Poivre
IT: Pepe nero
SP: Pimienta negra
BOT: Piper nigrum
FAM: Piperaceae
Tafel I, Nr. 3, Seite 81
Zeichnung 19, Nr. 3, Seite 224

Weißer Pfeffer
ENGL: White Pepper
FR: Poivre blanc
IT: Pepe bianco
SP: Pimienta blanca
BOT: Piper nigrum
Tafel I, Nr. 2, Seite 81

Die verschiedenen Pfeffersorten sind in den Tropen beheimatet und liefern den schwarzen, weißen und grünen Pfeffer, den Langpfeffer und den Kubeb-Pfeffer (der heutzutage nur noch selten in der Küche verwendet wird). Die pfannenförmigen Blätter werden im Fernen Osten zusammen mit der Betelnuß gekaut; außerdem gibt es noch den *Piper methysticum* und den *Piper excelsum,* aus dem man ein seltsames Getränk auf den Südseeinseln braut, das *Kavakaka.*

Die Kletterpflanze, die den schwarzen und weißen Pfeffer liefert, stammt aus den Monsunwäldern Asiens. Sie hat dunkelgrüne Blätter und herabhängende Schnüre, an denen die Beeren hängen, zuerst grün und dann im reifen Zustand glänzend orangerot. Pfeffer wird heute in den meisten tropischen Ländern angebaut, die ein feuchtwarmes Klima haben wie Indien, Indonesien, Ceylon, Madagaskar und Brasilien. Gewöhnlich zieht man ihn im Halbschatten, entweder an dafür vorgesehenen Pfählen oder an den Schattenbäumen einer Kaffeeplantage.

Pfeffer war schon immer ein wichtiges Gewürz und wurde sicher seit den Tagen der alten Griechen und Römer durch Karawanen nach Europa eingeführt. Während einer langen und interessanten Geschichtsperiode wurde er nicht nur zum Würzen verwendet, sondern auch für den Tauschhandel und als Steuer oder Lösegeld. Venedig und Genua wurden durch Pfeffer reich, und vor allem wegen des Pfeffers suchte man einen Seeweg in den Fernen Osten. Pfeffer ist das wichtigste Gewürz der Gewürzinseln. In den Küchen der meisten Länder wurde er zum Hauptgewürz, und wenn man ihn auf dem Tisch nicht findet (wie etwa im Iran, wo Sumac oder getrocknete und pulverisierte saure Limonen ihn ersetzen), vermißt man ihn fast ebenso wie Salz.

Guter Pfeffer ist immer noch ziemlich teuer, und so wird eine ganze Menge minderwertiger Pfeffer verkauft. Da dies wichtig ist, sollte der Koch besonders darauf achten. Man kauft am besten ungemahlenen Pfeffer, weil man einerseits gemahlenen Pfeffer leicht verfälschen kann (mit Substanzen wie gemahlenen Dattelkernen und minderwertigen Gewürzen), aber hauptsächlich auch darum, weil das Aroma sehr flüchtig ist; einmal gemahlen, verliert der Pfeffer schnell an Würzkraft. So sollte man den Pfeffer in ganzen

Körnern kaufen und diese bei Bedarf frisch in der Pfeffermühle zerkleinern. Das ist kein Aberglaube. Der Unterschied ist wirklich gewaltig.

Es gibt im Handel viele verschiedene Pfeffersorten. Sie unterscheiden sich in Aroma, Schärfe, Größe und Farbe des einzelnen Korns und werden oft nach ihrem Ursprungsland benannt. Wie bei den meisten Dingen ist es auch hier: Wenn man guten Pfeffer bekommen will, ist es am einfachsten, man verlangt die beste Sorte und zahlt entsprechend. Als Richtlinie mag gelten: Der Pfeffer sollte in Farbe und Größe gleichmäßig aussehen (er muß sortiert sein) und hart genug, daß man ihn nicht mit den Fingernägeln zerkrümeln kann und außerdem frei von Staub und Schmutz. Wenn man einmal die richtige Sorte für sich entdeckt hat, sollte man gleich eine größere Menge kaufen und in einem Glasgefäß aufbewahren.

Pfeffer enthält das Alkaloid Peperin, das stimulierend wirkt. Es regt den Speichelfluß und die Produktion der Verdauungssäfte an und ist so eine Verdauungshilfe. Wenn er destilliert wird, erhält man ein ätherisches Öl mit dem charakteristischen Pfeffergeschmack, aber ohne dessen Schärfe. Die Schärfe kommt von einer harzigen Substanz im Korn, die nicht flüchtig ist. Es ist leicht einzusehen, daß man erst am Schluß des Kochprozesses frisch mit der Mühle gemahlenen Pfeffer den Speisen zufügt, wenn man sein Aroma und nicht nur seine Schärfe liebt. Das perfekte Würzen mit frisch gemahlenem Pfeffer ist eine der wichtigsten Handlungen beim Kochen.

Wenn wir vom Pfeffer sprechen, meinen wir meist den schwarzen Pfeffer. Um diesen zu gewinnen, werden die Beeren noch grün gepflückt und einfach in der Sonne getrocknet. Dabei verwandeln sie sich in das wohlbekannte, typische schwarze oder schwarzbraune Pfefferkorn.

WEISSER PFEFFER stammt von derselben Pflanze wie der schwarze Pfeffer, aber anstatt die Beeren grün zu pflücken und sie zu trocknen, läßt man sie reifen, wobei sie rot werden. Die Schale und der fleischige Teil lösen sich beim Aufhäufen, was die Fermentierung beschleunigt. Dann werden die Körner gewaschen und anschließend getrocknet. Heute entfernt man auch durch maschinelles Schleifen die äußere Haut des schwarzen Pfeffers, bis er weiß wird, aber genaugenommen ist das nicht weißer Pfeffer, sondern geschälter Pfeffer.

Weißer Pfeffer ist etwas weniger aromatisch als schwarzer Pfeffer. Man verwendet ihn hauptsächlich bei der Zubereitung weißer Soßen, die durch schwarzen Pfeffer unschön gesprenkelt aussehen würden. Er ist bei vielen Gastronomen des Kontinents beliebter, weil sie meinen, daß sein Geschmack besser als der des schwarzen Pfeffers sei (in Spanien und Italien wurde mir das immer wieder beteuert), oder bei manchen einfach darum, weil er teurer ist. Das ist jedoch eine Frage des persönlichen Geschmacks. Wenn man schwarzen Pfeffer als zu vulgär empfindet, dann soll man eben weißen verwenden.

GRÜNER PFEFFER war vor wenigen Jahren noch unbekannt: 1970 importierte Deutschland 10 Tonnen, 1976 schon rund 400 Tonnen (aus Madagaskar, Brasilien und Indien). Zunächst wurden die grün gepflückten Pfefferbeeren in Dosen oder Gläser eingelegt verkauft; inzwischen entwickelten Gewürzmühlen spezielle Trocknungsverfahren, so daß man nun auch grünen Pfeffer in der Pfeffermühle mahlen kann.

MIGNONETTE-PFEFFER, auch Schrot-Pfeffer genannt, wird in der französischen Küche verwendet. Das ist grob geschrotener Pfeffer aus gesiebten schwarzen oder noch häufiger weißen Pfefferkörnern. Mit einer grob reibenden Pfeffermühle kann ein ähnliches Ergebnis erzielt werden.

Der LANGPFEFFER *(Piper longum)* stammt von zwei anderen Pfefferarten und kommt als ein Produkt in den Handel, das wie kleine harte Blütenkätzchen von etwa einem Zentimeter Länge aussieht. Die winzigen getrockneten Früchte sind hier zu Zapfen vereinigt. Langpfeffer spielte einst in Europa eine große Rolle, aber heute baut man ihn hauptsächlich in Indien, im Fernen Osten und am Pazifik an, wo man ihn auch verwendet. Der Geschmack beider Arten ähnelt sehr dem schwarzen Pfeffer, aber er ist leicht süßlich.

Pilze

Anderer Name: Schwammerln (Süddeutschland, Österreich)

Wiesenchampignon
ENGL: Field Mushroom
FR: Champignon des prés
IT: Prataiolo
SP: Hongo silvestre
BOT: Agaricus campestris
FAM: Agaricaceae

Schafchampignon
ENGL: Horse Mushroom
FR: Boule de Neige, Pratelle des jachères
SP: Fongo commun, Seta
BOT: Agaricus arvenis
FAM: Agaricaceae

Kaiserling (Orongenwulstling)
ENGL: Oronge oder Caesar's Amanita
FR: Oronge
IT: Uovolo
SP: Amanita cesárea
BOT: Amanita caesarea
FAM: Agaricaceae
Tafel VIII, Nr. 4, Seite 184

Echter Reizker
ENGL: Orange Milk-Cap
FR: Lactaire délicieux, Rouzillon, Vache rouge
IT: Fongo dal pin

WILDPILZE. In allen Ländern werden Wildpilze gegessen; sie wachsen überall, selbst in unwirtlichen Gegenden wie der Mongolei und Tierra del Fuego, ja selbst im Sand der Sahara und am Ufer des Toten Meeres. In Frankreich, Italien, der Tschechoslowakei und Polen werden die meisten Pilze gegessen, doch die anderen europäischen Länder folgen dichtauf. Auch in Fernost, besonders in China und Japan, ißt man viele Pilzarten. In Großbritannien dagegen ißt man nur den Wiesenchampignon und den Schafchampignon, andere Sorten kaum. Das gleiche gilt für die Vereinigten Staaten. Deshalb gibt es im Englischen kaum volkstümliche Namen für die verschiedenen Arten, wie das auf dem Festland der Fall ist. Nach angelsächsischer Tradition sind alle Pilze außer dem Champignon »Schwämme« und also wahrscheinlich giftig. Tatsächlich sind die meisten Pilze ungiftig, und gerade der beliebte Wiesenchampignon kann, wenn er jung und noch geschlossen ist, leicht mit dem tödlich giftigen Knollenblätterpilz *(Amanita phalloides)* verwechselt werden. Aus diesem Grunde läßt man den Wiesenchampignon in Ländern, die mehr Pilzverstand haben als England und Amerika, links liegen.

Wildpilze sind sowohl als Nahrungsmittel wie als Würze von hohem Wert; ein guter Koch sollte also etwas davon verstehen. Im Spätsommer und Herbst quellen europäische Marktstände über von Pilzen, die schön anzusehen und gut zu essen sind. Es ist beruhigend zu wissen, daß trotz der Unmengen, die jedes Jahr auf dem Kontinent verzehrt werden, ernsthafte Pilzvergiftungen selten sind. Pilzkunde zur Unterscheidung von eßbaren und giftigen Pilzen wird in vielen Schulen gelehrt, und meist gibt es Gesetze, die genau vorschreiben, welche Arten öffentlich verkauft werden dürfen, nämlich nur solche, die nicht leicht mit giftigen verwechselt werden können. Ferner gibt es ausgebildete Inspektoren, die das Angebot überwachen. Denn es gibt einige Pilze, die roh genossen gefährlich sind, andere werden es, wenn sie sich zu zersetzen beginnen; wieder andere müssen lange gekocht oder eingelegt und eingesalzen werden, um genießbar zu sein. Einige muß man schälen; andere wie z. B. der Wiesenchampignon werden durch Schälen wertlos: Sie verlieren an Geschmack. Wenn man also bislang unbekannte Pilze kaufen will, sollte man immer fragen, wie man sie verwendet und zubereitet. Und man sollte nie ein Pilzkundebuch aus dem einen Land in einem anderen benutzen, das könnte zu Schwierigkeiten führen. Für das Sammeln von Pilzen gibt es keine Faustregel, das muß man ganz genau lernen.

Der giftigste Pilz von allen, der Knollenblätterpilz samt Abarten, besteht sämtliche althergebrachten Tests – und bringt einen ins Grab. Und der Ratschlag, keine Pilze zu essen, die im Wald wachsen, ist Unfug, denn die meisten eßbaren Pilze wachsen im Wald, während der tödliche Knollenblätterpilz oft genug auf Wiesen vorkommt.

Ein kleiner Hinweis ist jedoch möglich: Da die schlimmsten Mörder (ein Stück davon genügt bereits!) zur Gattung der *Amanita* gehören, die leicht zu erkennen ist, sollte man sie genau kennen, um ihnen aus dem Weg gehen zu können. Es wäre jedoch schade, wenn man einen der besten eßbaren Pilze, den Kaiserling *(Amanita caesarea)*, der auch zu der Sippe gehört, stehenließe. Aber selbst dieser wird manchmal verwechselt mit dem giftigen Fliegenpilz *(Amanita muscaria)*. Ein Anfänger sollte am besten keine Amanitas essen, bevor er sich genau auskennt. Manchmal ist nämlich die Wulsthaut des Fliegenpilzes so brüchig, daß nur noch schmale Stege übrig sind. Außerdem kann der Regen die weißen Tupfen abgewaschen haben – aber die Lamellen sind weiß, und hieran ist er zu erkennen. Immerhin ist der Fliegenpilz nicht ganz so giftig und wurde angeblich in Sibirien benutzt, um schneller betrunken zu werden.

Der klassische Mörder ist der Grüne Knollenblätterpilz *(Amanita phalloides)*, Tafel VIII, Nr. 1, Seite 184; er ist in den herbstlichen Wäldern Europas und Amerikas sehr verbreitet. Die jungen Pilze haben eine unheilverkündende perlgrüne Farbe, später werden sie grau bis lederfarben und sehen ganz eßbar aus. Noch tückischer ist der andere Knollenblätterpilz *Amanita verna,* weil die jungen Pilze leicht mit Champignons zu verwechseln sind; beide sind jedoch äußerst giftig. Erkennungszeichen der Amanita-Arten ist die Wulsthaut oder Scheide an der Stielbasis, wie auf der Tafel dargestellt. Bei jungen Pilzen ist die Wulsthaut jedoch noch nicht da, später kann sie abgebrochen oder von Schnecken gefressen worden sein. Pilze, die man essen will, sollte man daher niemals an Hand eines einzigen Exemplares identifizieren und sammeln. Meist wachsen sie ohnehin in Gruppen, wodurch das Erkennen leichter wird. Nach dem Verzehr eines Knollenblätterpilzes zeigen sich keine unmittelbaren Vergiftungs-

SP: Miscalo, Mizcalo
BOT: Lactarius deliciosus
FAM: Russulaceae

Pfifferling
ENGL: Chanterelle
FR: Chanterelle, Girolle
IT: Cantarello cibario
SP: Canterelo
BOT: Cantharellus cibarius
FAM: Cantharellaceae

Feldschwindling (Nelkenschwindling)
ENGL: Fairy Ring Mushroom
FR: Faux Mousseron, Marasme montagnard
IT: Gambesecche, Marasmio oreade
SP: Camasec, Crespilla
BOT: Marasmius oreades
FAM: Agaricaceae
Zeichnung 12, Nr. 7, Seite 140

Pfeffer-Milchling
ENGL: Pepper Cap
FR: Lactaire poivré, Vache blanche
SP: Crespilla làctea piperita, Girgolas
BOT: Lactarius piperatus
FAM: Russulaceae

Zuchtschampignon
ENGL: Cultivated Mushroom
FR: Champignon de Couche, Champignon de Paris
IT: »Champignon de Paris«, Funghi di coltura
SP: Hongo plantado
BOT: Agaricus bisporus
FAM: Agaricaceae

Speisemorchel
ENGL: Morel
FR: Morille
IT: Spugnola rozonda
SP: Cagarria, Colmenilla
BOT: Morchella esculenta und viele andere Arten
FAM: Helvellaceae
Tafel VIII, Nr. 9, Seite 184

1
2
3
4
5
6
7
8

symptome wie etwa Brechreiz. Die ersten Anzeichen treten meist nach sechs bis zwölf Stunden auf, und dann ist es zu spät, weil das Gift die Leber bereits zerstört hat. Weniger gefährliche Pilze verursachen unmittelbar nach dem Verzehr Übelkeit und sind daher selten tödlich. Mein Rat für solche Fälle: Finger in den Rachen stecken und Erbrechen künstlich herbeiführen, dann viel Wasser trinken und die Prozedur wiederholen. Das ist eine Roßkur, zugegeben, aber mir hat sie geholfen: Nach dem Genuß von angeblichen Pfifferlingen hatte ich am nächsten Morgen nur leichte Kopfschmerzen, während mein Begleiter im Krankenhaus lag. Ich gebe diesen Rat in der Hoffnung, daß der Leser nie gezwungen sei, ihn anzuwenden.

Von den eßbaren Wildpilzen empfehle ich besonders die Röhrenpilze *(Boletus)*, statt Lamellen haben sie unter dem Hut eine schwammartige, von Röhren durchzogene Masse. Nur ganz wenige Boletus-Arten – und zwar die schönsten und daher sofort erkennbaren – sind leicht giftig, vor allem der relativ gefährliche Satanspilz *(Boletus satanas)*, oder verursachen Verdauungsstörungen (besonders wenn sie roh gegessen werden); einige andere sind bitter oder sonstwie ungenießbar. Praktisch ist es also unmöglich, durch Röhrenpilze zu Schaden zu kommen. Einige Sorten nehmen beim Zerschneiden eine alarmierende blaue Farbe an, sind aber dennoch gute Speisepilze. In manchen Büchern wird das bestritten, doch ich esse sie in England regelmäßig. Der berühmteste und edelste aller Röhrenpilze ist der Steinpilz; er wird auf dem europäischen Kontinent besonders geschätzt.

Andere gute Wildpilze sind der Wiesenchampignon, der Schafchampignon sowie der Pfifferling; letzterer wird in Deutschland und den Alpenländern besonders geschätzt. Auch der Orongenwulstling oder Kaiserling ist roh oder gekocht exzellent und spielt in Italien und Südfrankreich eine große Rolle, in Amerika ist er selten. Vorzüglich ist auch der Kiefernblutreizker, der zwar in Deutschland nicht häufig ist, in den trockenen Kiefernbeständen Südeuropas dagegen sehr, und nicht zuletzt die Speisemorchel.

Von der Morchel gibt es so viele Arten und Varietäten, daß selbst die Experten kaum durchkommen. Einige davon sind berühmte Delikatessen in Europa wie in Fernost. Die gesuchteste ist die Speisemorchel *(Morchella esculenta)*; sie hat einen unvergleichlichen Duft und kommt im Jura besonders häufig vor. Sie ist klein und dunkel und läßt sich einigermaßen trocknen. Frankreich schätzt die Morcheln am meisten; man brät sie in Butter, füllt sie oder benutzt sie als Würze.

ZUCHTPILZE. Wenn es so viele gute Wildpilze gibt, warum werden dann nicht mehr Sorten gezüchtet? Doch das ist nicht leicht. Die Hauptschwierigkeit besteht darin, daß viele der besten Speisepilze eine Symbiose mit Bäumen oder anderen Pflanzen zum Leben brauchen: Ihre Myzelien verbinden sich z.B. mit Baumwurzeln, ohne die sie nicht leben können. Wer also bestimmte Pilze suchen will, sollte zunächst Ausschau halten nach dem Baum, mit dem die Art zusammenlebt (z.B. Kiefernblutreizker).

Zeichnung 13
1 Zitronenmelisse
2 Gundelrebe
3 Ysop
4 Taubnessel
5 Andorn
6 Betonie
7 Monarde
8 Kretischer Diptam

Leider gehören auch die Röhrenpilze und Trüffeln zu dieser Gruppe. Das beste, was man zur Zeit tun kann, ist, Myzelien bei den Baumgruppen anzupflanzen, die die betreffende Art bevorzugt. Bei den meisten Pilzen sind die Anbauschwierigkeiten jedoch so groß, daß ein wirtschaftlicher Erfolg nicht zu erwarten ist. Eine Ausnahme machen nur die im folgenden beschriebenen Pilze.

ZUCHTCHAMPIGNON. Dieser nahe Verwandte des Wiesenchampignons wird in Europa am häufigsten angebaut. Um 1700 gelang die Kultivierung erstmals in Frankreich, zunächst in Gärten, dann in Höhlen. Wild kommt er heute nicht mehr vor. Intensive Forschung hat inzwischen den Anbau wesentlich erleichtert. So ist z. B. verrotteter Pferdedung jetzt nicht mehr nötig und die Produktion das ganze Jahr hindurch möglich. Dennoch werden Zuchtchampignons nicht überall in Europa angeboten, meist dort nicht, wo man viele Wildpilze sammelt.

Zuchtchampignons variieren im Aussehen zwischen weiß und glatt bis braun und schuppig. Die Geschmacksunterschiede sind erheblich, manche schmecken nach nichts, und auch die besten sind nicht so gut wie Wildpilze. Man gibt oft nur unnütz Geld aus, wenn man den vielen Gerichten, die Pilze als Würze vorschreiben, Zuchtchampignons beigibt; damit erfüllt man zwar die Vorschrift, ohne jedoch den Originalgeschmack zu erzielen. Offen gesagt sind getrocknete Wildpilze meist besser, obgleich Pilze sich nicht besonders gut trocknen lassen. Man kann sie auch mit frischen Pilzen mischen, die dann die Textur liefern. Eine Spur Knoblauch hebt übrigens den Pilzgeschmack. Gewöhnlich haben die voll ausgewachsenen Pilze mit geöffnetem Hut mehr Aroma als die kleinen, noch geschlossenen.

Pilzstengel sind billiger und werden gewöhnlich als Würze benutzt. Pilze aus der Büchse haben noch weniger Eigengeschmack und sind als Würze unbrauchbar. (siehe auch *Ketchup*). Die Zahl der Gerichte, zu denen Pilze als Grundgewürze gehören, ist viel zu groß, um hier aufgeführt zu werden. Sie passen zu fast jedem guten Gericht.

SHIITAKE und MATSUTAKE (Japanische Baumpilze). Lange bevor man in Europa Pilze zu züchten begann, zog man in Japan und China verschiedene Pilzarten, die auf Baumstämmen wachsen. Am bekanntesten sind der Shiitake *(Lentinus edodes;* chin.: *Leong goo)*, der auf Hartholz wächst, besonders auf Eiche und Shiia (Shiitake bedeutet Shiia-Pilz), und der verwandte Matsutake, der auf Kiefernholz wächst.

Jung und frisch sind beide ausgezeichnet; als Import aus Japan sind sie auch getrocknet, in Büchsen und eingelegt erhältlich. In China wird Shiitake nur getrocknet und ohne Stengel verwendet (Zeichnung 12, Nr. 5, Seite 140).

REISSTROHPILZ *(Volvariella volvacea)*. Das ist der Zuchtpilz der Tropenländer. Sein Anbau gelang zuerst in China; chinesische Auswanderer brachten ihn dann nach Südostasien, Madagaskar, Westafrika usw. Der Pilz hat eine Wulsthaut oder Scheide wie die *Amanitas*, ist jedoch trotz seines »giftigen« Aussehens ein exzellenter Speisepilz. Getrocknet ist er bei uns erhältlich; man sollte ihn in luftdichten Gefäßen aufbewahren, weil er sonst einen üblen Geruch annimmt (der jedoch gewöhnlich beim Kochen verschwindet); siehe Tafel VIII, Nr. 6, Seite 184.

MORCHELN gehören zu den schmackhaftesten Pilzen überhaupt; es werden mehrere Sorten angebaut *(z. B. Morchella esculenta, Morchella conica)*. Getrocknet verwendet man sie in der ganzen Welt; auf den Märkten des Ostens sieht man sie körbeweise. Wie alle getrockneten Pilze werden sie vor der Verwendung eingeweicht (siehe Tafel VIII, Nr. 9, Seite 184).

Damit ist die Liste der Zuchtpilze keineswegs zu Ende. Es werden noch viele andere Arten angebaut, besonders in China und im Osten Sowjetrußlands (z. B. *Pleurotus*-Arten). Deutschen Lesern, die sich für Zuchtpilze interessieren, empfehlen wir die *Schwarzwälder Pilzlehrschau*, 7746 Hornberg, Werderstraße 17. Ich hoffe, daß dieser Abschnitt überängstliche Gemüter beruhigt, die alle Trockenpilze aus dem Osten für eine von halbverhungerten Kindern blindlings zusammengesuchte Sammlung von wilden – und damit zweifellos giftigen – Pilzen halten. Das Gegenteil ist der Fall: Diese Pilze werden meist von Leuten angebaut, die wesentlich mehr von der Sache verstehen als wir.

In Europa gibt es noch einige Zuchtpilze von lokaler Bedeutung wie *Pietra fungaia (Polyporus tuberaster)*, Zeichnung 12, Nr. 2, Seite 140, der früher in den Bergen Süditaliens angebaut wurde und dem Virginischen Aron Kanadas ähnlich ist. Ferner den *Pioppino* (It.), *Champignon du peuplier* (Fr.) oder *Hongo del sauce* (Sp.), der an einigen Stellen im Mittelmeerraum angebaut wird. Das ist der *Aegerita* der Römer (bot.: *Agrocybe aegerita)* und kann sowohl frisch wie auch getrocknet verwendet werden (siehe Zeichnung 12, Nr. 3, Seite 140).

GETROCKNETE WILDPILZE. In ganz Europa verwendet man meist Röhrenpilze (*Boletus*-Arten), von denen man riesige Mengen sammelt, in Scheiben schneidet, trocknet und verpackt. Ist das Produkt alt und braun oder von minderwertiger Qualität, schmeckt es muffig und fleischig; hell und einigermaßen frisch ist es dagegen ausgezeichnet. Wer jemals Röhrenpilze gesammelt, die madigen Exemplare ausgelesen und die übrigen getrocknet hat, der weiß, warum getrocknete Pilze so teuer sind: Sie schrumpfen enorm zusammen.

Von den Wildpilzen sollte noch das Judasohr *(Auricularia auricula-judae)* erwähnt werden (Zeichnung 12, Nr. 6, Seite 140), das beinahe aussieht wie das Innere eines Hundeohres. In China werden verschiedene Arten davon angebaut, besonders *Auricalaria polytricha*. Getrocknet sind sie in Spezialgeschäften erhältlich, mittlerweile sogar schon in einigen Kaufhäusern.

Wer selbst Pilze trocknen will, sollte vielleicht mit den Parasolpilzen anfangen (etwa *Lepiota procera*, Zeichnung 12, Nr. 4, Seite 140); sie sind groß, ungefährlich, leicht zu finden und ohne Schwierigkeiten zu trocknen. Ein vorhandenes Pilzbuch sollte man zu Rate ziehen. Leicht zu trocknen ist auch der vorzügliche Feldschwindling, der überdies nicht mit giftigen Arten verwechselt werden kann.

Die meisten Pilze benutzt man, um dem Gericht mehr oder weniger den bekannten »Pilzgeschmack« zu verleihen; einige haben jedoch einen völlig anderen Geschmack, etwa nach Pfeffer wie der Pfeffermilchling (der in Osteuropa und Rußland häufig eingesalzen wird). Der Gemeine Leberpilz *(Fistulina hepatica)* schmeckt sauer. Doch die bedeutendste Art ist die Trüffel, die unter einem eigenen Stichwort abgehandelt wird.

Piment

Andere Namen: Jamaikapfeffer, Nelkenpfeffer, Allgewürz

ENGL: Allspice, Jamaica Pepper, Myrtle Pepper
FR: Piment jamaique, Poivre aromatique, Toute-épice
IT: Pimento
SP: Baya o fruta del pimiento de Jamaica
BOT: Pimenta officinalis
FAM: Myrtaceae
Tafel I, Nr. 1, Seite 81
Zeichnung 18, Nr. 4, Seite 216

Dieses Gewürz stammt von einem Baum, der in Westindien, Mittel- und Südamerika beheimatet ist. Die beste Qualität stammt aus Jamaika, wo der Baum so gut gedeiht, daß diese Insel zwei Drittel des Weltbedarfs liefert. Der Handel und der Anbau stehen unter der Kontrolle der Regierung, die auch jährlich die Preise festsetzt.

Die reifen Beeren sind purpurrot, doch werden sie gepflückt, wenn sie noch grün sind, und in der Sonne oder in Spezialöfen getrocknet. Das Ergebnis sind braune, nicht ganz runde Körner, die großen Pfefferkörnern ähneln; die Oberfläche ist rauh.

Der englische Name »Allspice« (Allgewürz) rührt daher, daß viele Leute, die es nur gemahlen kennen, glauben, es enthalte mehrere Gewürze. Tatsächlich ähnelt der Geruch einem Gemisch aus Gewürznelke, Zimt und Muskat. Piment ist ein sehr häufig gebrauchtes Gewürz, man sollte es wie viele andere Gewürze auch unzerkleinert aufbewahren. Braucht man ein Mischgewürz, so kann man leicht ein oder zwei Körner im Mörser zerstoßen. Gewürznelke und Zimt sind nicht so leicht zu pulverisieren.

Piment ist in fast allen Ländern populär. Gemahlen benutzt man es in Kuchen, besonders in Weihnachtsgebäck, ferner in Suppen, Soßen und Fleischgerichten; die ganzen Körner verwendet man zum Einlegen und Marinieren, z.B. von Hering. Auch zu Curry und Pilaw benutzt man ihn, obgleich er in Indien nicht beheimatet ist. Im Nahen und Mittleren Osten ist er sehr beliebt und fehlt in keinem Gewürzschrank. Für die Herstellung von Wurst ist Piment unentbehrlich. In der Likörfabrikation steht Piment in Konkurrenz zur Gewürznelke. Einige Bitter- oder Kräuterliköre enthalten es: Stonsdorfer, Chartreuse, Benediktiner. Pimentöl findet in der Kosmetikindustrie Verwendung.

Pimpinelle

Andere Namen: Kleiner Wiesenknopf Steinpetersilie

ENGL: Burnet, Salad Burnet, Garden Burnet
FR: Petite pimprenelle, Pimprenelle des jardins

Die Pimpinelle spielte als Würzpflanze einst eine große Rolle; im Elisabethanischen England war sie eines der wichtigen Küchengewürze und wurde auch von den ersten Einwanderern nach Amerika verpflanzt. Heute wird sie nur in Italien und Frankreich in größerem Umfang verwendet. Der Geschmack ist würzig-gurkenartig.

Die kleine, perennierende Pflanze ist europäischen Ursprungs;

es gibt bei uns zahlreiche wildwachsende Abarten. Sie bevorzugt kalkhaltigen Boden und hat charakteristisch gezähnte kleine Fiederblättchen, die paarweise angeordnet sind. Der Stengel wird etwa 30 cm hoch, der Blütenstand ist eine Art grünliches Polster, befedert mit langen purpurroten Staubgefäßen. Daran kann man sie leicht erkennen, und eine Verwechslung mit Giftpflanzen ist unmöglich. Die Pimpinelle läßt sich leicht von Samen oder durch Wurzelteilung im Garten ziehen; sie ist nicht empfindlich und wächst in fast jedem Boden.

IT: Pimpinella
SP: Pimpinela sanguisorba
BOT: Poterium sanguisorba (Sanguisorba minor)
FAM: Rosaceae
Zeichnung 10, Nr. 2, Seite 124

Pimpinelle gehört zu den klassischen Bestandteilen von Kräuterbuttern und verschiedenen Soßen wie etwa *Ravigote* und *Chivry*. Dazu benutzt man frische, feingehackte Blätter, man kann jedoch auch tiefgefrorene verwenden. Wie Borretsch werden die Blätter auch zur Aromatisierung von Kaltgetränken benutzt, ebenso kann man sie mit Weinessig aufgießen und so Pimpinelle-Essig bereiten. Besonders vorzüglich eignet sich die Pflanze zu Salat, doch nimmt man nur die jungen Blätter, die älteren sind hart. Auf italienischen Märkten kann man gemischten grünen Salat in fertigen Bündeln kaufen, und fast immer sind ein paar Pimpinelleblätter darin. Es gehört zu dem eigenen Charme eines solchen Salates (der nur aus grünen Blättern besteht, einfach mit feinem Olivenöl, Salz und Weinessig angemacht), daß er Blätter von verschiedener Festigkeit und unterschiedlichem Geschmack enthält.

Die GROSSE PIMPINELLE *(Sanguisorba officinalis)* wächst auf feuchten Wiesen, kommt aber seltener vor als die echte Pimpinelle, mit der sie nicht verwechselt werden sollte. Sie sieht ähnlich aus, wird jedoch etwa doppelt so hoch, und der Blütenstand bildet ein farbkräftigeres karmoisinrotes Polster. Die Pflanze wurde auch Blutampfer genannt, weil man früher damit blutende Wunden stillte. Sie wächst in den meisten Ländern Europas und Asiens, ist aber in Nordamerika nicht heimisch.

Die BIBERNELLE *(Pimpinella saxifraga)* wächst ebenfalls wild auf kalkhaltigen Böden, gehört jedoch zur Petersilie-Familie *(Umbelliferae)*. Alte Rezepte für Pimpinelle-Essig schreiben oft zerstoßenen Samen vor, doch ist schwer zu entscheiden, welche der genannten Pflanzen gemeint ist. Auch die Bibernelle könnte in Frage kommen, obgleich er die typischen weißen Doldenblüten seiner Familie hat, denn die unteren Blätter sehen denen der Pimpinelle entfernt ähnlich. Die oberen Blätter dagegen haben, wie das auch beim Koriander und anderen Doldenblütlern der Fall ist, einen anderen Umriß und sind viel feiner gezackt.

Bibernelle (französisch *Pied de bouc* oder *Boucage*, italienisch *pie di becco)* ist eines der ältesten Herzstärkungsmittel, es wurde bereits im alten Griechenland benutzt. Es gibt auch noch eine größere Form, *Pimpinella major*, die auf feuchten Wiesen und an schattigen Hecken wächst. Große Pimpinelle und Bibernelle sollten nie verwechselt werden mit der Großen Klette *(Arctium lappa)*, deren Wurzeln eßbar sind; die japanische *Gobo* ist eine Kulturform dieser Pflanze.

Pinienkerne

ENGL: Pine nuts, Indian nuts (USA), Pignolias, Pine Kernels
FR: Pignons
IT: Pignoli, Pinoli
BOT: Eßbare Samen von etwa achtzehn Pinus-Arten
FAM: Pinaceae
Zeichnung 17, Nr. 1 u. 1a, Seite 208

Die klassischen Pinienkerne der mittelmeerischen Küche stammen von der Pinie *(Pinus pinea)*, die an den Nordküsten des Mittelmeeres gedeiht, aber auch im Westen an der südlichen Atlantikküste Spaniens und Portugals und im Osten an den Küsten des Schwarzen Meeres. Mit ihrer schönen schirmförmigen Krone ist die Pinie einer der charakteristischsten Nadelbäume des Mittelmeergebietes. Besonders an der italienischen Westküste von La Spezia bis Anzio wird sie geschützt und wegen ihrer Kerne angepflanzt, ebenso an der adriatischen Küste oder in Spanien. In anderen Ländern wurde sie hauptsächlich als Zierbaum eingeführt.

Die Zapfen werden während des Winters vom November an gesammelt und gewöhnlich bis zum Sommer aufbewahrt. Dann legt man sie in die Sonne, damit sie trocknen und sich öffnen. Jetzt kann man die Samen herausschütteln, ihre Schale aufknacken und die Kerne herausholen. Gewöhnlich kommen sie als ausgelöste Kerne in den Handel.

Pinienkerne werden in den Mittelmeerländern seit langer Zeit verwendet. Man fand die Schalen schon auf Kehrichthaufen, die römische Legionen in England zurückließen. Die Nüsse haben einen ganz schwachen terpentinartigen Beigeschmack, der sich gewöhnlich beim Erhitzen verflüchtigt. Dann schmecken sie köstlich nußartig. Sie werden einer ganzen Reihe italienischer Fleischgerichte beigegeben, etwa Wildbret, süßsauren Gerichten, aber auch Süßigkeiten. Man verwendet sie auch zu Eiern und Reis und zu *Pesto genovese*. Auch zu vielen Rezepten anderer Länder, von Spanien bis Ägypten, werden sie gebraucht, besonders im Libanon, wo man Hühnchen damit füllt oder sie als Beigabe zu Hackfleisch gibt und mit Auberinen und Tomaten serviert.

Die Kerne der Pinie sind typisch für die mittelmeerische Küche. Überall in der nördlichen Hemisphäre von Sibirien, den Himalayagebieten, China, Korea und Japan bis zu den Vereinigten Staaten und Mexiko werden jedoch auch Kerne unterschiedlicher Qualität von anderen Kiefernarten, z. B. in Österreich die Zirbelnüsse (Kerne der Zirbelkiefer, *Pinus cembra*), gegessen. Diese variieren beträchtlich in Größe und Aussehen; manche haben einen ausgeprägten Terpentingeschmack.

Pistazie

ENGL: Pistachio nut
FR: Pistache
IT: Pistacchio
SP: Alfóncigo, Pistacho
BOT: Pistacia vera
FAM: Anacardiaceae

Die Früchte, aus denen die Pistazienkerne stammen, hängen in Büscheln an kleinen Bäumen, die ursprünglich in den Bergen von Südturkestan beheimatet waren. Seit drei bis vier Jahrtausenden werden sie in den Mittelmeerländern und im Mittleren Osten angebaut. (Unter den Geschenken, die Jakob an Joseph übersandte, waren Pistazien; Genesis XVIII, 11.) Die Pistazie gedeiht unter ähnlichen klimatischen Bedingungen wie Mandeln und Oliven; heute wächst sie praktisch in jedem Mittelmeerland, in Südfrankreich, Spanien und Italien, aber auch in Persien, Afghanistan und den südwestlichen Gebieten der Vereinigten Staaten. Es gibt viele verschiedene Züchtungen, weibliche und männliche Blüten wachsen jedoch stets auf verschiedenen Bäumen.

Der Pistazienkern ist von einer braunroten Haut umhüllt, das Fleisch ist jedoch durch und durch glänzend grün. Man kann sich an die Regel halten: Je grüner die Farbe, desto besser die Qualität. Pistazienkerne sind außerhalb der Anbaugebiete weniger bekannt, möglicherweise deshalb, weil sie teurer sind als andere handelsübliche Nüsse.

Ohne Zweifel werden allen Reisenden im Mittleren Osten irgendeinmal gesalzene Pistazien begegnen, deren Schalen klaffen wie kleine ausgetrocknete Muscheln. Pistazien sind auch die grünen Nüsse im Nougat und in *Locoum* (einer türkischen Süßigkeit). Sie werden auch zur Dekorierung von Torten verwendet und bilden (so ist wenigstens zu hoffen) die Farb- und Aromagrundlage von Pistazien-Eiscreme, der in Italien und Amerika so beliebt ist. Auch manche Wurstsorten enthalten Pistazienstücke, z.B. Mortadella.

Der Geschmack der Pistazie ist delikat. Extrakte und Essenzen werden aus frischen Nüssen von guter Qualität gewonnen. Pistazien lassen sich gut lagern; man sollte in der Küche immer einen kleinen Vorrat zur Verzierung oder zur Herstellung von Creme bereithalten. Pistazien gibt man auch bestimmten Fleisch- und Wildgerichten bei, hauptsächlich solchen, die aus dem Libanon oder dem Mittleren Osten stammen, aber in diesem Fall können sie kaum als ein Gewürz angesehen werden, denn sie sehen zwar hübsch aus, schmecken aber ziemlich dumpfig (siehe auch *Mastix*).

Porree

Andere Namen: Breitlauch, Lauch

ENGL: Leek
FR: Poireau
IT: Porro
SP: Puerro
BOT: Allium porrum
FAM: Liliaceae
Zeichnung 1, Nr. 5, Seite 32

In England und Amerika gilt Porree nur als Gemüse, in den Ländern Kontinentaleuropas, besonders in Frankreich, dient er auch als Würze.

Die Kulturpflanze entstand wahrscheinlich aus dem wilden Lauch *(Allium ampeloprasum)*, der von den Küsten Südwales' und Cornwalls durch ganz Europa bis nach Persien hin wächst. Doch Porree ist ein so altes Gemüse, daß niemand mit Sicherheit über seinen Ursprung urteilen kann. Gewiß ist, daß er schon zur Pharaonenzeit in Ägypten angebaut und später von den Römern benutzt wurde, die ihn, wie manche behaupten, zu uns gebracht haben.

Viele verschiedene Porreesorten werden heute fast überall in Europa angebaut, in Amerika ist er dagegen weniger beliebt. Die Unterschiede reichen vom Riesenlauch, wie er zu gärtnerischen Wettbewerben in Nordengland gezogen wird, zu den kleinen, zarten und delikaten Sorten, die man auf dem Festland bevorzugt. Manche haben eine knollige Wurzelbasis, andere sind glatt; einige sind dünn, andere dick.

Porree ist eine Zweijahrespflanze, die zwar allerlei Mißhandlungen aushalten kann, doch am besten in einem guten, phosphatreichen Boden gedeiht. Hinweise zum Anbau findet man in jedem Gartenbuch.

Will man Porree kaufen, so sollte man seine Entscheidung nicht nach der Dicke fällen, sondern danach, wie groß der weiße Teil der Stangen ist. Denn nur diesen benutzt man, das Grün wird fast ganz weggeschnitten. Auch sollte Porree frisch sein; welk schmeckt er beißend. Auf dem Kontinent wird er fast das ganze Jahr über angeboten, in England nur kurze Zeit.

Es heißt, Porree sei schlecht zu säubern, und das ist er auch, wenn man nicht nach folgendem Vorschlag verfährt: Man schneidet von jeder Stange die Wurzel und das Grün ab, entfernt die Außenhaut und macht am Kopf zwei rechtwinklige Schnitte, die bis dahin reichen, wo sich der Schmutz angesammelt hat. Dann wäscht man die Stange unter fließendem Wasser, löst dabei Lage für Lage und reibt mit den Fingern die Erde ab. Es ist wichtig, den Kopf immer nach unten zu halten, damit das Wasser die Stange auswaschen kann. Niemals sollte man Wasser von oben in die Köpfe laufen lassen oder die Stangen einfach ins Wasserbecken legen. Manchmal wird vorgeschlagen, den Porree nach dem Waschen mit den Köpfen nach unten in einen wassergefüllten Krug zu stellen, doch das ist unnötig, wenn man so verfährt wie beschrieben. Es genügt dann, die Stangen in einen Durchschlag zu legen und, wenn sie alle fertig sind, noch einmal abzuspülen.

Der Geschmack von Porree ist zwiebelähnlich, doch viel milder und süßer; er drängt sich allerdings gern vor und sollte daher mit einiger Vorsicht verwendet werden.

Die Geschmacksunterschiede zwischen Porree, Zwiebel und Schalotte sind einige Überlegungen wert, denn Rezepte enthalten oft Porree und Zwiebel, manchmal auch Zwiebel und Schalotte. Als Suppenwürze spielt Porree in Deutschland und Frankreich eine große Rolle. Er gehört als würziges Gemüse zum *Pot-au-feu* und zu vielen Fleisch- und Gemüsesuppen. *Potage au bonne femme* ist ohne ihn undenkbar, ebensowenig die amerikanische Abart *Crème vichyssoise*. Doch auch zu Fischsuppen, Fleischbrühe, zu Bouillon für Hummer und Fisch nimmt man ihn, etwa zu Aal in *La Bourride* und vielen anderen Gerichten. Beim Kochen von Schweinefleisch oder Lamm kann er zum Würzbouquet gehören.

Am meisten wird Porree in den Küchen Osteuropas verwendet, so in Rumänien, wo man gern ein Horsd'œuvre bereitet aus Porree mit Oliven in einer süßsauren, öligen Tomatensoße. Oftmals werden wie in diesem Gericht auch die Stangen leicht in Öl gebräunt, wodurch sich – wie bei Zwiebeln – der Geschmack erheblich ändert. Läßt man geschnittenen Porree zu lange an der Luft stehen, so nimmt er einen schlechten Geschmack an, was er wiederum mit der Zwiebel gemeinsam hat. Zarte junge Stangen können roh zu Salaten verwendet werden, was schon seit der Römerzeit Brauch ist.

Portulak

Anderer Name: Kohlportulak

ARABISCH: Baqli

Portulak ist eine einjährige Pflanze mit niederliegendem Stengel und dickfleischigen Blattrosetten. Er wächst wild in Indien, und man ißt ihn dort seit Jahrtausenden; heute hat er sich in großen Teilen Nord- und Südamerikas als Unkraut verbreitet. Er wird im

Mittleren Osten angebaut, stellenweise auch in Südeuropa. In England ist er heutzutage nicht mehr allgemein bekannt, aber zur Zeit Elisabeths I. war er sehr beliebt.

Portulak braucht einen warmen, trockenen Boden und volle Sonne. Wenn man ihn während des Sommers jeden Monat aussät, hat man immer genügend Vorrat. Man setzt ihn in Reihen mit 30 cm Zwischenraum und etwa 15 cm Abstand von Pflanze zu Pflanze. Die Blätter kann man nach Bedarf wie Spinat pflücken. Es gibt verschiedene Arten, manche davon mit goldgelben Blättern.

Im Fernen Osten wird Portulak gewöhnlich gekocht gegessen, aber in Frankreich richtet man ihn auch zu einem ausgezeichneten Salat an. Im Mittleren Osten findet man ihn in dem gemischten Salat, der Brot enthält und als *Fattoush* bekannt ist. Weil Portulak dicke fleischige Blätter hat, wird er manchmal in Essig eingelegt. Dafür gibt es viele alte Rezepte.

ENGL: Purslane
FR: Portulaca, Pourpier
INDISCH: Kulfa
IT: Porcellana
SP: Verdolaga
BOT: Portulaca oleracea (Portulaca sativa)
FAM: Portulacaceae

Pyrethrum

ENGL: Pyrethrum
FR: Pyrèthre
IT: Piretro
SP: Piretro
BOT: Chrysanthemum cinerariaefolium
FAM: Compositae
Zeichnung 9, Nr. 2, Seite 116

Das Wort Pyrethrum wird gelegentlich für alle einköpfigen Gartenchrysanthemen verwendet, bezeichnet aber auch ein Insektengift. Dieses Insektengift wird hauptsächlich aus drei Arten dieser Pflanze hergestellt; diejenige, die hier gemeint ist, wächst wild in Jugoslawien, die beiden anderen kommen aus Persien und dem Kaukasus.

In der römischen Küche wird ein Quentchen Pyrethrum einer Art Fleischkrapfen *(Rissole)* beigefügt. Pyrethrum ist nicht giftig; wenn man es im Garten hat, soll man das Experiment wagen. Andere Arten von Chrysanthemen haben in Japan kulinarische Bedeutung, und sogar die großen Gartenchrysanthemen werden als Garnierung für exotische Salate und zur Dekoration anderer Speisen verwendet.

Quassia (Bitterholzbaum)

ENGL: Quassia, Bitter ash
FR: Quassia amara
IT: Quassia
SP: Cuasia
BOT: Quassia amara, Jamaica quassia, Picrasma excelsa
FAM: Simarubaceae
Zeichnung 5, Nr. 2, Seite 64

Mit Quassia bezeichnet man ursprünglich das zerstückelte Holz eines kleinen tropischen Baumes aus Südamerika. Seit dem Beginn des 19. Jahrhunderts meint man damit jedoch vorwiegend Holzschnitzel des Bitterholzbaumes, eines wesentlich größeren Baumes der Karibischen Inseln. Der Geschmack ist in beiden Fällen intensiv bitter. Quassia wird zur Herstellung von Aperitifs verwendet oder als Hopfenersatz, vor allem bei der Bierbrauerei.

Quassia enthält bittere Glukoside und ätherische Öle, die eine anregende und verdauungsfördernde Wirkung haben. Aus diesem Grund ist sie für gewöhnlich ein Bestandteil von Stärkungsmitteln und Aperitifs, die zur Anregung der Leberfunktion genossen werden. Ob sie nützen oder nicht ist Ansichtssache. Gemeinhin glaubt man, daß alles, was bitter ist, auch gesund sei. Mir scheint es jedoch eher ungesund zu sein, jemanden dazu anzuregen, mehr zu essen und zu trinken, als er vertragen kann. Eine gelegentliche Fastenwoche mit nichts als rohen Austern ist erheblich besser für die Gesundheit und auf lange Sicht auch billiger.

Rainfarn

Andere Namen: Drusenkraut, Wurmkraut

ENGL: Tansy
FR: Barbotine, Herbe amère, Herbe aux vers, Tanaisie
IT: Tanaceto
SP: Argentina, Balsiminta menor, Tanaceto
BOT: Chrysanthemum vulgare (Tanacetum vulgare)
FAM: Compositae
Tafel V, Nr. 1, Seite 165

Rainfarn ist in Europa heimisch, kommt aber auch wild im Osten der Vereinigten Staaten vor. Die Pflanze ist gewöhnlich 60 bis 90 cm hoch und hat goldgelbe, knopfähnliche Blütenkörbchen und feingefiederte, farnähnliche Blätter. Es gibt auch dekorative Gartenzüchtungen. In manchen Gegenden, vornehmlich in den USA, wird Rainfarn angebaut. Im Mittelalter wurde die Wildpflanze viel verwendet und auch in Kräutergärten gezogen, heute wird sie jedoch in der Küche kaum noch gebraucht. Der Geschmack ist stark und erscheint manchen Leuten ziemlich unangenehm. Man kann Rainfarn sehr leicht durch Wurzelteilung oder aus Samen ziehen.

In England ist ein »Tansy« eine Art von Creme, der gebacken oder gekocht und vorwiegend mit Rainfarnblättern gewürzt wird. Gehackte Rainfarnblätter dienen auch als Würze für den Tansy-Kuchen und den Tansy-Pudding, alles Speisen, die früher zum Osterfest üblich waren. Man hat viel darüber nachgedacht, aber niemand hat recht erklären können, warum die Leute früher Rainfarn mochten. Jedenfalls erscheint er häufig in Rezepten des 16. und 17. Jahrhunderts, und Izaak Walton erwähnt ihn in einem Rezept für Elritzen. Einige Fachleute empfehlen ihn für Omelettes, Füllungen, Süßwasserfische, Fleischpasteten wie für Salate. Er gilt auch als eines der vielen Kräuter des Chartreuse, aber dieser Likör soll ja fast jedes Würzkraut enthalten.

Rapunzel-Glockenblume

ENGL: Rampion
FR: Raiponce
IT: Raperonzolo
SP: Rapónchigo
BOT: Campanula rapunculus
FAM: Campanulaceae
Tafel VI, Nr. 5, Seite 166

Der Name dieser Pflanze ist vielen bekannt als der Name des langhaarigen Mädchens aus dem Grimmschen Märchen Rapunzel (Rapunzeln wurden aus dem Garten der Zauberin gestohlen.) Wie zu erwarten, war die Rapunzel-Glockenblume in früheren Zeiten eine wohlbekannte Pflanze. Heute hört man kaum noch von ihr, ausgenommen in der Schweiz und in Frankreich.

Rapunzeln sind in Europa, Nordafrika und Teilen Asiens heimisch; in England findet man sie nur stellenweise; sie sind nahe Verwandte der haarigen Glockenblume oder der »blauen Glokkenblume« Schottlands. Die lila-violetten Blüten stehen in einer lockeren Rispe beieinander. Die Pflanze hat eine rettichähnliche Wurzel von etwa 30 cm Länge, die aber nur selten dicker wird als $1^1/_2$ cm. Der Samen ist der kleinste Gemüsesamen, den es gibt. Vor jeder Aussat wird er gewöhnlich mit ein wenig feinem Sand gemischt. Im späten Frühjahr sät man ihn unmittelbar ins Beet und drückt ihn fest, ohne ihn zu bedeckten. Man gießt häufig und sorgfältig, bis Keime verwurzelt sind. Die Pflanzen werden über 50 cm hoch, und zwischen ihnen sollte etwa 10 cm Abstand bleiben. Sie lieben leichten, guten Boden, etwas Schatten und viel Wasser. Rapunzel-Glockenblumen sind zweijährig. Man kann die Wurzeln im frühen Winter herausziehen und in Sand aufbewahren. Wurzeln wie Blätter können roh als Salat gegessen werden.

Ratafia

Der Ursprung dieses Wortes ist ungeklärt; vielleicht stammt es aus dem Spanischen oder Westindischen, möglicherweise ist es auch kreolischer Herkunft und steht in Zusammenhang mit dem Wort *tafia* (Rum). Die Verwirrung wird noch dadurch erhöht, daß in verschiedenen Ländern verschiedene Dinge damit bezeichnet werden. In der Champagne ist Ratafia ein Aperitif aus Branntwein, der mit Traubensaft verdünnt wird. In England bezeichnet man damit einen Bittermandel-Likör oder einen kleinen süßen Keks mit Bittermandelgeschmack. Ratafia heißen überhaupt alle möglichen Getränke mit Frucht- oder Kräuteraroma, meist auf der Grundlage von Schnaps oder Weinbrand. Einige Liköre heißen ebenfalls Ratafia, ebenso viele alkoholische Extrakte. Starker Alkohol ist ein Konservierungsmittel wie auch ein Lösungsmittel für Substanzen, die sich in Wasser nicht lösen lassen.

Man kann in Kochbüchern des 19. Jahrhunderts viele Rezepte für hausgemachten Ratafia finden, aber diese stammen aus einer Zeit, als Köche noch nicht durch hohe Steuern daran gehindert wurden, Weinbrand in großen Mengen zu verwenden. Es gab Ratafias aus Aprikosen, Nektarinen, Pfirsichen, schwarzen Johannisbeeren, Brombeeren, Angelika, Orangen, Stachelbeeren, Orangenblüten, Quitten, Himbeeren, Kirschen, bitteren Mandeln und Rosen. Zweifellos gab es noch viel mehr. Sie enthielten auch kräftige Gewürze, angefangen von Zimt, Kardamom, Nelken und Muskat bis zu Vanille, Koriander, Pfirsich- und Aprikosenblättern, Lorbeerblättern, Sassafras, Rosenwasser und sogar Ambra.

Die Herstellung solcher Gebräue ist heute natürlich mit großen Ausgaben verbunden. Im Hinblick auf solch aufregende Möglichkeiten, Kuchen und Cremes zu würzen, bleibt mir nur der Vorschlag, für die unverzügliche Herabsetzung der Branntweinsteuer zu demonstrieren.

Rauch

Rauchgeschmack gehört traditionell zu manchen Nahrungsmitteln, etwa zu geräuchertem Lachs, Speck und Schinken, sogar zu Whisky und China-Tee. Jeder Speise, die auf offenem Feuer zubereitet wird, gibt der Rauchgeschmack, auch wenn er nicht vorherrscht, eine bestimmte Würze, die mit einem elektrischen Grill nicht erzielt werden kann. Rauch ist das Gewürz jeder ländlichen Küche. Der eigentümlich scharfe Duft von brennendem Kuhdung hängt an einem heißen Tag über der indischen Ebene und teilt sich der indischen Bauernküche mit. Der aromatische Rauch von brennender Myrte und Wacholder würzt das geröstete Milchlamm, das am Feuer der sardinischen Schafhirten verzehrt wird. Grillt man Fleisch oder brät man es in einer Pfanne über Holz- oder Holzkohlenfeuer, überträgt sich das Raucharoma auf die Speise. Jedenfalls läßt sich das kaum vermeiden.

Zum Unterschied vom zufälligen Eindringen des Rauchgeschmacks beim Kochen am offenen Feuer war das Räuchern ursprünglich eine Praxis der Konservierung und ist es zum Teil auch heute noch. Der Rauch trocknet und verschließt die Oberfläche von Fleisch oder Fisch und hält darüber hinaus Fliegen und Maden ab. In Afrika kann man noch heute den ursprünglichen Vorgang beobachten, aus dem unser Rauchfleisch entstanden ist. Wenn ein Tier getötet wurde und man das Fleisch nicht sofort verzehrt, wird es in Streifen geschnitten, zum Trocknen aufgehängt (ein primitiver Biltongue), jedoch häufig so, daß es der Hitze und dem Rauch des Lagerfeuers ausgesetzt ist, das auch die Fliegen fernhält. Fliegen legen nicht nur Eier, die sich in Maden verwandeln, sondern haben auch Fäulnisbakterien auf Beinen und Rüsseln.

Im heißen, trockenen Klima ist das Räuchern allerdings gewöhnlich nur eine Zufallserscheinung, zumal das Trocknen sehr schnell geht; aber in den feuchteren Gegenden Europas war das Räuchern von Fisch und Fleisch eine wichtige Form der Konservierung. Hinter der Feuerstelle in der Küche richtete man Räucherkammern ein. Es gab aber auch eigens dafür erbaute Räucherhütten, die teils vorübergehend, teils auch für den ständigen Gebrauch errichtet wurden. Zum Räuchern wurden verschiedene Holzarten verwendet, Eiche und Ulme waren die gebräuchlichsten; in den Vereinigten Staaten besonders Hickory. In Moorgegenden verwendet man Torf. Wenn man überhaupt Nadelholz nahm, dann nur gegen Ende des Räucherprozesses, um eine geschwärzte Oberfläche zu erzielen. Jeder Brennstoff hat sein eigenes charakteristisches Räucheraroma. Heutzutage werden viele Handelsprodukte nur mit Rauchgeschmack aus der Flasche versehen (Holzessigsäure) und mit *Orleans* (einer eßbaren Pflanzenfarbe) gefärbt. Man kann zu Hause leicht selbst über einem Räucherfaß oder einer Räucherkiste räuchern. Der Fisch oder das gesalzene Fleisch wird in die obere Öffnung gehängt, und auf dem Boden läßt man auf einem Metalleinsatz Sägemehl schwelen. Als ich während des zweiten Weltkrieges lange Zeit in Südostasien stationiert war, wo geräucherte Speisen nicht üblich sind, bekamen einige von uns Heißhunger auf geräucherten Fisch, den wir auf diese einfache Methode herstellten. Menschen von heute meinen immer, daß solche Techniken, die früher jeder Bauer beherrschte, ziemlich schwierig seien. Das ist jedoch nicht der Fall; oft sind sie sogar überraschend einfach und machen wenig Mühe. In Amerika hat man das jetzt wieder entdeckt, wo Räuchergerichte aus marinierter Ente und Hühnchen beliebte Party-Spezialitäten geworden sind. Rauchgeschmack kann man auch durch die Verwendung von Räuchersalz erzielen (etwa durch Salz, das mit Hickory-Rauch aromatisiert wurde), aber auch durch Räucherspeck oder Räucherwurst. Ein sorgfältiger Koch wird jedoch nie Räucherspeck oder Räucherwurst dort verwenden, wo ungeräucherter frischer Speck vorgeschrieben ist.

Raute

Andere Namen: Weinraute, Gartenraute, Weinkraut

Dieser wohlbekannte Bewohner altmodischer Kräutergärten wächst wild in Südeuropa und im Mittleren Osten. Gewöhnlich findet man die Raute in kargem Erdreich neben dem Weg oder inmitten von Blumenterrassen in Italien, von dort wurde sie durch die Römer nach England und Mitteleuropa gebracht. Sie kommt auch in den Vereinigten Saaten stellenweise wildwachsend vor.

ENGL: Rue, Herb of Grace
FR: Rue odorante
IT: Ruta
SP: Ruda
BOT: Ruta graveolens
FAM: Rutaceae
Tafel IV, Nr. 5, Seite 100

Raute ist eine kleine buschige, 30 bis 60 cm hohe Pflanze mit blaugrünen Blättern und kleinen gelben Blüten. Wenn man ein Blatt zwischen den Fingern zerreibt, erkennt man sie leicht an ihrem starken, für die meisten Leute unangenehmen Geruch. Es gibt verschiedene Gartenzüchtungen, die vor allem als Zierpflanzen Verwendung finden.

Man kann Raute im Garten leicht aus Samen ziehen, ebenso aus Ablegern. Da sie immergrün und ausdauernd ist, liebt sie Sonne, gut bearbeiteten Boden und viel Platz.

Die Raute ist eine interessante Pflanze und hat große Bedeutung im Volksglauben und in der Pflanzenheilkunde überall in Europa. Sie enthält tatsächlich recht kräftige Heilstoffe, die gewerbsmäßig aus ihr hergestellt werden. In kleinen Mengen, ein Blatt oder zwei, wirkt sie als Stimulans. Manche Leute kauen ein Blatt an einem heißen Sommertag, andere jedoch sind dagegen allergisch, und größere Mengen können gefährlich werden. Weil ihr in der Volksmeinung eine abtreibende Wirkung zugeschrieben wird, richtet sie zuweilen Unheil an. Das Wort Raute kommt aus dem Griechischen *ruta* (frei machen), was sich auf ihre medizinische Wirkung bezieht. Bei den Römern und im Mittelalter wurden sowohl der Samen als auch die Blätter der Raute häufig als Küchengewürz verwendet. Der Geschmack ist kräftig und bitter, aber in winzigen Mengen und feingehackt kann man damit Fleischgerichten, Eiern oder Streichkäse einen ungewöhnlichen Geschmack verleihen. Raute eignet sich auch als Zutat zu Gemüsesaft-Cocktails. Wenn man es aber ohne Fingerspitzengefühl Fleischgerichten beigibt (ich erinnere mich an eine alte Dame, die das zu tun pflegte), schmeckt es abscheulich. Besonders treue Anhänger verwenden die jungen Schößlinge als Salat.

Raute war eins der Kräuter, die man früher dem herben Würzwein (englisch: *sack*) beifügte. Heute bildet er die klassische Zutat zu dem italienischen Traubenschnaps namens *Grappa*. Jener Zweig eines grünen Krautes, den man oft in Grappaflaschen mit der Aufschrift *con ruta* sieht, ist unsere Raute, obwohl gewöhnlich eine andere, weniger bittere mittelmeerische Art verwendet wird, die die Italiener *Ruta frangiata* (bot.: *Ruta chalepensis*) nennen. Den Geschmack von Grappa, besonders wenn Raute darin ist, finden viele Menschen abstoßend. Das bürgt wenigstens dafür, daß niemand zuviel davon trinkt. Die Bergführer in Cortina d'Ampezzo geben oft ihren Schützlingen einen Fingerhut voll auf dem Gipfel irgendeiner Dolomitenspitze. Dies regt enorm an zur Betrachtung der Ewigkeit, und dafür ist Raute das richtige Kraut.

Ringelblume

ENGL: Marigold, Pot Marigold
FR: Souci
IT: Calendola, Calendula

Diese bekannte Gartenblume hat schöne, goldorangene Blüten und hellgrüne Blätter; in Südeuropa und Asien ist sie zu Hause. Der Gattungsname *Calendula* und manche im Ausland volkstümliche Namen (z.B. *Tous les mois*) deuten auf die lange Blütezeit

SP: Calendula
BOT: Calendula officinalis
FAM: Compositae
Tafel VII, Nr. 3, Seite 183

der Pflanze hin. Die einjährige Ringelblume kann in jedem Garten ohne Schwierigkeiten gezogen werden.

Seit der Römerzeit werden die Randblüten (nicht das Zentrum) frisch oder getrocknet von den weniger Begüterten als Ersatz für Safran benutzt. Sie haben zwar eine leicht aromatische Bitterkeit, doch ist das Aroma dem von Safran nicht ähnlich. Man nimmt sie zu Fischsuppen (besonders zu Meeraal), in Holland auch zu Fleischsuppen, zum Färben von Käse, Butter und Kuchen (die Farbe wird vorher durch Milch extrahiert), außerdem zu Salaten. Auch die Blätter werden zu Salaten empfohlen, obgleich sie nach meiner Meinung hart, zäh und bitter sind.

Rockenbolle

Anderer Name: Schlangenknoblauch

ENGL: Rocambole, Sand Leek, Spanish Garlic
FR: Echalote d'Espagne, Rocambole
IT: Aglio d'India, Aglio di Spagna, Aglio romano, Rocambola
SP: Rocambole
BOT: Allium scorodoprasum
FAM: Liliaceae

Der Schlangenknoblauch ist eine Zwiebelart, die in Europa, im Ostkaukasus und Syrien beheimatet ist. Man findet ihn wildwachsend an relativ trockenen Plätzen der englischen Nordküste und stellenweise auch in Schottland. Das Wort Rockenbolle kommt aus dem dänischen *rocken bolle*, was soviel wie Felsenzwiebel bedeutet. Die englische Bezeichnung *Sand Leek* gibt einen Hinweis auf seinen Standort.

Der Geschmack der Rockenbolle ähnelt etwa einem milden Knoblauch. Sie wird vielerorts angebaut, obwohl sie heute nicht mehr so beliebt ist wie im vergangenen Jahrhundert. Im Aussehen ähnelt die Pflanze sehr den purpurhäutigen Knoblaucharten, aber man kann sie leicht davon unterscheiden, weil die Blüten der Rokkenbolle hellpurpurfarbig sind, nicht weiß wie die Blüten des Knoblauchs; auch bildet die Rockenbolle kleine purpurne Hochzwiebelchen, was der Knoblauch nicht tut. Natürlich können auch diese Zwiebelchen zum Würzen verwendet werden.

Man kann die Rockenbolle in leichtem Boden ziehen, und zwar entweder aus den Zwiebelchen oder durch Wurzelzehen. Guter Samen ist selten. Die Zwiebelchen können ausgezogen, getrocknet und wie Knoblauch aufbewahrt werden (siehe auch *Zwiebel, Knoblauch*).

Rohrkolbenschilf

Anderer Name: Seesimse

ENGL: Bulrush, Reedmace, Cattail (USA)
FR: Jonc de marais (de chaisiers)
IT: Stianca
SP: Enea, Junco
BOT: Typha latifolia
FAM: Typhaceae
Tafel VI, Nr. 1, Seite 166

In unseren nördlichen Breiten findet man Rohrkolben ziemlich häufig in Seen und Teichen. Die großen kolbenförmigen Blütenköpfe sind vielen Leuten bekannt, doch nur wenige wissen, daß die Pflanze eßbar ist. Die jungen Schößlinge und Triebe eignen sich zu Salat, die Kolben kann man, solange sie noch grün sind, als Gemüse essen. Der Blütenstaub wird zum Würzen von Pfannkuchen benutzt, aus den geschälten Wurzeln läßt sich Mehl gewinnen; die weicheren, fleischigen Knollen, aus denen die Schößlinge wachsen, dienen als Wintergemüse. Wenn die Schößlinge etwa 50 cm hoch sind, ergibt das zarte, weiße Innere – roh oder gekocht – einen köstlichen Salat, der als Frühlingsgericht bei den Donkosaken sehr beliebt ist.

Rohrkolbenschilf sollte nicht mit der mehr grasartigen Binse *(Scirpus lacustris)* verwechselt werden.

Rose

ENGL: Rose
FR: Rose
IT: Rosa
SP: Rosa
BOT: Rosa damascena (Damaszener Rose); Rosa centifolia (Provence-Rose, Zentifolie); Rosa gallica (Essigrose) und andere Arten
FAM: Rosaceae
Tafel VII, Nr. 4, Seite 183

Es gibt wahrscheinlich mehr als zehntausend Spielarten der Rose, aber nur wenige werden für die Herstellung von Parfüm und Duftstoffen angebaut. Immerhin können die Blumenblätter einiger wohlriechender Rosenarten auch in der Küche verwendet werden.

In Südfrankreich und in Bulgarien werden Rosen auf Feldern für die Parfümgewinnung angebaut; in Frankreich ist es hauptsächlich die Zentifolie; in Bulgarien züchtet man meist die Damaszener Rose. Obwohl Bulgarien heute für sein Rosenöl berühmt ist (es stammt aus dem »Tal der Rosen«), begann die Kultivierung dort erst im frühen 17. Jahrhundert, während Persien schon zur Zeit Christi Rosenwasser in so ferne Länder wie China exportierte. Heute wird in Persien das Rosenöl immer noch nach den herkömmlichen Methoden gewonnen. Ich habe nichts Romantischeres gesehen als die persischen Gärten in Meshed, wo auf altertümliche Weise Rosenöl für die große Moschee gewonnen wird. Arme voll frischer Blütenblätter werden mit Quellwasser in einen Kupferkessel geschüttet. Danach wird der Deckel mit Lehm abgedichtet. Unter dem Kessel wird ein Holzfeuer angezündet. Den Dampf leitet man durch hohle Rohrhalme heraus und läßt ihn in einem zweiten Gefäß kondensieren, das im fließenden Wasser des Kanals gekühlt wird, der die Rosengärten bewässert. Das Destillat ist zuerst milchig; später steigt das reine Rosenöl an die Oberfläche. Es ist ein Schlag für die Romantik, daß mit moderner Dampfdestillation tatsächlich feinere Rosenöle produziert werden.

Rosenöl ist außerordentlich teuer, und deshalb wird es häufig mit *Palmrosen-* oder *Rosengeraniumöl* verfälscht. Weil es so stark ist, wird in der Küche das stark verdünnte Rosenwasser oder Rosenessenz verwendet.

Man hat seit Jahrhunderten Getränke mit Rosen aromatisiert. Die Römer legten Rosenblätter in ihren Wein; die Perser machten Rosenblätterwein, in England wurde im zwölften Jahrhundert ein Rosenlikör hergestellt. Jetzt noch gibt es den bulgarischen Rosenlikör, der für unseren heutigen Geschmack allerdings zu süß und zu parfümiert schmeckt (er paßt besser in einen Harem als in ein Speisezimmer), und einen Rosenlikör aus China (Peking: *mooi quasi dzao*), mit dem manche Schweinefleischgerichte gewürzt werden.

Rosenwasser wird im Orient auch für Süßigkeiten verwendet. Vielleicht die berühmteste Verwendungsart von Rosenblättern ist die Rosenblättermarmelade, die in den Balkanländern, in der Türkei, in Bulgarien, Rumänien und in Persien so beliebt ist.

Auch Honig wird mit Rosenblättern gewürzt, die in kochendem Wasser schwimmen, und türkischer *Locoum* hat das gleiche Aroma. Noch weiter östlich in Indien wird ein Rosenkonfekt *(Gulkand)* hergestellt, indem man Zuckerkristalle mit Rosenblättern zusammenpreßt, bis sie das Rosenaroma angenommen haben. Auch für die dort üblichen Sherbets und Süßigkeiten ist Rosenwasser unentbehrlich. *Gulab jamuns* und *Rasgullas* aus Indien (*Gulab* ist eine Rosenart) sind die berühmtesten Spezialitäten dieser Art. Jeder, der Süßspeisen des Mittleren Ostens oder Indiens selbst herzustellen versucht, muß Rosenwasser auf dem Gewürzbrett seiner Küche haben.

Bei uns im Westen kandiert man Rosenblätter, doch mehr zur Dekoration als zum Verzehr. André Simons *Guide to Good Food and Wine* empfiehlt, Rosenblätter als Krönung auf einen Kirschkuchen zu streuen. Stark parfümierte Süßigkeiten werden heute zwar nicht mehr geschätzt, das war jedoch in der Vergangenheit durchaus der Fall. Elisabethanische Rezepte schreiben eine Menge Rosenwasser und Moschus vor.

Rosenessig stellt man manchmal her, indem man Rosenblätter in Essig einlegt oder ihm ein paar Tropfen eines alkoholischen Rosenblätterextraktes beigibt. Schwach nach Rosen duftender Essig eignet sich besonders gut für Salat aus gemischten grünen Blättern.

Frische Rosenblütenblätter kann man immer als Dekoration oder Garnierung verwenden, aber welke Rosen sind eine Reminiszenz an Großmutters Parfüm.

Rosella-Eibisch

Anderer Name: Rosella-Hanf

ENGL: Rosella, Red Sorrel, Jamaica Sorrel
FR: Rozelle
IT: Carcade
SP: Rosella
BOT: Hibiscus sabdariffa
FAM: Malvaceae

Dieser einjährige, buschig wachsende Hibiscus wird 1,20 bis 1,50 m hoch und blüht gewöhnlich rot. Seine Heimat ist das tropische Asien. Die fleischigen jungen Blütenkelche, die die unreifen Früchte umschließen, sind außerordentlich sauer und werden zur Aromatisierung von Marmeladen, erfrischenden Getränken und Weinen verwendet. Man kann auch ein ausgezeichnetes Gelee daraus herstellen oder eine Soße, die etwa an Preiselbeeren erinnert. Die Blüten werden auch getrocknet. Rosella-Eibisch ist in Indien und Südostasien ein wichtiger Bestandteil von Curries und Chutneys, wird neuerdings auch in Kuba, Mittelamerika, Kalifornien und Florida verwendet und erfreut sich wachsender Beliebtheit.

Rosmarin

ENGL: Rosemary, Old man
FR: Rosmarin, Rosmarin encens
IT: Ramerino, Rosmarino
SP: Romero, Rosmario
BOT: Rosmarinus officinalis
FAM: Labiatae
Tafel IV, Nr. 1, Seite 100

Das Wort setzt sich zusammen aus *ros* (Tau) und *marinus* (Meer). Rosmarin ist ein Busch, der wild in verschwenderischer Fülle überall in den Mittelmeerländern wächst (Spanien, Italien, Dalmatien, Griechenland, Nordafrika, vereinzelt auch in der Türkei, im Libanon und in Ägypten). Er wird heute auch in Ländern gezogen, die ein nicht allzu strenges Klima haben. Die Römer brachten ihn nach Mitteleuropa. In den Vereinigten Staaten wird er kommerziell wegen des ätherischen Öls angebaut, das zur Parfümherstellung verwendet wird. In England gedeiht er nur im Süden, und auch dort beginnt er bereits sein feineres Aroma zu verlieren wie viele andere Würzpflanzen, die aus einem warmen, trockenen Klima in ein Land verpflanzt wurden, dessen Klima zu feucht für sie ist. In den nördlichen Teilen der Vereinigten Staaten muß Rosmarin vor der Winterkälte geschützt werden. Rosmarin kann bis zu 1,80 m hoch werden. Es ist ein immergrüner Strauch mit blaßblauen Blüten und nadelartigen, ledrigen Blättern. Er ist stark

1
2
3
4
5
6
7
8
9
10

1
2
3
4
5
5a
6
7

aromatisch; sein ätherisches Öl enthält unter anderem Kampfer, dessen Beigeschmack man spüren kann. Der Duft erinnert auch an Kiefernnadeln an einem heißen Tag.

Rosmarin ist eine der bekanntesten Würzpflanzen, die auf den Hängen am Mittelmeer wachsen, besonders an den Kalksteinfelsen nahe des Meeres. In diesem Klima blüht er das ganze Jahr sehr hübsch. Die schönsten Blüten habe ich einmal im November in Sardinien gesehen. Rosmarin ist vielleicht die anmutigste Pflanze in dem Dickicht aus Erdbeerbaum und Myrte, Smilax und Wacholder.

Die Meinungen über Rosmarin als Küchenkraut gehen ziemlich weit auseinander, sogar in Ländern, wo er im Überfluß wächst. In Mallorca zum Beispiel (doch nicht überall in Spanien) hielt mich die Bevölkerung für verrückt, weil ich ihn verwendete. Andererseits ist er in Italien eines der verbreitetsten Gewürze, besonders in gebratenem Lamm und Kitz (*Abbacchio* und *Capretto al forno*). Dort geben die Metzger gratis Rosmarinbüschel zum Fleisch oder haben es schon damit umwickelt. Mit Maßen wird es in Frankreich verwendet, ebenso in der spanischen und griechischen Küche; mit seiner Leidenschaft für Rosmarin steht Italien ziemlich allein da.

Ohne Zweifel mögen manche Leute den leichten Kampfergeschmack nicht. Der stark würzige Geschmack hat sozusagen einen bäuerlichen Charakter und schlägt in Italien oft bis zum Überdruß durch. Vorsichtig dosiert paßt Rosmarin jedoch nicht nur sehr gut zu gegrilltem Lamm oder Kitz, sondern auch zu Fisch, Muscheln, Kalbfleisch und sogar zu stark gewürzten Geflügel- oder Kaninchengerichten zusammen mit Wein und Knoblauch.

Als Gartenpflanze liebt Rosmarin, wie man sich denken kann, Sonne und einen trockenen, kargen, kalkreichen Boden. Man kann ihn aus Stecklingen oder aus bewurzelten Pflanzenteilen ziehen. Getrocknet verliert er ein wenig von seinem starken Aroma. Die nadelartigen Blätter können leicht vom Stengel abgestreift werden, doch es ist nicht angenehm, sie dann im Essen zu finden. Da Rosmarin jedoch immergrün ist, kann man ihn das ganze Jahr über frisch bekommen. Man verwendet meist einen ganzen Zweig, nur selten wird er zerkleinert. Zu Suppen oder Schmorgerichten gibt man am besten einen großen Zweig, den man dann, wenn er genügend Geschmack abgegeben hat, wieder entfernt, oder man kann ihn einem *Bouquet garni* beifügen. Rosmarin wird heute auch als Pulver angeboten. Das mag für Stadtbewohner praktisch sein, aber wie alle Gewürze verliert er bei der Pulverisierung an Aroma. Aus manchen Gründen ist frischer Rosmarin nicht nur schwierig zu bekommen, sondern auch unsinnig teuer in Stadtgeschäften, was manche dazu verleitet, sich Zweige davon im Park abzureißen.

Tafel V
Wildkräuter:
1 Rainfarn
2 Beifuß
3 Wermut
4 Kamille
5 Gagel
6 Mädesüß
7 Natterkopf
8 Alant
9 Echtes Labkraut
10 Honigklee

Tafel VI
Wildpflanzen für Salate:
1 Rohrkolbenschilf
2 Teufelskralle
3 Eschenzweig mit Früchten
4 Hauhechel
5 Rapunzel-Glockenblume
5a Rapunzelwurzel
6 Schafgarbe
7 Felsenfetthenne

Saccharin

Dieser bekannteste aller künstlichen Süßstoffe ist nach der chemischen Zusammensetzung kein Zucker, sondern ein synthetisches Erzeugnis namens o-Sulfobenzoesäureimid, das man erhält, wenn man *Toluol* (ein Destillat von Kohlenteer) mit Schwefelsäure behandelt. Saccharin wurde 1879 durch Zufall entdeckt, als ein Chemiker bei der Arbeit mit diesen Substanzen bemerkte, daß seine Finger süß schmeckten. 1894 wurden die Herstellungsmethoden patentiert. Saccharin schmeckt intensiv süß (schätzungsweise etwa siebenmal süßer als Rohrzucker), enthält aber keine Kalorien und wird unverändert wieder ausgeschieden. Es ist im Handel erhältlich, meist in Form von winzigen Tabletten, von denen jede ausreicht, eine Tasse Tee oder Kaffee zu süßen. Es wird behauptet, Saccharin sei schädlich für das Verdauungssystem; jedenfalls ist sein Geschmack weniger gut als der von Zucker. Er setzt sich im Speichel fest und läßt im Mund einen langanhaltenden, widerlich süßen Geschmack zurück, was bei Zucker nicht der Fall ist.

Seit der Erfindung des Saccharins wurden noch andere Süßstoffe hergestellt. Einige von ihnen wie Dulcin oder Sucrol und P-4000 *(Verkades Compound)* sind nicht so stark süß wie Saccharin und schmecken nicht so lange nach, aber sie sind giftig, zumindest nach der Meinung der Gesundheitsbehörde der Vereinigten Staaten.

Cyclamat hat den Vorteil, daß es kochbeständig ist, gilt aber gleichfalls als giftverdächtig. Im allgemeinen sollte man diese Süßstoffe möglichst meiden. Die medizinischen Experten sind sich darüber keineswegs einig, und vor allem läßt sich nicht vorhersagen, ob eine anscheinend unschädliche Substanz nicht doch auf die Dauer Schaden anrichtet, wenn man sie lange Zeit zu sich nimmt. Es gibt bedauernswerte Menschen, die es nicht vermeiden können, aus Gesundheitsgründen künstliche Süßstoffe zu verwenden. Um solchen Schäden vorzubeugen, sollte man Kinder nicht zu Naschkatzen erziehen. Vielleicht sollte man auch aufhören, den weniger süßen Milchzucker in der Babynahrung durch süßen Rohrzucker zu ersetzen (siehe *Zucker*).

Safran

ENGL: Saffron
FR: Safran
IT: Zafferano
SP: Azafrán
BOT: Crocus sativus
FAM: Iridaceae
Zeichnung 18, Nr. 3, Seite 216

Safrankrokus darf niemals mit der Herbstzeitlose *(Colchicum autumnale)* verwechselt werden, die in Mitteleuropa wild wächst und deren Blüte in England »naked ladies« (nackte Damen) genannt werden, weil die Blätter verdorren, bevor die Blüten im Herbst hervorkommen. Diese krokusähnliche Pflanze ist außerordentlich giftig und hat den Bauern schon manchen Ärger bereitet, weil der Genuß von Herbstzeitlosen für das Vieh tödlich sein kann.

Der Safran, den man zu kaufen bekommt, wird wegen seines Aussehens manchmal auch »Heusafran« genannt und besteht aus den getrockneten Blütennarben des Safrankrokus. Man nimmt an, daß der Safran ursprünglich aus Griechenland und Kleinasien stammt, aber er wurde schon in vorgeschichtlicher Zeit kultiviert. Man verwendete ihn im alten Persien bereits zur Zeit Salomons (etwa 960 v. Chr.), und er stand bei den Phöniziern in hohem Ansehen. Die Griechen und Römer der Antike verwendeten ihn ebenfalls. Es wird behauptet, daß sein Gebrauch in der *Bouillabaisse* und im Cornischen Safrankuchen auf phönizischen Einfluß zurückgehe. Die Zeit der Phönizier ist jedoch schon sehr lange vorbei, und ihrer Niederlassung in Marseille folgte eine griechische

Kolonie, die ebenfalls den Safran eingeführt haben könnte. Das Auftauchen von Safran um 900 n. Chr. in Spanien wird gewöhnlich den Arabern zugeschrieben, und wenn es ihn zur Zeit der Phönizier schon in England gegeben haben sollte, so scheint er doch vergessen worden zu sein, bis man sich zur Zeit Edwards III. (1327–1337) wieder seiner erinnerte.

Von Hakluyt wird erzählt, daß ein heimkehrender Pilger eine gestohlene Knolle in seinem Stab verborgen habe. Auf jeden Fall gab es seit dieser Zeit Safran in Saffron Walden (Essex, England); er wurde dort und in Cambridgeshire angebaut bis zur Wende dieses Jahrhunderts. Danach starb er aus.

Heute wird Safran in den meisten Mittelmeerländern kultiviert, von der Levante und Persien bis nach Kashmir und China. Er macht enorm viel Mühe, in Handarbeit müssen die drei Blütennarben jeder einzelnen Blüte eingesammelt werden. Schätzungsweise sind ungefähr 75 000 bis 250 000 Blüten nötig, um ein Pfund Safran zu gewinnen. Wenn der Welthandel in Safran sich auf viele tausend Pfund beläuft, dann muß die Zahl der Blüten, die zu dieser Produktion nötig ist, geradezu astronomisch sein. Unnötig zu sagen, daß Safran außerordentlich teuer ist, daß aber auch eine Spur davon für eine große Mahlzeit ausreicht.

Der Safrankrokus ist ein typischer Krokus mit blauen oder purpurnen Blüten, die im Herbst blühen (im Gegensatz zur Herbstzeitlose behält er seine Blätter). Man kann ihn leicht in fast jedem gutbearbeiteten Boden in sonniger Lage ziehen.

Man vermehrt ihn durch Zwiebeln, die im Spätsommer in 10 cm Abstand eingepflanzt werden, wenn die Blüten sich öffnen. Die meisten Leute wollen jedoch ihren Safran kaufen. Das ist schade, denn er ist so teuer und oft auch noch verfälscht, am meisten jenes Pulver, das man gewöhnlich in kleinen Beutelchen auf dem Kontinent kaufen kann. Guter Safran sollte nicht älter als ein Jahr sein, von leuchtend orangeroter Farbe – nicht gelb, gebleicht oder mit weißen Streifen – mit einem starken Duft und einem durchdringenden, bitter-medizinischen, honigähnlichen Geschmack. Bei echtem Safran entfaltet sich die Blütennarbe augenblicklich, wenn sie auf warmem Wasser schwimmt, und die Farbe läuft leicht aus. Es gibt keinen billigen Safran, so daß jedes billige Angebot verdächtig ist.

Safran enthält charakteristische ätherische Öle, die ihm seinen Geschmack verleihen, wie auch einen hohen Anteil eines gelben, leicht in Wasser löslichen Farbstoffes. Daher eignet er sich nicht für gewerbsmäßige Färberei, aber um so besser für die Küche. Für Speisen braucht man nur ein winziges Quentchen, sowohl zur Färbung als auch für den Geschmack.

In der mittelalterlichen Küche wurde Safran sehr viel verwendet. Heute ist sein Gebrauch auf einige Speisen beschränkt, aber für diese ist er unentbehrlich. Safrankuchen und *Bouillabaisse* wurden bereits erwähnt, aber Safran wird auch für andere Suppen und Fischgerichte der Mittelmeerküste Spaniens und Frankreichs verwendet (z. B. *Zarzuela*), wie auch in Soßen für Schalentiere und auch in jener Variation von *Aioli*, die man *Rouille* nennt und die der Fischsuppe der Rivieraküste einen so pfeffrigen, knoblauchgewürzten Geschmack verleiht. Safran ist auch wichtig für *Risotto milanese* (mit jenem köstlichen zart-gelb gefärbten Reis), und er wird gewöhnlich auch der spanischen *Paella* beigegeben, besonders wenn diese Schalentiere enthält. Tatsächlich scheint er sich besonders gut mit dem Geschmack von Knoblauch und Fisch zu vertragen. In Spanien jedoch wird er auch noch für Leber und verschiedene Soßen verwendet. Man benützt ihn auch zum Färben mancher Liköre und einiger Süßspeisen des Orients.

Viele Kochbücher der orientalischen Küche geben Safran an, wenn sie Kurkuma meinen; denn Safran wird in Indien (außer in Teilen Nordindiens) oder Südostasien wegen seines hohen Preises nicht viel verwendet. Kurkuma hat seinen eigenen unverkennbaren Geschmack und kann auf keinen Fall echten Safran ersetzen, obwohl die erste *Bouillabaisse*, die ich je kostete (unter feierlichen Zeremonien in einem großen Restaurant von Marseille serviert), mit Kurkuma »aufpoliert« war. Das Resultat war eine Suppe, die wie der scheußlichste Fischcurry schmeckte, der sich denken läßt.

Die Meinungen über Safran gehen weit auseinander: Leute, die ihn nicht gewohnt sind, mögen seinen Geschmack unangenehm oder zu streng finden und behaupten, daß er den Geschmack anderer Gewürze überdecke. Wer eine gelbe Farbe ohne Safrangeschmack wünscht, mag Färberdistel (manchmal auch Bastard- oder mexikanischer Safran genannt) verwenden oder sogar Löwenzahnblüten.

Salbei

Andere Namen: Echter Salbei, Edelsalbei, Gartensalbei

ENGL: Sage
FR: Sauge
IT: Salvia
SP: Salvia
BOT: Salvia officinalis
FAM: Labiatae
Zeichnung 14, Nr. 2, Seite 174

Jeder Gärtner kennt den Salbei (aus dem lateinischen *salvus*), der wegen seiner Heilkraft berühmt ist, aber auch zu den unzähligen Würzkräutern gehört.

Gartensalbei stammt von den Nordküsten des Mittelmeeres. Als Wildpflanze ist er verbreitet auf den Hügeln Dalmatiens, besonders in der Gegend um Rijeka (Fiume). Getrockneter wilder Salbei und Salbeihonig sind wichtige jugoslawische Exportartikel. Es ist nicht klar, wann Salbei in die europäische Küche eingeführt wurde. Die Römer haben ihn sicher als Heilkraut verwendet, anscheinend aber nicht in der Küche. Bis zum 16. Jahrhundert war er jedenfalls überall in Europa bekannt.

Es gibt verschiedene Arten von Salbei und noch mehr untergeordnete Varietäten. Sie unterscheiden sich gewaltig in ihrem Aroma, und die meisten Arten sollten besser zur Zierde als in der Küche verwendet werden. Die Literatur quillt über von Namen wie Ananassalbei, Lavendelsalbei, Wurmsamensalbei, Grahams und Greggs Salbei (Mexiko), Cypern-Salbei, roter Salbei, eschenblättriger Salbei (Marokko) usw. Für die Küche eignen sich am besten der schmalblättrige Salbei, der blaue Blüten hat, oder der breitblättrige, von dem es auch nichtblühende Sorten gibt. Bei der Auswahl von Gartenkräutern muß man sich auf seinen eigenen Geschmack verlassen; denn Boden und Klima beeinflussen das

Aroma ganz beträchtlich. In der Praxis kommt es dabei natürlich darauf an, welche Stecklinge oder Pflanzen man von Freunden oder in der Gärtnerei erhalten kann. Jedenfalls muß man sich darüber im klaren sein, daß nicht jede Salbeisorte gleich gut schmeckt. Wenn der Salbei, den man im Garten hat, nicht taugt, dann wechsle man ihn aus.

Küchensalbei bevorzugt einen kargen, trockenen, kalkreichen Standort und gedeiht am besten in gut bearbeitetem Boden; er kann jedoch fast überall gezogen werden, wenn das Klima nicht zu kalt und zu feucht für ihn ist. Vermehrt wird er gewöhnlich durch Stecklinge, indem man Ableger Wurzel fassen läßt. Salbei ist zwar eine ausdauernde Pflanze, doch mit der Zeit wird er holzig und treibt wilde Schößlinge. Deshalb zieht man besser alle paar Jahre Ableger und pflanzt sie neu aus. Für einen durchschnittlichen Garten reichen ein bis zwei Büsche völlig. Salbeiblätter lassen sich gut trocknen und eignen sich auch für die Tiefkühltruhe. Wie bei vielen Lippenblütlern entwickelt sich das beste Aroma kurz vor der Blüte.

Der Geschmack von Salbei ist kräftig, besonders wenn er in heißem trockenen Klima wächst, und enthält ein deutliches Kampferaroma. Über seine kulinarischen Qualitäten sind die Meinungen sehr geteilt. Manche halten ihn für ordinär, andere lieben ihn, und für Liebhaber ist nichts ordinär. Salbei ist eines der wenigen Kräuter, das sich als Gewürzpflanze seine Beliebtheit erhalten hat, aber seine Verwendung beschränkt sich auf der Zwiebel-Salbei-Füllung für Gans, auf Schweinefleisch und stärker gewürzte Würste. In den handelsüblichen Würsten wird man ihn jedoch nicht finden, vielleicht weil manche Kinder ihn nicht mögen.

In der deutschen Küche ist er bekannt als Würzkraut für Aal, und zwar sowohl für Suppe wie auch für gekochten Aal, den man zerteilt mit Salbeiblättern umwickelt. Die Verwendung bei Aalgerichten erstreckt sich bis nach Belgien. In der französischen Küche wird Salbei gelegentlich verwendet, aber kaum als vorherrschendes Gewürz. Die italienische Küche hat ihrerseits eine große Vorliebe für Salbei. Mit Rosmarin und Lorbeer ist er eines der Kräuter, die gewöhnlich vom Metzger beim Einkauf beigegeben werden. Salbei wird hier hauptsächlich für Leber und Kalbfleisch verwendet, z. B. bei *Saltimbocca* (dafür werden dünne Scheiben von Kalbfleisch mit Schinken und Salbeiblättern zusammengerollt, in Butter gebraten und mit Marsala abgeschmeckt), aber auch bei vielen anderen Gerichten, in Würsten und dergleichen mehr. Salbei wird überall in den Mittelmeerländern bei der Zubereitung von Singvögeln gebraucht; so wickelt man z. B. Drosseln vor dem Braten in Salbeiblätter ein, und manchmal wird das Fleisch beim Grillen auf Salbeizweige gespießt oder mit Blättern gespickt. Salbei wird auch an die Kebab-Spieße gebunden, und gelegentlich taucht er auch in den unerträglich streng schmeckenden Kräutersalaten auf, die von den Dorfbewohnern des Mittleren Ostens gegessen werden. Es gibt tatsächlich Leute, die Salbeischößlinge für Salat ebenso empfehlen wie als Gewürz für dicke Bohnen oder Erbsen, so wie man in Frankreich Bohnenkraut dafür verwendet. Ich persönlich mag den Geschmack von Salbei in kräftigen Fleischgerichten, aber er ist nicht sehr fein und paßt besser zu einem gesunden Freiluftessen als zu einer vornehmen Umgebung.

Es gibt überall in der Welt viele Pflanzen, die Salbei genannt werden, etwa der »Busch-Salbei« und der »wilde Salbei« Südafrikas, die mit dem echten Salbei nicht verwandt sind. Verschiedene Arten werden auch als Tee oder Medizin in Asien, Europa und China gebraucht (siehe *Muskatellersalbei*).

Salz (Kochsalz)

ENGL: Salt, Cooking Salt,
FR: Gros sel, Sel de cuisine
IT: Sale di cucina, Sale grosso
SP: Sal gema, Sal de cocina

Speisesalz (Tafelsalz)
ENGL: Tabel salt
FR: Sel blanc, Sel de table
IT: Sale da tavola, Sale fino
SP: Sal de mesa

Meersalz
ENGL: Seasalt
FR: Sel de mer, Sel gris, Sel marin
IT: Sale marino
SP: Sal de mar

Salz verleiht Speisen einen grundlegenden Geschmack, der unverkennbar im Mund wahrgenommen wird. Dieser Geschmack ist auf die Anwesenheit einbasischer Anjonen und Katjonen in einer gemeinsamen Lösung zurückzuführen, doch diese Tatsache wird Freunde chemischer Experimente mehr interessieren als Köche. Kochsalz besteht aus Natriumchlorid (Na Cl), die meisten anderen Chloride (z.B. Kalzium- oder Kaliumchlorid) haben einen unangenehmen bitteren Geschmack oder gar eine abführende oder giftige Wirkung.

Natriumchlorid ist einer der wesentlichsten Mineralstoffe für tierisches Leben. Es ist der wichtigste Bestandteil des Meersalzes und auch verantwortlich für den Salzgehalt des Blutes. Menschen nehmen normalerweise täglich 8 bis 10 g Salz zu sich, nur 1 bis $1^1/_2$ g bilden einen natürlichen Bestandteil der Nahrung, der Rest wird beigefügt. Ungesalzenes Essen schmeckt fade, wie jene Unglücklichen, die auf salzlose Diät gesetzt sind, jederzeit bestätigen werden. Tiere laufen meilenweit zu ihren Salzlecken, und wer je in salzarmen Gebieten, z.B. im Himalaja, unterwegs war, kommt zu der Erkenntnis, daß Salz eine kostbare Ware ist.

Das einwandfreie Salzen zählt zu den wichtigsten Künsten eines guten Kochs. Französische Küchenchefs sind zufrieden, wenn die Speisen, die mit ihrer Billigung aus der Küche herausgetragen werden, die ideale Würze haben; man sollte nichts mehr hinzuzufügen brauchen, nicht einmal Salz und Pfeffer.

Nun, das ist ein allzu guter Rat, denn es ist wohl bekannt, daß einige Leute (besonders Alkoholiker) ihr Essen mehr salzen als andere. Wenn jedoch mehr als nur ein paar Gäste nach Salz verlangen, dann steht fest, daß der Koch nicht sorgfältig genug war.

Das abschließende Abschmecken mit Salz sollte möglichst zu Ende des Kochprozesses geschehen, wenn der Inhalt des Topfes soweit wie nötig eingedickt ist. Wenn man eine Speise salzt, bevor sie dieses Stadium erreicht hat, wird der Salzgehalt in den meisten Fällen zu groß für die endgültige Menge an Flüssigkeit sein, und die Speise ist dann viel zu salzig.

Gerichte, die man nicht vor dem Kochen abschmecken kann kann (das muß schon ein beherzter und kaltblütiger Koch sein, der eine rohe Schweinsleberpastete kostet), müssen das Salz abgemessen erhalten, aber wo immer es möglich ist, sollte man kosten.

Wenn man Speisen salzt, überhaupt wenn man sie irgendwie

würzt, ist ein wichtiges wissenschaftliches Prinzip unbedingt zu beachten: Je mehr Salz man schon beigefügt hat, desto größer muß die Menge sein, die man noch hinzufügen muß, um die Salzigkeit zu steigern. Deshalb ist ängstlicher Gebrauch von Salz nicht gut, zumal die erforderliche Menge immer weniger kritisch wird, je mehr man sich dem Punkt nähert, der die Vollendung darstellt (siehe S. 21).

Wenn man aus Mißgeschick einmal eine Speise versalzen hat, kann man nichts weiter tun, als ihr Volumen vergrößern, so daß das Salz verdünnt wird. Zucker ist ein Gegenmittel, aber ob man ihn verwenden kann, hängt von dem jeweiligen Gericht ab. Einige verlangen ein ausgewogenes Gleichgewicht zwischen Salz und Zucker, aber für gewöhnlich kann man Salz nicht mit Zucker »töten«.

Salz hebt den Geschmack manch anderer Zutat. Es ist wertvoll beim Kochen von Gemüse, weil es das Kochwasser daran hindert, die Mineralsalze des Gemüses allzu schnell auszulaugen. Es erhöht die Temperatur, bei der Wasser kocht. Trockenes Salz entzieht dem Fleisch und dem Gemüse das Wasser durch Osmose; deshalb salzt man Gemüse, bevor man es sauer einlegt.

Salz ist auch ein wirksames Konservierungsmittel. Wo es vorhanden ist, werden manche Organismen am Wachstum vollkommen gehindert, andere verlangsamen ihr Wachstum ganz wesentlich. Darum verwendet man Salz, um Fleisch, Fisch, Speck und Gemüse zu konservieren. Es garantiert auch, daß sich nur die geschmackbildenden Organismen im Speck, Schinken, Käse und Fischprodukten entwickeln, ebenso auch in milchsaurem Gemüse wie in Salzgurken oder Sauerkraut.

Weil Salz niemals aus reinem Natriumchlorid besteht, weicht der Geschmack und die Salzigkeit der verschiedenen Sorten voneinander ab. Von Land zu Land bestehen beträchtliche Unterschiede, sowohl nach dem Geschmack wie nach der Herkunft des Salzes. Steinsalz kommt in unterirdischen Ablagerungen vor, die gewöhnlich durch das Austrocknen ehemaliger Meere entstanden sind. Es ist kristallin, klar, weiß oder durch Eisenfärbung rosa. Es kann auch Spuren von schlecht schmeckender Soda oder Epsom-Salz, gelegentlich sogar giftige Salze von Arsen oder Barium enthalten.

Natürliches Steinsalz gibt es ungereinigt, aber für den menschlichen Genuß darf nur solches verkauft werden, das aus ungefährlichen Ablagerungen stammt. Manche Leute halten es für das Salz mit dem feinsten Aroma. Für den Tafelgebrauch muß es natürlich gemahlen werden, etwa in einer hölzernen Salzmühle oder mit Mörser und Stößel.

GEWÖHNLICHES KÜCHENSALZ wird gewonnen, indem man in eine salzhaltige Gesteinsschicht Wasser hineinleitet und dann die Sole herauspumpt. Diese Sole wird durch Verdampfung konzentriert, bis das Salz auskristallisiert. Während der Kristallisation hat sich das Salz bis zu einem gewissen Grad gereinigt. Dies ist das gewöhnliche Alltagssalz, wie es in vielen Ländern verwendet wird.

1
2
3
5a
4
5
6
7

Es wird in verschiedenen Feinheitsgraden wie auch in Block- oder Tablettenform angeboten.

TAFELSALZ hat zwar den gleichen Ursprung, ist aber fein gemahlen und einer Spezialbehandlung unterzogen, die das Zusammenbacken verhindert. Es besteht gewöhnlich aus ziemlich reinem Natriumchlorid, das von anderen hygroskopischen (wasseranziehenden) Salzarten befreit wurde. Stärke, Kalkphosphat und andere Substanzen, welche die Rieselfähigkeit begünstigen, werden üblicherweise beigefügt. Dem Geschmack nach ist es das am wenigsten interessante Salz.

MEERSALZ ist in vielen Ländern gebräuchlich, in manchen anderen kann man es nur in Reformhäusern und Delikatessengeschäften bekommen. Im Rohzustand ist es als »*Bay-salt*« bekannt, weil es in abgeschlossenen Meeresbuchten durch Verdampfung entsteht. Meerwasser selbst enthält einen gewissen Prozentsatz an Natriumchlorid und viele Spurenelemente von Jod bis zu Silber und sogar Gold, aber es enthält auch beträchtliche Mengen abführender Stoffe, die schlecht schmecken, und sogar giftige Salze. Heute sind die alten Eindampfungsmethoden durch besondere Reinigungsprozesse verbessert, und das so gewonnene Salz hat einen guten Geschmack und wird von vielen Gesundheitsexperten empfohlen.

GEWÜRZSALZE sind durch Tradition geheiligt. Sie wurden sicher schon im vergangenen Jahrhundert verkauft und schon jahrhundertelang zuvor nach Hausrezepten hergestellt. Als Beispiel zitiere ich eines davon: »4 Teelöffel geriebene Muskatnuß und gemahlene Nelken, je 2 Teelöffel weißen Pfeffer, pulverisierten Thymian, getrocknete Lorbeerblätter und mit Majoran gemischten Rosmarin, ein Teelöffel voll Cayennepfeffer, um es scharf zu machen.« Dies wird mit einem Pfund Seesalz vermischt. Es dürfte vernünftig sein, das Salz in solchen Mischungen zu reduzieren, weil man eine Speise immer noch nach Bedarf nachsalzen kann.

Da Salz ein wirksames Konservierungsmittel, zugleich auch eine physikalische Hilfe beim Zerstoßen von Gewürzen im Mörser ist und ohnehin allen pikanten Speisen und Fleischgerichten beigegeben werden muß, spart man ziemlich viel Zeit, wenn man in der Küche allerlei Sorten von Gewürzsalz bereithält. Knoblauch kann mit Salz zerstampft werden, obwohl das Aroma niemals so gut ist wie bei frischem Knoblauch, auch Selleriesamen, der sich allein schwer zerstampfen läßt, kann mit Salz zu Selleriesalz zerstampft werden.

Diese und verschiedene andere Gewürzsalze mögen dazu angeregt haben, Salz mit dem Rauch von Hickoryholz zu würzen, wie man es jetzt in Amerika und Großbritannien kaufen kann. Dies ist eine Errungenschaft der modischen Schnellküche, doch Selleriesalz und »orientalisches Salz« passen ausgezeichnet zu Möwen- oder Kiebitzeiern.

Obwohl es schade wäre, nur solche Fertigprodukte zu verwenden, deren Gebrauch die Romantik aus der Küche verdrängt und die Individualität zerstört, können sie bei Gelegenheit recht nütz-

Zeichnung 14
1 Thymian
2 Salbei
3 Feldthymian
4 Oregan
5 Suppenmajoran
5a Blütenstand des Suppenmajorans
6 Winterbohnenkraut
7 Bohnenkraut

lich sein. Aber es ist auch ganz einfach, Gewürzsalz selbst herzustellen. Die Wahl der Zutaten steht jedem frei, man kann seiner Erfindungsgabe die Zügel schießen lassen. Es ist unrealistisch, so zu tun, als wären wir nie in Eile, und alles, was uns dann hilft, schnell zu kochen ohne die persönlichen Eigenarten aufzugeben, ist wert, gekauft zu werden.

GEMÜSESALZE sind verschiedene Speisesalze pflanzlicher Herkunft. Manche davon haben ein hervorragendes Aroma. Gemüse enthalten von Natur aus Mineralsalze, die für jedermanns Gesundheit wichtig sind.

Sarsaparilla

ENGL: Sarsaparilla
FR: Salsepareille
IT: Salsapariglia
SP: Zarzaparilla
BOT: Smilax-Arten
FAM: Liliaceae
Zeichnung 5, Nr. 6, Seite 64

Sarsaparilla wird aus den Wurzeln verschiedener Arten von *Smilax* hergestellt, von denen die meisten in tropischen Urwäldern Zentralamerikas heimisch sind. Wer einmal versucht hat, die Hänge an der Riviera zu ersteigen, wird sich vermutlich an den Dornen der wirr verschlungenen europäischen Smilax gekratzt haben, der so auffallend pfeilähnliche Blätter hat. Die meisten Smilax-Arten jedoch findet man in den Wäldern am Amazonas und in Zentralamerika. Weil sie im dichten, feuchten Urwald mit bösartig bewehrten Ranken an den Bäumen klettern und wuchern, ist das Ausgraben ihrer Wurzeln ein wenig vergnügliches Geschäft. Diese enthalten einen bitteren Grundstoff und werden getrocknet und mit anderen Würzzutaten vermischt bei der Herstellung von *Softdrinks* und Wurzel-Bieren verwendet. Obwohl man Sarsaparilla einst für ein Anregungsmittel hielt, gilt es heute als wertlos.

In vielen Ländern trifft man auf Soft-drinks mit der Bezeichnung Sarsaparilla, und es gibt zahllose Ersatzstoffe für den echten.

Sassafras

ENGL: Sassafras
FR: Sassafras
IT: Sassafrasso
SP: Sasafrás
BOT: Sassafras albidum
(Sassafras officinalis)
FAM: Lauraceae
Zeichnung 4, Nr. 4, Seite 56

Der Sassafras ist ein wohlbekannter nordamerikanischer Alleebaum, der in den östlichen Landstrichen dieses Kontinents von Kanada bis Florida und westlich bis nach Kansas heimisch ist. Der Baum hat gelbgrüne Blüten, die vor den Blättern erscheinen. Die Früchte sind dunkelblau mit roten Stengeln.

Obwohl alle Teile des Sassafras-Baumes bis zu einem gewissen Grad aromatisch sind, ist die Wurzelrinde besonders reich an ätherischem Sassafras-Öl. Bei ihrer ersten Landung in Florida im Jahre 1512 bemerkten die Spanier, daß diese Wurzel von den Indianern gekaut wurde, und priesen sie bald darauf als ein neues Heilmittel. Bis zur Mitte des 19. Jahrhunderts wurden Rinde, Blätter und Knospen in vielen Staaten Amerikas als Tee-Ersatz verwendet. In älteren Kochbüchern taucht Sassafras als Heiltee oder Herzstärkungsmittel auf. Die weiteren Zutaten, die man zur Herstellung einer Sassafras-Herzmedizin noch benötigte, sind wert, aufgeführt zu werden, als Beispiel für die Fülle von Würzstoffen, die früher in der Küche verwendet wurden: Sarsaparilla, Gummi arabicum, Weißwein, Wacholderbeeren, Pistazien, Zitronensirup, Rosmarinblätter, Majoran, kandierte Zitronen,

Zitronat, Kandiszucker, Muskatellerrosinen, Sherry und Traubenschnaps.

Weil man Sassafras als Geschmackssubstanz in Heilmitteln verwendet, wird sein Geschmack manchmal als »medizinisch« bezeichnet. Er bildet die Geschmacksgrundlage für Sassafras-Gelee, das man zu Fleisch ißt. Die pulverisierten getrockneten Blätter werden in der kreolischen Küche zum Würzen und Andicken von Suppen und Soßen verwendet. Die jungen zarten Blätter kann man auch als Salat anrichten.

Sauerampfer

ENGL: Sorrel
FR: Oseille
IT: Acetosa
SP: Acedera
FAM: Polygonaceae
Zeichnung 7, Nr. 5, Seite 90

Großer Sauerampfer
ENGL: Garden Sorrel
FR: Oseille de Belleville
IT: Acetosa
SP: Acedera
BOT: Rumex acetosa

Schildblättriger Ampfer (Römischer Spinat)
ENGL: Round-leaved Sorrel
FR: Oseille aux feuilles rondes
IT: Acetosa romana, Acetosa Tonda
SP: Acedera con hojas redondas
BOT: Rumex scutatus
Zeichnung 7, Nr. 7, Seite 90

Englischer Spinat (Gartenampfer)
ENGL: Spinach Dock, Herb Patience
FR: Oseille-épinard, Patience
IT: Romice
SP: Romaza
BOT: Rumex patientia

Kleiner Sauerampfer
ENGL: Sheep Sorrel
FR: Petite oseille
IT: Acetosa minore
SP: Acedera pequeña
BOT: Rumex acetosella
Zeichnung 7, Nr. 6, Seite 90

Krauser Ampfer
ENGL: Curly Dock
FR: Patience frisée
IT: Romice crespa
SP: Acedera crespa
BOT: Rumex crispus

Stumpfblättriger Ampfer
ENGL: Broad-leaved Dock

GROSSER SAUERAMPFER, RÖMISCHER und ENGLISCHER SPINAT stammen alle von weitverbreiteten wilden Ampferarten ab. Diese drei Arten findet man gewöhnlich als Kulturpflanzen. Andere Arten, etwa der kleine Sauerampfer oder der krause Ampfer, werden manchmal als Gemüse verwendet. Der Stumpfblättrige Ampfer und der Fluß-Ampfer sind mit ihren groben Blättern und Stengeln ungenießbar. Die Ampferarten gehören wie der Rhabarber zur Familie der Knöterichgewächse *(Polygonaceae)*, zu der auch die Runkelrübe und der Spinat zu zählen sind.

Die drei Arten, von denen die kultivierten Ampferarten abstammen, sind alle in Europa und Asien beheimatet, obwohl sie jetzt auch wild in Nordamerika vorkommen. Sie sind von unterschiedlicher Säure und Bitterkeit. Die kultivierten Spielarten haben breitere Blätter und sind insgesamt weniger zäh und sauer als ihre wilden Ahnen.

Es ist bekannt, daß schon im alten Ägypten Sauerampfer gegessen wurde. Die Römer aßen ihn zum Ausgleich für ihre üppige Kost. Heute verwendet man ihn noch in Ägypten und in vielen europäischen Ländern, hauptsächlich in Frankreich. In England war er im Mittelalter sehr verbreitet (Sauerampfer und englischer Spinat spielten eine bedeutende Rolle im Garten), jetzt ist er nur noch wenigen bekannt. Das ist schade, denn Sauerampfer schmeckt delikat und ist leicht zu ziehen. Außerdem wächst der englische Spinat schon im Vorfrühling im Überfluß, wenn es sonst noch keinerlei Grünzeug gibt. Gärtner sollten beachten, daß englischer Spinat bis 1,50 m in die Höhe schießen kann und deshalb mehr Platz braucht als die 45 bis 50 cm Abstand, die für kleinere, nur bis 60 cm hoch wachsende Sorten genügen. Man zieht ihn aus Samen und setzt die Pflänzchen im Frühling in beliebigem Boden an einen sonnigen und feuchten Platz.

Ampfer ist mehrjährig und winterhart, aber man sollte ihn nicht blühen lassen und etwa alle vier Jahre erneuern. Da man jedesmal nur ein paar Handvoll benötigt, genügen ein paar Pflanzen für eine Durchschnittsfamilie.

Sauerampfer hat ein spinatähnliches Blatt, das etwas bitter und sauer schmeckt. Man sollte ihn nur ganz kurz kochen, damit sein frischer Geschmack erhalten bleibt; auch sollte er nur mit einem rostfreien Messer geschnitten und niemals in einem Eisentopf zubereitet werden. (Eisen wird durch Sauerampfer schwarz, und die-

BOT: Rumex obtusifolius

Fluß-Ampfer
ENGL: Great Water Dock
BOT: Rumex hydrolapathum

ser bekommt einen abscheulichen metallischen Beigeschmack.) Man kann ihn roh zu Salaten verwenden, aber die Blätter sollten sehr jung und zart sein. Einige Minuten in Butter gedünstet, schmeckt er ausgezeichnet als Pürree, nachdem man ihn zuvor roh kleingehackt oder blanchiert oder leicht in Salzwasser gekocht hat. Dieses Pürree paßt gut zu Kalbfleisch, Schweinefleisch, Fisch und Eiern (speziell zu Omelettes). Sauerampfer ist auch ein vorzügliches säuerliches Gewürz für Suppen aus Hühnerbrühe, Milch, Linsen, Tomaten oder Gurken. Rezepte dafür gibt es hauptsächlich in Frankreich, aber ich habe auch welche aus Osteuropa, Ägypten, Schweden und sonstwoher bekommen. Sauerampfer ist ein Bestandteil der Kräutermischung, die man zum Füllen verwendet oder dem Fischsud beigibt, angefangen von Seezunge und Lachs bis zu Kabeljau und Aal. Schließlich bildet er den Grundbestandteil der altenglischen sauren grünen Soße, die zu Schweinebraten oder Gans gereicht wird. Natürlich gehört er auch zu »Grüner Soße«, die in Deutschland und Italien zubereitet wird. In einigen Gegenden des Rheinlands bereitet man aus Sauerampfer und Sahne eine köstliche Suppe.

Rezepte, die Sauerampfer vorschreiben, findet man in vielen Kochbüchern, z. B. »Die 100 berühmtesten Rezepte der Welt« von Roland Gööck.

Sauerklee

ENGL: Wood Sorrel, Shamrock
FR: Alléluia, Oxadile blanche, Petit oseille, Surette
IT: Acetosella
SP: Acederilla, Oxadile blanca
BOT: Oxalis acetosella
FAM: Oxalidaceae

Sauerklee ist eine verbreitete Wildpflanze in Wäldern und an feuchten, schattigen Plätzen. Er hat weiße Blüten mit zarten rötlichen Streifen. Die Blätter sind kleeförmig, lichtempfindlich und zusammenklappbar. In der Nacht oder bei schlechtem Wetter falten sie sich um den Stengel.

Sauerklee hat einen hohen Gehalt an Oxalsäure, etwa 25 g auf zehn Pfund Blätter. (Das griechische Wort *Oxalis* bedeutet sauer, und acetosella kommt aus dem lateinischen *acetum*, gleich Essig.) In größeren Mengen ist Oxalsäure giftig (als Chemikalie dient sie zum Entfernen von Tintenflecken), und Vieh, das auf Sauerkleeweiden grast, kann krank werden; Schafe können sogar sterben. Daß Oxalsäure und -salze auch in Rhabarberblättern enthalten sind, ist bekannt. Weniger bekannt ist jedoch, daß sie auch in Spinat, Garten-Sauerampfer und vielen anderen Gemüsearten vorkommen. Doch in der Menge, die man für einen Salat oder eine Soße braucht, kann man Sauerklee getrost essen. In Suppen oder Salaten kann man ihn statt Sauerampfer verwenden. Gerard, der berühmte elisabethanische Kräuterkenner, meint, daß man damit »eine bessere Grüne Soße zubereiten kann als mit jedem anderen Kraut«. Weil er obendrein hübsch aussieht, erfüllt Sauerklee im Hausgarten einen doppelten Zweck.

Sauermilch-Produkte

Buttermilch
ENGL: Buttermilk

Jedermann weiß, daß Milch und Sahne sauer werden, besonders bei warmem Wetter, aber es war nicht bekannt, daß dies durch Bakterien geschieht, bis Pasteur dies vor etwa hundert Jahren entdeckte. Wenn Sauermilchprodukte seit undenklichen Zeiten unter primitiven Bedingungen hergestellt wurden, so ist das ein Beweis dafür, daß man in der Küche nicht unbedingt begriffen haben muß, warum etwas geschieht, wenn man's nur richtig macht.

In der Milch befinden sich normalerweise Hunderte verschiedener Arten von Organismen wie Unkraut auf einem fruchtbaren Feld. Manche davon sind allerdings nur in bestimmten Gebieten der Erde zu finden. Diese Organismen schweben in der staubigen Luft der Ställe und im Küchendunst, schwimmen im Wasser und haften an Gegenständen, auf Tierfellen und am Menschen. In einem Bauernhaus auf dem Balkan oder in der Türkei, wo Joghurt seit Generationen hergestellt wird, schwirren mit großer Wahrscheinlichkeit mehr Joghurtbakterien umher als in einem New Yorker Appartement. Küchenanweisungen, die das Vorhandensein bestimmter Bakterien voraussetzen, werden also nicht an jedem Ort gleich gut funktionieren. Es müssen erst die richtigen Bakterien beigefügt werden.

Um zu begreifen, was bei der Entstehung von Sauermilchprodukten geschieht, muß man sich vorstellen, daß nicht nur eine Bakterienart, sondern eine Mischung von Bakterien, Hefepilzen und anderen vorhanden sein muß, von denen jede Art bestimmte chemische Vorgänge auslöst. Einige verwandeln Milchzucker in Milchsäure, andere produzieren sahne- oder butteraromahaltige Substanzen, Alkohol und köstlich fruchtige oder essigähnliche Geschmackskomponenten. Wenn diese gut ausgewogen sind, schmeckt ein Sauermilchprodukt ausgezeichnet. Aber es gibt auch weniger günstige Bakterien, die die Fette und Proteine der Milch angreifen. Diese rufen zugleich einen bitteren, ranzigen, fischigen und fauligen Geschmack hervor, den wir bei Käse vielleicht ganz gerne mögen, aber an saurer Sahne gar nicht schätzen. Es gibt auch Strukturprozesse, bei denen Dickmilch gerinnt oder klebrig und schleimig wird. Auch diese sind wichtig, um das richtige Ergebnis herbeizuführen.

Bakterien und andere Kleinlebewesen hängen oft von ihrem Nährboden ab oder von der Anwesenheit anderer Bakterien in der Mischung: Ihre Wirkung setzt erst dann ein, wenn andere Mikroben den Prozeß bis zu einem bestimmten Stadium vorangetrieben haben. Auch hat jede Bakterie ihre bevorzugte Temperatur, bei der sie sich vermehrt und am besten wirkt. Deshalb kann man durch Temperaturkontrolle eine Gruppe von Bakterien auf Kosten einer anderen aktivieren. Die Kette der Möglichkeiten wird dadurch unglaublich kompliziert. Für den praktischen Koch kann man die Milchsäurebakterien in zwei große Klassen einteilen: Die einen beginnen bei Zimmertemperatur zu wirken (in kühleren Ländern) und erzeugen gewöhnlich Sauermilch oder saure Sahne; die anderen entfalten ihre Wirksamkeit am besten bei Temperaturen, die wesentlich über der Körpertemperatur liegen (eine Art hohes Fieber von 43°), und erzeugen dabei Joghurt und andere Arten von saurer Dickmilch, wie man sie in heißen Gegenden ißt (Balkanländer, Mittlerer Osten und Indien).

FR: Lait battu, Lait de beurre
IT: Siero di latte
SP: Suero de manteca

Saure Sahne
ENGL: Sour Cream
FR: Creme caillee
IT: Panna acida
SP: Nata cuajada

Joghurt
ENGL: Yoghurt
FR: Yahourt, Yaourt, Yoghourth
IT: Yoghurth
SP: Yajut

Um also schmackhafte Sauermilch bester Qualität herzustellen, muß man der Sahne oder Milch die erforderliche Bakterienmischung beifügen und das Ganze dann der richtigen Temperatur aussetzen. So kann man etwa gekochte Milch oder Sahne mit einer genau bemessenen Quantität einer Bakterienkultur impfen und zur Probe an einen warmen Platz stellen. Am besten kauft man sich für den Anfang eine solche Kultur – wenn man nicht zufällig von selbst an eine gute gerät –, später braucht man dann für den weiteren Gebrauch jeweils nur einen Rest zurückzubehalten.

Man kann sich eine Menge Aufwand ersparen, wenn man gute Sauermilch, saure Sahne oder Joghurt zu kaufen bekommt. Leider sind manche Handelsprodukte mit Milchpulver und Magermilch verfälscht und haben in Geschmack und Struktur wenig mit dem echten Produkt gemein. Besonders das handelsübliche Joghurt ist meistens zu sauer, zu schleimig, zu dünn und wenig ausdrucksvoll im Geschmack. Solches Joghurt verdankt seine Beliebtheit nur der Tatsache, daß die meisten Menschen noch nie Joghurt in seinem Ursprungsland gegessen haben.

BUTTERMILCH ist jene Sauermilch, die beim Buttern übrigbleibt, nachdem das meiste Fett sich in Butter verwandelt hat. Sie verleiht den altmodischen Teekuchen, Pfannkuchen, dem Buttermilchbrot und den Haferflockenküchlein ihr besonderes Aroma.

SAURE MILCH (wie etwa der nordrussische *Prostokvash*). Dies ist die gewöhnliche Sauermilch. Sie nimmt einen schlechten Geschmack an, wenn sie nach dem Sauerwerden zu lange aufbewahrt wird. Die günstigste Temperatur zu ihrer Herstellung ist etwa 29,5° Celsius (Temperatur eines sehr warmen Raumes).

SAURE SAHNE, die russische *Smytana*, wird auch in Deutschland viel verwendet sowie in Ungarn, Rumänien und anderen Teilen Osteuropas. Sie sollte ebenfalls nicht nach dem Säuern zu lange aufbewahrt werden, weil sie dann schlecht schmeckt. Die beste Bruttemperatur ist auch hier 29,5° Celsius, und ob das Ergebnis gut wird, hängt von bestimmten Aroma- und Geschmacksbakterien ab wie auch von Hefepilzen, die ihr einen alkoholischen Beigeschmack verleihen. Wenn sie aus pasteurisierter Sahne gemacht werden soll, braucht man einen »Starter«, der eine Reihe von Säurebakterien enthält und sie stocken läßt, sowie auch geschmacksbildende Mikroorganismen. Man verwendet sie bei Borscht mit gedämpfter Gurke, zu paprikagewürzten Gerichten und anderen Suppen und Soßen. Joghurt, wie man ihn hier zu kaufen bekommt, ist kein Ersatz dafür.

Abgesehen von geronnener Sahne (Devonshire- oder Cornwall-Sahne), die einen leichten Kochgeschmack hat, sollte nach allgemeiner Meinung die Sahne entweder sehr frisch sein und das Aroma des Viehfutters von der natürlichen Weide (nicht von gepreßtem Heu oder Silofutter) haben; andernfalls kann sie auch, gut ausgereift, schon ein wenig angesäuert und durch Bakterienprodukte aromatisiert sein. Gut gesäuerte Sahne schmeckt fast zu jeder Speise ausgezeichnet.

Wenn man keine saure Sahne zur Hand hat, kann man einen

Ersatz schaffen, indem man Zitronensaft an süße Sahne träufelt und umrührt. Diese wird dann dicken, aber sie ist nicht so gut wie das echte Produkt.

JOGHURT ist der türkische Name für ein bekanntes Erzeugnis, das in vielen Abwandlungen auf dem Balkan, in der Levante, im Mittleren Osten, Nordafrika und Indien ebenso verbreitet ist wie in Südrußland. *Leben* (Ägypten bis Algerien), *Laban* (Syrien und Libanon), *Mazun, Matzun, Mazoon* (Armenien), *Matsoni* (Georgien), *Masturad, Jodaa* (Sizilien), *Gioddu* (Sardinien) und *Dahi* oder *Dahai* (Indien, und am besten aus Büffelmilch) sind verwandte, aber nicht immer identische Produkte. Ihre Konsistenz variiert von glatt und sahnig fest bis zu bierähnlich duftenden vergorenen Produkten voller Bläschen. Schafmilch ergibt das beste Joghurt, aber Kuhmilch-Joghurt ist leichter verdaulich. Es gibt viele Herstellungsarten, doch am besten macht man es folgendermaßen: Man kocht die Milch zehn Minuten lang, läßt sie abkühlen, impft sie (sorgfältig unter der Milchhaut) mit einer Ausgangskultur oder ein wenig gekaufter Joghurt oder Joghurtkultur und läßt sie etwa drei Stunden lang bei einer Temperatur von 43° Celsius stehen, bis sie sich setzt. Dann wird sie abgekühlt, aber man soll sie nicht zu lange im Kühlschrank aufbewahren, weil sie sonst zu sauer wird.

Mit Ausnahme von Tuberkel- und Milzbrandbazillen werden alle Krankheitserreger durch die Joghurtsäure getötet, aber weil bei den meisten Herstellungsarten die Milch vorher gekocht wird, ist Joghurt eines der sichersten Nahrungsmittel in unhygienischen Ländern, vorausgesetzt, daß nicht später Fliegen darauf spazierengegangen sind.

Joghurt wird nicht nur so gegessen, wie sie ist, sondern auch in allen Gegenden, wo sie erzeugt wird, zum Kochen verwendet und verleiht den Gerichten ihren charakteristischen Geschmack. Kuhmilch-Joghurt neigt beim Erhitzen zur Klumpenbildung; eine Prise Mehl als Stabilisator verhindert dies. Rezepte, die Joghurt enthalten, reichen von Joghurt in Kuchen oder Süßspeisen mit gehackten Tropenfrüchten und Nüssen (Armenien) bis zu Fleischgerichten aus Lamm und Geflügel und den *Raitas, Curries* und *Pilaws* Indiens und Pakistans. Man verwendet es auch als Salatsoße, vornehmlich zu Gurke.

Es gibt auch noch andere Sauermilchprodukte, die erwähnenswert sind.

ACIDOPHILUS-MILCH. Dieses ziemlich moderne Milchprodukt wird mit Hilfe einer sehr gesunden, säureproduzierenden Mikrobe hergestellt und in Rußland viel als Heiltrank verwendet.

CHAL, ein Erzeugnis aus Zentralasien, wird aus Kamelmilch gemacht.

DOUGH ist ein wunderbares Getränk an heißen Tagen. Es besteht aus Joghurt, das mit Salz und Wasser geschlagen wurde. Es wird überall in Persien getrunken, wo es mit Kohlensäure versetzt in Flaschen abgefüllt als Soft-Drink angeboten wird.

KEFIR stammt aus dem Kaukasus und ist ein Gärungsprodukt

aus Kuhmilch, das gleichzeitig sauer und leicht alkoholisch ist. Die Gärung wird durch getrocknete Samenkörnchen in Gang gebracht, die als Kefirkörnchen bekannt sind.

KUMISS wird in einem kombinierten Prozeß von Milchsäuerung und alkoholischer Gärung aus Stutenmilch oder aus einem Gemisch von Kuhmilch und Stutenmilch gewonnen. Kumiß stammt aus dem Südosten der UdSSR. Weil Stutenmilch mehr Zucker enthält als Kuhmilch, ist der Alkoholgehalt höher als bei Kefir.

KYRINGA ist eine prickelnde alkoholische Sauermilch aus dem östlichen Zentralasien.

Reisenden sind diese Erzeugnisse besonders an unerträglich heißen Tagen zu empfehlen. Ich spreche aus Erfahrung, denn ich habe meinen kleinen Kindern immer Sauermilcherzeugnisse gegeben (nachdem ich sie geprüft hatte), wenn wir mit ihnen im Orient unterwegs waren. Joghurt mit einer Haut an der Oberfläche ist immer ungefährlich; ist die Haut entfernt, muß man wegen der Fliegen vorsichtig sein. Während des Krieges habe ich in Rumänien zum Frühstück immer Sauermilch aus den Bauernhöfen längs des Weges getrunken. Dort war es nicht allzu sauber, und ich wurde ernsthaft von englischen und amerikanischen Diplomaten davor gewarnt. Es hat sich gezeigt, daß sie unrecht hatten, und heute glaube ich, daß saure Milch nächst heißem Tee das gesündeste Getränk ist, das man in unhygienischen Gegenden trinken kann. Und beim Kochen spielen die Sauermilcherzeugnisse eine hervorragende Rolle im Arsenal der Aromastoffe.

Sauermost

(Traubensaft)

ENGL: Verjuice
FR: Verjus
IT: Agresto
SP: Agraz

Das englische Wort Verjuice stammt aus dem französischen *vert* (grün) und *jus* (Saft). Man bezeichnet damit den Saft unreifer Früchte, der früher vielfach zum Säuern verwendet wurde. Heute gebraucht man ihn dafür nur noch selten.

In England wurde dieser Saft aus grünen Äpfeln gepreßt, vorzugsweise aus Holzäpfeln. Der geringe Zuckergehalt wurde vergoren, indem man den Saft ein oder zwei Tagen stehenließ. Dann wurde der Schaum entfernt und Salz zugefügt. Manchmal wurde der Saft durch Kochen konzentriert. Solcher Obstsaft hielt sich wegen seiner Säure und seines Salzgehaltes gut. Sehr saurer frischer Apfelmost, der noch nicht zu Essig wurde, kann als Ersatz dafür genommen werden.

In Frankreich stellte man in einem ähnlichen Prozeß aus sauren grünen Trauben *Verjus* her, der auf verschiedenerlei Weise verwendet wurde. Heute benutzt man ihn hauptsächlich für die Senfherstellung, aber man nimmt dazu fast stets ein synthetisches und kein natürliches Produkt (siehe *Senf*). Dieser Saft ist nicht zu verwechseln mit dem ungegorenen Saft reiner Trauben, obwohl man mit *Verjus* manchmal auch den Saft reifer weißer Trauben bezeichnet *(Perdreaux au verjus)*. (In vielen Weinanbaugebieten werden grüne Trauben manchmal Fleischgerichten beigegeben. Ich habe gelegentlich eines probiert, und es schmeckte ausgezeichnet.)

1
2
3
4
5
6
7
8

1
2
3
4
5
6
7
8
9

Saures

Sauer ist ein reines Geschmacksgefühl, das im Mund wahrgenommen wird, und zwar fast stets durch die Anwesenheit einer Säure.

Säuren und Basen neutralisieren sich gegenseitig. So kann man aus sauren Gerichten die Säure vertreiben, wenn man Speisesoda hinzufügt. Das Resultat wäre abscheulich, denn die Salze, die sich dann bilden, sind bitter und haben einen medizinischen Beigeschmack. Jedoch vom Standpunkt des Geschmacks aus (allerdings nicht in chemischer Hinsicht) kann Saures durch Süßes neutralisiert werden. Durch die Beigabe von Zucker entsteht dann eine süßsaure Geschmackskombination, die vielleicht deshalb so beliebt ist, weil sie für unsere affenähnlichen Vorfahren »reife Frucht« bedeutete; denn das Reifen einer Frucht wird stets durch ein Anwachsen des Zuckergehaltes im Vergleich zur Säure bestimmt. Die Kombination Süßsauer ist so wichtig, daß ihr ein eigenes Stichwort gewidmet ist (siehe *Süßsauer*).

Die gebräuchlichsten organischen Säuren in unserer Nahrung sind *Essigsäure* (Essig), *Zitronensäure* (Zitrusfrüchte), *Apfelsäure* (Äpfel, Sumach und andere Früchte), *Weinsäure*, *Bernsteinsäure* (Wein) und *Milchsäure* (Sauermilch). Anorganische Säuren wie *Schwefel-*, *Phosphor-* und *Salzsäure* (letztere ist ein natürlicher Bestandteil unserer Magensäure) werden nur bei Handelsfabrikaten verwendet, und auch dann sind sie nur in starker Verdünnung ungefährlich. Nicht alle Säuren sind gleich wirksam, manche müssen daher stärker verdünnt werden, wenn man einen gleichen Sauergeschmack erreichen will. Anorganische Säuren sind stärker als organische Säuren, und Essig ist stärker als Zitronen- oder Weinsäure. Andererseits verschwindet der Geschmack verdünnter starker Säuren schneller vom Gaumen als der konzentrierter Lösungen von schwächeren Säuren.

Folgende andere Eigenschaften von Säuren sollte man sich merken: Zusammen mit Soda (Backpulver) bildet sie Kohlendioxydgas (CO_2), die in der betreffenden Substanz Bläschen erzeugt. Diese Reaktion wird zur Lockerung verwendet.

Säure färbt Lackmuspapier rot; eine Base blau. Auf ähnliche Weise erhält und verstärkt eine Säure die Farbe von roten Rüben oder Rotkohl, während basisches hartes Wasser das Rot in ein unappetitliches Violett verwandelt. Leichtes Essigwasser färbt grünes Gemüse gelb, während eine Prise Soda seine Farbe verbessert, was schon den Römern bekannt war. Dafür erhält eine schwache Säure die Vitamine, während alkalisches Wasser sie zerstört.

Säuren sind chemisch aktive Substanzen und neigen dazu, Zellwände und Fasern zunächst zu verhärten, dann aber aufzulösen. Säuren sind deshalb Zartmacher, was man sich zunutze macht, wenn man Fleisch in Wein, Essig oder Zitronensaft mariniert oder kocht.

Säuren sind auch Konservierungsmittel. Der genaue Grad der Säure ist entscheidend für das Wachstum von Mikroorganismen. Fäulnis- und Zersetzungsbakterien vertragen keine Säuren (ebenso wie manche Pflanzen nicht in saurem Erdreich wachsen

Tafel VII
Würzige Blüten:
1 Löwenzahn
2 Gartennelke
3 Ringelblume
4 Damaszenerrose
5 Schlüsselblume
6 Veilchen
7 Holunder
8 Linde

Tafel VIII
Pilze:
1 Grüner Knollenblätterpilz (giftig!)
2 Steinpilz
3 Birkensteinpilz
4 Kaiserling
5 Fliegenpilz
6 Reisstrohpilz
7 Schwarze Trüffel
8 Weiße Trüffel
9 Morchel

können). Deshalb wird Essig und Zitronensaft zur Herstellung von Pickles verwendet. Aus dem gleichen Grund ist der Genuß von Joghurt und Sauermilch in unhygienischen Ländern gefahrlos und das Einmachen von Früchten mit weniger Vorsichtsmaßregeln verbunden als das Einmachen von Wurzelgemüse.

Benzoesäure und Borsäure haben spezielle konservierende Eigenschaften und werden in Ländern, wo dies erlaubt ist, manchen Lebensmitteln beigefügt.

Die Entstehung von Milchsäure in Sauermilch, Joghurt, Käse, Sauerkraut und Sauren Gurken wird durch Bakterien hervorgerufen, die sich jedoch nicht weiter vermehren, wenn der kritische Säuregrad erreicht ist.

Die richtige Abstimmung des Säuregrades ist beim Kochen von größter Wichtigkeit, wird aber häufig zu wenig beachtet. Die Wahrnehmung eines sauren Geschmacks wächst wie die eines süßen mit steigender Hitze und vermindert sich bei Abkühlung, ist also in warmen Speisen stärker als in kalten. Es gibt viele natürliche Säuren, die man zum Säuern verwendet, und in jedem Land wird wenigstens eine von ihnen verwendet. Sauer ist wie salzig ein notwendiger Grundgeschmack. Die bekanntesten Säureträger sind: Essig, Obstsaft, Sauermilch, Zitronensaft, saure oder unreife Früchte (etwa Pflaumen, Granatäpfel oder Äpfel), Tamarinde (Indien), Sumach (Mittlerer Osten), Sauerampfer und Sauerklee (Europa), Rosella (Tropen) und pulverisierte getrocknete Limonellen oder Zitronen.

Von reinen Säuren werden nur Zitronen- und Weinsäure in der Küche verwendet. Zitronensäure wird aus Zitronen extrahiert oder synthetisch gewonnen, indem man Glukose mit Hilfe besonderer, Zitronensäure produzierender Bakterien vergärt.

Weinsäure wird aus Weinstein gewonnen, der sich vom Wein absetzt und Krusten in den Fässern bildet. Er besteht aus weinsteinsaurem Kalium und wird auch für Backpulver, hausgemachte Weine und Hefekulturen verwendet.

Schafgarbe

ENGL: Milfoil, Yarrow
FR: Achillée, Herbe aux Charpentiers, Millefeuille
IT: Millefoglio
SP: Cientoenrama, Milhojas
BOT: Achillea millefolium
FAM: Compositae
Tafel VI, Nr. 6, Seite 166

In ganz Europa findet man diese Pflanze an Wegrändern und auf Wiesen. Der botanische Name *Achillea* geht auf den griechischen Helden Achilles zurück, der der Sage zufolge von dem Zentauren Chiron über den Wert dieser Pflanze aufgeklärt wurde. Schafgarbe war berühmt für seine blutstillende Wirkung; der volkstümliche französische Name *Herbe aux Charpentiers* bezieht sich darauf: Offenbar haben die französischen Zimmerleute sich häufig in den Finger geschnitten.

Eine nahe Verwandte ist die Sumpfgarbe *(Achillea ptarmica)*, sie hat weniger, aber dafür größere Blüten von gleichem Umriß. In Europa und Nordamerika ist sie auf feuchten Böden und in Mooren häufig anzutreffen. Sie wird etwa 60 cm hoch, also ein wenig größer als die Schafgarbe.

Die jungen Blätter beider oder anderer Arten können zu Salat benutzt werden oder statt Kerbel zur Verzierung dienen.

Schalotte

ENGL: Shallot, Echalots, Spanish Garlic
FR: Echalote
IT: Scalogna, Scalogno
SP: Ascalonia, Chalota, Escalma
BOT: Allium ascalonicum
FAM: Liliaceae
Zeichnung 1, Nr. 2, Seite 32

Die Schalotte ist eine Zwiebelart, die statt einer einzelnen ein ganzes Bündel von Zwiebeln bildet. (In alten Büchern wird sie als eine eigene Art angeführt: Allium *ascalonicum*, der römische Name für eine Zwiebelsorte, die in Ascalon wuchs; doch hierbei handelt es sich um eine Verwechslung mit einer wilden Zwiebel aus Palästina, die blau blüht.)

Schalotten sind winterhart und leicht aus kleinen Zwiebeln zu ziehen, die man in einem Abstand von etwa 15 cm zur Hälfte in die Erde setzt. Der Überlieferung nach soll man sie am kürzesten Tag des Jahres pflanzen und am längsten Tag ernten, aber man kann sie ebensogut im Frühling setzen und in feuchteren Gegenden auch im Herbst. Richtig getrocknet (wenn die Haut gelb zu werden beginnt), lassen sie sich ein Jahr, manchmal auch zwei Jahre aufbewahren. Schalotten werden nicht aus Samen gezogen, weil vor allem jene Sorten vermehrt werden, die *keine* Samen bilden.

Schalotten sind in Nordfrankreich beliebt und bilden dort einen außerordentlich wichtigen Bestandteil der feinen Küche. Ihr Geschmack ist zarter als der der meisten anderen Zwiebeln, wechselt aber beträchtlich je nach Boden und Klima, und jede Gegend liebt eine andere Sorte. In der Normandie z. B. gleichen die Schalotten kleinen Zwiebeln mit orangebrauner Haut und haben milden Geschmack. Auf den burgundischen Märkten wiederum sind sie länglich wie große Knoblauchzehen, grau und von starker aromatischer Schärfe. Die Leute in Burgund und in der Normandie verachten jeweils die Schalotten der anderen. Die einen eignen sich besser zu *Coq au Chambertin*, die anderen besser zu *Moules marinière*. Beide Landschaften sind immerhin darin einig, daß andere Zwiebeln nur ein ärmlicher Ersatz sind und daß Schalotten niemals wie Zwiebeln gebräunt werden dürfen, weil sie sonst bitter schmecken. Auch in der deutschen Küche spielt die Schalotte eine Rolle, insbesondere im Rheinland.

Schnittlauch

ENGL: Chive
FR: Ciboulette
IT: Erba cripollina
SP: Cebolleta
BOT: Allium schoenoprasum
FAM: Liliaceae
Zeichnung 1, Nr. 7, Seite 32

Das Schnittlauch ist ein bekanntes Mitglied der Zwiebelfamilie und stammt aus den kühleren Teilen Europas einschließlich Britannien, wo man es gelegentlich wild an trockenen, felsigen Standorten antrifft. Auch in Kanada und in den Vereinigten Staaten kommt es wild vor. Schon im Altertum wurde es gebraucht, doch wurde es wohl erst seit dem Mittelalter kultiviert. Schnittlauch hat dünne, hohle, grasartige Stengel, die meist ohne Knollen sind; es wächst in Ballen. Die Blüten sind purpurn und als Beetumrandung ganz dekorativ. Die perennierende Pflanze ist leicht zu ziehen und wächst in jedem Gartenboden, liebt allerdings die Sonne. Nach zwei Jahren ist Standortwechsel angebracht. Man zieht sie entweder aus Samen oder kauft den fertigen Ballen. Es gibt eine Abart mit besonders großen Stengeln, den Riesenschnittlauch. In Deutschland, Österreich, der Schweiz und in Skandinavien kann man fast immer Schnittlauch gebündelt kaufen, südlich der Alpen wird er weniger verwendet.

Gehacktes Schnittlauch hat einen zarten Zwiebelgeschmack; durch seine leuchtende grüne Farbe ist es ideal zur Verzierung. Man benutzt es zu Soßen wie Remoulade und Ravigote, zu Eierspeisen und Weichkäse, man bestreut damit Suppen, Salate, einschließlich Kartoffelsalat, und Rote Beete.

Mit normalen Küchenmitteln kann man Schnittlauch nicht trocknen; es läßt sich jedoch einigermaßen gut tieffrieren und hält sich auch, in eine Plastiktüte verpackt, einige Tage im Kühlschrank. Das größere und schärfere Chinesische Schnittlauch (Cuchay) gehört zu einer anderen Art (siehe *Zwiebel*).

Schokolade

ENGL: Chocolate
FR: Chocolat
IT: Cioccolate, Cacao
SP: Chocolate
BOT: Theobroma cacao
FAM: Sterculiaceae
Zeichnung 2, Nr. 2 u. 2 a, Seite 40

Das Wort Schokolade kommt von dem aztekischen *Chocolatl*, und das griechische Theobroma bedeutet »Speise der Götter«. Bei den Azteken war sie schon lange im Gebrauch, bevor die Spanier nach Mexiko kamen.

Schokolade wird aus den Samen oder »Bohnen« eines Baumes gemacht, der im Tiefland des tropischen Mittel- und Südamerika zu Hause ist. Er wird bereits so lange kultiviert, daß es wahrscheinlich gar keine Wildform mehr gibt. Der Baum kann bis zu 12 m Höhe erreichen, in den Plantagen läßt man ihn jedoch nur 5 bis 6 m hoch werden. Die dunkelgrünen, ledrigen, glänzenden Blätter werden oft bis zu 30 cm lang; die bauchigen Früchte wachsen auf kurzen Stengeln direkt am Stamm oder an den dicken Ästen. Die Früchte ähneln langgezogenen, gerippten Melonen, bei der Reife ändert sich die Farbe von Grün zu Gelborange oder Purpurrot. Der Baum sieht dann wie ein geschmückter Weihnachtsbaum aus. Das Innere der Frucht besteht aus einem rötlichen Fruchtfleisch, in das die fahlen, purpurrosa »Bohnen« eingebettet sind, und zwar reihenförmig um den Kern herum. Da es heutzutage eine Menge Hybriden und Varietäten des Kakaobaums gibt, sind beträchtliche Abweichungen von dieser allgemeinen Beschreibung möglich.

Bis zum 16. Jahrhundert war Schokolade in Europa und Asien unbekannt. Zum erstenmal erwähnt wurde sie 1502, als Columbus sie während seiner vierten Reise in der Ladung eines indianischen Handelsbootes im Golf von Honduras fand. Cortes brachte sie 1520 nach Spanien. Zu dieser Zeit war sie bei den Azteken als Getränk von Bedeutung; laut Prescott trank Kaiser Montezuma 50 Krüge am Tag.

Zu Anfang versuchten die Spanier, die Schokolade als Geheimsache zu behandeln, dennoch verbreitete sie sich allmählich über Europa als das Luxusgetränk der Reichen. In London wurde der erste Schokolade-Ausschank 1657 eröffnet, doch hohe Zölle hielten sie den ärmeren Schichten bis 1825 fern.

Kakaobohnen produzieren heute viele Länder mit Tropenklima, besonders Ghana und die tropischen Länder Amerikas. Der Geschmack hängt nicht nur von der Sorte ab, sondern auch von der sorgfältigen Behandlung. Nachdem man die reifen Früchte abgeschnitten hat, werden sie geöffnet und die Bohnen sowie das saftige Fruchtfleisch herausgekratzt. Die Bohnen werden dann fermentiert; das ist ein wichtiger Prozeß, denn das Aroma der Bohnen entwickelt sich erst durch die Fermentierung (ähnlich wie bei der Vanille), ebenso hängt die Haltbarkeit davon ab. Aus unfermentierten Kakaobohnen kann man keine Schokolade machen. Die Bohnen werden anschließend getrocknet, indem man sie in der Sonne ausbreitet und oft umschaufelt. Während dieses Trocknungsprozesses ändern sie ihre Farbe von Purpur zu Schokoladenbraun.

In dieser Form werden die Bohnen den Fabriken angeliefert, wo sie sortiert, klassifiziert und geröstet werden. Die gerösteten Bohnen werden dann zerstoßen und die spröden Schalen entfernt. Nun beginnt der langwierige Mahlvorgang, und die Sorgfalt und Gründlichkeit, die man darauf verwendet, ist entscheidend für die Qualität des Endproduktes Schokolade.

Im Naturzustand enthält die Kakaobohne zuviel Fett (Kakaobutter), um daraus ein Getränk machen zu können, aber zu wenig, um sie in Tafeln oder Blöcken ausformen zu können. 1828 erfand der Holländer van Houten eine Methode, die Kakaobutter teilweise zu entziehen. Dadurch verbesserte er nicht nur die Trinkschokolade, sondern ermöglichte auch die Herstellung von Tafelschokolade, nämlich durch Beimischung von zusätzlicher Kakaobutter und Zucker. Der unermüdliche Mijnheer van Houten versetzte seine Trinkschokolade dann mit Alkali und entwickelte so den Kakao. Das Alkali ließ die Schokolade dunkler werden und zerstörte auch einen Teil des Aromas, doch es neutralisierte die Säure und bildete Spuren von Seife. Und dank dieser Seife ist Kakao leichter löslich. Später, 1876, wurde in der Schweiz von M. Peter die Milchschokolade erfunden.

Trinkschokolade ist also heller und hat ein besseres Aroma als Kakao, sie ist etwas fett und enthält gewöhnlich große Mengen Zucker. Kakao ist dunkler, weniger süß und weniger fett und leichter zu mischen, doch ihm fehlt das feine Aroma. Tafelschokolade enthält einen hohen Prozentsatz Fett und einiges an Zucker; bittere Kochschokolade enthält weniger Zucker. Für den Koch sind diese Unterschiede von erheblicher Bedeutung.

Als Würzmittel wird Schokolade meist zu Süßspeisen benutzt (Kuchen, Puddings und Soßen). Als Getränk ist sie nicht nur wirksam in Trinkschokolade und Kakao, sondern auch in einem Likör, *Crème de cacao*, zu dessen Herstellung gemahlene Kakaobohnen, Vanille, Nelken, Muskatblüte und Zucker verwendet werden. Er ist meistens unerträglich süß.

In Spanien und Italien wird Schokolade als Würzmittel zusammen mit Zwiebeln, Knoblauch, Tomaten, Öl und Gewürzen zu Fleischgerichten, ja sogar zu Fisch und Tintenfisch verwendet. Bittere Schokolade läßt sich sehr gut in scharf gewürzten Gerichten verwenden; das Ergebnis ist interessant und die leichte Süße sowohl korrekt wie notwendig. In Mexiko fügt man dem Chilipulver Schokolade zu.

Kakao sollte nicht mit dem südamerikanischen Coca-Baum verwechselt werden, dessen Blätter Kokain enthalten und von den Einheimischen gekaut werden.

Schraubenbaum

ENGL: Screwpine, Nicobar Bread-fruit, Umbrella Tree
Ceylon, Indien, Malaya: Keora, Keori, Kevara, Kewara, Kewda, Kewra, Keya, Rampe
BOT: Pandanus tectorius, Pandanus odoratissimus
FAM: Pandanaceae
Zeichnung 4, Nr. 2 u. 2a, Seite 56

In südostasiatischen Rezepten werden häufig die Früchte des Schraubenbaumes angeführt. Diese Bäume gedeihen in tropischen Sümpfen und bilden Schirme von Luftwurzeln in den überfluteten Wäldern der *Sunderbands* (im großen Ganges-Delta), den toten Kanälen von Kerala oder ähnlichen unwirtlichen, feuchten und sumpfigen Gegenden Asiens. Der männliche Blütenstand hat einen exquisiten Duft (etwa wie Rosen mit einem Schuß Äther), der so betäubend ist, daß die Eingeborenen oft die Blüten in die Dorfbrunnen werfen, um das Trinkwasser zu aromatisieren; eine hübsche Sitte, sofern sie nicht dazu dient, weniger angenehme Düfte zu übertönen.

Kewra ist eines der duftenden Gewürze, die zusammen mit der Betelnuß gekaut werden. Wenn ein Koch außerhalb der Tropen *Kewra* verwenden möchte, wird er es nur als Fertigsirup, Likör oder Aromawasser bekommen. All das kann man in Spezialgeschäften kaufen und zu Süßspeisen verwenden, oft in Verbindung mit Rosenwasser, aber auch mit anderen exotischen Würzsubstanzen wie Sandelholz, Khas-khas und Moschus. Es wird auch manchmal dem *Biriani* beigegeben. Getrocknete Schraubenbaumfrüchte benutzt man manchmal zu Curry, vornehmlich in Ceylon.

Schwarzkümmel

ENGL: Nigella, Fennel Flower, Love-in-a-mist
FR: Cheveux de Vénus, Nigelle
INDISCH: Kala Zira, Kalongi
IT: Nigella
SP: Niguilla, Pasionara
BOT: Nigella sativa
FAM: Ranunculaceae
Tafel II, Nr. 3, Seite 82
Zeichnung 7, Nr. 3, Seite 90

Diese kleine und nicht gerade dekorative Abart der »Jungfer im Grünen« wird wegen ihres Samens angebaut, der in Ägypten, im Mittleren Osten, in Indien und ein wenig auch in Europa als Gewürz benutzt wird. Die pfeffrigen Samen haben einen ziemlich ausgefallenen aromatischen Geschmack. Man verwendet ihn als Pfefferersatz und streut ihn auf Brot und Kuchen. In Indien wird er manchmal *kala jeera* (schwarzer Kümmel) genannt, doch das ist eine Verwechslung mit der schwarzen Abart von echtem Kreuzkümmel. Im Geschmack besteht kaum Ähnlichkeit. In Frankreich wird Schwarzkümmel manchmal *quatre épices* (vier Gewürze) genannt. Es ist kein wichtiges Gewürz, dennoch sollte man es ausprobieren.

Schwarzkümmel wird oft verwechselt mit Zwiebelsamen, dem er ähnelt. Zwiebelsamen hat jedoch wenig Eigengeschmack. Ich habe nie herausbekommen, ob die Geschäfte, die einem Zwiebelsamen als Schwarzkümmel verkaufen, sich bloß irren oder ob sie es absichtlich tun.

Florentiner Schwertlilie (Iris)

ENGL: Orris
FR: Iris, Racine d'iris
IT: Giaggiolo
SP: Raiz de iris florentina, Raiz de lirio
BOT: Iris pallida, Iris germanica »florentina«
FAM: Iridaceae
Zeichnung 4, Nr. 1, Seite 56

Diese Irisart stammt aus den Mittelmeerländern, obwohl sie heute auch anderswo gezogen wird, z. B. in Persien oder Nordindien. Die gewöhnliche blaue Gartenschwertlilie ist die *Iris germanica*. Die Florentiner Schwertlilie wird hauptsächlich an den Hügeln und Bergketten rund um Florenz angebaut, auf sonnigen Baumschlägen oder in den Weinbergen. Sie gedeiht in trockenem steinigen Erdreich.

Die Wurzelstöcke werden getrocknet und zu Iris-Pulver zermahlen, das süß nach Veilchen duftet, aber einen bitteren Geschmack hat. Iris-Pulver wurde in der Küche des 16. und 17. Jahrhunderts viel gebraucht, heutzutage verwendet man es jedoch hauptsächlich zur Herstellung von Parfüm, besonders für Veilchenparfüm, und es zählt auch zu den Ingredienzien einiger Liköre. Iris darf nicht mit Kalmus verwechselt werden, die in den Vereinigten Staaten gelegentlich als »Wilde Iris« bezeichnet wird.

Sellerie

Andere Namen: Staudensellerie, Stengel- oder Bleichsellerie

ENGL: Celery
FR: Cèlerie
IT: Sedano
SP: Apio
BOT: Apium graveolens
FAM: Umbelliferae
Tafel II, Nr. 8, Seite 82

Der Gartensellerie ist ein Zuchtprodukt hauptsächlich italienischer Gärtner des 17. Jahrhunderts, die ihn aus dem wilden Sellerie der salzigen Marschen Europas entwickelten. Die wilde Art war bei den Römern ein sehr beliebtes Gewürz; die Kulturform ist in Mittel- und Nordeuropa sowie Amerika erst seit dem 19. Jahrhundert in Gebrauch. Bis dahin benutzt man entweder den wilden Sellerie – der roh giftig ist – oder Liebstöckel, die im Geschmack einige Ähnlichkeit haben. Selbst blanchiert ist wilder Sellerie extrem bitter; daß die Kulturform nicht mehr bitter schmeckt, ist die große Leistung der italienischen Züchter. Es gibt mehrere Varietäten; einige davon sind sogenannte »selbstbleichende« Sorten, andere müssen angehäufelt werden, um zu bleichen. Ferner gibt es grüne Sorten, die nicht bitter sind, außerdem Sommer- und Wintersorten und nicht zuletzt den Knollensellerie (engl.: Celeriac, fr.: Célerie rave), der in Deutschland am meisten verwendet wird, und zwar sowohl als Salat wie als Beigabe zu Suppen und Braten.

Staudensellerie ist ein besonders wichtiges Würzmittel für Suppen und Eintöpfe. In den nördlichen Ländern ist der größere salatblättrige Typ üblich; in den warmen Ländern, Italien eingeschlossen, verwendet man nur die kleineren, grünen und leicht bitteren Sorten.

Getrocknete Sellerieblätter, die man auch zum Würzen verwenden kann, sind das Ausgangsprodukt zur Herstellung des ätherischen Sellerieöls.

Selleriesamen ist ebenfalls ein nützliches Würzmittel, aber es ist ziemlich bitter. Selleriesalz ist nichts anderes als Salz, das mit getrocknetem Sellerie versetzt wurde; es ist im Handel sehr gebräuchlich.

Senf

ENGL: Mustard
FR: Moutarde
IT: Senapa*
SP: Mostaza

* Das italienische Wort *Mostarda* bezeichnet eine in Sirup eingelegte Fruchtkonserve, die mit Knoblauch und Senf gewürzt ist. *Mostarda di frutta* ist eine Spezialität von Cremona und auch bei uns in Delikatessengeschäften erhältlich.

Die Tischwürze Senf entsteht aus den Samen von drei Pflanzen der Kohlfamilie. Zwei davon sind nahe verwandt, sie haben kleine, runde dunkle Samen und werden Schwarzer oder Brauner Senf genannt. Die dritte Sorte, der Gelbe oder Weiße Senf, hat ziemlich große ockergelbe Samen. In ihrem Charakter unterscheiden sich alle drei wesentlich voneinander. Da die volkstümlichen Bezeichnungen verwirrend sind, hält man sich am besten an die lateinischen Bezeichnungen.

NIGRA oder SCHWARZER SENF (in Großbritannien auch Brauner Senf genannt) stammt wahrscheinlich aus dem Mittleren Osten, obgleich manchmal behauptet wird, er sei europäischen Ursprungs. In Nordamerika ist er unzweifelhaft ein Gartenflüchtling.

1
2
3
4
5
6

Bis zum Ende des zweiten Weltkrieges war der Same dieser Pflanze die Grundlage für die meisten Senfsorten. Doch obgleich die riesige Pflanze – sie erreicht 2,50 m Höhe und mehr – die reifen Samen bereitwillig abwirft, ist sie für den Einsatz von Erntemaschinen ungeeignet. Heute wird sie nur noch dort angebaut, wo bäuerliche Handarbeit noch lohnt (die Pflanze wird mit der Sichel abgehauen), in Süditalien, Sizilien und Äthiopien.

JUNCEA oder SAREPTASENF (auch Indischer Senf genannt). Die Samen dieser Pflanze sind gewöhnlich etwas heller als die der *Brassica nigra*, dennoch kann sie meist nur ein Fachmann unterscheiden. Die Pflanze allerdings ist viel kleiner (1,20 bis 1,50 m hoch) und eignet sich daher für maschinelle Erntemethoden. Während der letzten fünfzehn Jahre hat sie daher die altmodische *Nigra* weitgehend verdrängt. Juncea-Senf hat nur 70 % der Schärfe des Nigra-Senfs, ansonsten ist der Geschmack fast gleich. Es ist daher irreführend, *Brassica juncea* als Indischen Senf zu bezeichnen.

ALBA oder WEISSER SENF (in den USA Yellow Mustard genannt) ist ein naher Verwandter des Ackersenfs *(Sinapis arvensis)*. Verwildert gibt es ihn in Europa und Nordamerika, wahrscheinlich aber stammt er aus dem Mittelmeerraum. Dies ist der Senf, der zu »Senf und Kresse« gehört, doch in der industriellen Fertigung wird er heute durch Raps ersetzt. *Alba*-Samen ist nicht so scharf, auch ist sein »Senfgeschmack« nicht so kräftig. Hauptsächlich wird er für die gemischten Senfsorten Amerikas verwendet, in kleinen Mengen auch in England; zu Dijon-Senf darf er nicht verwendet werden.

Seine Schärfe verdankt der Senf einem ätherischen Öl, das im Samen oder im trocken gemahlenen Pulver nicht enthalten ist, sondern sich erst entwickelt, wenn der zerstoßene Samen mit Wasser gemischt wird. Ein im Senf enthaltenes Enzym läßt dann das ebenfalls vorhandene Glycosid (eine bittere Substanz, chemisch mit dem Zucker verwandt) mit Wasser reagieren, daraus entsteht der scharfe Senfgeschmack (ähnlich wie bei Bittermandeln).

Nach der Wasserbeigabe muß man also eine entsprechende Zeit warten, damit sich die Schärfe entwickeln kann. Außerdem darf man die Arbeit der Enzyme in keiner Weise stören, sonst kann sich die Schärfe nicht richtig entwickeln, und es bleibt unverändertes Glycosid übrig, das bitter schmeckt. Und die Enzyme fühlen sich leicht gestört, sie verhalten sich manchmal wie Lebewesen. Nicht alle sind gleich empfindlich, aber im allgemeinen werden sie durch kochendes Wasser »getötet« und durch Salz und Essig in ihrer Arbeit behindert.

Es ist also leicht einzusehen, warum Senfpulver mit kaltem Wasser angerührt und vor dem Gebrauch zehn bis fünfzehn Minuten ruhen sollte. Rührt man mit heißem Wasser an, wie in manchen Kochbüchern empfohlen wird, zerstört man die Enzyme und erhält einen milderen, aber bitteren Senf. Auch mit Essig sollte man ihn nicht mischen, was vor allem bedeutet, daß man kein Senfpulver zu Majonnaise geben darf, es sei denn, man will einen ebenso milden wie bitteren Geschmack erzielen.

Schwarzer Senf (Nigra)
ENGL: Black Mustard
FR: Moutarde noir, Sénevé
IT: Senape nera
SP: Mostaza negra
BOT: Brassica nigra
FAM: Cruciferae

Juncea- oder Sareptasenf (Indischer Senf)
ENGL: Juncea oder Brown Mustard
FR: Moutarde de Chine à feuille de chou
SP: Mostaza de Indias
BOT: Brassica juncea

Weißer Senf (Alba)
ENGL: White Mustard
FR: Moutarde blanche
IT: Senape bianca
SP: Mostaza silvestre
BOT: Sinapis alba
FAM: Cruciferae
Tafel II, Nr. 11, Seite 82

Zeichnung 15
1 Orangenminze
2 Grüne Minze
3 Pfefferminze
4 Katzenminze
5 Flohkraut
6 Bergminze

Sobald die ätherischen Öle und damit der Senfgeschmack sich einmal entwickelt haben, kann man ihm weder durch Zusatz von Salz oder Essig schaden, nicht einmal durch Erhitzen, wobei jedoch zu beachten ist, daß die ätherischen Öle flüchtig sind, also leicht verlorengehen. Um in gekochten Gerichten die Schärfe des Senfs zu erhalten, sollte man ihn daher am Schluß zufügen und sanft kochen.

Alba-Senf ist zwar weniger aromatisch, doch seine Enzyme sind widerstandsfähiger und nicht so leicht zu zerstören wie die von schwarzem Senf. Außerdem hat weißer Senf eine beachtliche konservierende Wirkung, er hält Schimmel und Bakterien nieder. Aus diesem Grund wird er zum Einlegen benutzt. Außerdem dient er zur Herstellung von Emulsionen und verhindert das Gerinnen von Majonnaise.

Seit Jahrtausenden wird Senfsamen als Gewürz verwendet. Die alten Griechen und Römer benutzten ihn, und mehr als einmal ist er in der Bibel erwähnt. Damals wurde er einfach gemahlen und über die Speise gestreut – nicht gerade die wirksamste Verwendungsmöglichkeit, wie wir inzwischen wissen. Später wurde der Senfsamen die Basis für kompliziertere Erzeugnisse, besonders in Frankreich. Er wurde mit Honig und Essig zerstoßen oder mit »Verjuice« (siehe Sauermost) gemischt. Die Herkunft der deutschen Bezeichnung »Mostert« (sowie des englischen Mustard und der französichen Moutarde) wird abgeleitet vom lateinischen *mustum ardens*, was »brennender Most« bedeutet, doch ist diese Ableitung nicht gesichert. Andere behaupten, Mostert stamme von *moult ardre* (»stark brennend«), doch die Ableitung, die ich am meisten schätze, stammt aus Dijon. Ein Wahlspruch der Herzöge von Burgund lautet *Moult tarde*, was die Burgunder mit typisch französischem Esprit übersetzten mit »verbrennt alles«. Paris-Besucher mag es interessieren, daß vor über tausend Jahren die Mönche von St-Germain-des-Prés berühmte Senfzüchter waren.

Und alle, die Senf schätzen, hätten sicher gern die Einladung zu einem Fest des Herzogs von Burgund im Jahre 1336 angenommen, wobei die Gäste *siebzig Gallonen* Senf in einer Sitzung verputzten! Ein Burgunder namens Bornibus erfand die Methode, Senf zu trockenen Tabletten zu verarbeiten; bis zum 17. Jahrhundert wurden diese in Dijon hergestellt. Im Jahre 1634 erhielten die Essig- und Senffabrikanten dieser Stadt das Alleinrecht zur Herstellung von Senf. Dafür mußten sie sich verpflichten, »reine und saubere Kleidung« zu tragen und den Senf nur in einem einzigen Geschäft zu verkaufen, damit kein Zweifel entstünde beim Auftauchen von schlechtem Senf. Ferner mußten Fässer und Steinkrüge den Namen der Hersteller tragen. Seit 1937 wird die Herstellung von Dijon-Senf vom Staat kontrolliert; diese Stadt liefert auch heute noch die Hälfte der Weltproduktion. Nach England kam der Senf wahrscheinlich durch die Römer. Als der Herzog von Burgund seine gewaltigen Parties gab, wurde auf der Insel Senf in speziellen Handmühlen gemahlen. Später übernahmen Gewürzmühlen diese Arbeit. Der Senf wurde entweder als trockenes Pulver verkauft oder zu einer Paste verarbeitet, die man in Steinguttöpfe füllte und mit Pergament verschloß. Zur Shakespeare-Zeit war Tewkesbury das Zentrum der englischen Senfproduktion. Vom 18. Jahrhundert an beginnt die Entwicklung der Senfsorten, die heute noch gebräuchlich sind.

ENGLISCHER SENF. England entwickelte das Senfpulver, das zu Hause mit Wasser versetzt wird. Zu Beginn des 18. Jahrhunderts erfand eine Mrs. Clement aus Durham eine Methode, feineres Senfpulver von besserem Aussehen herzustellen. Ihr »Durham-Senf« gewann den Beifall der königlichen Familie und wurde bald berühmt. Das Senfzentrum wanderte von Tewkesbury nach Durham.

Hundert Jahre später, zu Beginn des 19. Jahrhunderts, begann sich ein junger Müller aus Norwich, Jeremiah Colman, für Senf zu interessieren. Um die Jahrhundertmitte besaß er eine Fabrik, die nichts anderes herstellte als Senfpulver; in Batterien von Mörsern zerstampften die Stößel unter Donnergetöse den Senfsamen. Besonders feine Seidensiebe, die eigens zu diesem Zweck konstruiert waren, trennten das feine Pulver von der Kleie.

Heute ist der Name Colman praktisch ein Synonym für englisches Senfpulver, das immer noch an der gleichen Stelle in Norwich hergestellt wird. Farmer in East Anglia liefern den Rohstoff; ihr Saatgut wird von der Firma Colman ausgesucht.

Das traditionelle englische Senfpulver besteht aus feingemahlenem schwarzen Nigra-Senf (frei von Rückständen), dem etwas gelber Alba-Senf und ein wenig Weizenmehl zugesetzt wird. Das Mehl verbessert den charakteristischen Geschmack, weil es den natürlichen Ölgehalt der Senfsamen teilweise absorbiert. Zum Färben wird manchmal auch eine Spur Kurkuma zugesetzt. Diese Sorte heißt *Double Superfine*. Ein ähnliches Senfpulver *(Warranted Pure)* enthält statt des Mehlzusatzes die gleiche Menge gelben Alba-Senf. Man verwendet ihn in Krankenhäusern für Patienten, die allergisch gegen Weizenmehl sind, sowie in Amerika und anderen Ländern, wo die Lebensmittelgesetze den Zusatz von Weizenmehl nicht erlauben. Ältere Leute klagen manchmal darüber, daß das englische Senfpulver nicht mehr so scharf sei wie früher. Das liegt nicht etwa an dem Weizenmehlzusatz, der zum überlieferten Rezept gehört, sondern daran, daß der Nigra-Senf inzwischen durch den weniger scharfen Juncea-Senf verdrängt wurde.

Richtig angemacht – mit kaltem Wasser und zehn Minuten Entwicklungszeit – ist englischer Senf rein und scharf. In Großbritannien ist er die klassische Würze für Roastbeef und Schinken, wurde aber in der Vergangenheit ebenso häufig zu anderen Fleischarten gereicht. Er ist auch für alle die ein sehr nützliches Küchengewürz, die normalerweise französischen oder deutschen Senf (Senfpaste) bevorzugen, denn er enthält weder Salz noch Essig oder irgendwelche Gewürze oder Kräuter. Englischer Senf paßt gut zu Welsh Rarebit und überbackenem Käse, zu Fisch- und Gemüsesoßen, besonders zu denen seiner eigenen Pflanzenfamilie, zu Blumenkohl und Weißkohl. Er hilft nicht nur, Emulsionen wie Majonnaise und Salatsoße zu erhalten, er gibt ihnen eine Spur Schärfe mit. Überaltertes Senfpulver hat den größten Teil seiner ätherischen Öle eingebüßt und damit seine Schärfe. Völlig trocken aufbewahrt behält es jedoch lange seine Wirksamkeit.

FRANZÖSISCHER SENF. In Dijon stellte man bis zum Ende des 17. Jahrhunderts Senfpulver her, im England der Shakespeare-Zeit produzierte man Senfpaste. Inzwischen haben sich jedoch die nationalen Vorlieben herauskristallisiert: Heute benutzt man in Großbritannien überwiegend Senfpulver, auf dem europäischen Kontinent und in den USA fast ausschließlich Senfpaste. In England gibt es jedoch Anzeichen für einen Modewechsel, und in Deutschland wächst der Verbrauch von Senfpulver.

In Frankreich existieren zwei Hauptsorten: der helle Dijon-Senf oder Weißer Senf und der dunklere Bordeaux-Senf. Obgleich Dijon-Senf in Frankreich einen Marktanteil von 85 Prozent hat, versteht man in England unter »French mustard« meist Bordeaux-Senf. Das rührt daher, daß Bordeaux der Haupthafen für Weinexport nach England war; als Beiladung gelangte daher oft der dunkle, mit Tarragona aromatisierte Senf nach England. Oder wie die Burgunder es sehen: »Auf diese Weise wurde vielen Engländern nicht nur Burgunderwein konsequent vorenthalten, sondern auch Dijon-Senf.« Bordeaux-Senf ist dunkel, weil die Samenhülle mit verarbeitet wird, ist mit Zucker und Essig zubereitet, weshalb er süßsauer schmeckt, und außerdem mit Tarragona und einigen Gewürzen und Kräutern versetzt. Er ist mild und kaum scharf, nicht rein im Geschmack und völlig ungeeignet für solche Gerichte, in denen Senf den Eigengeschmack verstärken und nicht verdecken sollte, z.B. bei gegrilltem Steak. Eher eignet er sich schon zu kaltem Fleisch und für Soßen. Als Würze wird er gelegentlich zu Salatsoßen benutzt. Dijon-Senf ist hell, beißend und salzig und hat einen ausgesprochen scharfen »Senfgeschmack« (dennoch ist englischer Senf manchmal noch schärfer). Ausgangsprodukt ist Nigra-Samen (heute auch Juncea), der mit Sauermost zusammen naßvermahlen wird zu einer feinen Paste, die keinen Zusatz von Tarragona erhält, wie das bei Nachahmungen, die außerhalb Frankreichs hergestellt werden, der Fall zu sein scheint. Er ist hell, weil die Samenhülle (wie beim englischen Senf) vor dem Mahlen entfernt wird.

Dijon-Senf schmeckt ausgesprochen rein und paßt daher gut zu Steak und anderen Speisen, deren Eigengeschmack nicht verwischt werden soll. Mit ihm bereitet man französische Soßen, es sei denn, das Rezept schriebe ausdrücklich eine andere Sorte vor. Die bekanntesten Sorten sind *Amora* (am weitesten verbreitet), *Grey-Poupon* (gegründet 1777) und *Bornibus Maille* (gegründet 1747). Rund um Dijon gibt es noch eine Reihe von kleineren Herstellern, deren Senf von einheimischen Kennern geschätzt wird. Außer den »klassischen« Sorten aus Dijon und Bordeaux gibt es in Frankreich noch andere wichtige Sorten. Etwa *Olida*, der in Yvetot in der Normandie hergestellt wird, oder den leichten reinen und ganz milden *Moutarde Florida*, den man mit Wein aus der Champagne zubereitet. Ich würde ihn als einen Damensenf bezeichnen. Eine andere interessante Sorte ist *Louits pimento* (*Louit* ist der bekannteste Bordeaux-Senf), der mit Chilipfeffer aus dem Baskenland gewürzt ist. Eine weitere Sorte ist Mailles *Moutarde des trois fruits rouges*, der rot ist und so mild, daß er eigentlich kaum als Senf zu bezeichnen ist; er schmeckt sauer und aromatisch mit einem Anklang an Anis.

DEUTSCHER SENF. Das Kapitel wäre nicht komplett, ohne den deutschen Senf zu erwähnen, der so gut zu deutscher Wurst paßt. Es gibt eine Unzahl von Sorten, aber eigentlich nur zwei Typen: den scharfen Düsseldorfer Senf, der dem Dijon-Senf ähnelt und auch wie dieser verwendet werden kann, und den mild-süßen Senf, der in Süddeutschland gebräuchlich ist. Letzterer wird gewöhnlich mit den verschiedensten Gewürzen und Kräutern versetzt. Beide Sorten werden mit Weinessig zubereitet.

Schließlich wären noch zwei wichtige Sorten anzuführen; die eine heißt *Savora* und wurde um die Jahrhundertwende in England entwickelt, ist in Südamerika sehr beliebt und auch in Kontinentaleuropa verbreitet. Dieser Senf wird in Norwich und Dijon hergestellt; er ist besonders mild und aromatisch und mit anderen Sorten nicht vergleichbar. Die andere Sorte ist in USA sehr populär. Sie basiert auf Alba-Samen, ist mild und ähnelt einer dicken Piccalilli-Soße. Dies ist der passende Senf für »Hot dogs«.

Für dieses Buch habe ich ungefähr 30 Senfsorten probiert, die Unterschiede sind sehr aufschlußreich. Für den guten Koch ist es unerläßlich, den richtigen Senf für ein bestimmtes Gericht zu verwenden; leider machen sich viele Restaurants in dieser Hinsicht schwerer Vergehen schuldig.

SENFSAMEN. Alba-Samen ist ein beliebtes Gewürz zum Einlegen. Im Fernen Osten benutzt man Nigra- oder Juncea-Samen häufig für Curries und Pickles. Indische Rezepte schreiben oft vor, daß ganze Senfsamen in heißem *Ghee* (geklärte Butter oder Pflanzenfett) gekocht werden, bis die Samen sprudeln. Sie dienen dann meist als Verzierung für viele indische Gerichte. Durch diese Behandlung werden die Enzyme zerstört, so daß sich wenig oder gar keine Schärfe entwickelt; die Samen schmecken daher angenehm nussig, fast wie Mohnsamen. Wer bestimmt Gerichte der vegetarischen Küche Indiens korrekt herstellen will, muß also entsprechend verfahren.

Senföl ist ein fettes Öl, das zum Kochen verwendet wird. Man gewinnt es durch Auspressen der Samen vom Ackersenf *(Brassica campestris)*, Raps *(Brassica napus)* und auch dem der Weißen Rübe *(Brassica rapa)* sowie aus den Samen anderer Pflanzen der Senffamilie. Der indische Subkontinent erzeugt etwa 45 Prozent der Weltproduktion dieses Öls. Kein Wunder, daß es in der indischen Küche eine große Rolle spielt, besonders in Bengalen, Nordindien und Pakistan. Obgleich es kein ätherisches Öl ist, hat es doch einen entschiedenen Eigengeschmack und -geruch, selbst im Rohzustand. Erhitzt man es rauchheiß, müßten eigentlich alle geschmacksbestimmenden Stoffe ausgetrieben sein, doch das ist nicht der Fall. Wenn also in einem indischen Rezept Senföl vorgeschrieben ist, sollte man kein anderes nehmen, sonst erhält man nicht das gewünschte Resultat.

SENF ALS SALAT UND GEMÜSE. Die junge Pflanze des weißen Senf läßt sich im Keimblattstadium als Salat verwenden; sie gehört zum englischen »Senf und Kresse«. Die Jungpflanzen von Nigra- und Juncea-Senf sind sehr scharf, ergeben jedoch einen gesunden Salat für abgehärtete Gaumen. Die Römer kochten jungen Senf als Gemüse.

Senf-Rauke

ENGL: Rocket, Rocket-gentle, Rokket-salad, Roka, Roman Rocket, Tira
FR: Roquette
IT: Ruccola, Ruchetta, Rughetta
SP: Oruga
BOT: Eruca sativa
FAM: Cruciferae
Zeichnung 10, Nr. 1, Seite 124

Nachtviole
ENGL: Dame's Rocket, Damask Violet, Dame's Violet, Sweet Rocket
BOT: Hesperis matronalis

Orientalische Rauke
ENGL: Eastern Rocket
BOT: Sisymbrium orientale

Schlaffe Rauke
ENGL: London Rocket
BOT: Sisymbrium irio

Echtes Barbenkraut
ENGL: Yellow Rocket
BOT: Barbarea vulgaris

Steifes Barbenkraut
ENGL: Lesser Yellow Rocket
BOT: Barbarea stricta

Schmalblättrige Doppelsame
ENGL: Wall Rocket
BOT: Diplotaxis tenuifolia

Meersenf
ENGL: Sea Rocket
BOT: Cakile maritima

Senfrauke ist eine wichtige Pflanze, die man in Italien häufig als Würze für grünen Salat verwendet. Ihr Geschmack ist scharf und interessant. Sie ist in Südeuropa und Westasien zu Hause, hat sich aber auch wild nach Nordamerika verbreitet. Wildwachsend kann man sie an Schuttplätzen oder als Unkraut auf bebautem Land finden. Sie hat eine gelbliche Blüte und ist leicht an ihrem charakteristischen Duft zu erkennen, wenn man sie zwischen den Fingern verreibt. Die Gartenzüchtungen sind größer, 30 bis 60 cm hoch und haben cremefarbige oder weißliche, dem Goldlack ähnelnde Blüten und größere, zartere Blätter. Senfrauke ist einjährig und läßt sich leicht aus Samen ziehen. Obwohl sie eigentlich überall gedeiht, wird sie am besten, wenn sie rasch in gutem feuchten Boden wachsen kann, weil sonst die Blätter gern zäh werden. Kulturpflanzen haben ein milderes Aroma als wilde.

Blätter wie Samen wurden bei den Römern als Würze verwendet, und auch im Elisabethanischen England waren sie sehr beliebt. Heute findet man die Senfrauke in Südfrankreich, Italien und Ägypten häufig als Salatpflanze. In nördlicheren Ländern scheint sie dagegen in Vergessenheit zu geraten, und das ist recht schade, denn sie ist eine der reizvollsten Salatwürzen und läßt sich sehr leicht ziehen. Die Blätter werden mit Kopfsalat oder anderen grünen Salatarten vermischt und mit Salz, Essig und Öl angemacht. Senfrauke ist immer ein Bestandteil der Blattsalatmischungen, die man auf italienischen Märkten kaufen kann.

Der Name Rauke wird auch für einige andere Pflanzen verwendet, die alle zur Familie der Cruciferae gehören:

Die NACHTVIOLE (engl.: Damen-Rauke) ist winterhart, 25 bis 75 cm hoch und hat purpurrote oder weiße Blüten. Sie ist in Europa und Asien heimisch, ist auch in England zu finden und kann als Salatpflanze verwendet werden.

Die ORIENTALISCHE RAUKE ist eine Verwandte des Heckensenfs *(Sisymbrium officinale)* und hat ebenfalls in England und Mitteleuropa festen Fuß gefaßt, obwohl sie in Südeuropa und im Mittleren Osten zu Hause ist. Auf den Londoner Bombentrümmern konnte man sie ebenso antreffen wie die LONDON-RAUKE, die sich dort nach dem großen Feuer von 1666 ausbreitete. Ich habe nirgends gelesen, daß diese beiden Raukenarten als Salat verwendet werden können, und erwähne sie nur, um Verwechslungen zu vermeiden.

Das steife Barbenkraut, auch gelbe Rauke oder gemeine Wasserkresse genannt, ist möglicherweise zu bitter für Salate, aber sie ist eng verwandt mit dem Frühlings-Barbenkraut oder der amerikanischen Kresse (siehe *Kresse*), die als Salat angebaut wird. Eine seltenere Art, das steife Barbenkraut, soll nur erwähnt werden, um Verwechslungen zu vermeiden.

Die SCHMALBLÄTTRIGE DOPPELSAME (auch Mauer-Rauke genannt) ist eine nahe Verwandte der Mauer-Doppelsame (auch Stinkkraut, *Diplotaxis muralis*) genannt. Beide Pflanzen haben einen starken Geruch, wenn man ein Blatt zerreibt, aber die Schmalblättrige Doppelsame wird in Südfrankreich als Salat-Würzkraut verwendet und heißt dort *Riquetta* (Nizza), möglicherweise eine Verwechslung mit der echten Salat-Rauke oder Senfrauke.

MEERSENF wächst an den Küsten Europas bis zum südlichen England und wird wahrscheinlich nicht gegessen, obwohl er in Italien als *Ruchetta di mare* bekannt ist.

Sesam

Andere Namen: Indischer Sesam
Vanglo

ENGL: Sesame, Semsem
FR: Sésame, Teel, Till
IT: Sesamo
SP: Ajonjolí, Sésamo
INDISCH: Gingelly Til
BOT: Sesamum indicum
FAM: Pedaliaceae
Zeichnung 3, Nr. 2, Seite 48

Der heute in Indien heimische (aber vermutlich aus Afrika stammende) Sesam ist einer der wichtigsten Ölsamen der Welt. Im Fernen Osten wurde er seit Jahrtausenden angebaut. Auch die alten Griechen, Ägypter und Perser verwendeten ihn. Heute beträgt die Anbaufläche drei oder vier Millionen Morgen. Obwohl sich der Anbau über die ganze tropische und subtropische Welt ausgebreitet hat, wächst der Löwenanteil in China und Indien. Sesam ist aber auch das wichtigste Pflanzenöl Mexikos.

Die Pflanze ist einjährig, wird 1,20 bis 1,80 m hoch und wächst sowohl buschig wie unverzweigt. Die Blüten sind weiß oder rosa; je nach Art können die Samen rot, braun oder schwarz sein, gewöhnlich sind sie jedoch von einem sahnigen Weiß.

Sesam ist außerordentlich ölhaltig; manche der neuen Züchtungen enthalten bis zu 60 Prozent Öl. Das reine Öl ist beinahe ohne Eigengeschmack und wird auch in heißen Ländern nicht leicht ranzig, was seine Beliebtheit erklärt. Sesamöl wird in großen Mengen nach Europa eingeführt. Es ist einer der wichtigsten Bestandteile von Margarine und eignet sich auch ausgezeichnet zum Kochen und Backen.

Von noch größerer Bedeutung für den Koch sind jedoch die Samen, die nach einer leichten Röstung einen köstlichen nußartigen Geschmack entwickeln. Man streut sie wie Mohnsamen auf Brötchen oder Kuchen und erzielt damit ein ähnliches Resultat. Die im Nahen Osten verbreitete Süßigkeit *Kalva*, die es in verschiedenen Variationen gibt, besteht aus gemahlenem Sesamsamen und hat den charakteristischen kräftigen Nußgeschmack.

Vielleicht das wichtigste Sesamprodukt, wenigstens aus der Sicht des Gastronomen, ist eine Paste, die aus fein gemahlenen Sesamsamen hergestellt wird und in Griechenland, Cypern, Jordanien, Syrien und im Libanon als *Tahina* bekannt ist. *Tahina* ist sahnefarben oder sahnig-grau gefärbt und hat die Konsistenz, allerdings nicht den Geschmack von weicher Erdnußbutter.

1
2
2a
3
4
5
6

In der Levante wird *Tahina* als Grundlage für verschiedene Salatsoßen benutzt; man würzt damit jenes Kichererbsenpürree *(Hummus)*, das eines der Hauptgerichte der arabischen Küche dieser Gegend ist. Mit Wasser gemischt und mit Knoblauch und Zitronensaft gewürzt ist *Tahina* der wichtigste Bestandteil der *Meze* (Snacks zu Aperitifs): Eine Sauciere mit dieser delikaten knoblauchgewürzten Substanz wird mit Brotschnitten serviert, die man darin eintaucht, und dazu gehört das selbstverständliche Glas Arrak.

Auch in der chinesischen Küche spielt Sesamöl eine große Rolle – als Würze! Es wird dort aus gerösteten Samen hergestellt, daher der typische Geschmack und die rotbraune Farbe. Chinesische Sesampaste wird ebenfalls aus gerösteten Samen gemacht.

Soda

Soda in der Küche kann bedeuten Bikarbonat oder Backpulver, Natriumbikarbonat oder Wasch-Soda *(Natriumkarbonat)*. Bikarbonat wird während des Kochens zu Karbonat (und gibt dabei Kohlendioxydgas ab). Natriumbikarbonat gibt auch Kohlendioxydgas ab, wenn es mit einer Säure gemischt wird (z. B. mit Sauermilch), und diese charakteristische Eigenschaft macht es zum Treibmittel (Backpulver). Uns muß hier natürlich auch der Geschmack von Soda interessieren.

Ich hatte einmal während einer Expedition in Kaschmir einen Koch, der einen Beutel voll Wasch-Soda mitschleppte, das er sich in den Tee streute. Das machte den Tee blutrot, und nach meiner Meinung (nicht nach seiner) war das Ergebnis verheerend. Altmodisches Sodabrot und die Pfannkuchen Nordenglands schmecken stark nach Backpulver, das als Treibmittel dafür verwendet wird. Sodabrot hat einen robusten ländlichen Geschmack, den ich persönlich liebe, vielleicht aber nur deshalb, weil er sich mit glücklichen Kindheitserinnerungen an herrliche Teestunden nach dem Schlittschuhlaufen auf dem Dorfteich verbindet.

Soda wird selten für Fleischgerichte verwendet, nur die sehr stark gewürzten, hautlosen rumänischen Würste, bekannt als *Mititei*, werden aus gehacktem Fleisch gemacht, das mit Knoblauch, Salz, schwarzem Pfeffer, ein wenig Kümmel und Natriumbikarbonat gewürzt wird. Über glühender Holzkohle gegrillt, sind sie eine berühmte nationale Spezialität. Das Soda lockert die Wurst, macht sie mürbe und verleiht ihr ein sehr ungewöhnliches Aroma. Wer einen fremdartigen neuen Geschmack liebt, sollte das bei der nächsten Grillparty ausprobieren.

Zeichnung 16
1 Brunnenkresse
2 Gartenkresse
2a Keimlinge der Gartenkresse
3 Barbarakraut
4 Bachbunge
5 Wiesenschaumkraut
6 Knoblauchkraut

Soja

ENGL: Soy, Soya bean
KANTONESISCH: Jeong yow
FR: Pois chinois, Soja, Soui, Soya
IT: Soia
JAPANISCH: Shoyu
SP: Soja
BOT: Glycine max (Glycine soja)
FAM: Leguminosae (Papilionaceae)
Zeichnung 3, Nr. 4, Seite 48

Die in Südostasien heimische Sojabohne ist eine der ältesten Feldfrüchte und wurde in China bereits rund 3000 Jahre v. Chr. angebaut. Trotz dieser langen Geschichte war sie bis zum Ende des 17. Jahrhunderts in Europa völlig unbekannt, und bis zum späten 19. Jahrhundert galt sie bei uns nur als Kuriosität. Heute gibt es Tausende von Arten, und die Anbauflächen überall auf der Erde gehen in die Millionen von Morgen. Die Sojabohne ist zweifellos die wichtigste Hülsenfrucht der Welt und dient nicht nur als Nahrung, sondern als Rohmaterial für Industrieprodukte. Sie ist außerordentlich reich an Öl und Proteinen. Sie wird als frische Bohne gegessen (sie ist nicht frosthart), getrocknet und als Bohnenmehl und liefert außerdem ein gutes Speiseöl, das in Spanien als Ersatz für Olivenöl verwendet wird. Sogar eine Art Milch kann man daraus zubereiten. Im Fernen Osten stellt man damit durch Fermentieren verschiedene Arten von Quark und Bohnenkäse her. Ein Soja-Produkt, das uns hier besonders interessiert, ist die Sojasoße.

Sojasoße ist außerordentlich wichtig in China, Japan und anderen Ländern, in denen eine nennenswerte Anzahl von chinesischen Einwanderern wohnt. Sie soll ungefähr 500 n. Chr. von einem buddhistischen Priester von China nach Japan gebracht worden sein. Im Westen wurde sie erst während des 19. Jahrhunderts allgemein bekannt. Sie ist ein Bestandteil von Worcestershire- und Harveys-Soße. Man kann sich gut vorstellen, daß in einem Zeitalter, in dem Flaschenketchups und -soßen so häufig verwendet werden, der Neuankömmling Sojasoße mit Freuden begrüßt wurde.

Es gibt verschiedene Arten von Sojasoßen, und die Herstellungsmethoden wechseln von Ort zu Ort. Meist wird dabei eine gesalzene Mischung von gekochten Sojabohnen mit Weizen- oder Gerstenmehl fermentiert und danach die Flüssigkeit abgezogen. Das Resultat ist eine dünne Soße mit salzigem, etwas fleischartigem Geschmack; die Farbe ist gewöhnlich dunkelbraun, kann aber von Schwarz bis Blaßgelb variieren.

Sojasoße spielt in der fernöstlichen Küche eine bedeutende Rolle, wurde aber auch in Amerika begeistert übernommen, vermutlich von der Pazifischen Küste ausgehend. Man findet sie häufig als Bestandteil von Marinaden und Grillsoßen. Jeder Freund fernöstlicher Küche sollte sie beim Kochen griffbereit stehen haben. Allerdings soll fortwährender starker Gebrauch der Leber schaden.

Sonnenblume

ENGL: Sunflower
FR: Girasol, Hélianth annuel, Soleil, Tournesol
IT: Girasole
SP: Girasol, Helianto, Mirasol
BOT: Helianthus annuus
FAM: Compositae

Möglicherweise kamen die Sonnenblumen ursprünglich aus Peru, aber sie werden seit so langer Zeit kultiviert, daß ihre Herkunft im Dunkel liegt. Als Feldfrucht werden sie hauptsächlich in Rußland, Bulgarien, Ungarn und Rumänien angebaut, aber auch in Argentinien und Afrika. Die Samen enthalten etwa 40 Prozent Öl, das in letzter Zeit als ein hochwertiges Öl mit ungesättigter Fettsäure erkannt wurde und so möglicherweise als Vorbeugungsmittel gegen Arterienverkalkung dienen kann. Das Öl ist gut, fast ohne Eigengeschmack und von heller Farbe. Es eignet sich ausgezeichnet zum Kochen und als Salatöl. Die Keime der Sonnenblume können zu Salat verwendet werden, und die Kerne werden in den Schalen geröstet, gesalzen und aus der Hand wie Erdnüsse verzehrt.

Spirituosen und Liköre

Eine große Anzahl von Spirituosen und Likören wird in der Küche zum Würzen verwendet, manche überall, andere wiederum nur in bestimmten Ländern oder als besonderes Geheimnis des Küchenchefs. Wegen der Steuer sind sie zwar in vielen Ländern außerordentlich teuer, doch für gewöhnlich braucht man nur kleine Mengen, und Miniaturflaschen erlauben es dem Koch, eine umfangreiche Kollektion im Gewürzregal bereitzuhalten, soweit er der Versuchung widerstehen kann, sie auszutrinken.

Der Inhalt all dieser Fläschchen hat eines gemeinsam: Er ist stark alkoholhaltig und kann beim Erhitzen Feuer fangen, was bei Wein oder sogar Südwein nie passiert. Dies ermöglicht die spektakuläre Veranstaltung des Flambierens, die in manchen Restaurants keineswegs als Gratisfeuerwerk aufgezogen wird. Der eigentliche Zweck des Flambierens ist, kleine Quantitäten von Fett zu verbrennen, die sich mit dem Alkohol vermischt haben, und damit der Speise ein besonderes Aroma zu verleihen, was man leichter ausprobieren als beschreiben kann.

WEINBRAND ist ohne Zweifel die wichtigste Spirituose, die man zum Kochen verwendet. Er wird aus Wein destilliert und variiert sehr in Qualität und Geschmack, je nachdem woher er kommt, was für Traubensorten dafür verwendet wurden, wie er destilliert wurde, wie alt er ist usw. Die besten französischen Weinbrandsorten sind Cognac und Armagnac. Weil Weinbrand vor allem eine französische Spirituose ist und hauptsächlich in der französischen Küche verwendet wird, sollte man in einem französischen Originalrezept nicht irgendeinen billigen Weinbrand verwenden, der häufig aus Muskatellertrauben gebrannt wird und deren charakteristisches Aroma besitzt. Man sollte also mit Verstand einkaufen. Selbst wenn man sich einen guten Weinbrand nicht leisten kann, sollte man auf den sogenannten Koch-Weinbrand lieber verzichten.

Man verwendet Weinbrand als traditionelle Geschmackskomponente in zahlreichen Rezepten für Fisch, Schalentiere, Fleisch oder Geflügel hauptsächlich in Frankreich und in Spanien. Man kann ihn dort fast in jedem Gericht finden: in pikanten Vorspeisen wie *Tapénade*; Leberpastete, Ente, Wild; in Fisch und Muschelsuppen (z.B. *Zarzuela, Bisque*); in Fleischspeisen *(Tranches de mouton à la poitevine, Daube de veau, Estofade de boef, Estofade de veau)*; in Geflügel *(Coq au vin)* und Wild (Fasan, Schnepfe etc.) so gut wie in einer Menge von Süßspeisen, oft zusammen mit Likören.

MARC ist ebenfalls ein Traubenschnaps; er wird aus den vergorenen Rückständen der ausgepreßten Trauben destilliert, ist also eine Art Trester – doch was für einer! Zu manchen Nationalgerichten gehört er unbedingt, besonders in Weinbaugegenden. In solchen Speisen ersetzt er manchmal Weinbrand.

ANDERE OBSTSCHNÄPSE oder *Eaux-de-vie* werden aus einer Maische von vergorenen Früchten gebrannt. Ihr Geschmack ist häufig dem der Früchte nicht sehr ähnlich. In der betreffenden Landesküche sind sie von großer Bedeutung, sie gehören zu bestimmten Nationalgerichten.

CALVADOS ist ein Schnaps, der aus Apfelwein destilliert wird und dem amerikanischen *Apple-jack* entspricht. Er wird hauptsächlich in der Normandie gebrannt und dort häufig auch zum Flambieren verwendet, meist zu Huhn oder in Kutteln mit Äpfeln. Er verbreitet ein sehr ausgeprägtes Aroma, doch wo Calvados nicht erhältlich ist, bietet Whisky einen guten Ersatz.

ZWETSCHGEN- UND MIRABELLENSCHNAPS werden aus zwei verschiedenen Pflaumensorten destilliert. Sie gehören zu bestimmten lokalen Gerichten Nordfrankreichs, wo diese Schnäpse gebrannt werden. Andere Schnäpse derselben Gegend, etwa der aus Himbeeren gebrannte *Framboise*, verwendet man manchmal ebenso.

KIRSCHWASSER wird aus schwarzen Kirschen gebrannt, und zwar vor allem in den Vogesen, im Schwarzwald und der benachbarten Schweiz. Er ist einer der wichtigsten Schnäpse, die man zum Aromatisieren von Süßspeisen braucht, etwa zu Früchten (hauptsächlich Ananas, Bananen und in Fruchtsalaten), zu Kastanien, in Cremes und in Konfekt. Man verwendet ihn aber auch mit Käse *(Fondue)* und in einigen Fleisch- und Geflügelgerichten. Kirsch ist trocken, nicht süß und unterscheidet sich im Geschmack vollkommen von anderen Spirituosen, die auf Kirschen basieren, wie etwa Maraschino.

WHISKY wird aus Korn destilliert und hat an sich keine Tradition als Aromastoff für die Küche (die Schotten ziehen es vor, ihn zu trinken), aber man kann mit ihm dennoch einige interessante Resultate erzielen, und neuerdings verhalfen ihm manche kontinentalen Küchenchefs zu Popularität, etwa durch Gerichte wie *Fagiano all' whisky* (Italien) und Steaks in Whisky (Spanien). Gin wird manchmal in England zum Würzen von süßen Soßen verwendet, und Wodka eignet sich gut zum Flambieren.

RUM wird aus gegorenem Zuckerrohrsaft oder Melasse gewonnen und liefert ein sehr wichtiges Küchenaroma. Er variiert stark im Geschmack von den sehr blassen Sorten (Bacardi ist der bekannteste dieser Art) bis zu den stark aromatischen aus Jamaika. Einige Sorten sind trocken, andere süß. In pikaten Speisen ist Rum nicht üblich, obwohl man ihn manchmal in einigen kreolischen oder karibischen Originalrezepten findet, zuweilen auch in spanischen *(Langostinos al ron)*, aber seine Verwendung in Kuchen und Süßspeisen ist überall bekannt. Die Wahl des richtigen Rums ist wichtig; es genügt nicht, wenn der Koch zu irgendeiner Rumsorte greift, die ihm gerade unter die Finger kommt, oder gar zu Rumersatz (Rumaroma). Es lohnt, sich den Unterschied klarzumachen.

Alle bisher erwähnten Spirituosen (mit Ausnahme von Gin) erhalten ihr Aroma von Stoffen, die aus der vergorenen Grundsubstanz entstehen und gewöhnlich mit dem Alkohol destilliert werden, oder von Substanzen, die sich durch chemische Reaktion während des Alterns im Faß bilden. Theoretisch wenigstens werden keine anderen Geschmacksstoffe beigefügt. In der Praxis ist das jedoch nicht immer so, vor allem bei billigen Marken. Gin ist eine zugelassene Ausnahme; er ist immer aromatisiert, gewöhnlich mit Wacholder oder anderen Aromastoffen.

Allerdings gibt es eine Menge von Likören und anderen alkoholischen Getränken, die aus entsprechend aromatisiertem und gezuckertem Alkohol bestehen. Der Alkohol kann aus vergorenen Früchten, Getreide, Kartoffeln oder irgendeiner anderen stärke- oder zuckerhaltigen Substanz gebrannt sein, sogar aus Sägemehl. Der Alkohol ist von hoher Reinheit und hat kaum Eigengeschmack, abgesehen von dem süßlich brennenden Geschmack des Äthylalkohols.

Aber Alkohol zusammen mit Wasser löst viele ätherische Öle, wenn Früchte, aromatische Samen und Kräuter oder Gewürze darin mazeriert werden. Manchmal werden diese wieder destilliert, manchmal aber auch nur gefiltert und geklärt, etwa zu einem einfachen Ratafia (siehe dort). Man kann das Getränk färben, häufig wird es auch mit Zuckersirup gesüßt. Sehr oft wird die genaue Zusammensetzung als Geheimrezept überliefert. Für solche Liköre ist es charakteristisch, daß ihr Aroma eine gewisse Ähnlichkeit mit dem Grundstoff aufweist, aus dem sie hergestellt wurden. Der Uneingeweihte wird z. B. ohne weiteres herausschmecken, daß Cherry brandy mit Kirschen aromatisiert ist, aber er würde kaum feststellen können, daß Kirschwasser aus Kirschen destilliert wurde.

MARASCHINO ist ein sehr süßer Likör und wurde ursprünglich aus der Maraskakirsche der jugoslawischen Adriaküste hergestellt. Er hat ein unverwechselbares Aroma, schmeckt stark parfümiert und gar nicht kirschähnlich. Man verwendet ihn für Cremes und andere Süßspeisen und zusammen mit Früchten. Er ist ganz klar und unterscheidet sich im Geschmack wesentlich von den dunkelroten Kirschlikören, die hauptsächlich in England, Holland und Dänemark hergestellt werden. Diese haben einen viel ausgeprägteren Kirschgeschmack mit einem Hauch von Bittermandel, der von den Kernen stammt, und werden weniger häufig als Würzmittel gebraucht.

LIKÖRE MIT ORANGENGESCHMACK sind für die Küche nicht minder wichtig, und zwar zum Abschmecken von Gerichten wie auch für Soßen mit Orangenaroma, die man z. B. zu Ente reicht. Es gibt viele solcher Orangenliköre, die sich in Aroma und Süße unterscheiden, aber alle schmecken deutlich nach Orangen.

Während ich dieses Buch schrieb, unternahm ich den zwar interessantesten, aber Übelkeit erregenden Versuch, zahlreiche Sorten nacheinander zu probieren, doch ihre Unterschiede spotten jeder Beschreibung. Die berühmtesten dieser Liköre sind *Grand Marnier* und *Cointreau* wie auch die verschiedenen Sorten von *Curaçao,* der nach der gleichnamigen holländischen Insel vor der Küste

Venezuelas benannt ist. Heute wird *Curaçao* jedoch auch an vielen anderen Orten erzeugt. Man sollte auch den italienischen *Aurum* (Gold) erwähnen, viele Liköre mit der Bezeichnung »*Triple Sec*«, eine Reihe spanischer Liköre mit Orangengeschmack, ferner den ungarischen *Unicum* und *Van der Hum* aus Südafrika. Es gibt diese Liköre in allen Farben, von weiß (durchsichtig) bis zu orange und sogar purpur. Die meisten Leute werden sich für *Grand Marnier* oder *Cointreau* entscheiden, aber der gute Ruf eines Kochs hängt von weniger augenfälligen Dingen ab.

LIKÖRE MIT APRIKOSENGESCHMACK stehen nach den Orangenlikören als Geschmackskomponente gleich an zweiter Stelle. Soviel ich weiß, werden sie nur in Süßspeisen verwendet, obwohl sich Aprikosen als ganze Früchte auch zu pikanten Vorspeisen eignen. Es gibt viele Sorten solcher Liköre: *Capricot, Apricot brandy, Abricota, Abricotine* und *Apry*. Der berühmte ungarische *Barack* ist zwar ein Aprikosenschnaps, aber ohne Aprikosenaroma. Obwohl er einer meiner Lieblingsschnäpse ist, wird er meines Wissens nicht zum Abschmecken verwendet.

Es gibt noch eine Reihe andere Liköre mit dem Aroma aller möglichen Früchte. Wenn überhaupt, wird man sie ausschließlich für Süßspeisen verwenden.

In der Küche spielen auch noch andere Liköre eine Rolle, etwa *Kümmel* (mit Kümmel und Kreuzkümmelgeschmack), *Crème de menthe* (Pfefferminz) und die verschiedenen Arten von *Anis* und *Anisette* (Anis). Obwohl sie nicht zu den Likören zählen, müssen auch noch die verschiedenen Sorten von *Pastis* erwähnt werden, die auch nach Anis, Sternanis oder Fenchel schmecken und sich gut für Gerichte eignen, die einen kaum spürbaren Hauch von Anisgeschmack verlangen. Schließlich gibt es noch viel Aperitifs und andere weniger bekannte alkoholische Getränke wie *Pineau des charentes*, die man für spezielle Speisen benötigt.

Außer jenen Likören, die einen erkennbaren Eigengeschmack haben und daher leicht einzuordnen sind, gibt es auch noch viele andere Liköre, deren Aroma auf einer komplizierten Mischung von Kräutern und Gewürzen beruht. Sie werden gelegentlich in Rezepten für besondere Gerichte genannt, und man kann mit ihnen natürlich auch auf eigene Faust Versuche machen. Die Herstellungsformel für diese Liköre ist meist geheim. Man sollte sich an so bekannte Sorten halten wie *Benedictine, Chartreuse, Raspail, Goldwasser, Tia Maria, Izara* und *Trapistine*. Manchmal wird man in Küchenrezepten auch auf solche Ingredienzien stoßen, obwohl sie nur ausnahmsweise beim Kochen verwendet werden.

Sternanis

ENGL: Star Anise, Badian Anise, Chinese Anise
FR: Anis de la Chine, Anis étoile
IT: Anice stellato
SP: Badián, Badiana

Sternanis ist die sternförmige Frucht eines kleinen immergrünen Baumes, der mit den Magnoliengewächsen verwandt und in China heimisch ist. Die Früchte werden gesammelt und getrocknet, bevor sie ausgereift sind. Sie haben ein kräftiges Aroma, das etwas an Anis erinnert, aber bitterer und schärfer ist. Wie Anis enthalten sie das ätherische Öl Anethol.

Sternanis wächst im südlichen China und in Indochina und soll zum erstenmal von einem englischen Matrosen zu Ende des 16. Jahrhunderts nach Europa gebracht worden sein.

Im Fernen Osten wird er als Gewürz verwendet. Das Öl, das man durch Dampfdestillation gewinnt, wird häufig Getränken mit Anisgeschmack zugesetzt und auch für andere Handelsprodukte an Stelle des europäischen Anissamens verwendet.

Sternanis ist in jedem guten Gewürzgeschäft zu kaufen und sollte auf dem Küchenbord eines jeden stehen, der sich mit chinesischer Küche befaßt. Dort wird er hauptsächlich zu Schweinefleisch- und Entenrezepten vorgeschrieben, z.B. *Chiang Jou* (wohlriechendes Schweinefleisch), *Hsiang Su Ya* (saftige Ente), *Ragoût de porc à la chinoise* u.a. (siehe auch *Anis, Chinesische Fünfgewürze*). Zahlreiche und vorzügliche Rezepte findet man im »Kompletten China-Kochbuch« von Gloria Bley Miller.

BOT: Illicium verum
FAM: Schisandraceae
Zeichnung 19, Nr. 5, Seite 224

Stinkasant

Andere Namen: Teufelsdreck, Asant

ENGL: Asafoetida
FR: Assa foetida, Férule persique
IT: Assafétida
BOT: Ferula asafoetida, Asafoetida narthex
FAM: Umbelliferae
Tafel I, Nr. 8, Seite 81
Zeichnung 11, Nr. 6, Seite 132

Das ist ein außerordentlich interessantes Gewürz, wenn man es in winzigen Quantitäten benutzt. In größeren Mengen stinkt es ganz gräßlich, etwa wie schlechter Knoblauch, wegen der übelriechenden Schwefelverbindungen, die darin enthalten sind. Zu Zeiten der Römer war es sehr beliebt, unter dem Namen Silphium, Laserpitium oder Laser fand es Aufnahme in manche Rezepte. Angeblich stammte damals der beste Stinkasant aus der Cyrenaika. Die Pflanze war so wichtig, daß sie sogar auf Münzen abgebildet wurde, doch war sie bereits zu Plinius' Zeiten ausgestorben. Eine weniger gute Sorte Silphium bezog man dann aus Persien und Armenien, und diese Pflanze ist ziemlich sicher das, was wir heute Stinkasant nennen, gewesen. Stinkasant wird abgeleitet von mehreren Arten der Gattung *Ferula*, den Riesenfencheln, von denen es in Südeuropa, Nordafrika und im westlichen Asien einige fünfzig gibt, manche davon sind giftig. Sie sind dem Saufenchel ziemlich nahe verwandt, sollten aber trotz aller Ähnlichkeit nicht mit dem Gartenfenchel verwechselt werden.

Ferula asafoetida ist eine übelriechende, perennierende Pflanze mit gelben Blüten, die etwa 1,80 bis 3,50 m hoch wird. Die Abart *Ferula narthex*, aus der ebenfalls Stinkasant gewonnen wird, erreicht nur eine Höhe von etwa 2,50 m. Beide stammen aus Persien und Afghanistan, wo sie unter günstigen Umständen dichte »Wälder« bilden. Schneidet man die Stengel dieser Pflanzen über der Wurzel ab, tritt ein milchiger Saft aus, der nach dem Trocknen harzähnlich fest wird. Frisch ist er perlweiß, bei längerem Aufbewahren wird er dunkel. Die ganze Pflanze wird übrigens in manchen Gegenden als Gemüse verzehrt, wobei das Mark des langen Stengels als Leckerei gilt.

Stinkasant kann man in Spezialgeschäften als feste, wachsähnliche Stücke kaufen, günstiger aber ist die Pulverform. Extrakt kann man auch in Drogerien und Apotheken bekommen. Winzige Mengen von Stinkasant geben besonders frischem oder gesalzenem Fisch ein köstliches Aroma.

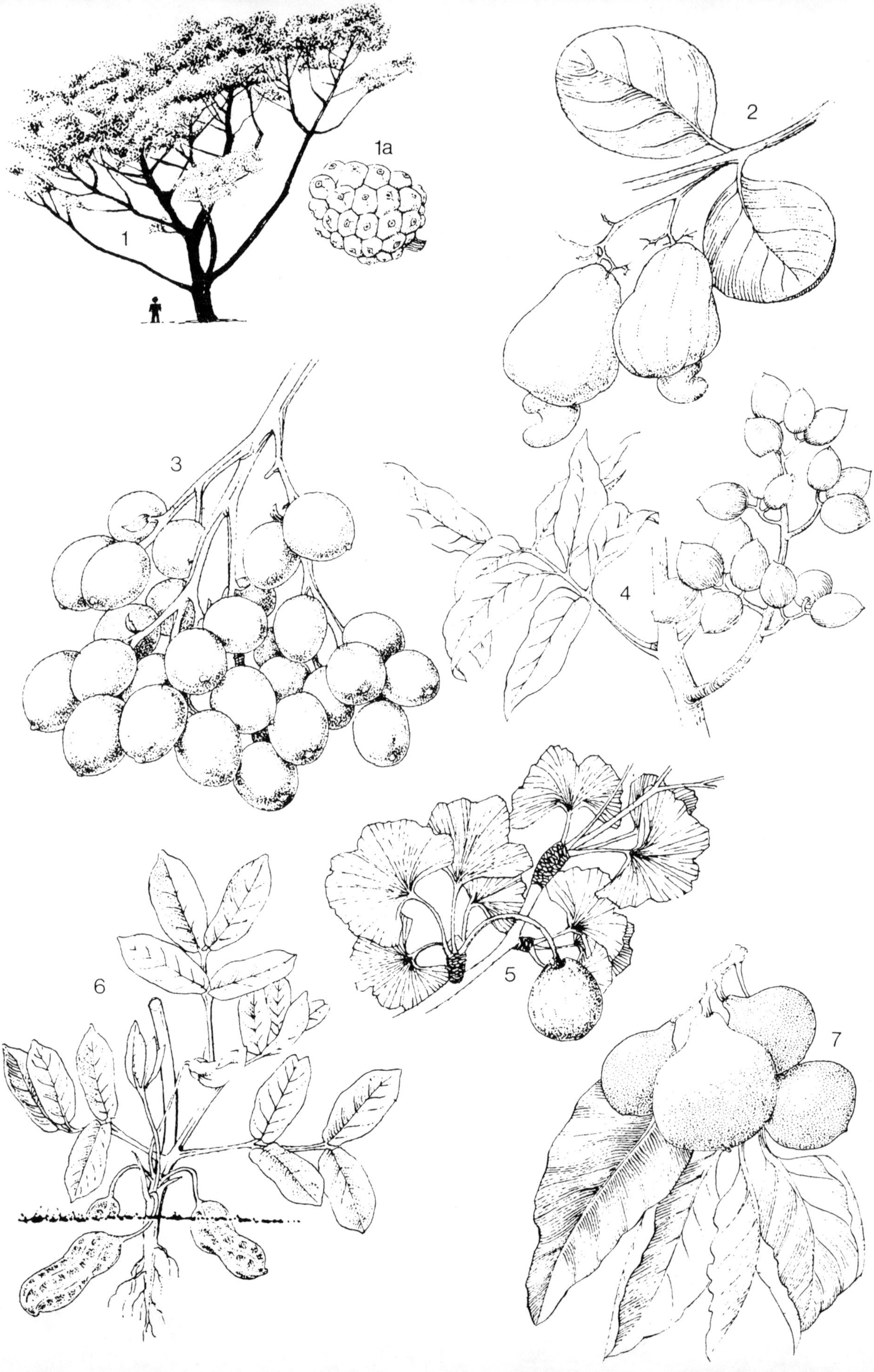
1a
1
2
3
4
5
6
7

Im Fernen Osten wird dieses Gewürz wesentlich mehr benutzt; man braucht es daher zu indischen Rezepten für Gemüse- und Hülsenfruchtgerichte und für Pickles. In der Küche Nordindiens und zu Fleisch wird es selten oder gar nicht benutzt. Jedenfalls hat es den Indern geholfen, ihre Probleme zu lösen: vegetarisch und doch abwechslungsreich zu essen.

In der europäischen Küche wird Stinkasant ziemlich vernachlässigt, nur in Frankreich wird es gelegentlich benutzt. Wer es noch nicht kennt, sollte es unbedingt einmal versuchen.

Zeichnung 17
1 Pinie
1a Pinienzapfen
2 Cashewnuß
3 Arecanuß
4 Pistazie
5 Ginkgonuß
6 Erdnuß
7 Lichtnuß

Süß

Obwohl auch einige Metallsalze (etwa von Blei oder Berryllium) und einige synthetische Substanzen (wie Saccharin) einen süßen Geschmack haben, verbindet man einen süßen Geschmack in der Regel mit Zucker, sei er nun raffiniert oder in süßen Früchten oder Honig enthalten. In der Natur wird Süße immer mit der reifen Frucht assoziiert, weil sich während des Reifeprozesses Zucker bildet. Süßigkeit ist ein echter Geschmack, der mit dem Mund und nicht mit der Nase wahrgenommen wird. Die meisten Tiere, alle Kinder und manchmal auch alte Leute haben eine besondere Vorliebe für Süßes.

Ebenso wichtig wie jede andere Handlung beim Kochen ist das genaue Abschmecken der Süße, obwohl dies oft vernachlässigt wird, weil man während der Mahlzeit ohne weiteres nachzuckern kann.

Bei Süßspeisen sollte man sich in Erinnerung rufen, daß salziger und bitterer Geschmack sich in kalten Gerichten stärker ausprägen, während Süße und Säure sich in heißen Gerichten verstärken. Wenn man Gelees in heißem Zustand abschmeckt, sollten sie eher süß schmecken; beim Erkalten gleicht sich das wieder aus. Eis muß sehr süß schmecken, bevor es gefroren wird.

Wohlriechende Süßdolde

Andere Namen: Englischer (spanischer) Kerbel

ENGL: Sweet Cicely, Anise Chervil, Sweet Chervil, Spanish Cervil
FR: Cerfeuil d'Espagne, Cerfeuil musqué, Cerfeuil odorant
IT: Finocchiella, Mirride odorosa
SP: Perifollo
BOT: Myrrhis odorata
FAM: Umbelliferae
Zeichnung 6, Nr. 5, Seite 72

Süßdolde ist ein altmodisches Würzkraut, das man wildwachsend in Nordeuropa einschließlich Nordengland und Südschottland findet. Der derbe Doldenblütler wird gewöhnlich etwa 1 m, gelegentlich bis 1,50 m hoch. Er hat weiße Blüten, große fiedrig geschnittene Blätter, hohle Stengel, und Geruch wie Geschmack liegen zwischen Anis und Lakritze. Süßdolde ist eine ausdauernde Staude, die man aus Samen oder durch Wurzelteilung ziehen kann. Sie hat gern ein bißchen Schatten. Eine oder zwei Pflanzen im Garten genügen vollauf. Sie sehen dekorativ genug aus, so daß man sie in ein Zierbeet setzen kann.

Die Meinungen über Süßdolde gehen weit auseinander. Einige würden ihr keinen Platz im Garten gönnen, andere wieder betrachten sie als nützlich, hauptsächlich weil sie über eine so lange Zeit zur Verfügung steht: vom Vorfrühling über den ganzen Sommer hinweg bis hinein in den Winter, wenn andere Kräuter knapp geworden sind. Süßdolde hat eine Zapfenwurzel, die man gekocht und mit Essig und Öl angemacht als Salat essen kann. Die großen

Früchte können, solange sie grün sind, ebenfalls mit Essig und Öl gegessen werden (Gerard's *Herbal*). Leute, die Anisgeschmack lieben, können Süßdolde für Süßspeisen oder zu Früchten verwenden; man benützt sie auch für die Aromatisierung von Likören.

Süßholz

Anderer Name: Lakritze
ENGL: Licorice, Spanish Juice, Black Sugar
FR: Réglisse
IT: Liquerizia
SP: Orozuz, Regaliz
BOT: Glycyrrhiza glabra und andere Abarten
FAM: Leguminosae (Papilionaceae)

Süßholz ist die getrocknete Wurzel einer kleinen, perennierenden Hülsenfrucht, die purpurblauen Blüten ähneln denen der Bohne. Man findet sie wild in Südeuropa und im Mittleren Osten, von Mittelitalien über Dalmatien, Ungarn, der Ukraine, dem Kaukasus bis hin nach Kleinasien und sogar in Afghanistan. Ich sah sie zum erstenmal am Ufer des Jordan. Seit alters her wird Süßholz verwendet, und sicherlich hat Christus als Kind genau wie wir Süßholz gekaut.

Kocht man den Süßholzsaft ein, so erhält man steinharte schwarze Stangen, die wir meist Lakritze nennen. Die Stangen sind einigermaßen wasserlöslich, der Geschmack bitter-süß.

Gewerblich angebaut wird Süßholz in Spanien, Italien, der Türkei und in der Sowjetunion. Als Würze verwendet man es zu Süßwaren und Konfekt, zu Getränken und in der Getränkeindustrie.

Süß-Sauer

Die Kombination von Süße und Säure kommt in der Natur beinahe in allen wohlschmeckenden Früchten vor. Sofern Früchte diesen »Antagonismus« nicht enthalten, schmecken sie meist fade und uninteressant. Diese Eigenart ist so grundlegend und auch so leicht meßbar, daß sie von Züchtern bei der Entwicklung neuer Sorten von Obst oder Tomaten als Hauptkriterium verwendet wird. Es mag nicht immer zutreffen, daß eine Tomate mit einer ausgewogenen Mischung von Säure und Zucker stets gut schmeckt, sicher aber ist, daß sie nicht gut schmeckt, wenn diese Elemente fehlen.

Die Verbindung von süß und sauer in Fruchtspeisen ist etwas so Alltägliches, daß man sie kaum wahrnimmt. Eine etwas zu saure Speise zuckern wir einfach entsprechend nach, und gewöhnlich bekommt der süße Geschmack dabei das stärkste Gewicht. Wenn von süß-sauer in Verbindung mit Fleisch oder Fisch die Rede ist, denken viele Leute nur an die chinesische Küche. Es ist wahr, daß pikante süß-saure Kombinationen im Fernen Osten eine große Rolle spielen, aber in alter Zeit, vor allem im antiken Rom, waren sie bei uns ebenso verbreitet. Italien, Deutschland, Österreich, Skandinavien und Holland kennen viele süß-saure Gerichte, und auch im Mittleren Osten sind sie beliebt, besonders in Persien, wo es viele Mischgerichte von Fleisch und Obst gibt.

Wir haben bisher von Gerichten gesprochen, in denen der süßsaure Geschmack vorherrscht, aber diese Verbindung ist als Geschmackshintergrund nicht minder wichtig. Es ist eine verbreitete Gewohnheit vieler Köche, Speisen eine Spur zu süßen, um sie dann wieder mit einem Spritzer Zitrone zu »neutralisieren«. Man sagt, der Geschmack würde dadurch im ganzen verbessert. Das ist Ansichtssache. Eine Reihe von Fleischgerichten, in denen Gemüse mit natürlichem Zuckergehalt wie Zwiebeln oder Karotten enthalten sind, sollten unbedingt mit ein paar Tropfen Zitronensaft abgeschmeckt werden, dadurch erhalten sie mit Sicherheit einen süßsauren Geschmackshintergrund.

Schließlich muß ich noch jenen köstlichen Effekt erwähnen, der dadurch entsteht, daß die süß-saure Mischung erst im Mund zusammenkommt und nicht schon in der Speise. Ein Löffel voll Sauerrahm in Borscht wäre ein Beispiel dafür oder eine zu einer Süßspeise servierte säuerliche Soße.

Sumach

Anderer Name: Gerbersumach

ENGL: Sumac, Sicilian Sumac, Sumach
ARAB: Samak
FR: Sumac
IT: Sommacco, Sumach
SP: Zumaque
BOT: Rhus coriaria
FAM: Anacardiaceae
Zeichnung 7, Nr. 2, Seite 90

Sumach-Arten sind vor allem Gärtnern als Zierpflanzen bekannt, aber die Blätter mancher Arten liefern auch Tannin für die Lederindustrie. Eine davon, der Gerbersumach (in Sizilien und Süditalien wird er gewerbsmäßig angebaut), hat saure Samenkörner, die häufig in der Küche des Mittleren Ostens verwendet werden. Dieser Sumach wächst wild an Felshängen abseits der Küsten. In je höherer Lage er wächst, desto besser ist seine Qualität. Beinahe alle Haushalte des Libanon halten einen Sumachstrauch wegen des Samens. Diese werden entweder zu einem purpurroten Pulver gemahlen oder ganz verwendet. In diesem Fall werden sie geschrotet, 10 bis 20 Minuten in Wasser eingeweicht, und danach wird der Saft ausgepreßt.

Sumach ist sauer mit einem angenehmen, adstringierenden Geschmack. Er wurde schon von den Römern verwendet (Zitronen waren in Europa noch nicht bekannt), die ihn Syrischen Sumach nannten.

Heute bereitet man im Mittleren Osten ein saures Getränk daraus, das bei Durchfall recht heilsam wirkt. In arabischen Rezepten hat Sumach jedenfalls als Säurerungsmittel eine große Bedeutung und wird daher der Zitrone vorgezogen. Der extrahierte Saft dient zur Zubereitung von Salaten; das gemahlene Pulver wird Speisen beigegeben, etwa jenem gewürzten Fischeintopf, der *Samak el harrah* heißt. Es spielt als Säureträger eine ähnliche Rolle wie Tamarinde bei indischen Curries.

Sumach verdient es, besser bekannt zu sein. Man kann ihn manchmal als rotes Pulver in Geschäften mit libanesischen oder jüdischen Spezialitäten erhalten. Ich selbst benutze ihn viel, seit ich ihn einmal vor einigen Jahren entdeckte; denn er hat eine abgerundete fruchtige Säure (ähnlich wie Apfelsäure in säuerlichen Äpfeln), ihm fehlt die Herzlichkeit des Essigs und die Brutalität von Tamarinde oder Zitrone.

Der Scharlachsumach *(Rhus glabra)* säumt als Strauch die nordamerikanischen Straßen und trägt im August Büschel von glänzend roten Beeren, die von den amerikanischen Indianern zur Herstellung saurer Getränke verwendet werden. Ich halte es für möglich, daß man aus diesem Sumach gleichfalls libanesische Gerichte herstellen kann; vielleicht hat sogar die alte Verbindung zwischen den Phöniziern und Amerika irgend etwas mit seiner Verwendung in beiden Ländern zu tun. Man darf diese Art allerdings nicht mit einem anderen amerikanischen Sumach, dem Gift-Sumach *(Rhus toxicodendron)* verwechseln, an dem man sich schon durch bloße Berührung vergiften kann. Dieser Strauch mit schmiegsamen Zweigen hat grünlichweiße Beeren und wächst in Sümpfen.

Sumpfnelke

Andere Namen: Geum, Nelkenwurz
ENGL: Avens, Geum, Herb Bennet, Wood Avens
FR: Benoîte
IT: Ceriofillatax sarofanaia
SP: Gariofilea
BOT: Geum urbanum
FAM: Rosaceae
Zeichnung 5, Nr. 3, Seite 64

Die Sumpfnelke ist europäischen Ursprungs, kommt aber auch in Asien vor, nicht jedoch in Nordamerika. Sie wächst in Wäldern und im Schatten feuchter Hecken. Die Blüte hat fünf gelbe Blütenblätter, die scheinbar von den grünen Kelchblättern getrennt werden. Die Pflanze wird etwa 30 cm hoch. Ihre Wurzeln haben einen süßen Nelkengeschmack und wurden alten Kräuterbüchern zufolge benutzt, um Bier zu würzen und es vor dem Sauerwerden zu bewahren. Vermutlich enthält sie bakteriostatische Substanzen, die die Vermehrung der Bakterien verhindern, ohne sie jedoch abzutöten. Gewürznelken haben die gleiche Wirkung.

Zur Tudorzeit galt die Sumpfnelke als wesentlicher Bestandteil des Gewürzgartens und wird in vielen alten Rezepten erwähnt. Die jungen Blätter kann man zu Salaten verwenden.

Tabasco

Tabasco-Soße ist eine bekannte, außerordentlich scharfe Soße aus roten Pfefferschoten und wird aus einer kleinen mexikanischen Chilisorte hergestellt, die 1868 von einem heimkehrenden Soldaten nach Louisiana gebracht wurde. Sie wird an der Bar ebenso wie bei Tisch und in der Küche verwendet und ist eine der wichtigsten Fertigsoßen. Die Bezeichnung ist gesetzlich geschützt.

Tamarinde

ENGL: Tamarind, Indian Date
FR: Tamarin
IT: Tamarindo
SP: Tamarindo
BOT: Tamarindus indica
FAM: Leguminosae (Caesalpiniaceae)
Zeichnung 7, Nr. 1 U. 1a, Seite 90

Möglicherweise stammt die Tamarinde aus dem tropischen Ostafrika, vielleicht aber auch aus Südasien. Sicher ist, daß die Pflanze überall in Indien wild wächst und dort seit langem verwendet wird. Sie war auch den Arabern bekannt und während des Mittelalters stellenweise in Europa. Zu dieser Zeit wurde sie meist aus Indien eingeführt.

Der voll ausgewachsene Tamarindenbaum wird manchmal bis zu 25 m hoch, bleibt jedoch gewöhnlich etwas kleiner. Er trägt 15 bis 20 cm lange Schoten, die beim Reifen eine dunkelbraune Farbe annehmen. Das Fruchtfleisch, das die Samen umhüllt, enthält etwa 12 Prozent Weinsäure und schmeckt intensiv sauer, obwohl es auch Zucker enthält.

Als Handelsprodukt, das man in Geschäften kaufen kann, besteht Tamarinde aus einer zerkleinerten klebrigen, teilweise getrockneten Masse von Schoten und Samen. Es enthält immer auch Pflanzenfasern. Wenn man diese Masse in heißem Wasser einweicht, läßt sich ein intensiv saurer, dunkelbrauner Saft auspressen. In Indien benützt man diesen Saft zum Säuern von verschiedenen Curries. Tamarinde hält sich beinahe unbegrenzt und sollte immer auf dem Küchenbord von Leuten stehen, die echte indische Curries mögen, denn mit anderen Säurungsmitteln erreicht man nie dasselbe Resultat. Heute wächst Tamarinde überall in den Tropen, einschließlich der Karibischen Inseln. Man benützt sie bei der Fabrikation von Fruchtgetränken. Sie wirkt auch als mildes Abführmittel.

Weiße Taubnessel

ENGL: White Deadnettle, Blind, Dumbor Bee Nettle
FR: Lamier, Ortie
IT: Lamio
SP: Ortiga muerta
BOT: Lamium album
FAM: Labiatae
Zeichnung 13, Nr. 4, Seite 148

Rote Taubnessel
ENGL: Purple Deadnettle
FR: Lamier rouge, Ortie rouge
IT: Lamio purpureo
SP: Ortiga muerta roja
BOT: Lamium purpureum

Die weiße Taubnessel wächst außerordentlich häufig an Hecken und auf Schutthalden im kontinentalen Europa und in England, ausgenommen Irland und Nordschottland. Gleich den anderen Taubnesseln sieht sie auf den ersten Blick ziemlich nesselähnlich aus, aber sie brennt nicht und gehört nicht in die Nesselfamilie. Sie hat weiße Blüten und den gleichen quadratischen Stengel wie viele andere Lippenblütler.

Die weiße Taubnessel hat kaum solche stark duftenden Aromastoffe wie andere Mitglieder dieser Familie, aber sie ist eßbar und wird in Suppen oder als Gemüse verwendet (obwohl das Vieh sie nicht frißt). Sie soll früher in Frankreich angebaut worden sein, aber als Unkraut ist sie so verbreitet, daß eine Kultivierung kaum notwendig erscheint.

Madame Prunier erwähnt sie in ihrer *Fish Cookery* als eine Zutat in Aalrezepten *(Anguille à la flamande)*, berichtet jedoch zugleich, daß ihr Küchenchef sie meist durch Minze oder Sauerampfer ersetzt. Der große schwedische Botaniker Linnaeus erwähnt, daß eine enge Verwandte (die – wenn überhaupt möglich – als Gartenunkraut noch weiter verbreitet ist), nämlich die rote Taubnessel, in seinem Land als Gemüse gekocht und gegessen wurde.

Thymian

Anderer Name: Römischer Quendel

ENGL: Thyme, Garden Thyme
FR: Thym
IT: Timo
SP: Tomillo
BOT: Thymus vulgaris
FAM: Labiatae
Zeichnung 14, Nr. 1, Seite 174

Feldthymian, Quendel
ENGL: Continental Wild Thyme
FR: Serpolet
IT: Serpillo
SP: Serpoleto
BOT: Thymus serpyllum

Englischer Feldthymian
ENGL: Common Wild Thyme
BOT: Thymus drucei
Tafel IV, Nr. 4, Seite 100
Zeichnung 14, Nr. 3, Seite 174

Gemeiner Thymian, Arznei-Thymian
ENGL: Larger Wild Thyme
BOT: Thymus pulegioides

Thymian hat ein kräftiges Aroma und enthält ein ätherisches Öl namens Thymol, das desinfizierend wirkt. Deshalb ist Thymian ein Konservierungsmittel. Er läßt sich gut trocknen und behält dabei weitgehend sein Aroma, das nicht jenen Beigeschmack nach Heu bekommt wie das anderer getrockneter Kräuter. Pflanzen aus heißen trockenen Klimazonen sind ja schon zu Lebzeiten beinahe getrocknet. Thymian läßt sich auch tieffrieren.

Er ist eines der wichtigsten europäischen Küchenkräuter. Man verwendete ihn schon im alten Griechenland (das Wort selbst ist von der griechischen Bezeichnung *thymon* abgeleitet), möglicherweise auch schon früher. Es gibt viele Arten, die aus einem Bereich stammen, der Europa, Westasien, Nordafrika und die Kanarischen Inseln einschließt.

Der Gartenthymian stammt ursprünglich aus Südeuropa und den Mittelmeerländern und hat viele Zuchtarten (z. B. den breitblättrigen »englischen« Thymian und den schmalblättrigen »französischen« Thymian) mit unterschiedlichem Aroma. Er wächst wild auf südeuropäischen Trockenhängen, z. B. auf den Bergen entlang der Riviera, und ist hier unvergleichlich aromatischer als die mitteleuropäischen Gartensorten. (Als ich in Ligurien lebte, pflückte ich mir immer meinen eigenen Thymian in den Bergen, aber die Erfahrung zwang mich, die Pflanzen zu kosten und an ihnen zu riechen, weil man den besten Thymian nicht allein am Aussehen erkennen kann.) In anderen Gegenden, etwa in Spanien, ist sein Aroma wieder anders.

Der typische wilde Thymian der Mittelmeerländer ist eine kleine buschige Pflanze mit holzigen Stengeln, winzigen graugrünen Blättern und purpurnen Blüten. Wenn er wild unter sehr trokkenen Bedingungen wächst, sind die Blätter außerordentlich spärlich, und die Pflanze sieht ziemlich struppig aus. Thymian kann leicht aus Samen gezogen werden oder aus verwurzelten Pflanzenteilen. Er bevorzugt Sonne und trockene Bedingungen in einem leichten, kalkhaltigen Erdreich. In feuchtem Lehm gedeiht er schlecht und hat dann kein so gutes Aroma. Thymian ist ausdauernd, aber man sollte ihn alle paar Jahre erneuern.

Was die meisten Kochbücher als »Wilden Thymian« bezeichnen, kann man in England kaum wildwachsend finden, wohl aber im kontinentalen Europa. Der gemeine Englische Wilde Thymian (der von Shakespeare zitiert wird) ist der *Thymus drucei*; es gibt auch einen größeren wilden Thymian in den Kalkdünen Südenglands. Alle diese Arten haben zwar das Thymianaroma, aber die meisten schmecken schlechter als Gartenthymian. Erwähnenswert von den vielen Kultur- und Zierarten des Thymians sind der Zitronenthymian, der Orangenthymian und aus Korsika und Sardinien der Kümmelthymian *(Thymus herba-barona)*. Ihre Geschmacksrichtung ist aus ihren Namen zu ersehen. Zitronenthymian kann in der Küche ähnlich verwendet werden wie normaler Gartenthymian oder auch mit diesem gemischt werden. Andere Arten und Züchtungen sind in der Hauptsache Zierpflanzen.

In einem guten Kräutergarten sollten mehrere Arten stehen, und der Koch sollte bei der Auswahl seinem eigenen Geschmack folgen.

In der europäischen Küche ist Thymian ein besonders wichtiges Würzkraut. Wie Salbei braucht man ihn für Füllungen, aber damit endet auch jede Ähnlichkeit; beide sind zwar kräftig schmeckende würzige Kräuter, aber im Vergleich zu einem Thymian von bester Sorte hat Salbei doch einen ziemlich groben Geschmack. Zusammen mit Lorbeer und Petersilie ist Thymian ein wesentlicher Bestandteil des *Bouquet garni* und bildet schon allein deshalb den aromatischen Hintergrund zahlreicher Speisen. Man nimmt ihn zu vielen Suppen und Gemüsen (z.B. Tomaten, Kartoffeln, Kürbis, Auberginen und Gemüse-Paprika), zu Fisch, zu Bouillon und für Füllungen. Aber am besten paßt er als Würze zusammen mit Wein, Zwiebel, Knoblauch und Branntwein zu pikanten Fleisch-, Wild- und Geflügelgerichten, besonders solchen, die man langsam in einem irdenen Gefäß lange Zeit kochen läßt. Solchen Gerichten verleiht Thymian ein besonders nachhaltiges Aroma, und ohne dieses Würzkraut wäre das Ergebnis sehr armselig. Um einige Beispiele anzuführen: zu Rindfleisch (*Bœuf à la bourguignonne, à la mode, en daube, Estofado de bœuf)* und zu Ochsenschwanz und Beinscheibe, seltener allerdings zu Kalbfleisch; in verschiedenen Hammelstews *(Navarin)* und mit Schweine- und Wildschweinfleisch, hauptsächlich in der Marinade *(Carré de porc provençale)*; zu Ente und Gans *(Oie en cassoulet, Canard braisé)*, zu Hühnchen und Perlhuhn *(Coq au vin, Pintade en daube)*; zu Kaninchen und Hase *(Lapin en gibelotte, Civet de lièvre)*; in Terrinen und Pasteten von Wildente, Schnepfe, Kiebitz, Krickente usw. Oft wird Thymian mit Majoran vermischt. In Italien verwendet man ihn etwas weniger als in Frankreich; Majoran und schärfere Arten von Origano übernehmen oft dieselbe Funktion. Thymian wird aber auch noch für andere Zwecke verwendet: z. B. nimmt man ihn oft als Würze für sauer eingelegte Oliven; er soll auch eines der Kräuter im Benediktiner sein. Abschließend muß ich noch einmal wiederholen, daß ein weltweiter Unterschied zwischen dem Thymian der Mittelmeerhänge und dem getrocknet erhältlichen besteht. Diese Feinheit sollte jeder beachten, der sich ein bißchen über die gewöhnliche Küche erheben will.

Tomate

ENGL: Tomato
FR: Tomate
IT: Pomodoro
SP: Tomate
BOT: Lycopersicon esculentum
FAM: Solanaceae

Die Tomate ist zugleich Frucht, Gemüse und auch ein wichtiger Aromaträger. Vermutlich stammt sie aus dem nordwestlichen Teil Südamerikas (Peru und Ecuador), wurde aber schon lange vor der Entdeckung Amerikas nach Mexiko gebracht und dort kultiviert. Sie kam mit den Spaniern nach Europa, die sie offenbar verwendeten, aber im übrigen Europa betrachtete man sie anfangs als Kuriosum und hielt sie sogar für giftig. Dies mag daran liegen, daß sie offenkundig zur Familie der tödlichen Nachtschattengewächse gehört, und tatsächlich sind auch die grünen Teile der Pflanze giftig. Heute gedeiht die Tomate praktisch in jedem Land der Welt, sowohl in tropischen als auch in gemäßigten Zonen, aber es gibt eine ungeheuer große Zahl von Spielarten, die sich sowohl nach ihrem Aroma wie auch nach ihrem Wassergehalt beträchtlich unterscheiden. Unglücklicherweise schmecken die für den Handel geeigneten Sorten, die gut aussehen und sich ohne Schaden transportieren lassen, nicht besonders gut. Auf fremden Märkten und abseits von den Verkehrsstraßen findet man manchmal miserabel aussehende, runzelige kleine Tomaten von sonderbarster Form, die aber ein unvergleichliches Aroma besitzen. Deshalb sollte man Tomaten wie auch andere Früchte nicht mit den Augen kaufen. Einzelne Tomatensorten wie etwa die pflaumenförmige Tomate, die meist in Italien angebaut wird (obwohl sie britischen Ursprungs ist), eignen sich für bestimmte Zwecke, etwa zum Einmachen oder zur Herstellung von Tomatenpürree.

In den Mittelmeerländern gibt es auch eine Anzahl wichtiger Tomatenkonserven, z. B. halbiert man die Tomaten und trocknet sie in der Sonne, ehe man sie in Olivenöl konserviert. Diese getrockneten Tomaten entwickeln ein spezielles Aroma, das man mit frischen Tomaten nicht erreicht. Während des Winters wird an den Marktständen einiger Mittelmeerländer ein sehr grobes Tomatenpürree angeboten, das mit Öl konserviert wurde und gewöhnlich in alten Weinflaschen verkauft wird. Dieses hat einen ziemlich rauchigen Geschmack, der das Aroma der landesüblichen Gerichte

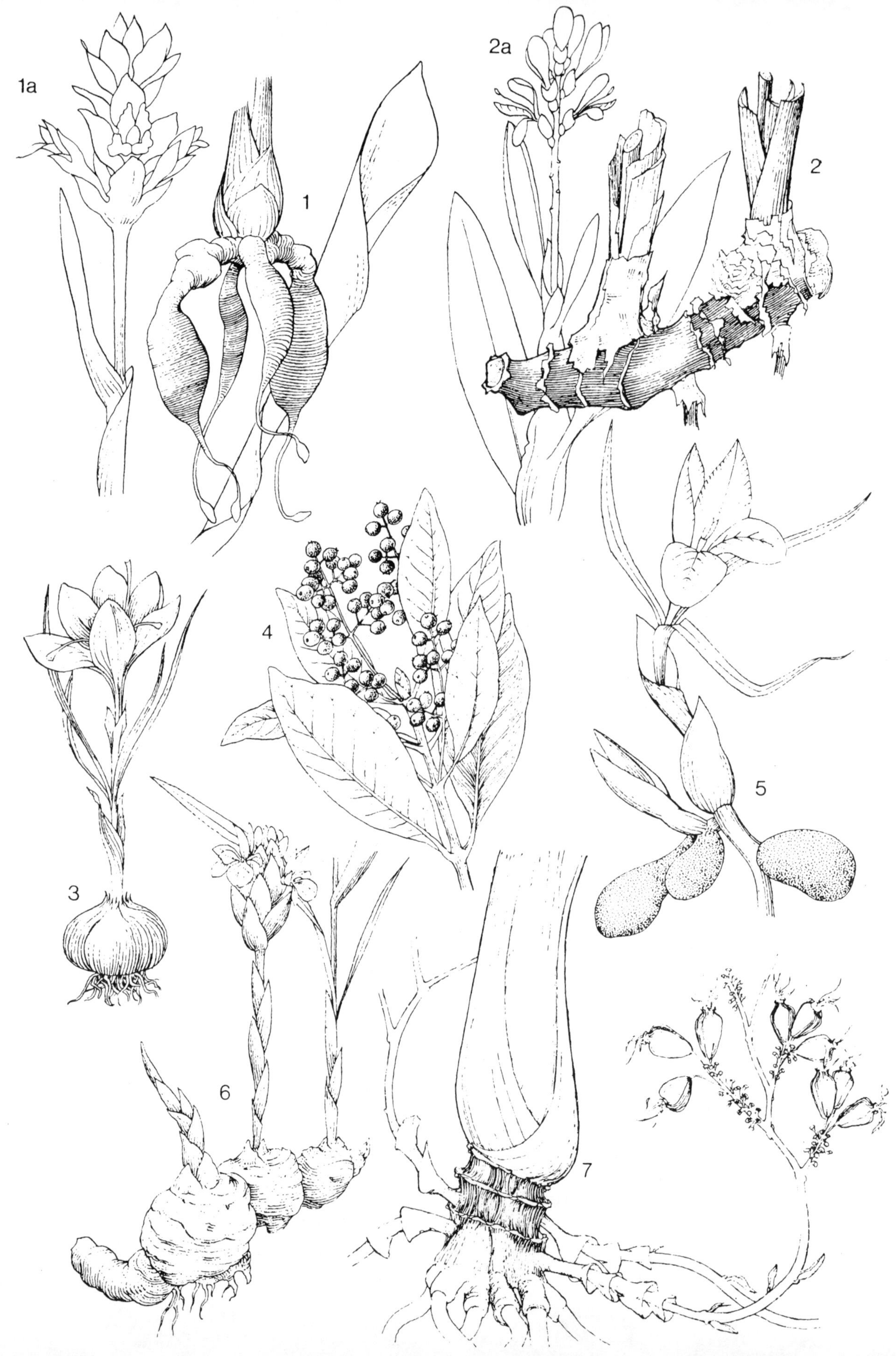
1a
1
2a
2
3
4
5
6
7

deutlich bestimmt. Deshalb schmecken Gerichte, die man zu Hause mit feineren Zutaten herstellt, niemals genauso wie in ihrem Ursprungsland. Büchsentomaten haben auch ihren eigenen Geschmack und werden viel in der italienischen Küche verwendet. Das handelsübliche Tomatenpürree schmeckt wesentlich anders. Aus diesem Grund ist es wichtig, bei Rezepten aus Mittelmeerländern genau das vorgeschriebene Tomatenprodukt zu verwenden. Tomatenketchup wird vorwiegend in modernen Rezepten empfohlen.

Zeichnung 18
1 Kurkuma, Wurzelstock
1a Kurkumablüte
2 Galgant, Wurzelstock
2a Galgantblüte
3 Safrankrokus
4 Piment
5 Zitwerwurzel
6 Ingwer
7 Kardamom

Trüffel

Andere Namen: Piemontesische Trüffel, große Trüffel

ENGL: Italian White Truffle, Piedmont Truffle, Italian Truffle, Grey Truffle
FR: Truffe des magnats, Truffe piemontaise
IT: Tartufo bianco (d'alba)
BOT: Tuber magnatum
Tafel VIII, Nr. 8, Seite 184

Perigord-Trüffel, Schwarze Trüffel
ENGL: Black, French oder Périgord Truffle
FR: Rabasse (Provence), Truffe de France, Truffe des gourmets, Truffe du Périgord, Truffe noir, Truffe vraie
IT: Tartufo di Norcia, Tartufo nero dolce
SP: Trufa del Périgord, Turma de tierra
BOT: Tuber melanosporum
Tafel VIII, Nr. 7, Seite 184

Sommertrüffel, Maitrüffel
ENGL: Summer, English, Bath oder Red Truffle
BOT: Tuber aestivum

Wintertrüffel, Braune Trüffel
ENGL: Winter Truffle
BOT: Tuber brumale

Sandtrüffel
ENGL: Terfez oder Sand Truffle
ARABISCH: Terfez (Nordafrika)
LIBANESISCH: Kama, Kamaich
BOT: Terfezia leonis und andere Terfezia-Arten

Schweinetrüffel
ENGL: Pig oder »White« Truffle
BOT: Choiromyces meandriformis

Hart's Trüffel
ENGL: Hart's Truffle
BOT: Elaphomyces granulatus

Trüffeln sind die unterirdischen Früchte einiger Pilzarten; etwas unwissenschaftlich ausgedrückt könnte man sagen: Sie gleichen Bovisten, die 30 bis 60 cm tief unter der Erde wachsen, und zwar in der Nachbarschaft bestimmter Bäume oder Pflanzen, je nach der betreffenden Trüffelart. Weil dieses Zusammenleben mit anderen Pflanzen für sie lebensnotwendig ist, können Trüffeln nicht kultiviert werden wie z. B. Champignons. Allenfalls kann man Trüffeln in Baumanpflanzungen ansiedeln, in denen vorher noch keine wuchsen.

Weil Trüffeln vollständig unter der Erde wachsen, kann man sie nur durch ihren Geruch aufspüren und zwar mit Hilfe von Hunden oder Schweinen. Schweine eignen sich allerdings weniger gut, weil sie launische Geschöpfe sind, die außer nach Trüffeln auch noch nach anderen Leckerbissen wühlen, vor allem aber deshalb, weil sie die Trüffeln selbst fressen, wenn man nicht schnell genug zupackt. Hunde dagegen sind gehorsam, haben eine gute Nase und mögen keine Trüffeln. Sie suchen nicht aus eigenem Antrieb danach, sondern weil man sie dazu abgerichtet hat und mit Hundekeks belohnt, die die Trüffeljäger in ihren Taschen tragen. Trüffelhunde sind gewöhnlich intelligente Bastarde, denen dieser Sport offensichtlich Vergnügen macht, und gute Trüffelhunde sind ihre tausend Mark wert. Wenn ein Hund eine Trüffel gefunden hat, beginnt er wie wahnsinnig zu wühlen und wird dabei vom Trüffeljäger unterstützt, der eine kleine Spitzhacke dazu verwendet. Das Aroma ist so stark, daß es der Trüffeljäger nach einigem Graben selbst riechen kann.

Die zwei besten Trüffelarten sind die italienische weiße Trüffel und die französische schwarze oder Perigord-Trüffel. Diese beiden sind die teuersten Nahrungsmittel, die es gibt. Weil das Aroma je nach Standort stark variiert, sind die Trüffeln mancher Gegenden teurer als die anderer. Häufig werden deshalb minderwertige Trüffeln auf den Märkten der besten Trüffelgegenden angeboten, um die Käufer irrezuführen. Zwischen Franzosen und Italienern besteht ein endloser Streit, welches die bessere Trüffel sei, die weiße oder die schwarze. Über diese Frage eine Meinung zu äußern ist der sicherste Weg, sich ein blaues Auge zu holen. Der berühmte französische Gastronom Brillant-Savarin sagte gelegentlich einmal, daß er die weiße Piemont-Trüffel für besser halte. Er muß ein tapferer Mann gewesen sein. Vielleicht betrachten ihn aus diesem Grund viele Italiener als den unbestrittenen Schiedsrichter in gastronomischen Fragen. Es gibt nur einen Weg, diese Frage zu entscheiden: Man beginne im November seine gastronomischen Ferien in Piemont und setze diese dann (wenn man noch ein bißchen Geld übrig hat) in Perigeux fort, wo die Saison der schwarzen Trüffeln beginnt, wenn die der weißen vorüber ist.

Das Zentrum der PIEMONTESISCHEN WEISSEN TRÜFFELN ist Alba (ungefähr 60 km südöstlich von Turin), aber man findet sie auch im Vorgebirge der Bergketten, die die Südseite der Lombardischen Ebene säumen, an der Nordseite der Appeninen und südlich bis nach Modena. Doch weiße Trüffeln gibt es auch in Frankreich und Jugoslawien. Die Saison beginnt in Alba mit einem Trüffelfest im Oktober und dauert bis in den Winter, wenn der Schnee diesem Sport ein Ende setzt.

Die Trüffeln werden durch abgerichtete Hunde aufgespürt, und zwar meist an den Feldrändern mit dem richtigen Heckenbestand, aber einmal sah ich auch, wie eine große Trüffel zufällig hochgepflügt wurde. Weiße Trüffeln sind so kostbar, daß die Jäger ihre Fundstellen geheimhalten. Trüffelkarten werden vom Vater auf den Sohn weitergegeben oder als Geldquelle vererbt. Gegraben wird häufig in tiefer Nacht, wenn es feucht ist; dann wittern die Hunde besser, und die Jäger können ihre Fundplätze aufsuchen, ohne von ihren Rivalen beobachtet zu werden. Zu Beginn der Saison beträgt der Preis in Alba für ein Pfund Trüffeln um die 500 Mark und etwa 50 Mark für einen Pilz von der Größe einer Walnuß.

Die weiße Trüffel sieht wie eine kreidig-gelbe mißgestaltete neue Kartoffel aus und hat gewöhnlich auch etwa deren Größe, obwohl gelegentlich riesige Exemplare gefunden werden. Der Duft ist so stark, daß ein einziges Exemplar in der Küche ausreichen würde, einem müden Küchenchef in seinem Schlafzimmer im vierten Stock das Wasser im Mund zusammenlaufen zu lassen. Der Duft ist einmalig und unterscheidet sich völlig vom Geruch anderer Pilze. Manche meinen, er erinnere an Knoblauch, andere wieder sagen, er gleiche eher dem schweren Geruch von ausströmendem Gas. Man kann den Geruch tatsächlich nicht genau beschreiben, aber er ist köstlich. Der leicht pfeffrige Geschmack ist nicht so wichtig wie dieses Duftaroma. Italienische weiße Trüffeln werden gewöhnlich roh auf die Speise geschnitten, bevor sie auf den Tisch kommt. Man benutzt dazu ein Spezialgerät, mit dem man rasierklingendünne Scheibchen schneiden kann. Mit Trüffeln würzt man z.B. Risotto, Pasteten, Salate, Fleischgerichte und die ziemlich übelkeiterregende Piemonteser Spezialität namens *Bagna cauda* (siehe *Anchovis*). Auch Käsefondue setzt man in Piemont weiße Trüffeln zu.

Alte Kochrezepte für weiße Trüffeln gehen bis auf die Römerzeit zurück, aber dazu sind Trüffeln heute nicht nur viel zu teuer, sie werden auch der Tatsache nicht gerecht, daß weiße Trüffeln mehr Duft als Geschmack haben und daher am besten roh verwendet werden.

Weil Trüffeln so teuer sind und alles ihr Aroma annimmt, was mit ihnen zusammen aufbewahrt wird (ein Ei aromatisieren sie über Nacht), werden häufig schlechtere jugoslawische Trüffeln, Boviste (und sogar Kartoffeln), auf dem Markt verkauft. Es gibt Geschäfte in Italien, die Trüffeln per Luftfracht überallhin verschicken. Ein einziges kleines Exemplar genügt völlig für eine Party. Weiße Trüffeln werden auch als Konserven angeboten, aber sie verlieren beim Konservieren viel von ihrem Aroma, und das Ergebnis ist den hohen Preis nicht wert.

Die FRANZÖSISCHE ODER SCHWARZE TRÜFFEL hat ihr Zentrum in Perigeux, einer Stadt etwa 130 km nordöstlich von Bordeaux an der Westgrenze des Zentralmassivs. Schwarze Trüffeln gibt es aber auch hier und da in den südlichen Vorgebirgen des Zentralmassivs wie auch auf den Hügeln beiderseits der Rhône bis hinauf nach Burgund. Man findet sie auch in Italien und in anderen Ländern Südeuropas. Die schwarzen Trüffeln aus anderen Gegenden Frankreichs und Italiens sind allerdings nicht so delikat wie die aus dem Perigord. Die Saison reicht von November bis März.

Die schwarze Trüffel ist kohlschwarz und von kleinen Knoten bedeckt, die das Säubern erschweren. Sie kommt reichlicher vor als die weiße; die Jahresproduktion allein in Frankreich geht immer noch in die Millionen Pfund, obwohl sie in letzter Zeit zurückgegangen ist. Wie die weiße Trüffel hat auch die schwarze einen starken Duft und beinahe keinen Geschmack. Sie kann roh gegessen werden, aber zum Unterschied zu der weißen wird sie viel öfter gekocht verzehrt. Am bekanntesten ist die Trüffelverwendung in der Leberpastete, aber es gibt noch andere mundwässernde Trüffelgerichte in Frankreich, von denen man eine gute Auswahl im *Larousse Gastronomique* finden kann.

Schwarze Trüffeln und sogar deren Schalen (weil schwarze Trüffeln ebenfalls teuer sind) werden in Büchsen verkauft. Es mag sein, daß es einige seltene Marken gibt, die das Aroma des frischen Pilzes bewahren, aber in den meisten Fällen werden Büchsentrüffeln nur wegen des schönen Aussehens verwendet. Aus persönlicher Erfahrung weiß ich zudem, daß man für Büchsentrüffeln gewöhnlich nur mindere Qualitäten verwendet oder Trüffel einer schlechteren schwarzen Art, von der riesige Mengen wie in Kohlensäcken für die fabrikmäßige Herstellung von Leberpastete und für die Wurstfabrikation gesammelt werden.

Die SOMMERTRÜFFEL ist eine verbreitete europäische Trüffelart, eine der wenigen, die man auch in England findet, hauptsächlich in Buchenwäldern auf kalkhaltigem Boden. Früher wurden sie in Südengland gesammelt, und zwar wie andere Trüffelsorten mit Hilfe von Spürhunden. Jeder Hund mit einer guten Nase kann für diesen Zweck nach der üblichen Belohnungstechnik abgerichtet werden. Begreiflicherweise kann man jedoch einen Hund nicht dazu abrichten, Trüffeln nach dem Geruch aufzuspüren, wenn man nicht zuvor ein Exemplar einer solchen Trüffel zur Verfügung hat. Deshalb ist es schwierig, das Trüffelsuchen wiederzubeleben, wenn es einmal ausgestorben ist.

Die Sommertrüffel ist schwarz mit großen pyramidenförmigen Warzen. Die Innenseite ist gewöhnlich braun mit gelblichweißen Adern. Sie hat weniger Aroma als die Piemonter oder Perigordtrüffel und neigt dazu, beim Kochen zu schwinden. Man findet sie im Spätsommer oder im Herbst; ihr Durchmesser schwankt zwischen 2,5 und 12 cm. Obwohl sie nichts anderes ist als ein guter eßbarer Pilz, hat sie wegen ihrer vornehmen Verwandtschaft einen gewissen Snob-Appeal.

Die WINTERTRÜFFEL ist kleiner und kommt ebenfalls auf dem europäischen Kontinent und in England vor. Nach Meinung mancher Leute steht sie der Perigordtrüffel an Qualität am nächsten. Sie wächst in denselben Wäldern wie die Sommertrüffel, aber man findet sie später im Jahr. Die Warzen an der Oberfläche sind kleiner, die Farbe des Fleisches ist bei reifen Exemplaren schwarz oder violett-braun und geädert. Das Aroma ist kräftiger als das der Sommertrüffel, wird aber bei alten Exemplaren unangenehm.

Andere Trüffelarten sind ebenfalls eßbar und werden in europäischen Ländern verwendet, z.B. *Tuber mesentericum, Tuber macrosporum* und *Tuber borchii.* Sie sind den schon beschriebenen minderen Arten ähnlich, zählen alle zu den echten Trüffeln und eignen sich zur Konservierung.

Die TEREFEZIAS sind Pilze, die den Trüffeln verwandt sind und nur vom Botaniker von diesen unterschieden werden können. Sie sind ziemlich verbreitet in Südeuropa und kommen massenhaft in Nordafrika und im Mittleren Osten vor, wo Touristen wahrscheinlich auf sie stoßen werden. Es gibt sie im Überfluß in der Syrischen Wüste, in Orten wie Palmyra, und auch in der lybischen Wüste. Obwohl sie gewöhnlich von blasser Farbe sind, findet man auch dunkle Sorten, und diese werden für die besten gehalten. Sie haben weniger Aroma als die echten Trüffeln, aber sie sind doch ausgezeichnet, wenn sie auf landesübliche Weise gekocht oder roh als Salat zubereitet werden. Man kann sie leicht finden, weil sie nahe an der Oberfläche gedeihen, wo ein kleines Sandhäufchen ihre Anwesenheit anzeigt. Sie werden auch auf Märkten feilgeboten.

Die SCHWEINETRÜFFEL sollte nicht als »weiße Trüffel« bezeichnet werden, weil man sie sonst mit der italienischen weißen Trüffel verwechseln kann. Auch ist sie keine echte Trüffel, aber weil sie ein starkes Aroma hat, mag sie vom Standpunkt des Gastronomen aus als eine solche klassifiziert werden. Sie wächst auf dem europäischen Kontinent und in England gewöhnlich unter Eichen und steckt oft nur zur Hälfte im Boden. Durch ihre weiße oder cremige Farbe kann man sie leicht erkennen und braucht keinen Hund zur Suche. Ihre Größe liegt zwischen einem Golfball und einem Kinderfußball; sie sieht aus wie eine unregelmäßige Kartoffel mit cremegelbem oder hellbraunem Fleisch. Man kann sie, in Scheiben geschnitten, roh essen, zum Würzen verwenden oder auch trocknen. Sie ist einer der besseren trüffelähnlichen Pilze Europas.

Im allgemeinen sind alle unterirdisch wachsenden trüffelförmigen Pilze eßbar, es sei denn, sie haben einen fauligen Geruch (z.B. die Gattung von *Rhizopogon*). Einige sehr selten vorkommende

Arten, z.B. *Choiromyces terfezioides* und *Balsalmia vulgaris*, enthalten eine scharfe Substanz, die Erbrechen bewirkt. Sie schmekken scheußlich, aber enthalten kein tödliches Gift.

Hart's Trüffel ist ein sehr verbreiteter winziger, europäischer, trüffelähnlicher Pilz, den man knapp unter der Erdoberfläche findet, manchmal unter Moos im Wald während des Winters. Er ist außen braun und mit winzigen Warzen bedeckt, was ihm ein körniges Aussehen verleiht. Das Fleisch ist rosarot, wird später dunkelbraun und hat einen starken Geruch. Er ist ungenießbar, und das sollten Trüffelsammler wissen, weil sie ihm voraussichtlich begegnen werden.

Der Abschnitt über Trüffeln wäre unvollständig ohne den Kartoffelbovist *(Sceloderma aurantium)*, einem außerordentlich verbreiteten Pilz der nördlichen Hemisphäre sowie Nord- und Südafrikas. Dieser bovistähnliche Pilz wächst auf der Erdoberfläche, gelegentlich aber auch halb in der Erde. Man findet ihn im Sommer und Herbst auf trockenen, sonnigen Heiden und in offenen Wäldern. Er hat eine sehr dicke, lederartige Haut. Wenn er alt wird, wandelt sich die Farbe der Haut von schmutzigem Weiß zu Gelblichbraun und wird rauh und schuppig. Innen ist er zunächst weißrosa, dann läuft er zu einem von weißen Fasern durchzogenen Blauschwarz an.

Dieser Pilz wird oft als giftig bezeichnet, aber jung ist er offenbar harmlos, ältere Exemplare zumindest in kleinen Mengen. Er hat einen starken, für meine Begriffe scheußlichen Geruch und einen fast trüffelähnlichen Geschmack. Besonders in Osteuropa wird er häufig als Trüffelersatz in Würsten und Leberpasteten verwendet. Man kann ihn in Scheiben schneiden und trocknen. Es gibt ihn sogar in Büchsen, als deren Inhalt fälschlicherweise Trüffeln genannt werden.

Ferner gibt es eine Reihe ziemlich ähnlicher Abarten, die ebenfalls als giftig bezeichnet werden, aber keine von ihnen ist tödlich. Ein anderer naher Verwandter des Bovists, der überall auf der Welt wächst und jung als Trüffelersatz verwendet wird, ist der dunkelbraune, glatte, ballrunde Erbsenstreuling *(Pisolithus arenarius)*. Kleine Mengen davon genügen, um eine Speise zu würzen. Alle Arten mit dicker, harter Haut sollten vor Gebrauch geschält werden.

Jeder, der sich weiter mit diesem Thema befassen will und sich ein illustriertes Pilzbuch anschafft, sollte sich vergewissern, daß dieses Buch auch die Trüffeln enthält, da manche Pilzbücher sich nur mit den Ständerpilzen *(Basidiomycetes)* beschäftigen und weder Morcheln noch Trüffeln enthalten. Die obigen Beschreibungen gelten für Europa und die Mittelmeerregionen. Ich kann nicht garantieren, daß es nicht in anderen Teilen der Welt auch noch giftige Trüffelarten gibt oder daß alle ausgezeichneten Arten hier erwähnt wurden. Weil Trüffeln schwierig zu finden sind, handelt es sich hier um einen ziemlich schwierigen Stoff, und es ist durchaus möglich, daß es Trüffeln gibt, die noch niemand entdeckt hat.

Vanille

ENGL: Vanilla
FR: Vanille
IT: Vaniglia
SP: Vainilla
BOT: Vanilla planifolia
FAM: Orchidaceae
Tafel I, Nr. 12, Seite 81
Zeichnung 4, Nr. 5, Seite 56

Vanille ist die Schote einer Kletterorchidee, die aus den feuchten Wäldern des tropischen Amerika stammt. Sie wurde von den Spaniern nach Europa gebracht und bereits von den Azteken zum Würzen von Schokolade verwendet. In modernen Pflanzungen wird die Vanilleorchidee an Pfosten oder Bäumen gezogen. Die langen gelben Schoten werden unreif gepflückt. Frische Schoten haben kein Vanillearoma. Dieses entwickelt sich erst auf Grund innerer chemischer Veränderungen (durch Enzyme) während eines Beizprozesses. Dafür gibt es verschiedene Methoden, stets aber läßt man dabei die Schoten in luftdichten Behältern »schwitzen«.

Die besten gebeizten Vanilleschoten sind dunkelbraun, zäh, etwas biegsam und mit einer Kruste von aromatischen Vanillinkristallen bedeckt. Seit echte Vanille teuer geworden und eine Kruste leicht zu fälschen ist, bietet ein gutes Geschäft und ein vernünftiger Preis die sicherste Garantie für den Amateur. Billige Vanilleschoten sind verdächtig.

Vanilleschoten eignen sich ausgezeichnet dazu, ihr Aroma an irgendwelche Speisen abzugeben. Man kann sie lange Zeit hindurch verwenden, sogar nachdem man sie erhitzt oder in Cremes oder Puddings eingeweicht hat; man braucht sie danach nur abzuwaschen und wieder zu trocknen. Weil man Vanilleschoten in den allermeisten Fällen für Süßspeisen braucht, bewahrt man sie am besten im Zuckertopf auf. Der Zucker wird dann das Aroma annehmen. Wenn man das Gefäß immer mit Zucker nachfüllt, werden die Schoten eine lange Zeit duften.

Vanille wird in Mexiko, Guyana, Puerto Rico, Guadalupe, San Domingo und auf Madagaskar gezogen, ebenso auf den Seychellen, den Comoro-Inseln, in Rèunion, Tahiti und in anderen Gegenden mit geeignetem Klima.

Pompona oder westindische Vanille stammt von einer anderen Art, *Vanilla pompona.* Man darf Vanille auch nicht mit Garten-Heliotrop *(Heliotropum arborescens, Heliotropum peruvianum)* verwechseln, der wegen seiner nach Vanille duftenden Blüten als Vanilleblume bekannt ist und in der Parfümindustrie verwendet wird.

Die beste Vanilleessenz gewinnt man, indem man zerkleinerte Vanilleschoten mit Alkohol ansetzt. Synthetisches Vanillin kann man aus einem Bestandteil des Nelkenöls *(Eugenol)* herstellen. Wie den meisten synthetischen Substanzen fehlt ihm die Intensität des natürlichen Aromas. Billige Vanilleessenz kann auch Kumarin enthalten, soweit dies in dem betreffenden Land erlaubt ist.

Vanillearoma wird für zahllose Handelsprodukte verwendet, z.B. auch für Liköre und für billige, gepanschte Schnäpse und Whiskysorten.

Veilchen

Anderer Name: wohlriechendes Veilchen

Der Aromastoff des wohlriechenden Veilchens, den man durch Auslaugen der Blüten gewinnt, wird manchmal dazu verwendet, um Cremes, Eisspeisen und Liköre zu würzen. Er liefert das

Hauptaroma für einen sehr süßen, violetten Likör namens *Parfait d'amour*. Veilchen werden auch in Zucker kandiert, man verwendet sie hauptsächlich zur Dekoration, aber auch zermahlen als Würze. Die frischen Blüten und die Blätter sind unschädlich und eignen sich zum Garnieren von Salaten oder Fleischplatten, besonders von Kalbfleisch. Ein Veilchensalat wird aus Endivien, Sellerie, Petersilie, Oliven und Veilchen gemischt und mit Olivenöl, Salz, Pfeffer, Wein und Essig angemacht.

ENGL: Violet
FR: Violette
IT: Viola mammola
SP: Violeta
BOT: Viola odorata
FAM: Violaceae
Tafel VII, Nr. 6, Seite 183

Verbene

Anderer Name: Zitronenstrauch

ENGL: Verbena, Lemon Scented Verbena
FR: Citronelle, Verveine, Verveine odorante
IT: Cedrina
SP: Vervena, Verba de la princesa
BOT: Verbena triphylla
FAM: Verbenaceae
Zeichnung 9, Nr. 6, Seite 116

Die Verbene darf nicht mit dem Eisenkraut verwechselt werden, obwohl beide zur selben Familie gehören. Die meisten Verbenaceen sind tropische Pflanzen, und der Zitronenstrauch bildet da keine Ausnahme: Er stammt aus Südamerika. Die Spanier brachten die Verbene nach Europa, wo sie vielerorts kultiviert wurde als Lieferant von Verbenenöl für die Parfümindustrie, obwohl gewöhnlich billigere Quellen für dieses Öl, z.B. Zitronengras, benützt werden.

Man kann Verbenen ohne Schwierigkeiten an jedem warmen, sonnigen Platz des Gartens aus Samen oder durch Stecklinge ziehen. Obwohl sie in heißen Ländern 1,20 bis 1,50 m hoch werden kann, bleibt sie in kälteren Zonen und unter schlechteren Bedingungen kleiner. Ein oder zwei Pflanzen genügen in einem Familienkräutergarten; man kann sie auch in Töpfen an einem sonnigen Fenster ziehen. Da sie stark nach Zitronen duftet, kann man sie in südostasiatischen Rezepten als Ersatz für Zitronengras verwenden. Sie verleiht süßen Gerichten, Fruchtsalat und Soft-drinks einen angenehmen Zitronengeschmack, aber man muß sie mit Sorgfalt dosieren, weil der Geruch manche Leute an parfümierte Seife erinnert.

Wacholder

Andere Namen: Machandel, Kranawitt

ENGL: Juniper
FR: Genièvre
IT: Ginepro
SP: Enebro, Junípero, Nebrina
BOT: Juniperus communis und andere Arten
FAM: Cupressaceae
Tafel IV, Nr. 2, Seite 100

Es gibt viele Wacholderarten, sie reichen von der Zwergform *(Juniperus nana)* der Alpen bis zu hohen Bäumen in warmen Ländern. Lieferant der Würze ist *Juniperus communis*, diese Art kommt auf der ganzen nördlichen Halbinsel einschließlich Britannien vor. Der Strauch wird gewöhnlich hüfthoch und ist sehr stachelig; wer die Beeren pflücken will, muß dicke Handschuhe anziehen. Die Beeren brauchen drei Jahre bis zur Reife, so daß immer Beeren verschiedener Reifegrade an einem Busch zu finden sind. Als Würze dienen nur die blauen reifen Beeren; gewöhnlich wird im Herbst gepflückt, doch das hängt von der Höhenlage und den örtlichen Gegebenheiten ab. Es gibt männliche und weibliche Büsche, nur die letzteren haben Beeren. Wacholder gedeiht in den meisten Gärten vorzüglich.

Hinsichtlich der Würzkraft der Beeren gibt es beträchtliche Unterschiede; im allgemeinen ist der Gehalt an ätherischen Ölen um so größer und das Aroma um so stärker, je weiter südlich der Strauch wächst. Beeren aus dem italienischen Hügelland können zwei- bis dreimal kräftiger sein als solche aus Schweden oder Eng-

1
2
3
4
5
6
7

land. Die reife Beere schmeckt süß, aromatisch und ziemlich harzig, denn sie enthält Bestandteile des Terpentins.

Gin, Steinhäger und Genever werden mit Wacholderbeeren aromatisiert, was heute vielfach dadurch geschieht, daß man das durch Destillation gewonnene Öl zusetzt. Wacholderöl wird auch zu medizinischen Zwecken gebraucht.

In fast allen europäischen Ländern gibt es Gerichte, die mit Wacholderbeeren gewürzt werden, vom arktischen Schweden bis Spanien, besonders aber in den Berg- und Heidegebieten, in denen der Strauch wächst, in Italien, Mittelfrankreich, der Provence, den Alpenländern und Deutschland. Man benutzt sie zu Marinaden für Wildschwein, Schwein, zu Reh und Hirsch; als Füllung von Huhn, Drossel, Amsel und vieler anderer kleiner Vögel, die man im südlichen Europa wahllos umbringt und verzehrt. Auch zu Pasteten werden die Beeren verwendet. In Deutschland sind sie ein beliebtes Gewürz für Sauerkraut, für Fischsud und Fischmarinaden. In der englischen Küche werden die Beeren heute nicht mehr so häufig verwendet wie früher, wo man sie besonders zum Räuchern von Schinken benutzte. Immerhin habe ich noch eine cumberländische Bauersfrau gekannt, die sie aus Tradition ihren Rindfleischstews zufügte. Vor Gebrauch werden die Beeren meist zerdrückt. Sie passen gut zu anderen Kräutern, zu Petersilie, Thymian, Fenchel, Majoran und Lorbeer, ebenso aber auch zu Knoblauch, Gewürzen, Wein, Branntwein und Portwein, wenn diese zu einem Fleischgericht gehören, z.B. *Garenne à l'Alsacienne* (Wildkaninchen mit Rotkohl, Schinkenspeck, Weißwein und Branntwein).

Die Beeren sind getrocknet erhältlich; leider sind sie manchmal zu alt und damit wirkungslos. Wer im Oktober in mittelmeerischen Bergen Ferien machen kann, sollte sie sich selber pflücken: Dann sind sie am aromatischsten und eine der besten Würzen der europäischen Küche. Es gibt Wacholderarten mit roten Beeren, die weniger würzig, aber sonst harmlos sind.

Zeichnung 19
1 Curryblatt
2 Zimt
3 Schwarzer Pfeffer
4 Langpfeffer
5 Sternanis
6 Gewürznelke
7 Muskatnuß

Waldmeister

ENGL: Sweet Woodruff, Asperula, Quinsywort, Sweetgrass
FR: Glycérie
IT: Asperula, Stellina odorosa
SP: Aspérula odorosa
BOT: Galium odoratum (Asperula odorata)
FAM: Rubiaceae
Zeichnung 5, Nr. 4, Seite 64

Waldmeister ist eine ausdauernde Pflanze mit weißen Blüten. Er ist in Europa heimisch und wächst wild in feuchten Wäldern auf Kalkboden.

Wenn man Waldmeister pflückt und ihn welken läßt, entströmt ihm ein köstlicher Duft nach frischem Heu. Die Pflanze ist eine traditionelle Bowlenwürze, z.B. für die deutsche »Maibowle«. Dafür wird das junge Kraut in Rheinwein angesetzt und mit Zucker und eventuell Weinbrand abgeschmeckt. In Frankreich macht man dasselbe mit Champagner, in der Schweiz mit Kognak oder Benediktiner, und in Amerika braut man ebenfalls einen Maiweinpunsch aus Wein, Branntwein und Benediktiner. Man sagt, daß Waldmeister eine Party belebe, aber Kräutersachverständige schreiben ihm eher eine leicht schmerzstillende Wirkung zu. In Nordeuropa verwendet man ihn bei der Herstellung bestimmter Wurstsorten. Da Waldmeister sich in schattigen Winkeln unter Bäumen rasch verbreitet, eignet er sich gut für den Garten.

Wein Die Weine sind es, die der französischen Küche ihre charakteristische Note geben, aber ebenso der italienischen, spanischen, portugiesischen und griechischen Küche. Und obgleich Wein seit undenklichen Zeiten auch in der Levante und im Mittleren Osten bereitet wurde, gehört er nicht allgemein zum Repertoire der Küche der arabischen Länder, der Türkei oder Persiens, was natürlich religiöse Gründe hat.

Es überrascht immer wieder, daß eine relativ kleine Menge Wein, in der man Fleischspeisen langsam dünstet, einen charakteristischen und kräftigen Geschmack erzeugt, der sich völlig vom Geschmack des ursprünglichen Weins unterscheidet. Der im Wein enthaltene Alkohol verflüchtigt sich beim Kochen, weil der Alkohol einen niedrigeren Siedepunkt hat als Wasser und daher früher verdampft. Zurück bleibt jenes einzigartige Aroma, das typisch ist für Gerichte wie *Coq au vin* oder *Boef bourguignonne*. Wer einmal eine Zeitlang in einem der europäischen Weinanbaugebiete gelebt hat, wird es sich zweifellos zur täglichen Gewohnheit machen, mit Wein zu kochen, ohne weiter darüber nachzudenken. Jene, die nicht so glücklich sind und die dort leben, wo Wein als Luxus gilt oder als ein Getränk für Säufer und nicht als natürlicher Bestandteil einer Mahlzeit, werden sich kaum daran gewöhnen, daß man Wein immer in der Küche zur Hand haben sollte. Für diese Leute ist die Verwendung von Wein auch deshalb problematisch (vom Preis einmal abgesehen), weil man nur für sehr wenige Speisen eine ganze Flasche Wein benötigt und dieser dann rasch sauer wird, wenn die Flasche einmal geöffnet ist. (Der Grund dafür wurde ausführlich im Kapitel *Essig* geschildert.) Aber Wein wird nicht sauer, wenn man ihn luftdicht verschließt; denn die Bakterien, die den Wein »umgehen« lassen, brauchen Sauerstoff. Das Problem läßt sich dadurch lösen, daß man die Oberfläche des Weins mit ein wenig Öl luftdicht abschließt.

Man verwendet sowohl roten als auch weißen Wein zum Kochen. Die Qualität des Weines ist von großer Bedeutung. Der Geschmack des Weines und seine Säure oder Süße beeinflussen den Geschmack des Gerichtes, und einige saure Weine machen das Fleisch zäher. Manche Weine schlagen beim Kochen auch um und werden »dünn«. Erfahrung ist die einzige Richtschnur. Da manche Leute es nicht über sich bringen können, einen Markenwein zum Kochen zu nehmen (z. B. eine ganze Flasche Chambertin) und sich mit irgendeinem gewöhnlichen Wein zufriedengeben, werden solche Sorten vom örtlichen Weinhändler bereitgehalten. Wenn im Rezept keine näheren Angaben über die richtige Weinsorte gemacht werden, versteht es sich von selbst, daß man einen Wein aus der Gegend wählt, aus der das Originalrezept stammt. So wird man keinen Weißwein für eine Speise verwenden, die aus Burgund kommt. Einige Rezepte verlangen ganz spezielle Weine. Zum Beispiel stammen die in der englischen Küche verwendeten Weinsorten häufig aus Hafengegenden wie Cadiz (Jerez) und Oporto. Portwein und Sherry begegnet man deshalb oft in englischen Gerichten, aber kaum in kontinentalen Rezepten. Es besteht eben immer eine enge Verbindung zwischen Geschichte, Geographie und den Ingredienzien der Küche.

Madeira verwendet man für Consommé und Aspik. Dieser Wein kommt von der portugiesischen Insel gleichen Namens nördlich der Kanarischen Inseln. Früher war er beliebter als heute. Er ist ein gespriteter Wein, den man wie Portwein oder Sherry wochenlang aufgewahren kann, auch wenn die Flasche geöffnet wurde. Man bekommt ihn in verschiedenen Süßegraden, je nach den Trauben, aus denen er gekeltert wurde. Die vier wichtigsten Sorten sind Sercial, Bual, Verdelho und Malmsey; Sercial ist der trockenste und eignet sich am besten für Gerichte wie *Jambon au Madère.*

Marsala ist ein anderer gespriteter Wein. Gewöhnlich ist er ziemlich süß und schmeckt ein bißchen nach Karamelzucker. Dieser Wein kommt aus der Gegend rund um den Hafen von Marsala an der westlichen Spitze Siziliens. Er wird zu zahlreichen italienischen Gerichten verwendet, und jeder, der italienische Gerichte liebt, sollte eine Flasche Marsala in seinem Küchenschrank haben. Weil einige der billigeren Marsalasorten ziemlich scheußlich schmecken und man nur kleine Quantitäten benötigt, kauft man besser eine gute Marke. Marsala gibt es wie Madeira in verschiedenen Stärke- und Süßegraden, und beim Kochen muß man dieselben Regeln beachten wie bei Madeira.

Portwein stammt aus dem Hinterland von Oporto, etwa 50 Meilen im Umkreis, wird allerdings heute in vielen Teilen der Welt nachgeahmt. Er ist unentbehrlich für die englische Küche und gehört z.B. zu *Jugged hare* (Hasenpfeffer) und Cumberlandsoße.

Reisweine verschiedener Sorten werden in der chinesischen und japanischen Küche viel verwendet, sie haben ein leicht sherryähnliches Aroma. In Europa ersetzt man sie gewöhnlich durch trockenen Sherry, obwohl man sie in Spezialgeschäften kaufen kann. Die chinesische Geschmackskombination von Fischbrühe, gehackter Rübe, Ingwer und Reiswein (trockener Sherry) ist ausgezeichnet.

Wermut

Andere Namen: Wurmkraut, Absinth, Hilligbitter

ENGL: Wormwood
FR: Absinthe, Armoise amère, Génépi
IT: Assenzio
SP: Ajenjo
BOT: Artemisia absinthium
FAM: Compositae
Tafel V, Nr. 3, Seite 165

Wermut ist ein enger Verwandter des Estragon *(Artemisia dracunculus)*, des Eberries *(Artemisia abrotanum)* und Beifuß *(Artemisia vulgaris)*. Er wächst gelegentlich wild in England und kommt in ganz Europa und Asien vor bis nach Kaschmir und weiter. Das bitter-aromatische Kraut hat filzige fiederteilige Blätter und kleine gelbe Blüten. Es wurde seit Tausenden von Jahren als Medizin verwendet (z.B. als Wurmmittel) und zur Zubereitung verschiedener Aperitifs und Kräuterweine. Sogar heute noch ist es oft schwer zu sagen, wo die Medizin anfängt und das Genußmittel aufhört, besonders in Mittelmeerländern, wo es üblich ist, mit halbmedizinischen Drinks die angegriffene Leber zu stärken und den schwachen Appetit anzuregen. Natürlich sind dies immer alkoholische Getränke, die zwar nicht unmittelbar schaden, mit denen man jedoch

Teufel durch Beelzebub austreibt. Diese und auch eine Reihe angenehmer Getränke enthalten in der Regel stets Wermut.

Heute erhältliche Sorten von Wermutwein enthalten vielerlei Zutaten, und das genaue Rezept ist ein wohlgehütetes Geheimnis, aber in weniger zivilisierten Gegenden Europas kann man immer noch Weine antreffen, in die einfach ein Wermutzweig hineingesteckt wurde (z. B. in den Karpathen). Botanisch interessierte Gastronomen, die die Pflanze auf einem Spaziergang oder in ihrem Garten finden, sollten einmal versuchen, einen großen Zweig in eine Wodkaflasche zu tun. Er wird diesem seinen bitteren Geschmack verleihen, den einige Wodkatrinker lieben. Ein polnischer Freund stahl mir sogar gepreßte trockene Blätter aus meiner Sammlung.

Das ätherische Wermutöl wird in Frankreich und in den Vereinigten Staaten durch Dampfdestillation gewonnen. In konzentrierter Form ist Wermut ein Narkotikum, und deshalb sollte man ihn nur mit Maßen gebrauchen. Die alarmierenden Folgen des Absinthtrinkens sind in einigen Dörfern Südfrankreichs allzu offensichtlich.

Es gibt viele andere Wermutarten, allein zehn verschiedene Arten wachsen an der Rivieraküste, vor allem im Gebirge. Römischer Wermut *(Artemisia pontica)* ist einer von ihnen und wird ebenfalls für Wermutwein verwendet (siehe *Eberries*).

Beifuß *(Artemisia vulgaris)*, ein gewöhnliches Heckenunkraut, wird manchmal als Gewürz von Gansfüllungen in alten deutschen und englischen Rezepten angegeben.

Die Wermutarten gehören zu jenen Kräutern, die einem Gericht jenen Hauch von Individualität verleihen, wenn man sie so sparsam verwendet, daß man sie nicht herausschmeckt.

Wermut-Wein

ENGL: Vermouth
FR: Vermout
IT: Vermut
SP: Vermut

Obwohl diese gewürzten und gespriteten Aperitifweine in vielen Ländern der Welt nachgeahmt werden, liegt heute das Zentrum der Wermutherstellung in Südfrankreich und Norditalien. Wermutweine variieren von trocken bis zu intensiv süß und von weiß oder strohfarben bis rot oder braun. Je nach Fabrikat unterscheiden sie sich auch gewaltig im Geschmack, sind jedoch immer mehr oder weniger bitter. Wermutkraut bildet das Grundaroma, aber andere Gewürzkräuter wie Angelikawurzel, Anis, Kalmus, Zimt, Nelken, Koriander, Kamille, Schalen von Bitterorangen, Pfefferminz, Iris, Quassia, Chinin, Enzianwurzel, Muskatnuß und dergleichen werden ebenfalls verwendet. Wie bei vielen Aperitifs und Likören ist die genaue Kräutermischung das Geheimnis des jeweiligen Herstellers.

In der Küche braucht man Wermutwein zum Würzen mancher Gerichte. Fisch, hauptsächlich Seezunge, wird manchmal in Wermutwein gedünstet oder mit einer Soße serviert, die mit Wermut gewürzt ist.

Wiesenschaumkraut

ENGL: Lady's Smock, Bitter-cress, Cardamine
FR: Cardamine des prés, Cresson élégant
IT: Billeri, Crescione dei prati, Viola da pesci
SP: Cardamina
BOT: Cardamine pratensis
FAM: Cruciferae
Zeichnung 16, Nr. 5, Seite 200

Fast jeder kennt diese auf feuchten Wiesen Europas und Amerikas weit verbreitete Wildpflanze. Sie hat hellrosa bis bläuliche oder weiße Blüten; die vier Blumenblätter sind kreuzförmig angeordnet, wie es für die Familie typisch ist. Der englische Zweitname *Bitter-cress* deutet richtig an, daß sie mit der Wasserkresse verwandt ist und auch ähnlich verwendet werden kann, denn sie hat gewisse Ähnlichkeit im Aroma. Da das Wiesenschaumkraut zu den ersten Frühlingsblühern gehört (die Blüte beginnt oft schon im April), ist es zu gemischten Frühjahrssalaten nützlich, denn es enthält wertvolle Mineralien. Der botanische Name Cardamine stammt aus dem Griechischen und bedeutet »das Herz überwältigen« und zeigt an, daß man der Pflanze medizinische Wirkung zuschrieb.

Worcestersoße

Worcestershire Sauce

Diese Fertigsoße in Flaschen ist so berühmt und wird so weltweit (außer hinter dem Eisernen Vorhang) verwendet, daß sie hier erwähnt zu werden verdient. Die Geschichte ihres Ursprungs wird folgendermaßen erzählt: Um 1837, dem Jahr der Thronbesteigung der Königin Viktoria, ging ein ehemaliger Gouverneur von Bengalen in Worcester in eine der dortigen Drogerien, die zwei Apothekern namens Lea und Perrins gehörten, und ließ sich nach einem aus Indien mitgebrachten Rezept eine Soße zusammenbrauen. Das Ergebnis fand jedoch bei dem Ex-Gouverneur keine Zustimmung. Die Angelegenheit wurde vergessen, bis Mr. Lea und Mr. Perrins ein paar Jahre später ihren Keller aufräumten und das Fäßchen ans Tageslicht förderten. Sie probierten den Inhalt und fanden ihn köstlich. Anders als in O. Henrys Geschichte vom Apollinariswasser hatten sie noch das Rezept und stellten die Soße für den örtlichen Gebrauch her. Sie gewann schnell Beliebtheit, so daß sie schon zehn Jahre später im Haushalt vieler vornehmer Familien verwendet wurde und die Drogisten mit dem Export begannen. Durch die Proviantmeister der ersten Dampfschiffe verbreitete sich ihr Ruf bald um die ganze Welt. Im Juni 1843 zum Beispiel wird berichtet, »daß die Küche von ›*The great Western*‹ regelmäßig mit Lea & Perrins Worcestersoße versorgt wurde, die zu so vielen Gerichten paßt – von Schildkröte bis zu Rind, von Lachs bis zu Steaks –, denen sie ihren berühmten pikanten Geschmack verleiht. Ich empfehle mit Vergnügen diese ausgezeichnete Soße allen Kapitänen und Passagieren als besten Begleiter für jede Reise.« Worcestersoße wird nicht nur für viele Katerrezepte verwendet, sie macht auch bei Seekrankheit den Anblick von gepökeltem Schweinefleisch erträglich.

Heute wird sie in vielen Ländern nach dem gleichen alten Rezept hergestellt. In der Lea & Perrins-Fabrik benutzt man noch heute wahrhaftig dieselbe berühmte viktorianische Maschine aus Gußeisen und Holz, und die Gestelle mit Fässern voll reifender Soße würden an die Atmosphäre einer Weinkellerei erinnern, wäre nicht der Geruch nach Essig und Gewürzen.

Worcestersoße ist eine dünne pikante Soße, die hauptsächlich in den Tagen der Ostindien-Company beliebt wurde. Ihre Grundlage bildet Essig, Soja und Melasse, und dazu enthält sie den Saft eingesalzener Anchovis sowie rote Pfefferschoten, Ingwer, Schalotten und Knoblauch, alles zusammen über zwanzig tropische Früchte und Gewürze. Die Soße entsteht nicht durch Kochen, sondern ist ein Mazerationsprodukt, das in Eichenfässern ebenso lange reift wie damals im Keller der beiden Apotheker.

Die häufigste Verwendung findet sie wohl in Bars zum Würzen von Tomatensaft und wie bereits erwähnt zur Aufmunterung verkaterter Trinker (z. B. Prärieauster). Aber ein Blick in einen alten Schriftwechsel zeigt, daß Worcestersoße von einer großen Zahl berühmter Küchenchefs als eines ihrer »Geheimnisse« verwendet wurde. Es ist klar, daß die verschwenderische Anwendung von Worcestersoße schlechte Küche nicht besser macht. Sie ist ein brauchbares Gewürz, wenn man sie mit Maß und Verstand anwendet. Es gibt Leute, die sie beinahe für jedes Gericht empfehlen: für Suppen, Fisch, Schalentiere, Fleisch, Wild und Geflügel, Eier, Käse, zum Anmachen von Salat und für Soßen. Köche sollten in der Regel fertigen Würzsoßen aus dem Weg gehen, aber ein Erzeugnis, dessen Beliebtheit in so vielen Ländern unverändert ein Jahrhundert überdauert hat und von den Meisterköchen so vieler Länder verwendet wird, sollte wohl eine Ausnahme machen. Tatsächlich kann man sagen, daß Worcestersoße beinahe zu einer natürlichen Grundzutat geworden ist.

Ysop

Andere Namen: Eisop, Joseph

ENGL: Hyssop
FR: Hysope
IT: Ossopo
SP: Hisopo
BOT: Hyssopus officinalis
FAM: Labiatae

Das hübsche Kraut ist in Südeuropa, dem Nahen Osten und Südrußland heimisch. Als Gartenflüchter ist es in den USA und Deutschland ziemlich verbreitet, in England jedoch nicht. Der kleine Busch wird 50 bis 60 cm hoch, hat dunkelgrüne Blätter und königsblaue Blüten (es gibt jedoch Abarten mit weißen oder rosa Blüten). Ysop ist eine ziemlich ausdauernde Pflanze und bevorzugt leichten, sandigen Kalkboden. Man vermehrt ihn durch Samen, Stecklinge oder durch Teilen. Er ist leicht zu ziehen, muß aber alle drei bis vier Jahre erneuert werden.

Schon vor der Zeitwende wurde Ysop rund um das Mittelmeer herum verwendet, jedoch mehr zu medizinischen Zwecken als in der Küche. Man benutzt sowohl die Blüten wie die Blätter, frisch oder getrocknet. Er schmeckt bitter, leicht minzig mit einem Anklang von Gartenraute. Hauptsächlich wird er zur Likörbereitung benutzt, Kräuterliebhaber empfehlen ihn jedoch zu Suppen, Ragouts und Salaten. Da die Pflanze sowohl hübsch, wohlriechend und ausdauernd ist, sollte man sie im Garten anpflanzen.

Zimt und Kassia

Anderer Name für Zimt: Kaneel
Andere Namen für Kassia: Zimtkassia, Chinazimt

Zimt und Kassia liefern zusammen mit etwa einem halben Dutzend anderer verwandter Pflanzen (Annam- oder Saigon-Kassia, Massoia-Rinde, Indische Kassia) Produkte mit mehr oder weniger Zimtgeschmack. In manchen Ländern macht man keinen Unterschied und wirft die Bezeichnungen durcheinander; in anderen aber ist man genauer, z. B. in England, wo durch gesetzliche Vorschrift nur der echte Zimt als solcher verkauft werden darf.

Kassia (in manchen Ländern Chinazimt genannt) ist eines der ältesten Gewürze überhaupt. In China ist sie seit 2500 v. Chr. belegt, in Ägypten seit 1600 v. Chr.; aus dem Fernen Osten gelangte sie über die Gewürzstraße nach Europa, von wo heute noch die größten Mengen an Kassia und Zimt stammen.

Der echte Zimt ist erst später eingeführt worden. Kassia stammt ursprünglich aus Burma, Zimt dagegen aus Ceylon und war dort nur den Einheimischen bekannt, bis die Holländer ihn »entdeckten«. Zimt wie Kassia stammen beide von kleinen immergrünen Bäumen, die in der Erscheinungsform etwas dem Lorbeer ähneln. Das Gewürz ist die abgeschälte Rinde dünner Zweige; man läßt sie in der Sonne trocknen, damit sie sich zu sogenannten »Quills« aufrollen. Bei Kassia sind die Quills gewöhnlich dick, weil die korkige Außenrinde nicht abgeschält wurde. Bei Ceylonzimt entfernt man die korkige Außen- und Mittelschicht und steckt die Quills ineinander. Die beste Qualität ist hell in der Farbe und sieht aus wie eine Rolle trockenes Papier.

Zimt ist im Geschmack delikater als Kassia und nicht so scharf, er ist aber auch teurer. Zu Süßspeisen und Gebäck ist er besser geeignet. Kassia beißt auf der Zunge und paßt besser zu würzigen Fleischgerichten, Pilaws und Curries. Der Kassiabaum unterscheidet sich vom Zimtbaum dadurch, daß die Blätter, Knospen und sogar die Wurzeln fast den gleichen Geschmack haben wie die Rinde. Beim echten Zimt ist das nicht der Fall. Getrocknete Kassiablätter (auch die Blätter verwandter Pflanzen) werden in Indien häufig benutzt, besonders in der Küche Bengalens. Kassiaknospen, die im Aussehen etwa Nelken ähneln, sind manchmal in europäischen Geschäften erhältlich. Sie sind dann angebracht, wenn eine geringe Menge Zimtgeschmack für ein Fleischgericht gewünscht wird.

Zur Verwendung in Süßspeisen, Gebäck und Biskuit kauft man gewöhnlich feingemahlenen Zimt, denn ihn selbst zu mahlen ist schwierig. Man sollte nur kleine Mengen und dafür öfter kaufen und den Rest in einer gut verkorkten Flasche aufbewahren. (Es gibt viel zu viele Büchsen mit fade gewordenem Zimt in den Gewürzregalen.) Um Fruchtsaft, Glühwein oder Cremes zu würzen, benutzt man am besten Stangenzimt von bester Qualität, denn den kann man herausnehmen, wenn er seine Pflicht getan hat.

Der Gebrauch von Zimt oder Kassia zu Fleischgerichten ist in Europa und Amerika nicht sehr geläufig, doch jeder, der schon einmal in arabischen Ländern war, kennt den Effekt, den ein kleines Stück Zimtrinde in einem Hammeltopf macht: Die Geschmacksmischung ist charakteristisch und angenehm. Zimt ist auch ein wichtiger Bestandteil in Curries und Pilaws und hat wie auch Nelken in heißen Ländern erheblichen Wert, da sein ätherisches Öl Phenol enthält, das den fäulniserregenden Bakterien kräftig entgegenwirkt.

Kassia ist eines der Bestandteile der berühmten chinesischen Fünf Gewürze (siehe dieses).

ENGL: Cinnamon
FR: Cannelle de Ceylon
IT: Cannella
SP: Canela
BOT: Cinnamomum zeylanicum
FAM: Lauraceae
Tafel I, Nr. 11, Seite 81
Zeichnung 19, Nr. 2, Seite 224

Kassia
ENGL: Cassia
FR: Casse, Canéfice
IT: Càssia
SP: Casia
BOT: Cinnamomum aromaticum
Tafel I, Nr. 4 u. 10, Seite 81

1
2
3
4
5

Zitronat

Anderer Name: Zedratzitrone

ENGL: Citron
FR: Cédrat
IT: Cedro
SP: Cidra
BOT: Citrus medica
FAM: Rutaceae

Der dornige Zedratbaum wird zwischen 3 und 6 m hoch; die Blumenblätter sind weiß, die Außenseiten oft rosa oder purpurn und recht hübsch. Die Frucht sieht aus wie eine große, rauhschalige Zitrone und kann bis zu 4 Pfund wiegen. Nur die sehr dicke Schale ist von Bedeutung, nicht dagegen das kleine, saure Fruchtfleisch.

Die Zedratzitrone war die erste Zitrusfrucht, die aus Südostasien nach Europa gelangte. Zur Herstellung von Duftwässern soll sie schon in den Hängenden Gärten Babylons angebaut worden sein; in Europa ist sie seit 300 v. Chr. bekannt.

Heute wird der Zedratbaum in den Mittelmeerländern und in Westindien angebaut. Die Früchte findet man manchmal in italienischen Obstgeschäften. Hauptsächlich wird sie jedoch in Form von Zitronat verwendet, das durch Kandieren der dicken Schale entsteht und ziemlich teuer ist. Zitronat hat ein spezielles Aroma, es schmeckt harziger als andere Zitruserzeugnisse und wird fast ausschließlich als Backzutat verwendet. Die Hälfte der Welternte verbrauchen die Vereinigten Staaten. Aus der Schale der frischen Frucht läßt sich Öl extrahieren, das in der Parfümindustrie und zur Herstellung von Likören gebraucht wird.

Zitrone

ENGL: Lemon
FR: Citron
IT: Limone
SP: Limón
BOT: Citrus limon
FAM: Rutaceae

Man nimmt an, daß die Zitrone in Südostasien heimisch ist, möglicherweise in Malaysia. Wahrscheinlich stammen alle Zitrusfrüchte aus dem Dreieck Indien, Südchina, Indonesien. Uns am nächsten beheimatet dürfte die Zedratzitrone (siehe diese) gewesen sein, die im 6. Jahrhundert v. Chr. zur Zeit Kyrus des Großen Persien erreichte und im 3. vorchristlichen Jahrhundert nach Griechenland und Italien kam. In Mitteleuropa wurde sie wahrscheinlich in der Mitte des 1. Jahrhunderts n. Chr. bekannt, doch geben einige Autoritäten ein späteres Datum an. In der alten Literatur werden Zitrone, Zedratzitrone und Limone ständig miteinander verwechselt, so daß es schwierig ist, Gewißheit zu erlangen.

Heute werden Zitronen überall angebaut, wo das Klima passend ist, besonders am Mittelmeer und in Kalifornien. Es gibt viele Sorten und einige sogenannte Wildzitronen, die entweder Varietäten oder ganz verschiedene Abarten sein können. Doch ist das ein Feld, auf dem sich die Experten tummeln können, für den Koch ist es uninteressant, es sei denn, er ist im Fernen Osten zu Hause.

Die Zitronen wachsen auf kleinen dornigen Bäumen, die zwischen 3 und 6 m hoch werden; die Blüten sind weiß oder purpurn. Von allen Zitrusbäumen ist der Zitronenbaum der schönste: Die Blätter sind hellgrün, die Früchte gelb und der Umriß besonders hübsch.

In der modernen europäischen Küche nimmt man zum Säuern Zitronensaft. Er ersetzt in Salaten oft den Essig, doch guter Weinessig ist vorzuziehen, denn Zitronensaft hat neben seiner Säure nur wenig Aroma. Den Säuregehalt verdankt die Zitrone in erster Linie der Zitronensäure, die auch zu gewerblichen Zwecken aus der Frucht gewonnen wird. Ein guter Koch benutzt jedoch immer

Zeichnung 20

1 Zuckerrohr
2 Zuckerpalme
3 Zuckerrübe
4 Ajowan
5 Blätter des Zuckerahorns mit Früchten

frisch ausgepreßten Zitronensaft, dringendste Notfälle ausgenommen.

So wenig Aroma der Saft hat, um so mehr hat die Rinde oder Schale. Sie enthält das ätherische Zitronenöl; in der Küche findet es Verwendung, indem man die Schale schabt oder in papierdünne Scheibchen schneidet oder die Schale mit einem Stück Zucker abreibt. Industriell wird das Öl durch Auspressen gewonnen; Haupterzeuger sind Kalifornien, Süditalien und Sizilien. Zur althergebrachten Methode der Ölgewinnung, wie sie in Süditalien üblich war, brauchte man jedoch einen Schwamm. Außerdem benutzte man dort nicht nur Zitronenschalen, sondern auch die Schalen der Orange und Bergamottzitrone. Die Früchte wurden halbiert oder geviertelt, das saure Fruchtfleisch entfernt und die Schale mit der Hand gegen einen Schwamm gedrückt, der das Öl auffing. Hält man ein Stück Zitronenschale gegen das Licht und biegt es dann nach innen, kann man leicht sehen, wie das Öl aus den geplatzten Zellen herausspritzt.

Für die europäische Küche ist das Aroma der Zitronenschale von erheblicher Bedeutung; schon eine kleine Menge davon bewirkt einen gewaltigen Geschmacksunterschied selbst bei so verschiedenen Dingen wie Kuchen und Vinaigrettesoße. Die Würzkraft ist abhängig von der Sorte, von der Frische der Frucht und davon, ob sie am Baum gereift ist oder grün gepflückt wurde. Zitronenquark z.B. (der um das Mittelmeer herum unbekannt zu sein scheint), der mit baumreifen, frisch gepflückten Früchten gemacht wurde, ist fabelhaft. Doch auch die Sorte ist entscheidend. Die beste, die ich je kennenlernte, hatte eine sehr ölige, rauhe Schale und wuchs im Garten eines indischen Landwirts bei Almora im Vorgebirge des Himalaya. Unglücklicherweise sind Produzenten wie Importeure wohl der Meinung, Zitronen kaufe man nur wegen ihres Saftes, sie brauchten daher nur gut auszusehen und sauer zu sein (manchmal werden sie mit Konservierungsmitteln und Farbe behandelt, wofür in Deutschland Kennzeichnungspflicht besteht). Handelsüblich werden die Zitronen oft grün gepflückt; läßt man sie am Baum reifen, verderben sie schnell; sie können deshalb niemals so gut sein wie die Früchte, die man reif im Anbaugebiet pflückt.

Für Zitronenaroma gibt es noch einige andere, wenn auch weniger gute Quellen (siehe *Zitronengras* und *Verbene*). Zitronenessenz sollte man nur im Notfall benutzen; die beste Qualität wird aus dem Zitronenöl frischer Schalen hergestellt, doch gibt es auch minderwertige Qualitäten, aus anderen ätherischen Ölen zubereitet. Zitronenöl wird auch zu verschiedenen Likören gebraucht.

Zitronengras

ENGL: Lemon Grass
BOT: Andropogon nardus (Cymbopogon flexuosus)
FAM: Gramineae

In den tropischen Gebieten Südostasiens ist Zitronengras überall verbreitet, wird aber heute auch in Afrika, Südamerika und Florida angebaut. Es ist ein typisches Gras, hat jedoch eine knollige Wurzel, einen kräftigen Geschmack und riecht nach Zitrone.

Die Pflanze enthält erhebliche Mengen an Zitral, ein ätherisches

Öl, das zur Herstellung von künstlichem Zitronenaroma und anderen synthetischen Aromen benutzt wird. Zitronengras wird in der Küche Ceylons und Südostasiens häufig verwendet; da aber Zitral der wichtigste Aromabestandteil der gelben Zitronenrinde ist, kann man damit Zitronengras in den entsprechenden Rezepten ersetzen, ohne daß der Unterschied ins Gewicht fiele. Andere Arten der *Cymbopogon* liefern Zitronell-, Ingwergras- und Palmorosaöl, die industriell wegen ihres angenehmen Geruchs genutzt werden, doch soviel ich weiß nicht zum Kochen.

Zitronenmelisse

Andere Namen: Melisse, Bienenkraut, Honigblume

ENGL: Balm
FR: Baume, Citronelle, Mélisse
IT: Melissa
SP: Balsamita major, Toronjil
BOT: Melissa officinalis
FAM: Labiatae
Zeichnung 13, Nr. 1, Seite 148

Die Pflanze stammt aus Südeuropa und wird seit mehr als zweitausend Jahren kultiviert. Durch die Römer gelangte sie nach Mitteleuropa und England. Sie wird über 60 cm groß, hat ovale, leicht gesägte Blätter und weißliche oder gelbliche Blüten, die büschelartig angeordnet sind. Man kann sie aus Samen leicht selbst ziehen, sie breitet sich schnell aus; man kann jedoch auch junge Pflanzen kaufen oder die Wurzeln alter Pflanzen teilen. Jede braucht etwa 1 qm Lebensraum. Sie perenniert, stirbt jedoch bei Frost.

Zitronenmelisse hat ein angenehmes Zitronenaroma und kann gehackt sehr gut mit anderen Kräutern verwendet werden, z.B. in Omelettes. Sie wird auch gern zu Salaten aller Art, Kräutersoßen und Wild- und Pilzgerichten verwendet. In Belgien und Holland soll sie angeblich zum Einlegen von Hering und Aal benutzt werden, doch die Rezepte, die ich aus diesen Ländern habe, schreiben Zitronenschale vor. Getrocknete Blätter sind die Grundlage des berühmten Melissengeistes, der von den Karmelitern erfunden wurde; Auszüge des Aromastoffes sind in zahlreichen Likören enthalten.

Auch die Bienen lieben das angenehme Kraut (Melissa ist der griechische Name der Biene), die kulinarische Bedeutung ist jedoch nicht allzu groß, obgleich es in Longdrinks aus Weißwein und Eisgetränken köstlich ist.

Zitwerwurzel

ENGL: Zedoary
FR: Zédoaire
IT: Zedoaria
SP: Cedoaria
BOT: Curcuma zedoaria
FAM: Zingiberaceae
Zeichnung 18, Nr. 5, Seite 216

Diese Pflanze ist dem Kurkuma (Gelbwurz) sehr ähnlich und ist ebenfalls in Südostasien zu Hause. In den Dschungeln Südindiens habe ich viele Pflanzen gefunden, die oberflächlich an Gelbwurz oder Ingwer erinnern, aber unterschiedlich duftende Rhizome hatten. Der Geruch des großen fleischigen Zitwerrhizoms ist ingwerähnlich mit einem leichten Kampfer-Unterton. In Südostasien wird es als Gewürz verwendet. Man schneidet die Knollen zuerst in Scheiben und trocknet sie dann. In Singapur heißt dieses Gewürz *Kunchor*.

Zucker

Rohrzucker

ENGL: Cane sugar
FR: Sucre de canne

Obwohl es auch noch andere Substanzen gibt, die einen süßen Geschmack haben (siehe *Saccharin, Süße*), kann man jedoch mit Sicherheit aus dem süßen Geschmack eines natürlichen Nahrungsmittels auf die Anwesenheit von Zucker schließen. Es gibt viele

IT: Saccarosio, Zucchero di canna
SP: Azúcar di caña
Zeichnung 20, Nr. 1, Seite 232

Glukose
Traubenzucker
ENGL: Glucose
FR: Glucose, Sucre de raisin
IT: Glucosio
SP: Glucosa

Fruktose
Fruchtzucker
ENGL: Fructose
FR: Fructose, Lévulose, Sucre de fruit
IT: Fruttosio
SP: Fructosa

Maltose
Malzzucker
ENGL: Malt sugar
FR: Maltose, Sucre de malt
IT: Maltosio
SP: Azúcar de malta, Maltosa

Laktose
Milchzucker
ENGL: Lactose
FR: Lactose, Sucre de lait
IT: Lattosio
SP: Azúcar de leche, Lactosa

Melasse
Zuckerdicksaft
ENGL: Treacle
FR: Mélasse
IT: Melassa
SP: Melaza

Zuckersirup
ENGL: Golden Syrup
FR: Mélasse raffinée, Sirop de sucre
IT: Melassa
SP: Melado

Melasse
ENGL: Molasses
FR: Doucette, Mélasse
IT: Melassa
SP: Melote

Zuckerarten mit unterschiedlichen Eigenschaften, und in der Natur ist Zucker nicht nur in Pflanzen, sondern auch in Tieren enthalten. Alle Arten von Zucker sind Kohlehydrate; sie bestehen also aus Kohlenstoff in einer Verbindung mit Sauerstoff und Wasserstoff, den Bestandteilen des Wassers.

Die wichtigsten Kohlehydrate werden folgendermaßen eingeteilt:

Monosacharide: Glukose (Traubenzucker) und Fruktose (Fruchtzucker oder Laevulose)
Disacharide: Sucrose (Rohrzucker und die gewöhnlichen Zuckerarten), Maltose (Malzzucker) und Lactose (Milchzucker)
Polysacharide: Stärke, Dextrin (Kleister), Zellulose (unverdauliche pflanzliche Zellfasern) und Glykogen (die tierische Stärke in der Leber).

In aufsteigender Ordnung wird ihr Aufbau immer komplizierter (mono = eins, di = zwei, poly = viel). Die Natur kann einfache zu komplizierten Gebilden aufbauen, aber in der Küche kann man nur Kompliziertes wieder in einfache Bestandteile zerlegen. Man kann Stärke in Zucker verwandeln, aber nicht Zucker in Stärke. Die Zuckersorten haben einen verschiedenen Schmelzpunkt und unterscheiden sich in ihrer Wasserlöslichkeit und ihrem Süßegrad.

Wenn man gewöhnlichem Rohrzucker etwa 100 Süßegrade gibt, dann sieht ein Vergleich etwa so aus:

Fruchtzucker 173
Rohrzucker 100
Traubenzucker 74
Malzzucker 32
Milchzucker 16

Daraus ergibt sich, daß Fruchtzucker mehr als zehnmal so süß ist wie Milchzucker.

ROHRZUCKER, SUCROSE ODER SACHAROSE. Gewöhnlicher Haushaltszucker ist meist reine Sucrose oder Rohrzucker. Er wird aus dem Zuckerrohr oder der Zuckerrübe gewonnen, eventuell auch aus Zuckerahorn, süßem Sorgum oder Palmsaft. Sucrose ist auch in vielen Früchten enthalten, hauptsächlich in Erdbeeren und Ananas, aber auch in vielen Wurzelgemüsesorten, etwa Karotten und rote Rüben. Auch der Nektar der Blüten enthält Sucrose, die allerdings im Honig durch die Enzyme des Bienenspeichels in eine einfachere Zuckerart verwandelt ist.

Sucrose löst sich bei Zimmertemperatur vollständig in einer Wassermenge auf, die ungefähr ein Drittel ihres Gewichts beträgt. Im heißen Wasser löst sie sich mehr als in kaltem auf, und Sirup kocht erst bei höhrerer Temperatur als reines Wasser. Wenn man Sucrose trocken erhitzt, schmilzt sie bei 160° Celsius, und wenn man sie dann abkühlt, bildet sich der hell-strohfarbene, glasige

»Gerstenzucker«. Erhitzt man sie aber weiter, verdampft das Wasser, das in den Zuckerkristallen enthalten ist, und der Zucker durchläuft die verschiedenen, dem Konditor vertrauten Stadien von Faden, Perle und Bruch, und bei 180 ° Celsius wird er zu Karamel. Erhitzt man ihn noch weiter, fängt er an zu verkohlen.

Wenn man wenige Tropfen reine Salzsäure mit Zuckersirup schüttelt und diesen einige Tage an einem warmen Ort stehen läßt, bildet sich eine Mischung von gleichen Teilen Trauben- und Fruchtzucker (Glukose und Fruktose). Nach dieser Methode lassen sich leicht energiespendende Getränke bereiten. Eine Prise doppelkohlensaures Natron oder Kreide kann die Schärfe neutralisieren.

GLUKOSE (auch Dextrose oder Traubenzucker genannt) ist in großen Mengen in Trauben enthalten und bildet die harten Zukkerklümpchen an getrockneten Rosinen. In der Natur kommt Glukose oft gemeinsam mit Fruktose vor. Etwa 30 Prozent des Honigs besteht aus Glukose, die hier ebenfalls mit Fruktose gemischt ist.

Im Handel bekommt man Traubenzucker entweder gereinigt als Pulver, in Form von Täfelchen oder als dicken Sirup angeboten. Er wird hergestellt, indem man Stärke oder Rohrzucker unter Zugabe von Salzsäure sanft kochen läßt, anschließend mit Kreide neutralisiert und dann reinigt.

Flüssige Glukose ist ein zäher, klarer Sirup, der Wasser (18 Prozent) und Glukose (35 Prozent) und Dextrin (47 Prozent) enthält. Dextrin ist ein Zwischenprodukt von Stärke und Glukose und als billiger Büroleim bekannt. Flüssige Glukose eignet sich gut für hausgemachtes Zuckerwerk.

Fester Traubenzucker wird in Form von Täfelchen angeboten. Bei seiner Herstellung ist die Umwandlung von Stärke zu Glukose schon weiter fortgeschritten, doch der Vorgang ist im Prinzip der gleiche. Diese Täfelchen enthalten Glukose (70–80 Prozent), Dextrin (6–8 Prozent) und Wasser.

Mit Traubenzucker kann man Marmeladen und Konfekt süßen. Früher hat man ihn als einen minderwertigen Ersatz für Rohrzukker betrachtet, doch heutzutage ist er sehr beliebt als rasch wirkender Energiespender. Wenn man ihn statt Rohrzucker verwendet, muß man allerdings beachten, daß er weniger süß ist.

FRUCHTZUCKER (auch Laevulose und Fruktose genannt) ist gleich dem Traubenzucker in reifen Früchten und Honig enthalten, aber in reiner Form ist er kaum von kulinarischer Bedeutung. Fruchtzucker ist sehr süß, löst sich leichter in Wasser auf als Traubenzucker, gerät aber weniger rasch in Gärung.

MALZZUCKER (Maltose). Wie der Name schon sagt, entsteht dieser Zucker beim Mälzen. Er bildet sich, wenn das vom Keim freigesetzte Enzym Diastase auf die stärke einwirkt. Zugleich bildet sich auch Dextrin. Malzzucker ist reichlich in Malzextrakt enthalten, ein wenig auch in Honig. Malzzucker spielt beim Backen und Brauen eine wichtige Rolle und gerät durch Hefe rasch in Gärung.

Seine besondere Eignung für die Küche beruht darauf, daß er sich nicht nur außerordentlich leicht in Wasser löst, sondern auch hygroskopisch ist, d.h. er neigt dazu, Wasser anzuziehen und Feuchtigkeit zurückzuhalten. Wenn man beim Brotbacken dem Teig Malzextrakt beigibt, hält sich der Brotlaib länger feucht.

LAKTOSE oder MILCHZUCKER ist in der Milch enthalten. Unter allen Zuckerarten ist er am wenigsten süß. Man gewinnt ihn aus der entrahmten Milch, die bei der Buttergewinnung übrigbleibt. Für den Koch ist er deshalb von Bedeutung, weil er eine wesentliche Rolle bei der Käsefabrikation und bei der Herstellung von Produkten aus gesäuerter oder gegorener Milch (wie z.B. Joghurt) spielt. Man erhält ihn in Drogerien; er wird auch bei der Fabrikation von Konfekt verwendet.

ZUCKERROHR. Diese Pflanze ist eine riesige Grasart, die 3 bis 3½ m hoch wird. Sie wächst in Büscheln und hat bambusähnliche, aber massive Stengel. Unter der zähen Rinde findet sich eine äußerst faserige, mit süßem Saft gefüllte Markschicht. Dieser Saft enthält den Rohrzucker.

Zuckerrohr wird in den Ländern, in denen es wächst, viel gekaut, aber dazu eignen sich nur bestimmte Sorten. Das meiste Zuckerrohr hat einen faden, intensiv süßen Geschmack. Im Gegensatz zu Früchten enthält es nicht genügend Säure oder Aromastoffe (siehe *Süß-Sauer*). Wenn man jedoch frisches Zuckerrohr mit ein paar Limonetten und frischem Ingwer zerquetscht, erhält man ein köstliches, erfrischendes Getränk. In vielen tropischen Ländern wird dieses Getränk von Straßenhändlern hergestellt, und man sollte es kosten (sofern man einen sauberen Verkaufsstand findet).

Zuckerrohr ist immer noch der größte Zuckerlieferant der Welt. Obwohl eine Wildform unbekannt ist, kam es ursprünglich wohl aus Süd- und Ostasien; die Chinesen verwendeten es schon seit etwa 1000 v.Chr. In Indien war es bereits eine wichtige Kulturpflanze, als Alexander der Große etwas davon nach Europa brachte (327 v.Chr.). Ägypten erreichte es ungefähr tausend Jahre später (641 n.Chr.) und Spanien hundert Jahre danach (755 n.Chr.). Die Portugiesen brachten es nach Madeira, Columbus nahm es auf seiner dritten Reise nach Amerika mit, und so kam es im frühen 16. Jahrhundert auf die Karibischen Inseln. Heute wird es überall auf der Welt in geeigneten warmen Klimazonen angebaut. Früher wuchs es auch in Südspanien und Sizilien, aber im Grunde verlangt es ein noch wärmeres Klima.

Wenn man alte Rezepte studiert, wird man bald erkennen, daß raffinierter Zucker ein modernes Handelsprodukt ist. Zwar wurde er schon während des Mittelalters in Europa verwendet, aber er war sehr teuer, und man bekam nur kleine Mengen davon in Apotheken. Es dauerte bis weit ins 19. Jahrhundert hinein, bis er wirklich billig wurde. Das alte Süßmittel war gewöhnlich Honig.

Die primitive Methode der Zuckergewinnung kann man noch heute bei vielen Dorfgemeinschaften der Tropen beobachten. Das reife Rohr wird knapp über der Erde abgeschnitten, denn der unterste Teil des Stengels ist am zuckerreichsten. Die trockenen Blätter werden abgestreift, wenn sie nicht schon abgebrannt wurden, während das Rohr noch stand. Die zugeschnittenen Rohrstengel werden in eine einfache Quetsche gefüllt, die aus zwei großen Zahnrädern besteht, die von Ochsen in Betrieb gesetzt werden. Der Saft, der aussieht wie schmutziges Badewasser, wird in weiten flachen Pfannen aufgefangen, die auf einem mit den ausgequetschten Stengeln genährtem Feuer stehen. Wenn der Saft kocht und verdampft, wird Kalk zugefügt. Die im Saft enthaltenen Proteine gerinnen, und der Schaum, den sie zusammen mit dem Schmutz bilden, wird abgeschöpft. Ein dicker, dunkelbrauner, halbdurchsichtiger Sirup bleibt zurück, in dem der Zucker zu kristallieren beginnt. Diesen kann man herausschöpfen, wobei man etwas von der Melasse abtropfen läßt. Wenn er ausgekühlt ist, bildet er eine karamelähnliche Masse von dunklem rohen, ungereinigten Rohrzukker. Dieser ist bekannt als Rohrzucker oder *Muscorado*-Zucker (im Spanischen) und wurde früher von den Westindischen Inseln exportiert. Aus Indien kommt eine andere Sorte von noch göberem Geschmack, die *Gur* heißt. *Gur* kann man in Geschäften bekommen, die auf indische Gewürze spezialisiert sind, er bildet eine wichtige Geschmackskomponente vieler indischer Gerichte, und zwar nicht nur von Süßspeisen, sondern auch von Gemüsecurries. Die dunkelsten handelsüblichen Sorten von braunem Zucker bilden keinen vollwertigen Ersatz dafür.

Der heute im Handel erhältliche Rohrzucker entsteht durch exakte Trennung der reinen Zuckerkristalle von der Melasse. Seit langem werden verschiedene Grade der Raffinierung praktiziert, die Methoden dazu wurden vermutlich von den Arabern erfunden. Die früheste Form von raffiniertem Zucker war der Zuckerhut. Zuckerhüte waren schon im England des frühen 14. Jahrhunderts bekannt und hielten sich in Europa und Amerika bis weit ins 19. Jahrhundert. In Persien sind sie noch heute allgemein üblich. Der raffinierte Zucker wurde in kraterähnlichen Vertiefungen ausgekühlt und der Hut nach dem Erkalten herausgehoben. Vor Gebrauch muß man den Zuckerhut zerschlagen (es gibt Spezialwerkzeuge dafür), ein ermüdendes Geschäft, das man in jedem persischen Straßencafé beobachten kann.

Raffinierter weißer Zucker hat sehr wenig Eigenaroma, aber eine beinahe unverfälschte Süße. Braune Zuckerarten verschiedener Färbungsgrade sind weniger raffiniert und schmecken mehr oder weniger nach Melasse. Sie sind bekannt als *Demerara* oder *Barbados*, weil sie ursprünglich aus Britisch Guyana und Barbados kamen. Manchmal werden Zuckersorten künstlich gefärbt. Man kann dies feststellen, wenn man ihn in Wasser wäscht. Echter brauner Zucker läßt sich nicht weiß waschen. Ob es sich um echten braunen Zucker handelt, kann man am besten beurteilen, wenn man ihn kostet; denn Bezeichnungen können irreführend sein, wenn ihre ursprüngliche Bedeutung vergessen ist.

Zum Kochen werden heute auch verschiedene aus Zuckerrohr hergestellte Siruparten verwendet, von denen jede ihr eigenes

Aroma hat. Es ist wichtig, die im jeweiligen Rezept vorgeschriebene richtige Sorte zu nehmen. Diese Produkte enthalten mehr als die Hälfte Rohrzucker in einer ausgewogenen Mischung mit anderen Zuckerarten, die nicht kristallisieren.

TREACLE ist ein durchsichtiger brauner Sirup. Er sollte nicht mit schwarzem oder westindischem *Treacle* verwechselt werden, der viel dunkler und stärker ist.

GOLDSIRUP ist milder im Geschmack und stammt aus einem späteren Stadium des Raffinierungsprozesses. Er besteht zu mehr als einem Drittel aus Sucrose und enthält über die Hälfte nicht kristallisierende Zuckerarten. Zuweilen wird er durch eine Mischung von Rohrzucker, Glukose und Aromastoffen nachgemacht.

MELASSE, die manchmal mit *Treacle* verwechselt wird, ist ein viel gröberer Rückstand der Zuckerraffinierung. Der Geschmack von Rübenzuckermelasse ist faulig, aber Rohrzuckermelasse ist wohlschmeckend, und man verwendet sie bei der Herstellung von Rum und anderen Erzeugnissen. Durch ihren Reichtum an Mineralstoffen ist sie sehr gesund und bildet ein wichtiges Nahrungsmittel, das die zweifellos schädlichen Auswirkungen allzu raffinierter Zuckersorten ausgleicht. In der amerikanischen Küche wird sie viel verwendet.

ZUCKERRÜBE. Zuckerrohr gedeiht nur in heißem Klima. Deshalb machte man in Europa viele Versuche, eine zuckerspeichernde Pflanze zu finden, die sich in kühlerem Klima anbauen läßt. In Frankreich probierte man es z.B. mit Karotten. Obwohl schon zu Ende des 16. Jahrhunderts der Zuckergehalt der roten Rübe bekannt war, dauerte es bis in die Mitte des 18. Jahrhunderts, bis man in Deutschland zu erwägen begann, daß die Rübe möglicherweise als Zuckerquelle in Frage kam. Zu Beginn des 19. Jahrhunderts (als Napoleon die Auswirkungen der britischen Seeblockade zu spüren bekam), erwachte in Frankreich das Interesse an diesem Plan, aber nach Waterloo schwand es bald. Seit Mitte des 19. Jahrhunderts gewann die Zuckerrübe immer größere Bedeutung als Zuckerlieferant der nördlichen Länder.

Man gewinnt den Zucker aus der reifen Rübe zu Beginn des Winters. Sie werden gewaschen, zerkleinert und mit Wasser erhitzt, das den Zucker herauslöst. Die Lösung wird mit Kalk und Kohlendioxyd versetzt, um Verunreinigungen zu entfernen. Dann wird die Flüssigkeit verdampft, und die Zuckerkristalle werden in der Zentrifuge herausgelöst.

Der gereinigte weiße Rübenzucker besteht aus reiner Sukrose wie der Rohrzucker, so daß man in der Regel kaum feststellen kann, ob gekaufter Zucker aus Rüben oder aus Zuckerrohr gewonnen wurde. Beide haben dieselbe chemische Zusammensetzung. Rohzucker oder andere braune Zuckerarten jedenfalls sind nicht aus Zuckerrüben hergestellt. Zuckerrübenmelasse kann man zwar kaufen, aber sie schmeckt scheußlich.

AHORNZUCKER Der Zuckerahorn ist ein stattlicher Baum der Laubwälder Nordostamerikas von Kanada bis nach Connecticut und westlich bis Ohio. 1673 beobachteten Forscher in diesen Gegenden, daß die Indianer einen rohen Zucker aus dem Saft dieser und anderer Ahornarten gewannen. Der Saft wurde im späten Winter aus den Bäumen gezapft, auf heißen Steinen erhitzt und eingekocht. Noch mehr Wasser wurde entzogen, wenn man die Flüssigkeit im Winter einfrieren ließ und das Eis entfernte. Die frühen Siedler verbesserten diesen Prozeß, indem sie den Saft zu einem dicken Sirup einkochten und dann in den Schnee schütteten. In Gußformen ließ man ihn auskristallisieren. Heute bohrt man ein Loch in den Baumstamm und setzt ein Zapfrohr ein. Der Verlust des Saftes, der nun frei herausströmt, scheint dem Baum nicht zu schaden. Durch Verdampfen wird der Saft eingedickt und der Zukker herausgezogen.

Die Produktion von Ahornzucker erreichte ihren Höhepunkt um 1869, seither ist sie wieder gesunken. Ahornzucker soll ein besseres Aroma als Rohr- oder Rübenzucker haben. Außerhalb Amerikas ist Ahornsirup bekannter als Ahornzucker. Er hat einen ausgeprägten Geschmack, wird aber häufig auch aromatisiert oder verfälscht. (In Amerika kennzeichnet ein Schildchen mit einem Ahornblatt ein unverfälschtes Produkt.) Amerikanische Kochbücher enthalten viele delikate alte Rezepte mit Ahornsirup; man ißt ihn zum Frühstück oder zu Mittag mit Waffeln oder Pfannkuchen, allein oder mit Speck, Würstchen oder Grieben.

PALMZUCKER. Zucker wird aus einer Anzahl von Palmen gewonnen, von denen die wilde Dattelpalme, die Kokosnußpalme, die Toddypalme, die Palmyrapalme und die Gomutipalme die bekanntesten sind. Die Dattelpalme wird ähnlich angezapft wie der Ahorn, aber zum Unterschied von Ahorn leidet der Baum darunter und kann nicht jedes Jahr angezapft werden. Andere Palmen werden angezapft, indem man die Spitze des Sprosses abschneidet, der die Blüte und später die Nüsse trägt. Man muß also den Baum hinaufklettern, um ein irdenes Gefäß oder eines aus Bambus aufzuhängen, das die Tropfen auffängt. In den Tropen muß man zudem mindestens zweimal am Tag den Saft sammeln, da er sonst in Gärung gerät und sich in Toddy verwandelt. Heute gibt man manchmal Schutzmittel in die Töpfe, um dies zu verhindern. Palmzucker ist gewöhnlich wie der primitiv hergestellte Rohrzucker ein ländliches Produkt von sehr dunklem Braun und starkem Geschmack. Man bekommt ihn in Spezialgeschäften für orientalische Lebensmittel gewöhnlich unter dem indischen Namen *Jaggery*. Meist ist er als runder Klumpen in Blätter gewickelt. Dieses alte indische Produkt taucht oft in indischen Rezepten auf. Weil der Saft der Palmen in der Mehrzahl keine Sukrose-Zuckersorten enthält und ungenügend raffiniert wird, bleibt Palmzucker immer ein wenig klebrig.

SÜSSER SORGUM *(Sorgum bicolor* und *Sorgum dochna)* ist ein großes Gras der Tropen aus der Gattung der Mohrenhirse, zu der auch Kaffernkorn (Afrika) *(S. caffrorum)*, Kauliang (China) *(S. nervosum)*, Durra (Indien) *(S. durra)* und viele andere Arten gehören. Die meisten Sorgumarten werden als Getreide angebaut und zählen zu den ersten Pflanzen, die von Menschen kultiviert wurden. Süßer Sorgum ist für die Zuckergewinnung nicht geeignet, aber aus dem Saft wird ein viel verwendeter Sirup hergestellt.

Zwiebel

ENGL: Onion
FR: Oignon
IT: Cipolla
SP: Cebolla
BOT: Allium cepa
FAM: Liliaceae
Zeichnung 1, Nr. 1, 3, 4, 6, Seite 32

Die Gartenzwiebel ist als Wildpflanze unbekannt, aber es ist nahezu sicher, daß sie aus Zentralasien stammt. Sie wird seit über viertausend Jahren verwendet und ist wohl die gebräuchlichste aller würzigen Gemüsepflanzen. Es gibt Hunderte von verschiedenen Züchtungen, die sich in Größe, Farbe, Schärfe, Aroma und Haltbarkeit unterscheiden. Beim Einkauf sollte man unbedingt diesen Umstand im Auge behalten und lernen, die verschiedenen Sorten auseinanderzuhalten, um aus dem Angebot die richtige Wahl zu treffen.

Zwiebeln haben unterschiedliche, sehr ausgeprägte Geschmacksrichtungen, je nachdem wie lange man sie der Hitze aussetzt. Wenn ein Gericht goldbraun geröstete oder sanft in Butter oder Öl gedünstete Zwiebeln vorschreibt, dürfen sie auf keinen Fall dunkelbraun werden. Stark gebräunte Zwiebeln oder gar schwarze haben einen ganz anderen, viel schärferen Geschmack.

Geschnittene Zwiebeln, die man eine Zeitlang der Luft aussetzt, bekommen ein schales Aroma, das kennzeichnend ist für Kebab oder Fleisch, das man mit Zwiebeln gemischt über Nacht stehen läßt. Dieser Geruch ist typisch für die Garküchen im Mittleren Osten. Küchenchefs, die eine größere Menge gehackter Zwiebeln im Vorrat haben wollen, dünsten diese ein bißchen in Butter an. Man kann die Zwiebeln dann für einen Tag im Kühlschrank aufbewahren.

Obwohl manche Bauernvölker große Zwiebeln mit Vergnügen roh zum Brot essen, eignen sich die milderen Frühlingszwiebeln oder Schalotten besser zum rohen Genuß, etwa in Salaten. Für diesen Zweck werden jedoch nicht nur verschiedene Sorten von *Allium cepa* verwendet, sondern auch eine schmalblättrige winterharte Spielart, mit spärlichen Blüten, die fälschlich auch Welsche Zwiebel genannt wird, aber in Wirklichkeit die *Ever-ready-Zwiebel* ist. Ähnlich der echten Welschen Zwiebel bildet sie keine runden Knollen, sondern sieht aus wie ein dicht zusammengepreßtes Bündel von Frühlingszwiebeln.

Die Welsche Zwiebel (Welsch hier in der Bedeutung von »fremd«) oder japanische Büschelzwiebel, wie sie auch genannt wird, ist die am häufigsten in China und Japan angebaute Art. Sie ist als Wildpflanze unbekannt, aber ihr Vorfahren stammen wahrscheinlich aus Sibirien. Diese Zwiebel gedeiht an sonnigen Standorten fast überall. Weniger gebräuchlich ist eine Abart von *Allium cepa*, bekannt als Luftzwiebel, Baumzwiebel oder ägyptische Baumzwiebel. Diese Züchtung bildet zarte Zwiebelchen mit Blättern an der Spitze eines hohlen Stengels. Diese Zwiebeln sind außerordentlich würzig, aber die wenigsten Leute finden es der Mühe wert, Luftzwiebeln zu pflanzen. Eine andere Zwiebelart, die Kartoffelzwiebel, die in Irland viel angebaut wird, hat größere unterirdische Zwiebeln als die *Ever-ready-Zwiebel*, daher auch ihr Name.

Heute kann man Zwiebeln getrocknet oder in Pulverform kaufen, aber wie praktisch das auch immer sein mag, mit frischer Zwiebel sind solche Produkte auf keinen Fall zu vergleichen. Im Orient wird Zwiebelsamen zuweilen als Gewürz verwendet und manchmal mit Schwarzkümmel *(Nigella sativa)* vermengt.

Es gibt unterschiedliche Lehrmeinungen, zu welcher botanischen Familie die Zwiebel zu zählen sei. Zwiebeln haben viele gemeinsame Merkmale mit den Narzissen *(Amaryllidaceae)*, nach anderen Eigenschaften wiederum würden sie eher den Liliengewächsen *(Liliaceae)* zuzuordnen sein. Es kommt darauf an, welchen Merkmalen man größeres Gewicht beilegt. Diese Streitfrage zählt zu den Problemen, die bei Wissenschaftlern Magengeschwüre hervorrufen, bei Köchen glücklicherweise nicht. Eine dritte Lösung wäre die, den Zwiebeln einfach eine eigene Familie zuzuweisen, die der *Alliaceae.*

Es gibt Hunderte Arten von *Allium*, und sie wachsen wild in Europa, Asien und Nordamerika. Keine der Arten ist giftig, obwohl einige von ihnen ungenießbar sind – widerlich oder stechend im Geschmack. Viele wilde Arten werden mancherorts verwendet, etwa von den nordamerikanischen Indianern, und soweit die Überlieferung zurückreicht, waren Zwiebeln jeglicher Sorte in ganz Europa und Asien eine wichtige Würzpflanze.

Seit Urzeiten werden Zwiebeln auch kultiviert. Sie wuchsen bei den alten Ägyptern, die alten Römer kannten schon eine ganze Menge von Sorten und verwendeten sie in der Küche. Wie so oft, wenn Pflanzen lange Zeit hindurch angebaut werden, kennt man die Wildarten nicht, aus denen sie herangezüchtet wurden, und so stehen die Botaniker vor einem schrecklichen Wirrwarr, den nur sorgfältigstes Studium klären kann. Die wilden Vorfahren verlor man aus den Augen, entweder weil sie – vielleicht wegen eines Klimawechsels – ausstarben ober weil die Pflanzen sich durch die Kultivierung so verändert hatten, daß man sie nicht mehr wiedererkennen konnte.

Bei der Zwiebel entsteht eine besondere Verwirrung dadurch, daß kultivierte Arten dazu neigten, spezielle Formen zu bilden – einzelne Zwiebeln, Bündel von Zwiebeln, kleine Zwiebelchen mit langen grünen Röhren, zwiebelähnliche Gebilde statt Blüten und dergleichen mehr. Diese Unterschiede sind zwar für den Koch wie für den Gärtner von fundamentaler Bedeutung, aber die Pflanzen sind deswegen noch lange keine botanische Art für sich. Wahrscheinlich wurden nur sehr wenige Wildzwiebelarten kultiviert.

Unsere europäische Zwiebel, *Allium cepa*, von der die Schalotten nur eine Spielart sind (obwohl sie in älteren Büchern als besondere Gattung aufgeführt werden), gibt es in Hunderten von Formen, von den Schalotten bis zu den Lagerzwiebeln, von den weißen bis zu den purpurfarbigen, scharfe und milde winzige Einlegzwiebeln und Riesenbrocken, unterirdisch wachsende Kartoffelzwiebeln und hoch oben austreibende Luftzwiebeln. Aber wenn man ein Blatt quer durchschneidet, kann man immer mit Sicherheit sagen, ob es sich um *Allium cepa* handelt: Ist es hohl und die Blattoberfläche außen wie innen konkav abgeflacht, dann handelt es sich um eine kultivierte Abart von *Allium cepa*. Ist dies nicht der Fall, dann handelt es sich um die Spielart einer andere kultivierten Zwiebelart.

Im Fernen Osten – Japan und China – spielt die Art *Allium fistulosum* (Winterzwiebel) die bedeutendste Rolle, doch auch hier sind die ursprünglichen Wildarten wieder ausgestorben.

Fistulosum-Zwiebeln ähneln dem Lauch; die echte Welsche oder Japanische Zwiebel ist in Europa gut bekannt und gehört zu dieser Art, aber es gibt noch eine Menge anderer Züchtungen im Fernen Osten, einige mit Blättern, die über 2 cm dick sind. Der Querschnitt durch ein Blatt von *Fistulosum*-Zwiebeln ist hohl und kreisrund, nicht flach wie bei den *Cepa*-Zwiebelsorten. An diesem Merkmal kann man die beiden Arten auseinanderhalten. Es fragt sich nur, ob das immer so bleiben wird. Zwiebeln bilden selten Hybriden, aber mit neuen Methoden können Mischrassen gezüchtet werden. *Fistulosum*-Zwiebeln sind nämlich immun gegen manche Krankheiten, die *Cepa*-Zwiebelsorten befallen, und deshalb wurden solche Kreuzungen versucht.

Eine andere östliche Sorte, *Allium tuberosum* – von den Kantonesen fälschlicherweise Chuchay oder chinesisches Schnittlauch genannt –, wird allgemein in China, Japan und in Gebieten Nordindiens angebaut und wo es sonst noch chinesische Emigranten gibt.

Diese Zwiebel wächst ausnahmsweise noch wild in China und in manchen Tälern des Himalaya. Sie ist größer und dicker als der westliche Schnittlauch und hat flache, derbe Blätter, die nicht hohl sind. In warmen Klimazonen kommt diese Zwiebel nicht zur Blüte, aber wo sie blüht, dort werden diese Blüten für einen Salat verwendet, in dessen Geschmack sich die Würze der Zwiebel mit dem Aroma von Honig miteinander verbinden.

Unser bekannter Schnittlauch, *Allium schoenoprasum*, ist die einzige Zwiebelart, die in der Alten wie in der Neuen Welt wild vorkommt. Er ist außerordentlich anpassungsfähig und wächst auch in kalten Gegenden, etwa hoch in den Alpen. Er wurde erst vor verhältnismäßig kurzer Zeit kultiviert, möglicherweise erst im Mittelalter. Sein hohler, grasdünner Stengel hat einen kreisrunden Querschnitt.

(Siehe auch unter *Schnittlauch, Knoblauch, Lauch, Rocambole, Schalotte.*)

Anhang

Pflanzenfamilien

Sachregister

Verzeichnis der Farbtafeln

Verzeichnis der Zeichnungen

Zeichnung 16
Brunnenkresse
Gartenkresse
Keimlinge der Gartenkresse
Barbarakraut
Bachbunge
Wiesenschaumkraut
Knoblauchkraut
Seite 200

Zeichnung 17
Pinie
Pinienzapfen
Cashewnuß
Arecanuß
Pistazie
Ginkgonuß
Erdnuß
Lichtnuß
Seite 208

Zeichnung 18
Kurkuma, Wurzelstock
Kurkumablüte
Galgant, Wurzelstock
Galgantblüte
Safrankrokus
Piment
Zitwerwurzel
Ingwer
Kardamom
Seite 216

Zeichnung 19
Curryblatt
Zimt
schwarzer Pfeffer
Langpfeffer
Sternanis
Gewürznelke
Muskatnuß
Seite 224

Zeichnung 20
Zuckerrohr
Zuckerpalme
Zuckerrübe
Ajowan
Blätter des Zuckerahorns mit Früchten
Seite 232

Bezugsquellen:

Ölmühle Walz
(Walnuß-, Weizenkeim-, Lein-, Mandelöl)
7602 Oberkirch/Bd.

Gewürzhaus Alsbach
Börnestraße 41
(Konstabler Wache)
6000 Frankfurt/M. 1

Gewürzhaus Schnorr,
Neue Kräme 32,
6000 Frankfurt/M.

Heinrich Bornträger,
Biologischer Arznei- und Gewürzpflanzenanbau,
6521 Offstein/Taunus